utb 5270

Eine Arbeitsgemeinschaft der Verlage

Böhlau Verlag · Wien · Köln · Weimar
Verlag Barbara Budrich · Opladen · Toronto
facultas · Wien
Wilhelm Fink · Paderborn
Narr Francke Attempto Verlag · Tübingen
Haupt Verlag · Bern
Verlag Julius Klinkhardt · Bad Heilbrunn
Mohr Siebeck · Tübingen
Ernst Reinhardt Verlag · München
Ferdinand Schöningh · Paderborn
Eugen Ulmer Verlag · Stuttgart
UVK Verlag · München
Vandenhoeck & Ruprecht · Göttingen
Waxmann · Münster · New York
wbv Publikation · Bielefeld

Einführung in die Erziehungs- und Bildungswissenschaft
Herausgegeben von Cathleen Grunert

Band I

Birgitta Fuchs

Geschichte des pädagogischen Denkens

Verlag Barbara Budrich
Opladen & Toronto 2019

Die Autorin:
PD Dr. Birgitta Fuchs, Akademische Oberrätin, Institut für Allgemeine Erziehungswissenschaft und Berufspädagogik, TU Dortmund

Bibliografische Information der Deutschen Nationalbibliothek
Die Deutsche Nationalbibliothek verzeichnet diese Publikation in der Deutschen Nationalbibliografie; detaillierte bibliografischc Datcn sind im Internet über https://portal.dnb.de abrufbar.

Gedruckt auf säurefreiem und alterungsbeständigem Papier.

www.budrich.de

utb-Bandnr. 5270
utb-ISBN 978-3-8252-5270-0

Online-Angebote oder elektronische Ausgaben sind erhältlich unter www.utb-shop.de.

Satz: Linda Kutzki, Berlin – www.textsalz.de
Umschlaggestaltung: Atelier Reichert, Stuttgart
Titelbildnachweis: © pixabay, Manuchi
Druck: Friedrich Pustet, Regensburg
Printed in Germany

Inhaltsverzeichnis

Abbildungsverzeichnis

Vorwort

Der vorliegende Band von Birgitta Fuchs zur ‚Geschichte pädagogischen Denkens' ist Teil der Einführungsreihe ‚Einführung in die Erziehungs- und Bildungswissenschaft'. Die vier Bände dieser Reihe bilden gleichzeitig die Kurseinheiten des Moduls ‚Einführung in die Erziehungs- und Bildungswissenschaft', das für den Bachelorstudiengang Bildungswissenschaft an der FernUniversität in Hagen angeboten wird. Sie integrieren deshalb Reflexionsfragen, die die Auseinandersetzung mit den Inhalten unterstützen sowie Hinweise zu weiterführender Literatur, die eine vertiefte Auseinandersetzung mit den Inhalten der vier Bände ermöglichen sollen.

Die Einführungsreihe besteht insgesamt aus vier Bänden, die einen Überblick über folgende Themen ermöglichen:

- über die zentralen Grundbegriffe, mit denen sich die Erziehungs- bzw. Bildungswissenschaft befasst (Peter Vogel (2019): Grundbegriffe der Erziehungs- und Bildungswissenschaft),
- über die Geschichte und die damit verbundenen Grundfragen pädagogischen Denkens (Birgitta Fuchs (2019): Geschichte des pädagogischen Denkens),
- über die Entwicklung der Erziehungs- bzw. Bildungswissenschaft als Wissenschaftsdisziplin sowie die Perspektiven darauf, was eine solche Wissenschaft tun soll und leisten kann (Heinz-Hermann Krüger (2019): Erziehungs- und Bildungswissenschaft als Wissenschaftsdisziplin) sowie
- über die AdressatInnengruppen und Handlungsfelder, auf die sich das wissenschaftliche Denken und Forschen der Erziehungs- bzw. Bildungswissenschaft bezieht (Arnd-Michael Nohl (2019): Adressaten und Handlungsfelder).

Diese Reihe richtet sich in erster Linie an Studierende, aber auch Lehrende im Feld der Erziehungswissenschaft, Bildungswissenschaft bzw. Pädagogik, die sich in einem komplexen und spannenden Fach bewegen, das vielfältige Möglichkeiten der Spezialisierung und Vertiefung bietet. Bevor man sich jedoch vertiefend in ein wissenschaftliches Feld hineinbegibt, ist ein Überblick darüber notwendig, wo diese Wissenschaft eigentlich herkommt, womit sie sich beschäftigt, wie sie dies tut und wie sie aufgebaut ist. Für Wissenschaften generell und für die Erziehungs- bzw. Bildungswissenschaft im Besonderen sind dies mitunter keine einfachen Fragen.

Allein bei der Suche nach einem entsprechenden Studium kann man mittlerweile feststellen, dass oft ähnliche Studiengänge ganz unterschiedlich bezeichnet werden. Erziehungswissenschaft, Bildungswissenschaft oder Pädagogik – ist das jetzt eigentlich das Gleiche oder gibt es doch Unterschiede? Machen BildungswissenschaftlerInnen später etwas anderes als ErziehungswissenschaftlerInnen oder PädagogInnen? Forschen BildungswissenschaftlerInnen anders als ErziehungswissenschaftlerInnen oder PädagogInnen? Eine wichtige Erkenntnis, die diese Einführungsreihe vermitteln möchte, ist, dass es mit den Begriffen eben so eine Sache ist. Nicht immer ist genau klar, was damit eigentlich gemeint ist, nicht jeder meint mit demselben Begriff auch das Gleiche, besonders dann, wenn – wie im Fall der Erziehungs- bzw. Bildungswissenschaft – wissenschaftliche Begriffe und Alltagsbegriffe ineinanderfallen. Gerade deshalb ist es wichtig, sich mit den im jeweiligen Fach verwendeten Begriffen auseinanderzusetzen, zu fragen, in welchem Bedeutungshorizont, im Kontext welcher Theorie oder vor dem Hintergrund welcher Annahmen sie verwendet werden, um eine wissenschaftliche Argumentation zu ermöglichen.

Dass dies nicht immer eindeutig ist, zeigt sich bereits an den Studienfachbezeichnungen, die manchmal synonym, manchmal aber auch in abgrenzender Absicht gebraucht werden. So hat sich aus dem Begriff Pädagogik der Begriff Erziehungswissenschaft entwickelt, um stärker die Wissenschaftlichkeit dieses Fachs zu betonen, während Pädagogik noch häufiger beides meint, nämlich die Wissenschaft und die Praxis, für die sie zuständig ist. Der Begriff der Bildungswissenschaft ist dann neueren Datums und verweist oftmals auf den Umstand, dass AdressatInnen pädagogischen Handelns nicht nur Kinder sind, die ‚erzogen' werden müssen, sondern auch Erwachsene, für die der Begriff der ‚Bildung' möglicherweise passender erscheinen mag. Manchmal spielen solche Überlegungen aber auch gar keine Rolle und die drei Begriffe bezeichnen einfach synonym die Wissenschaft, die sich mit Fragen von Erziehung und Bildung befasst. Vor diesem Hintergrund ist der Titel dieser Einführungsreihe in seiner doppelten Begrifflichkeit durchaus Absicht und wird auch in den einzelnen Bänden häufig von Erziehungs- *und* Bildungswissenschaft oder aber auch nur von Erziehungswissenschaft die Rede sein, da in historischer Perspektive der Begriff der Erziehungswissenschaft derjenige ist, der insbesondere die wissenschaftliche Beschäftigung mit Fragen von Erziehung und Bildung bezeichnet und in der Namensgebung von Instituten, Studiengängen und auch der Fachgesellschaft DGfE (Deutsche Gesellschaft für Erziehungswissenschaft) auch heute (noch) der dominante ist.

Aus dieser Problematik lassen sich aber auch die zentralen Themen der Bände dieser Reihe ableiten, die sich mit der Geschichte (Birgitta Fuchs), den Grundbegriffen (Peter Vogel), den Theorien (Heinz-Herman Krüger) sowie den AdressatInnen und Handlungsfeldern (Arnd-Michael Nohl) beschäftigt, auf die sich diese Wissenschaft bezieht.

Während Fragen von Erziehung und Bildung schon immer Teil menschlichen Zusammenlebens waren und sind – müssen doch Wissen und kulturelle Zusammenhänge an die nächste Generation weitergegeben werden –, setzte ein systematisches Nachdenken über Ziele, Inhalte und Formen von Erziehung und Bildung im europäischen Raum zu Beginn der klassischen Epoche der griechischen Antike ein. Für die Auseinandersetzung mit solchen Fragen gab es jedoch lange Zeit keine eigenständige Wissenschaft, sondern diese wurden im Kontext anderer Wissenschaften – allen voran die Philosophie und lange Zeit auch die Theologie – verhandelt. Erst im Zeitalter der Aufklärung finden sich erste Bestrebungen, unter der Bezeichnung Pädagogik eine solche Wissenschaft zu etablieren, die sich zunächst grundlegenden Fragen der Erziehbarkeit, der Erziehungsbedürftigkeit oder der Notwendigkeit von Erziehung insbesondere von Kindern widmete.

Vorangetrieben wurde eine Etablierung auch an den Universitäten durch den wachsenden Bedarf zunächst an LehrerInnen im Kontext der Schulreformen, später aber etwa auch an SozialarbeiterInnen oder ErwachsenenbildnerInnen und mittlerweile an einer ganzen Reihe pädagogisch ausgerichteter beruflicher Tätigkeiten, etwa im Feld der Medien- oder Rehabilitationspädagogik, der frühkindlichen Erziehung oder des Personalmanagements. Damit kommen Fragen danach auf, wie diese Berufsgruppen eigentlich auf ihre Tätigkeit vorbereitet und ausgebildet werden sollen. Was soll ihnen beigebracht werden? Sollen sich etwa LehrerInnen ‚nur' mit Fachinhalten beschäftigen oder ist darüber hinaus auch ein Wissen über die Verhaltensweisen, Lebenswelten und Bedürfnisse von Kindern und Jugendlichen wichtig? Was sollen Ziele der Erziehung von jüngeren Kindern oder der Weiterbildung Erwachsener sein und bedarf es für deren Bestimmung einer eigenen Wissenschaft? Wie lassen sich die Begriffe Erziehung und Bildung eigentlich definieren, wenn sie immer auch Alltagsbegriffe sind? Was soll eine darauf bezogene Wissenschaft tun, welche Fragen soll sie bearbeiten und wie und mit welchen Methoden soll sie ihre Antworten finden? Soll sie die pädagogische Praxis anleiten oder soll sie diese ‚nur' beobachten? Dies alles sind Fragen, die uns auch heute noch beschäftigen und die zur Herausbildung einer Wissenschaft geführt haben, deren VertreterInnen ganz unterschiedliche Antworten auf diese Fragen gefunden haben.

Die vorliegende Einführungsreihe macht deutlich, dass es im Verlauf der Auseinandersetzung mit diesen Fragen, je nach historischer Epoche und gesellschaftlicher Situation, verschiedene Ideen gegeben hat, wie diese bearbeitet werden können und dass es auch heute keine einheitliche, von allen Beteiligten geteilte Perspektive darauf gibt. Die Pluralität der Fachbezeichnungen

(Pädagogik, Erziehungswissenschaft, Bildungswissenschaft) ist dafür nur *ein* Anzeichen. Die gegenwärtigen wissenschaftlichen Standpunkte leiten sich jedoch immer auch aus den Fragen und Antworten ab, die in der Vergangenheit formuliert wurden oder setzen sich mit diesen auseinander. Für Studierende ist es deshalb zum einen wichtig diese Entwicklungsgeschichte zu kennen, um auch heutige Diskussionen und Perspektiven einordnen zu können. Zum anderen bedarf es sowohl eines Verständnisses der zentralen Fragen, Begriffe und thematischen Dimensionen des wissenschaftlichen Feldes, auf das sich die Erziehungs- bzw. Bildungswissenschaft bezieht als auch der AdressatInnengruppen und Handlungsfelder, um sich ein disziplinäres Fundament zu erarbeiten, aus dem dann begründet Vertiefungen, Spezialisierungen und interdisziplinäre Perspektiven abgeleitet werden können. Die vorliegende Einführungsreihe möchte diesen Prozess begleiten und unterstützen.

Gedankt sei den vier AutorInnen, die mit großem Engagement die vier Kurseinheiten für den Studiengang Bildungswissenschaft an der FernUniversität Hagen erstellt haben, für die produktive und kooperative Zusammenarbeit und das Einlassen auf dieses etwas andere Format. Ein besonderer Dank gilt Katja Ludwig, die bei der Konzeption, der Koordination und der Umsetzung eine wertvolle Unterstützerin gewesen ist.

Cathleen Grunert

1 Einleitung

Die erzieherische Ausbildung und das akademische Studium der Pädagogik bestanden in Deutschland bis weit in die zweite Hälfte des 20. Jahrhunderts hinein inhaltlich zu einem großen Teil aus der Kenntnis der Geschichte der Pädagogik, waren mitunter sogar beinahe mit ihr identisch. Das hatte mehrere Gründe. Der gewichtigste von ihnen bestand – historisch gesehen – darin, dass die Pädagogik als die Wissenschaft von der Erziehung ihre wissenschaftliche Eigengestalt erst gewinnen und sich als selbstständiges Wissenschaftsgebiet abgrenzen und darstellen konnte, als man begann, ihre Geschichte zu schreiben. Die Pädagogik entstand – und das lässt sich analog auch für andere Geistes- oder Kulturwissenschaften zeigen –, als eine eigenständige Disziplin, als Theologen und Pädagogen wie beispielsweise August Hermann Niemeyer (1754–1828) und Christian Heinrich Schwarz (1766–1837) daran gingen, aus dem verstreuten und weithin unbekannt gebliebenen historischen Material über die Erziehung früherer Zeiten eine in sich stimmige Geschichte zu konstruieren, welche gewöhnlich bei John Locke (1632–1704) und Jean-Jacques Rousseau (1712–1778) begann, über Comenius (1591–1670), Ratke (1571–1635), die Bildungsphilosophen der Renaissance bis in die griechische Antike zu Platon, Aristoteles, Sokrates und den Sophisten (als den ersten ‚professionellen' Lehrern) zurückführte.

1.1 Die Geburt der Pädagogik aus ihrer Geschichtsschreibung

Die Pädagogik konstituierte sich als Wissenschaft in einem erheblichen Maße erst durch ihre eigene Geschichtsschreibung, präziser gesagt: durch den Fortschritt von einer Sammlung beliebiger und vereinzelter Schul-, Erziehungs- und Fallgeschichten zu einer in sich stimmigen Geschichte *der* Pädagogik.

Dem entspricht es auch, dass der Wissenschaftsname ‚Pädagogik', welcher um das Jahr 1770 aufkam – nicht, wie man immer noch hören oder lesen kann, – von dem griechischen Wort *paidagogos* (der Knabenführer) abgeleitet wurde, sondern von dem Begriff *paideia*, den Platon in seinem utopischen Staatsentwurf *Politeia*, einem bis heute maßgeblichen und nach dem Urteil Rousseaus sogar dem besten je über die Erziehung geschriebenen Buch prägte, um die Abrichtung und Ausbildung (griechisch: *trophé*) des Nähr- und Wehrstandes – in heutiger Sprache: der Arbeiter und Soldaten – deutlich von der Bildung der zum Führen und Leiten des Gemeinwesens berufenen

Philosophen – in heutiger Sprache: der Gebildeten – abzuheben. Friedrich Daniel Ernst Schleiermacher (1768–1834), der bedeutende deutsche Platon-Übersetzer und einer der sogenannten ‚Begründer' einer wissenschaftlichen Pädagogik, verdeutschte Platons *trophé* mit ‚Erziehung', für *paideia* setzte er den Begriff der ‚Bildung' in Umlauf.

1.2 Die vielen Gesichter der Geschichte der Pädagogik

Es wäre natürlich eine grobe Vereinfachung, sich diese die Wissenschaftsdisziplin konstituierende Geschichte der Pädagogik als ein in sich einheitliches Gebilde vorzustellen. Schon sehr früh zeigten sich unterschiedliche Perspektiven bzw. Aspekte, unter denen man diese Geschichte schreiben konnte – beispielsweise als Geschichte der erziehenden Personen, als Geschichte der erzieherischen Institutionen, als Geschichte erzieherischer Tatsachen, als Geschichte pädagogischer Ideen, als Geschichte erzieherischer Versuche – gelungener ebenso wie gescheiterter – etc. Und Gleiches gilt für ihre Verwendung in der erzieherischen Ausbildung und im akademischen Studium.

Wollte man die Geschichte dazu gebrauchen, um die kommenden Erzieher und Lehrer an vorbildlichen Erzieher- und Lehrergestalten aufzurichten, bot man ihnen eine pädagogische Personengeschichte, nicht selten hochstilisiert zu einer überzogenen ‚Heldengeschichte'. Die Figur des an allen Ecken und Enden scheiternden Volkserziehers *Johann Heinrich Pestalozzi* wurde auf diese Weise zuweilen zu einer pädagogischen Heilsgestalt überhöht. Wollte man den künftigen Erziehern und Lehrern die institutionellen Möglichkeiten und Einschränkungen der Erziehung einsichtig machen, legte man ihnen eine Institutionengeschichte vor. Wollte man den Schwerpunkt mehr auf die Anbahnung eines eigenständigen pädagogischen Denkens und Argumentierens legen, konfrontierte man sie mit den Gedanken und Entwürfen bedeutender ‚Vorläufer' und verfasste eine pädagogische Ideengeschichte, wobei man üblicherweise die gescheiterten verschwieg und die halbwegs gelungenen überbewertete und oft auch glorifizierte. Aber auch eine Geschichte misslungener Erziehung war denkbar, um die Kontingenz und das mit aller Erziehung verbundene Risiko des Erziehens deutlich zu machen. Und es gab immer wieder Versuche, alle einzelnen Aspekte in einer Gesamtschau miteinander zu verbinden, was dann gelegentlich auch zu einer recht verschwommenen Geistes- und Kulturgeschichte führen konnte.

1.3 Die historische Dimension der Pädagogik

Es war zweifellos ein Verdienst der im 20. Jahrhundert in Deutschland dominierenden sogenannten *Geisteswissenschaftlichen Pädagogik*, diesen innigen Zusammenhang zwischen historischem Wissen über die Erziehung und der erziehungswissenschaftlichen Theoriebildung aufgeklärt und als ‚historisch-systematische Methode' auf den Begriff gebracht zu haben (vgl. auch den Band von Heinz-Hermann Krüger in dieser Reihe: Krüger 2019, Kap. 4.2). Die geisteswissenschaftlichen Pädagogen – von Wilhelm Dilthey (1833–1911) über Theodor Litt (1880–1962), Eduard Spranger (1882–1963), Wilhelm Flitner (1889–1990), Herman Nohl (1879–1960) und Erich Weniger (1894–1961) bis hin zu Albert Reble (1910–2000) – haben die Geschichte der Pädagogik und die systematische Theoriebildung immer in einem denkbar engen Zusammenhang gesehen und als eine unauflösliche Einheit bearbeitet. Das kam in dem Begriff von der ‚historischen Dimension' der Pädagogik zum Ausdruck, mit dem diese Autoren deutlich machten, dass man ohne Besinnung auf die Geschichte den Horizont der Theorieentwicklung beträchtlich schmälert und sich ohne Not manche wichtigen Erkenntnisse und Anregungen vergibt (vgl. Nicolin 1975, S. 86ff.).

1.4 Von der Geschichte der Pädagogik zur erziehungswissenschaftlichen Historiographie

Die Vorherrschaft des Historischen in der erzieherischen Ausbildung und im akademischen Studium der Pädagogik wurde massiv gebrochen, als die Pädagogik in den 1970er- und 1980er-Jahren eine empirisch-sozialwissenschaftliche Wende erfuhr (vgl. auch den Band von Heinz-Hermann Krüger in dieser Reihe: Krüger 2019). Diese zuerst von Heinrich Roth (1906–1983) ausgerufene „realistische Wendung" (Roth 1962, S. 481) von den pädagogischen Ideen und ihrer Geschichte zur empirischen Erforschung der gesellschaftlichen Tatsache ‚Erziehung' bedeutete, wenn sie als eine Zuwendung zu neuen Fragestellungen und Themen verstanden wurde, ohne Zweifel eine Erweiterung des pädagogischen Horizontes und auch eine Bereicherung des erziehungswissenschaftlichen Wissens. Dort aber, wo sie als eine Abwendung von der Tradition verstanden und auch faktisch als solche vollzogen wurde, brachte sie die Gefahr mit sich, das pädagogische Blickfeld einzuengen, die lange Geschichte des pädagogischen Denkens abzuschneiden und den reichen Schatz an historischen Einsichten und Erfahrungen zu vernachlässigen.

Gleichzeitig kam es auch in der pädagogischen Geschichtsschreibung selbst zu einer Veränderung, welche sich in der programmatisch gemeinten

Umbenennung der Geschichte der Pädagogik in ‚Historische Erziehungswissenschaft' bzw. in ‚erziehungswissenschaftliche Historiographie' niederschlug. Das überkommene Bündnis zwischen Theorie und Geschichte der Erziehung sollte als Ideologie entlarvt und durch strenge historisch-empirische Forschung abgelöst werden. Die Rede von der historischen Dimension der Pädagogik verstummte in dem Maße, in dem die herkömmliche Geschichte der Pädagogik in empirisch-historische Einzelforschung parzelliert wurde und ihre Relevanz für die akademische Lehre und für die erzieherische Ausbildung zusehends schwand.

1.5 Die Wiederentdeckung der Geschichte der Pädagogik

Inzwischen hat sich die Gewichtung des erziehungsgeschichtlichen Wissens weitgehend wieder ausbalanciert. Dietrich Benner und Jürgen Oelkers haben in dem Vorwort zu ihrem 2004 erschienenen und über 1.100 Seiten umfassenden *Historischen Wörterbuch der Pädagogik* nicht nur die unverzichtbare Orientierungsfunktion des in der Geschichte der Pädagogik gespeicherten Wissens für die Praktiker unterstrichen, sondern auch deutlich gemacht, in welch hohem Maße jede Gegenwart auf Theoriekonzepte früherer Epochen zurückgegriffen hat. Die beiden Autoren haben daraus das Fazit gezogen, ein vertieftes Verständnis und eine gehaltvolle Reflexion von Erziehung und Bildung seien ohne historische Bezüge weder möglich noch sinnvoll. Ganz abgesehen von der Peinlichkeit, in die ein historisch Ungebildeter unausweichlich zu fallen droht, der einen pädagogischen Gedanken oder einen wissenschaftlichen Befund für neu hält, der einem in dem reichen Magazin der Geschichte der Pädagogik Bewanderten längst bekannt sein muss oder gar schon als banal erscheint.

Vor dem hier skizzierten geschichtlichen Hintergrund bedarf die vorliegende Einführung in die Geschichte des pädagogischen Denkens keiner ausführlichen Begründung und keiner speziellen Rechtfertigung. Die Beschäftigung mit der Geschichte von Erziehung und Pädagogik drängt sich sowohl im Hinblick auf das gewaltige Arsenal der pädagogischen Ideen und Theorien als auch hinsichtlich der erzieherischen Praxis, ihrer Erfolge und ihres Versagens, ihrer Projekte und ihrer Grenzen auf. Das theoretische Wissen wird durch die Kenntnis der Geschichte erheblich erweitert, und der Umkreis praktischer Erfahrungen und Einsichten wird durch das Studium der Geschichte in einem Maße bereichert, wie er von einer einzelnen Person – und wäre sie noch so ‚erfahren' – niemals ausgeschritten und von keiner Epoche – und wäre sie noch so produktiv – ausgeschöpft werden könnte.

1.6 Auswahl und Gliederung der Themen

Dieser Tatsache tragen auch die Auswahl und die Gliederung der Themen dieser Einführung Rechnung, die durch zwei Momente charakterisiert sind. Sie verzichtet erstens auf jeden Anspruch auf Vollständigkeit in dem Sinne, dass hier die gesamte Geschichte der Erziehung von ihren ersten Anfängen im Dämmerlicht der Menschheitsgeschichte bis an die Schwelle zum Heute rekapituliert werden könnte, und geht zweitens bewusst exemplarisch, d. h. beispielhaft vor. Diese Auswahl ist didaktisch geboten und theoretisch begründet.

Das erste Kapitel wendet sich der *griechischen Antike* zu, in der das gesamte europäische Erziehungs- und Bildungsdenken seinen Ursprung hat. Eine erste Aufklärungsbewegung im fünften Jahrhundert v. Chr. brachte mit der pragmatisch-utilitaristischen Bildungstheorie der Sophisten, den ethisch-philosophischen Bildungsvorstellungen von Sokrates und Platon sowie der humanistisch-rhetorischen Bildungskonzeption des Isokrates drei idealtypische Modelle pädagogischen Denkens hervor, die mit ihren erziehungs- und bildungstheoretischen Ideen die Geschichte pädagogischen Denkens maßgeblich beeinflussen konnten. Der Übergang von der Antike über den Renaissance-Humanismus zur Aufklärung wird anhand des italienischen Sprachhumanisten Giambattista Vico nachgezeichnet, der gegen den neuzeitlichen Rationalismus die rhetorisch-humanistische Bildung zu verteidigen suchte.

Das zweite Kapitel behandelt die *Pädagogik der Aufklärung*, wobei es im abendländischen Denken nicht nur *eine* Aufklärung gegeben hat und Aufklärung nicht nur eine historische Epoche bezeichnet, sondern eigentlich das pädagogische Programm insgesamt. In einem weit gefassten Verständnis ist alle Erziehung und Bildung Aufklärung und das in dem doppelten Sinne: als ein Prozess des Aufklärens und als Ergebnis das Aufgeklärtsein.

Die Bildungsphilosophie des Neuhumanismus, der Gegenstand des dritten Kapitels, wird oft als die Sternstunde der deutschen Pädagogik bezeichnet. Und das nicht nur, weil sie eine Schöpfung der herausragenden Denker unseres Landes war und mächtig in alle Welt ausgestrahlt hat. Das humanistische Gymnasium, die Universität (im deutschen Sinne) und der Begriff der Bildung sind ihre genuinen Hervorbringungen, und alle drei haben eine geradezu weltweite Wirkung ausgeübt.

Wie eine Ironie der Geschichte könnte es im vierten Kapitel anmuten, dass gerade gegen das staatlich reglementierte Schulwesen, wie es im Gefolge des Neuhumanismus in Deutschland geschaffen und vom Ausland größtenteils als vorbildlich beurteilt worden war, die sogenannte *Reformpädagogik* an der Wende vom 19. zum 20. Jahrhundert sich wie ein großer Protest erhob, der den Perfektionismus der Schule brandmarkte und zu elementaren, vermeintlich ‚natürlichen' und in gewissem Sinne vormodernen Erziehungsprinzipien und -formen zurückkehren wollte. Schließlich meint das Wort ‚Reform' die Rückwendung zu schlichteren und vermeintlich besseren Formen der Erziehung, als sie das moderne Erziehungssystem geschaffen hat. An die Stelle des Denkens trat als neuer Leitbegriff das ‚Leben', und zentrale Begriffe der Reformpädagogik wurden Bund, Gemeinschaft und Führer. Gleichzeitig kommen aus dieser Zeit viele pädagogische Ideen, die sich zu eigenen pädagogischen Lehren entwickelt haben.

Das letzte Kapitel dieser Einführung in die Geschichte des pädagogischen Denkens thematisiert die Pädagogik des *Nationalsozialismus*, wobei es als überaus fraglich erscheint, ob vor dem Hintergrund einer inhumanen Ideologie und eines totalitären Staatsentwurfs überhaupt von Pädagogik gesprochen werden kann. Eine kritische Auseinandersetzung mit der nationalsozialistischen ‚Pädagogik' ist jedoch aus mindestens zwei Gründen unumgänglich: Erstens muss sich die Erziehungswissenschaft als Disziplin mit ihrer eigenen nationalsozialistischen Vergangenheit auseinandersetzen, zumal die NS-Pädagogik auf Theoreme zurückgreift, die einer pädagogischen Tradition entstammen. Zweitens kann man Theodor W. Adornos mahnende Worte nicht ignorieren, dass es die „allererste Forderung" an Erziehung sei, zu verhindern, dass sich Ausschwitz noch einmal wiederholt. Als eine der wichtigsten Voraussetzungen für die Realisierung dieses Erziehungszieles benennt Adorno die Aufklärung über die Motive und die Kenntnis der Umstände, die „zu dem Grauen geführt" haben (Adorno 1971, S. 88).

2 Die griechische Antike

Ursprung der Pädagogik im griechischen Denken

Das erste Kapitel widmet sich der griechischen Antike und dies aus gutem Grund: *Der Ursprung der Pädagogik im griechischen Denken* lautet der Titel des bekannten Buches von Ernst Lichtenstein (1970), das einen wichtigen Beitrag zur *europäischen* Bildungsgeschichte darstellt. Die von Lichtenstein formulierte Grundthese besagt, dass die griechische, ebenso wie die hellenistische und römische Überlieferung als gemeinsame europäische Bildungsgüter gelten müssen, so dass uns hier die Anfänge unserer eigenen pädagogischen Tradition vor Augen geführt werden. Wir sind „Graeco-Lateiner, alle Grundlagen unserer Zivilisation stammen von ihnen; und das trifft in besonderem Maß für unser Erziehungssystem zu", schreibt Henri Irénée Marrou im Vorwort seiner imposanten *Geschichte der Erziehung im klassischen Altertum* (Marrou 1977, S. 16). Dass es die griechische Bildung ist, in der die europäische Bildungsidee im Allgemeinen und unser Bildungsverständnis im Besonderen ihre Wurzeln haben, ist ein Topos, der wohl am deutlichsten von Enea Silvio Piccolomini (dem späteren Papst Pius II) in seinem Buch *Europa* aus dem Jahre 1551 ausgesprochen wurde:

> *„Jetzt ist Griechenland verwüstet und zerstört – welch kultureller Verlust uns daraus erwachsen ist, wißt ihr alle, da euch ja bekannt ist, daß die gesamte Bildung der lateinischen Welt aus griechischen Quellen stammt."*
> Piccolomini 1551, zit. n. Fuhrmann 1999, S. 23

Das 5. Jhd. v. Chr. als kulturgeschichtlicher Wendepunkt

Diesem Topos folgend wenden wir uns also zunächst der griechischen Antike zu und beginnen unsere Darstellung im 5. Jahrhundert v. Chr. und damit zu einem Zeitpunkt, als die aristokratische Gesellschaftsordnung der althellenischen Welt der Polisdemokratie in den griechischen Stadtstaaten zu weichen begann. War die Erziehung bislang Adelserziehung, in der Homers Epen *Ilias* und *Odyssee* die großen Erziehungsmächte darstellten und sich die Erziehung mit dem Ziel des *kalokagathos*, d. h. des guten und zugleich schönen Menschen vorwiegend auf gymnastische und musische Erziehung konzentrierte, bricht mit der ionischen Demokratie eine Zeit an, die verstärkt der Bildung bedurfte, um die Mitsprache bei der Verhandlung der öffentlichen Angelegenheiten durch entsprechendes Wissen und überzeugende Rede zu ermöglichen. Es ist auch die Zeit, in der die mythisch überlieferten Vorstellungen von Erziehung nicht mehr unhinterfragt von Generation zu Generation weitergegeben wurden, sondern in der sich der Übergang von der Erziehungspraxis zur Reflexion über diese Praxis vollzieht (Prange 1988, S. 23), ein Prozess, in dessen Verlauf die Erziehungs- und Bildungstheorien der Antike zunehmend an Konturen gewinnen.

Bevor wir uns jedoch dem pädagogischen Denken zuwenden, wollen wir uns der kulturgeschichtlichen und politischen Umstände vergewissern, die dazu führten, dass sich im fünften und vierten Jahrhundert v. Chr. in Athen eine, wie Albert Reble formuliert, „einzigartige Kultur des geistigen Lebens" (Reble 1975, S. 21) mit ihren Erziehungs- und Bildungsvorstellungen herausbilden konnte. Es sind vor allem zwei Momente, die in diesem Zusammenhang von Bedeutung sind: erstens die zunehmende Ablösung vom Mythos und die Entstehung von Philosophie und Wissenschaft und zweitens eine politische Strukturveränderung, die sich als Übergang von der Adelsherrschaft (Aristokratie) zur Volksherrschaft (Demokratie) vollzog.

2.1 Vom Mythos zum Logos

Die erste europäische Aufklärungsbewegung

Im Rahmen einer ersten europäischen Aufklärungsbewegung im 5. Jahrhundert v. Chr. wurden Formen der mytho-poetischen Welterklärung durch erste Versuche einer wissenschaftlich-rationalen Erfassung von Natur und Kultur abgelöst, ein Prozess, den man seit dem Erscheinen des Werkes von Wilhelm Nestle (1865–1959) *Vom Mythos zum Logos, die Selbstentfaltung des griechischen Denkens von Homer bis auf die Sophistik und Sokrates*, als den Übergang vom Mythos zum Logos bezeichnet (Decher 2012, S. 15). Mythen repräsentieren innerhalb der Menschheitsgeschichte archaische Formen der Weltdeutung, imaginativ-bildhafte Vorstellungen, die dem begrifflich-abstrakten Denken vorausgehen und die den Menschen in der Frühzeit eine erste Orientierung in der meist als fremd und bedrohlich empfundenen Welt ermöglichen. Bereits im 6. Jahrhundert v. Chr. suchten die griechischen Naturphilosophen, von denen uns besonders Anaximander, Heraklit, Parmenides, Pythagoras sowie Thales von Milet bekannt sind, aus einer mythenkritischen Haltung heraus nach wissenschaftlichen Antworten auf die Frage nach den ersten Ursachen.

Abbildung 1: Thales von Milet (vermutl. 624/23–544 v. Chr.)

Eben jenem Thales von Milet war es gelungen, auf der Grundlage mathematischer Berechnungen eine Sonnenfinsternis im Jahre 555 v. Chr. vorherzusagen. Damit konnte er nicht nur den „Zauber der mythischen Weltinterpretation und der Schöpfungstheologie" durchbrechen, sondern auch das Erkennen und Wissen auf eine rationale Grundlage stellen (Pleines 2004, S. 24f.). Die nun einsetzende Aufklärungsbewegung erfasste in zunehmendem Maße auch das gemeinsame politische und kulturelle Leben in der *polis,* so dass man nun auch in privaten und öffentlichen Angelegenheiten weniger auf die Weissagungen der Priester und die Deutungsmacht der Dichtung vertraute, sondern anstehende Entscheidungen auf der Grundlage gemeinsamer Beratung und vernünftiger Argumentation traf. Überzeugende Rede und Argumentationskompetenz gewinnen vor dem Hintergrund dieser Aufklärungsbewegung, die mit der Entstehung demokratischer Strukturen in den griechischen Stadtstaaten zusammenfällt, enorm an Bedeutung, um gemeinsame und öffentliche Belange „vor dem Standpunkt gemeinsamer Vernunft" verhandeln zu können (ebd., S. 25).

2.2 Der Übergang zur Demokratie und die Bedeutung der Rhetorik

Beratung und Argumentation als demokratische Formen politischer Macht

Mit dem Sieg der Griechen über die Perser bei Marathon und Salamis beginnt das sogenannte Perikleische Zeitalter (480–430 v. Chr.), das als ein „goldenes Zeitalter" in die griechische Geschichte Eingang gefunden hat (Decher 2012, S. 16). Die demokratische und rechtsstaatliche Verfassung unter Perikles eröffnete nun nicht mehr nur dem Adel, sondern allen freien Bürgern die Möglichkeit zu politischer Partizipation und demokratischer Mitbestimmung, mit der sich auch die Bildungsambitionen veränderten. Das Interesse an einer entsprechenden Bildung, die für die höchsten Staatsämter qualifizierte, nahm zu. Allerdings galten als freie Bürger nur Männer, so dass Frauen, aber auch Sklaven und Fremden (Barbaren) dieser Bildungsweg verschlossen blieb (vgl. auch Tenorth 2008, S. 46; Grunert 2006, S. 24).

Wer nun politische arete oder Tüchtigkeit – heute würde man vielleicht Führungsqualitäten sagen – gewinnen will, muss nicht nur über eine pragmatische Allgemeinbildung (Lichtenstein 1970, S. 49) verfügen, sondern auch und vor allem über Redemächtigkeit und Argumentationstechnik, die Hauptmittel politischer Wirkung in der Demokratie. So wie der Politiker seine Absichten in der Volksversammlung nur über den Weg der überzeugenden Präsentation und Argumentation durchzusetzen vermag, so muss auch der Bürger seine politische Meinung in der Öffentlichkeit oder seine Rechtsangelegenheiten vor Gericht sprachgewandt vertreten. Das öffentliche Leben in der Polis ist nun in einem sehr ausgeprägten Sinne durch das Wort bestimmt, den logos, d. h. durch die „explikative und argumentative Rede" (Helmer 2004, S. 15). Von daher ist es auch nicht verwunderlich, dass das Aufkommen der Rhetorik als Theorie und Praxis der überzeugenden Rede mit der Entstehung demokratischer Staatsformen zusammenfällt. Die ersten bedeutenden Redner traten nach dem Ende der Tyrannis im 5. Jahrhundert v. Chr. in Sizilien (Syrakus) auf (Ueding 1996, S. 14). Unter ihnen sticht Korax als der Begründer der politischen Rhetorik hervor. Ihm war es gelungen, das durch die Tyrannenvertreibung entstandene politische „Machtvakuum" durch demokratische Formen der Entscheidungsfindung auf der Grundlage gemeinsamer Beratung zu füllen (ebd., S. 15). Seine Schüler Teisias und Gorgias von Leontinoi konnten mit der juristischen Beredsamkeit sowie der Lob- und Tadelrede die beiden weiteren klassischen Formen der Rhetorik begründen, die nun im Lehrprogramm der Sophisten die zentrale Stellung einnehmen.

Rhetorik als Theorie der Argumentation bei Aristoteles

Die wichtigste und folgenreichste Theorie der Argumentation findet sich bei Aristoteles, der die Rhetorik als Theorie der wirksamen und überzeugungsstiftenden Rede entwickelt hat, welche die argumentativen Überzeugungsmittel (logos), die Formen sprachlichen Ausdrucks (lexis) und die Disposition der Redeteile (taxis) in einem systematischen Zusammenhang darlegt (Aristoteles: Rhetorik 1404a). Die Rhetorik verfügt nach Aristoteles nicht nur über eine eigene Theorie und Methode, sondern auch über ein eigenes Erkenntnisinteresse. Ihre Aufgabe besteht nicht im Überreden, womöglich in listiger Täuschungsabsicht, sondern darin, zu erkennen, was „jeder Sache an Überzeugendem zugrunde liegt" (1355b). Die Rhetorik entfaltet ihre Wirksamkeit in jenen Bereichen, in denen der Streit zwischen divergierenden Meinungen und widerstreitenden Behauptungen nicht durch die zwingende Logik mathematischer Beweise geschlichtet werden kann, d.h. in den Bereichen der sozialen, politischen, ethischen und pädagogischen Lebenspraxis, in denen Wahlen und Entscheidungen getroffen, das wahrscheinlich Richtige und Treffende einer Entscheidung jeweils durch sorgfältiges Abwägen der Gesichtspunkte gefunden werden muss:

> *„Wir aber beraten über Dinge, die scheinbar Alternativen offen lassen, denn was unmöglich anders sein, werden oder sich verhalten kann, darüber berät niemand [...], denn das meiste, worüber Urteile getroffen und Überlegungen angestellt werden, kann sich ja auch anders verhalten. Denn man berät und denkt nach über die eigenen Handlungen, Handlungen sind aber alle von solcher Art, und keine davon ergibt sich sozusagen aus einer unbedingten Notwendigkeit."*
>
> Aristoteles: Rhetorik, 1357a

Die genuine Leistung der Rhetorik besteht also darin, in der durch Kontingenz charakterisierten Lebenswelt des Menschen, die „keine apodiktischen Beweise" kennt, überzeugend, konsensstiftend und handlungsorientierend aufzutreten (Koch 1999, S. 38).

Abbildung 2: Raffaelo Sanzio: *Die Schule von Athen* (1510), Vatikanische Museen

2.3 Drei pädagogische Modelle der griechischen Antike

Im Folgenden werden drei idealtypische Modelle pädagogischen Denkens (Böhm 1993, S. 297) vorgestellt, welche die griechische Antike im fünften und vierten Jahrhundert v. Chr. hervorgebracht hat und welche die Geschichte pädagogischen Denkens mit ihren jeweiligen erziehungs- und bildungstheoretischen sowie didaktischen Ideen beeinflussen konnten: die pragmatisch-utilitaristische Bildungstheorie der *Sophisten*, die philosophisch-ethische Bildungstheorie von *Sokrates* und *Platon* sowie die humanistisch-rhetorische Bildungstheorie des *Isokrates*.

2.3.1 Die pragmatisch-utilitaristische Bildungstheorie der Sophisten

In der zweiten Hälfte des 5. Jahrhunderts v. Chr. traten in Griechenland die sog. *Sophisten* auf, Lehrer der Weisheit (*sophía*), die die höhere Jugend gegen ein entsprechendes Honorar unterrichteten. Einige dieser Sophisten sind uns aus Platons Dialogen bekannt: Protagoras aus Abdera (um 490–411 v. Chr.), Hippias von Elis (um 430–399 v. Chr.) und Gorgias von Leontinoi (um 490–396 v. Chr.).

Der Begriff *sophistes*

Das griechische Wort *sophistes* bezog sich ursprünglich auf jemanden, von dem man annahm, dass er weise (*sophos*) sei und zwar sowohl in einem philosophischen Sinn als auch im Hinblick auf praktische Klugheit (Lebensklugheit). Erst im späten fünften Jahrhundert v. Chr. wird der Begriff *sophistes* zu einer Art Berufsbezeichnung für die nun auftretenden Lehrer der *sophia*, die Lehrer der Weisheit, des Wissens, insbesondere des politischen Wissens und der Rhetorik (vgl. Decher 2012, S. 17).

Die Sophisten als Begründer des höheren Unterrichts

Das Auftreten der Sophisten in den griechischen Stadtstaaten läutet insofern eine entscheidende Epoche in der Geschichte des europäischen Bildungsdenkens ein, als sie als die eigentlichen Begründer des höheren Unterrichts gelten können, da sie Erziehung und Unterricht zu einem Beruf erhoben und sich bewusst als Jugendbildner bezeichnet haben. Die Sophisten haben nicht nur die Pädagogik als eine „eigene und besondere Kulturleistung" begründet (Lichtenstein 1970, S. 47), sondern auch dem Begriff *paideía*, der bislang nichts weiter als Kinderzucht bedeutete, den Sinn einer persönlichen geistigen Kultur verliehen und damit ein System der höheren Bildung entwickelt, das noch heute die ganze zivilisierte Welt beherrscht (Jaeger 1973, S. 400). Ihr Unterricht war für wohlhabende und politisch ambitionierte junge Männer – wie erwähnt waren Frauen, Sklaven und Fremde von der Bildung ausgeschlossen – vorgesehen, welche die Elementarschule bereits absolviert hatten und über die nötigen finanziellen Mittel verfügten. Die Sophisten stellten ihren Schülern eine höhere Bildung in Aussicht, die zu politischer Tüchtigkeit (*arete*) anleiten und damit den Weg zu hohen politischen Ämtern eröffnen sollte. Da sie auch versprachen, die jungen Männer gleichzeitig zu besseren Menschen zu erziehen, drängte sich fast zwangsläufig die Frage nach der Lehrbarkeit der Tugend auf, eine Frage, die heftig diskutiert wurde und bis heute ein Hauptproblem der Pädagogik geblieben ist (Ballauff 1969, S. 49).

Enkýklios paideía

Die Sophisten entwickelten zu diesem Zweck unter dem Begriff der *enkýklios paideía* (Kreis der Bildung) ein enzyklopädisches Curriculum, das die Lektüre und Interpretation klassischer Werke der Dichtung ebenso umfasste wie Geschichte, Politik und vor allem die Rhetorik. Zwar kann man bei den Sophisten noch nicht von einem bewussten Lehrplan sprechen, da es noch kein eigentliches Schulwesen als institutionelle Voraussetzung dafür gab, aber es zeichnet sich bereits eine ganz bestimmte Konzeption von Allgemeinbildung ab, in der die Rhetorik die Hauptrolle einnimmt. Im Bunde mit der Grammatik und Dialektik ist sie „die Grundlage der formalen Bildung des Abendlandes" gewesen (Jaeger 1973, S. 399). Rhetorik, Grammatik und Dialektik bilden seit dem späten Altertum das sog. *Trivium*, zu dem das mathematische *Quadrivium* aus Arithmetik, Geometrie, Musik und Astronomie hinzutrat, so dass sich sieben ‚freie Künste' (*septem artes liberales*) ergaben, die an den Universitäten des Mittelalters und der frühen Neuzeit in Form einer nicht berufsqualifizierenden (‚freien') Allgemeinbildung auf die klassischen Fakultäten Medizin, Theologie und Jurisprudenz vorbereiteten.

Septem artes liberales:
Trivium: Rhetorik, Grammatik, Dialektik
Quadrivium: Arithmetik, Geometrie, Musik, Astronomie

Die Bedeutung der *artes liberales*

Der Ausdruck *artes liberales* findet sich zuerst in Ciceros *De inventione* und später bei Seneca. In seinen *Epistulae* spricht Seneca von jenen Künsten, „welche die Griechen kreisförmig geschlossene, die Unseren aber freie Künste nennen" (Seneca, Ep. 88, 23, zit. n. Lichtenstein 1970, S. 60). Die Eingliederung der Rhetorik in das enzyklopädische Wissen der Antike war also bereits von den Sophisten vorbereitet und zum festen Bestandteil allgemeiner Bildung geworden. Auch die Ergänzung der sprachlichen Disziplinen des *Triviums* durch die mathematischen Disziplinen des *Quadriviums* wurde durch die Sophisten initiiert und durch Platon übernommen, wenn auch nicht im pragmatisch-utilitaristischen Sinne der Sophistik. Wie wir noch sehen werden, wurde diese kreisförmig geschlossene (*enkýlios*) Allgemeinbildung der Sophisten durch Platon zu einer Propädeutik der Philosophie abgewertet, da sich für ihn die eigentliche und wahre Bildung in der Philosophie vollendet. Werner Jaeger sieht in der Einführung des Mathematikunterrichts „eine für alle Zeiten grundlegende Tat" (Jaeger 1973, S. 400). Noch für Humboldts Überlegungen zum Lehrplan des humanistischen Gymnasiums im 19. Jahrhundert ist die Zweiteilung in Sprachen und Mathematik von entscheidender Bedeutung (siehe Kap. 4.3). In Patristik und im Mittelalter werden die *artes liberales* in ihrer propädeutischen Funktion in das kirchliche Bildungssystem aufgenommen, womit dann allerdings auch ihre Verwandlung in einen Zusammenhang von Schulwissenschaften, ihre Verschulung verbunden war. Der Humanismus der Renaissance folgte dann jedoch Cicero, da er die *septem artes* als Bildungskünste in engste Beziehung zum Begriff der *humanitas* gesetzt und dem Bildungsideal des vollkommenen Redners zugeordnet hatte.

Beredsamkeit als Bildungsziel

Einen derart durchdachten und in sich geschlossenen Zyklus von allgemeinbildenden Disziplinen erachteten die Sophisten deshalb für unverzichtbar, da das geforderte Bildungsziel der Beredsamkeit grundlegende Kenntnisse und eine umfassende Orientierung in allen jenen Gebieten voraussetzte, die in der gerichtlichen und politischen Rhetorik zum Thema werden konnten.

Der gebildete und gewandte Redner sollte nie in die peinliche Lage kommen, „von irgendetwas gar nichts zu wissen“ (Dolch 1965, S. 27). Das heißt, in der anspruchsvollen Kunst, über jedwedes Thema kenntnisreich, überzeugend und allgemeinverständlich reden zu können, sahen die Sophisten den „Höhepunkt und Ausweis menschlicher Bildung“ (Ueding 1996, S. 19). Auf den engen Zusammenhang von Rhetorik und Bildung hat u. a. Hegel in seinen *Vorlesungen über die Geschichte der Philosophie* hingewiesen:

> *„So sind die Sophisten besonders Lehrer der Beredsamkeit gewesen. Das ist die Seite, wo das Individuum sich sowohl geltend machen konnte unter dem Volke als das ausführen, was das Beste des Volkes sei; dazu war die Beredsamkeit eines der ersten Erfordernisse. Dazu gehörte demokratische Verfassung, wo die Bürger die letzte Entscheidung hatten. Die Beredsamkeit führt die Umstände auf die Mächte, Gesetze zurück. Zur Beredsamkeit gehört aber besonders das: an einer Sache die vielfachen Gesichtspunkte herauszuheben und die geltend zu machen, die mit dem im Zusammenhang sind, was mir als das Nützlichste erscheint. Solche konkreten Fälle haben viele Seiten; diese unterschiedenen Gesichtspunkte aber zu fassen, dazu gehört ein gebildeter Mann; und das ist die Beredsamkeit, diese hervorzuheben, die anderen dagegen in den Schatten zu stellen.“*
>
> Hegel 1805/06:1996, S. 18

Erkenntnistheoretischer und moralischer Relativismus der Sophisten

Im Gegensatz zu der philosophischen Suche nach unumstößlichen Wahrheiten und zeitlos gültigen ethischen Grundsätzen vertraten die Sophisten einen erkenntnistheoretischen und moralischen Relativismus, der von der Überzeugung getragen war, dass es im Bereich der menschlichen Lebenswelt kein „dem Widerstreit der Meinungen entzogenes Wissen“ gibt, keinen „Monopolanspruch auf Wahrheit“, sondern nur die Orientierung an dem Wahrscheinlichen, d. h. an jenen Meinungen und Überzeugungen, die der Mehrheit als plausibel und konsensfähig erscheinen (Ueding 1996, S. 26). Es ist jener Relativismus sowohl im Hinblick auf die Erkenntnismöglichkeiten als auch auf die Gewinnung moralischer Prinzipien, der die Kritik von Sokrates und Platon auf den Plan rufen musste.

Reflexionsfragen

Aufgabe **?**

1. Begründen Sie mit Ihren eigenen Worten, warum die Sophisten die Sprache und die Rede in den Mittelpunkt ihrer Lehre stellten!
2. Protagoras sagt, dass es das Ziel seiner Bemühungen sei, seinem Schüler die „Klugheit in seinen eigenen Angelegenheiten ... und dann auch in den Angelegenheiten des Staates, wie er am geschicktesten sein wird, diese zu führen als auch darüber zu reden" (Platon, Protagoras 318e, 319a) zu vermitteln. Wie würden Sie diese Erziehungs- und Bildungsziele in ihren eigenen Worten beschreiben?
3. Was sagt dieser Vergleich darüber aus, wovon Bildungs- und Erziehungsziele abhängig sein können?
4. Was würden Sie sagen, warum kommt gerade in der Auseinandersetzung mit den Sophisten die Frage nach der Lehrbarkeit der Tugend auf? Und warum kann dieses Problem als ein Hauptproblem der Pädagogik (Ballauff 1969) gefasst werden? Begründen Sie Ihre Überlegungen!

Weiterführende Literatur zu den Sophisten in der griechischen Antike

!

Fischer, Wolfgang (1997): Kleine Texte zur Pädagogik in der Antike. Baltmannsweiler: Schneider-Verlag Hohengehren.

Fischer, Wolfgang/Löwisch, Dieter-Jürgen (Hrsg.) (1998): Philosophen als Pädagogen. Wichtige Entwürfe klassischer Denker. Darmstadt: Wissenschaftliche Buchgesellschaft.

Waterfield, Robin (2000): The First Philosophers: The Presocratics and Sophists. Oxford: OUP.

2.3.2 Sokrates (469–399 v. Chr.) und die Kunst der Gesprächsführung (Maieutik)

Abbildung 3: Büste des Sokrates, Louvre, Paris

Sokrates wurde 469 v. Chr. in Athen zur Zeit der attischen Demokratie als Sohn des Steinmetzen *Sophronikos* und der Hebamme *Phainarete* geboren und ist im Jahre 399 v. Chr. wegen vermeintlicher Gotteslästerung und Jugendverhetzung zum Tode verurteilt und durch den Schierlingsbecher in Athen hingerichtet worden. Eine von seinen Anhängern organisierte Fluchtmöglichkeit schlug Sokrates aus Achtung vor dem Gesetz aus und widmete die letzten Stunden seines Lebens dem philosophischen Gespräch mit seinen Freunden.

Die pädagogische und philosophische Bedeutung des Sokrates

Die Bedeutung des Sokrates kann sowohl für die Pädagogik als auch für die Philosophie gar nicht hoch genug eingeschätzt werden und das, obwohl er selbst seine Gedanken nicht in schriftlicher Form hinterlassen hat. Die Rekonstruktion seiner pädagogischen und didaktischen Überlegungen ist auf Quellen angewiesen, die über ihn berichten, ihn zitieren oder gar seine philosophische Methode imitieren. Zu den bedeutendsten Quellen gehören neben Aristophanes und Aristoteles die Werke zweier seiner Schüler: die *Memorabilien* des Geschichtsschreibers Xenophon und natürlich die Dialoge seines berühmten Schülers Platon. Vor allem Platons frühe Dialoge und seine *Apologie* des Sokrates können als die wichtigsten Quellen zu Sokrates gelten und müssen gleichzeitig kritisch betrachtet werden, da Platon seinen Lehrer Sokrates fast durchgängig als Wortführer auftreten lässt, ohne aber seine eigene philosophische und pädagogische Position deutlich von der sokratischen zu unterscheiden (Pleger 2006, S. 16).

Der Dialog als philosophische und pädagogisch-didaktische Methode

Dass Sokrates innerhalb der Philosophiegeschichte einen bedeutenden Einschnitt markiert, wird schon daran ersichtlich, dass man von einer vorsokratischen Philosophie spricht, so wie man später im Zeitalter der Aufklärung die Philosophie vor Kant als vorkantische Philosophie bezeichnen wird. Zwei Momente legitimieren diese Einschätzung: Zum einen stellt Sokrates nicht mehr naturphilosophische Fragen und Probleme in das Zentrum seines Nachdenkens, sondern er widmet sich vor allem ethischen Grundfragen menschlicher Lebensgestaltung sowie den handlungsleitenden Überzeugungen seiner Mitmenschen und deren Wertvorstellungen, die er aufgreift und einer schonungslosen Prüfung unterzieht. Zum anderen entdeckt Sokrates den Dialog als philosophische Methode und zwar so, dass der Dialog nicht nur philosophische Gedanken und Erkenntnisse adäquat darstellt, sondern sich vielmehr Philosophie selbst im Gespräch ereignet. Philosophieren heißt nun, Gedanken gemeinsam zu entwickeln und einer Prüfung zu unterziehen, um bloße Meinungen in begründetes Wissen zu überführen. Die Geschichte der Philosophie beginnt mit Dialogen, und so heißt es in der Einleitung von Martin F. Meyers *Geschichte des Dialogs* genauer mit den sokratischen Dialogen, die sich dadurch als philosophische Gespräche qualifizieren, dass es sich nicht um „bloße Erlebnisberichte" oder „unterhaltende Plaudereien", sondern um „themenzentrierte Unterredungen" handelt, die Fragen behandeln, die das gelingende menschliche Leben in der Polis in den Blick nehmen (Meyer 2006, S. 8). Für die Geschichte pädagogischen und didaktischen Denkens ist Sokrates insofern bis heute eine Quelle der Inspiration, da er auch für die Pädagogik den Dialog entdeckt und seine bildungstheoretische und didaktische Bedeutung herausgearbeitet hat.

Über Kindheit und Jugend des Sokrates wissen wir nur so viel, dass er nach dem klassischen Muster erzogen wurde, d. h. der elementaren Alphabetisierung folgte die gymnastische und musische Erziehung, das Studium der Geometrie und Astronomie sowie die Lektüre der Dichter (Demandt 1990, S. 9). Vermutlich hat Sokrates für eine gewisse Zeit den Handwerksberuf seines Vaters ausgeübt und an mehreren Schlachten des Peloponnesischen

Abbildung 4: *Ansicht der Athener Akropolis und dem Areopag*, gemalt von Leo von Klenze (1846)

Krieges (431–404 v. Chr.) teilgenommen. Seinen eigentlichen Wirkungsmittelpunkt fand Sokrates jedoch auf dem Marktplatz von Athen, wo er meist junge Männer in ein Gespräch verwickelte.

Im platonischen Dialog *Symposion* beschreibt Alkibiades, ein Schüler des Sokrates, dessen Art der Gesprächsführung wie folgt:

> *„Wenn einer des Sokrates Reden anhören will, so werden sie ihm anfangs ganz lächerlich vorkommen, in solche Worte und Redensarten sind sie äußerlich eingehüllt, wie in das Fell eines frechen Satyrs. Denn von Lasteseln spricht er, von Schmieden, Schustern und Gerbern, und scheint immer auf dieselbe Art nur dasselbe zu sagen, so daß jeder unerfahrene und unverständige Mensch über seine Reden spotten muß. Wenn sie aber einer geöffnet sieht und inwendig hineintritt: So wird er zuerst finden, daß diese Reden allein inwendig Vernunft haben, und dann daß sie ganz göttlich sind und die schönsten Götterbilder von Tugend in sich enthalten und auf das meiste von dem oder vielmehr auf alles abzwecken, was dem, der gut und edel werden will, zu untersuchen gebührt."*
>
> Platon: Symposion, 221d–222a

Die sokratische Mäeutik als geistige Geburtshilfe

Das lächerliche Moment, auf das Alkibiades hinweist, resultiert aus dem lebensweltlichen Bezug der Themen, anhand derer Sokrates seine Gesprächspartner unvermittelt in ein Gespräch verwickelt, dessen eigentliche Intention sehr schnell deutlich wird. Durch eine geschickte Fragetechnik und durch das hartnäckige Insistieren auf der Begründung von Aussagen und Meinungen, will Sokrates seine Gesprächspartner zu Einsicht und Erkenntnis führen, eine Methode, die er selbst als *Mäeutik* (auch: *Maieutik*; griech. ‚Hebammenkunst') bezeichnet. In Anspielung auf den Beruf seiner Mutter Phainarete, die in Athen als Geburtshelferin tätig war, bezeichnet Sokrates im platonischen Dialog *Theaitetos* seine Kunst der Gesprächsführung als eine Form der geistigen Geburtshilfe:

> *„Sokrates: Von meiner Hebammenkunst nun gilt übrigens alles, was von der ihrigen gilt; sie unterscheidet sich aber dadurch, daß sie Männern die Geburtshilfe leistet und nicht Frauen, und daß sie für ihre gebärenden Seelen Sorge trägt, und nicht für Leiber. Das größte aber an unserer Kunst ist dieses, daß sie imstande ist zu prüfen, ob die Seele des Jünglings Mißgestaltetes und Falsches zu gebären im Begriff ist; oder Gebildetes und Echtes. Ja auch hierin geht es mir eben wie den Hebammen, ich gebäre nichts von Weisheit, und was mir bereits viele vorgeworfen, daß ich andere zwar frage, selbst aber nichts über irgend etwas antwortete, weil ich nämlich nichts Kluges wüßte zu antworten, darin haben sie recht. Die Ursache*

davon aber ist diese, Geburtshilfe leisten nötiget mich der Gott, erzeugen aber hat er mir gewehrt. Daher bin ich selbst keineswegs etwa weise, habe auch nichts dergleichen aufzuzeigen als Ausgeburt meiner eigenen Seele. Die aber mit mir umgehen, zeigen sich zuerst zwar zum Teil gar sehr ungelehrig; hernach aber bei fortgesetztem Umgang alle denen es der Gott vergönnt wunderbar schnell fortschreitend, wie es ihnen selbst und andern scheint; und dieses offenbar ohne jemals irgend etwas etwa von mir gelernt zu haben, sondern nur selbst aus sich selbst entdecken sie viel Schönes und halten es fest; die Geburtshilfe indes leisten dabei der Gott und ich.“

Platon: Theaitetos, 150a–150d

Mäeutik und Elenktik als Momente sokratischer Gesprächsführung

Sokrates will also den „gebärenden Seelen“ seiner Dialogpartner auf dem mühsamen Weg der Erkenntnis beistehen. Das entscheidende Moment an seiner geistigen Hebammentätigkeit ist dabei nicht nur die „Entbindung“ von Gedanken, sondern auch deren gründliche Prüfung, so dass sich im Verlauf des Gesprächs herausstellt, ob es sich bei diesen Gedanken tatsächlich um begründete Aussagen oder bloß um subjektive Meinungen, vage Überzeugungen oder übernommene Vorurteile handelt. Wir können also an dieser Stelle bereits festhalten, dass die sokratische Mäeutik ein doppeltes Ziel verfolgt: Zum einen sollen durch den Wechsel von Frage und Antwort die gesuchten Einsichten von den Gesprächspartnern bzw. den Lernenden selbst gefunden werden (*Mäeutik*), zum anderen werden die „entbundenen“ Gedanken geprüft, eventuell widerlegt, um bloßes Scheinwissen zu entlarven. Dass diese geistige Geburt oft ebenso mühsam und schmerzhaft verläuft wie die Geburt eines Kindes, liegt daran, dass die Gesprächspartner des Sokrates nur ungern von ihren Überzeugungen und gewohnten Ansichten ablassen und sich nur sehr zögerlich eingestehen, dass sie einem Irrtum oder einem Vorurteil aufgesessen sind.

Sokrates als ideale Lehrergestalt

Diese dreigliedrige Einheit von Fragen, Prüfen und Widerlegen, bezeichnet man als die *Elenktik* des Sokrates (Fischer 2004, S. 94). Es sind vor allem diese beiden Momente sokratischer Gesprächsführung, die *Mäeutik* und die *Elenktik*, welche pädagogische und didaktische Bedeutung erlangt haben. Durch sie ist Sokrates als die „ideale Lehrergestalt“ in die abendländische Geistes- und Pädagogikgeschichte eingegangen. Niehuis-Pröbsting sieht in der individuellen Gesprächsmethode des Sokrates die „musterhafte Lösung“ für das pädagogische Grundproblem einer Erziehung zu Selbständigkeit und Mündigkeit. Sie trichtert nämlich nicht nur fertiges Wissen oder bloße Resultate ein, „sondern erzeugt Einsicht im Schüler und fördert seine selbsttätige Erkenntnis“ (Niehuis-Pröbsting 2004, S. 100).

Der Dialog als Medium der Bildung

Diese Einsicht betrifft nicht nur die Sacherkenntnis, sondern auch und vor allem die richtige Lebensführung, die aus der Selbsterkenntnis und einem veränderten Selbstverhältnis resultiert, sodass wir mit gutem Grund im sokratischen Gespräch nicht nur eine didaktische Methode, sondern auch ein Medium von Bildung erkennen können. Einsichten verändern nämlich das um Erkenntnis ringende Subjekt und bestimmen sein Handeln. Richtiges – und das heißt ethisch begründetes – Handeln resultiert nach Sokrates aus richtiger Einsicht, die allerdings in einem mühsamen und oft irritierenden Gesprächsverlauf gewonnen werden muss. Dialogische Praxis zielt also auf die Bildung und Selbstbildung (*paideia*) des Menschen (Meyer 2006, S. 9). Vor diesem Hintergrund wird auch der Hinweis des Sokrates verständlich, dass ein Leben ohne Philosophie, „ein Leben ohne Selbsterforschung gar nicht verdient gelebt zu werden" (Platon: Apologie, 38a).

Der Unterschied zu den Sophisten

Mit diesen Momenten ist auch der grundlegende Unterschied zwischen Sokrates und den Sophisten markiert. Weder lässt sich Sokrates seine Lehrtätigkeit bezahlen, noch verspricht er seinen ‚Schülern' beruflichen oder politischen Erfolg. Das von ihm angestrebte Wissen lockt nicht mit seiner unmittelbaren Verwertbarkeit und ist auch nicht mühelos zu erwerben. Sokrates verzichtet auf Formen direkter Belehrung und sucht stattdessen das individuelle Gespräch, das für viele seiner Gesprächspartner insofern existentielle Bedeutung erlangt, als mit den Sachfragen immer auch die Personen, die Überzeugungen äußern und Positionen vertreten, auf dem Prüfstand stehen (Pleger 1998, S. 194f.). Im platonischen Dialog *Protagoras* bringt Sokrates das Grundmotiv seiner Gesprächsführung deutlich zum Ausdruck: „Ich will eigentlich nur den Satz prüfen, aber es ereignet sich dann wohl, daß dabei auch ich, der Fragende, und der Antwortende geprüft werden" (Platon: Protagoras, 333c).

Die Grundstruktur des sokratischen Dialogs

Die Grundstruktur des sokratischen Gesprächs, die sich jedoch immer auch dem individuellen Gesprächspartner anpasst, lässt sich wie folgt darstellen:

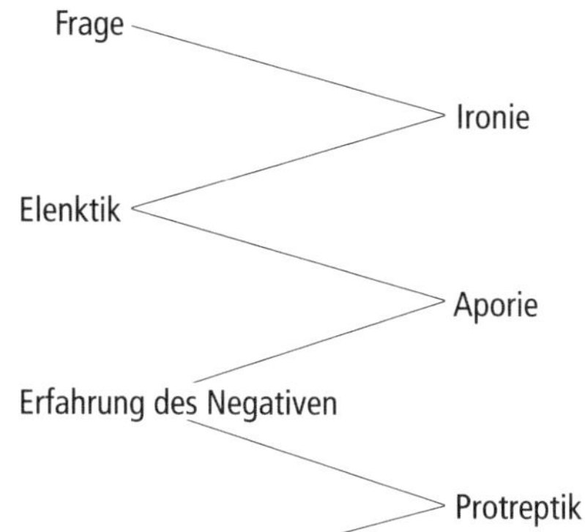

Das sokratische Gespräch nimmt seinen Anfang meist mit einer lebensweltlich situierten Frage nach dem richtigen Handeln im privaten oder politischen Kontext. So wendet sich etwa *Euthyphron* im gleichnamigen platonischen Dialog mit der Frage an Sokrates, ob es „fromm" sei, den eigenen Vater wegen des Verdachts auf Todschlags vor Gericht anzuklagen. Sokrates greift die Frage des *Euthyphron* bereitwillig auf, wendet die Blickrichtung jedoch sofort auf das Grundsätzliche: Was ist eigentlich Frömmigkeit? Unvermittelt – und gelegentlich ziemlich blauäugig – sehen sich die Gesprächspartner von Sokrates zu einer philosophischen Erkenntnisbemühung gedrängt, die sich mit dem lebensweltlichen Standpunkt nicht zufriedengibt, sondern die auf das jeweils Allgemeine und Grundsätzliche zielt. So ist das beherrschende Thema der sokratischen Dialoge die Bestimmung von Tugenden (*Aretai*), die in der politischen und sozialen Welt Athens von besonderer Bedeutung waren (Gerechtigkeit, Tapferkeit, Frömmigkeit und Besonnenheit).

Die Frage als Ausgangspunkt des Gesprächs

Um das Gespräch in Gang zu bringen, verstellt sich Sokrates ganz bewusst, um bei seinen Gesprächspartnern erste Hemmungen zu lösen oder sie zur Formulierung eines eigenen Standpunktes zu motivieren. Er gibt sich selbst als unwissend aus und fordert seine Gesprächspartner auf, ihn zu belehren. Diese Taktik wird als die „sokratische Ironie" bezeichnet. Das griechische Wort *eironeia*, von dem sich unser Wort Ironie ableitet, bedeutet so viel wie Verstellung und das Verb *eironeuomai* „sich im Reden verstellen" (Decher 2012, S. 36). Die Gesprächspartner durchschauen das Vorgehen des Sokrates zunächst nicht und lassen sich von daher auch zu vorschnellen und unbedachten Äußerungen hinreißen, wobei es Sokrates in der Regel keine große Mühe bereitet, die innere Widersprüchlichkeit dieser Äußerungen aufzudecken.

Die sokratische Ironie

Nun kommt das Moment der *Elenktik* (griech. ‚Kunst der Überführung') ins Spiel. Unnachgiebig fordert Sokrates seine Gesprächspartner dazu auf, ihre Aussagen zu begründen. Dabei tritt die Haltlosigkeit der aufgestellten Behauptungen immer deutlicher zutage und bereitet in den Gesprächspartnern die irritierende Erkenntnis vor, dass sich ihr vermeintliches Wissen als Scheinwissen entpuppt (Decher 2012, S. 37). Die eigentliche Kunst der sokratischen *Elenktik* besteht genau genommen darin, dass sich der Widerlegte durch sich selbst, d. h. durch seinen eigenen Verstand, widerlegt, indem er sich immer von neuem in Widersprüche verstrickt. Das *elenktische* Vorgehen des Sokrates kann so weit gehen, dass das Gespräch in der Aporie, d. h. der Ausweglosigkeit endet. Was sich im ersten Moment dramatisch anhört, ist nach Sokrates der entscheidende Moment im Bildungsprozess: das Wissen um das eigene Nichtwissen.

Die sokratische Elenktik

Nach Sokrates und Platon ist das mangelnde Bewusstsein des eigenen Nichtwissens das größte Hindernis in allen Lern- und Bildungsprozessen, sowohl im schulischen als auch im außerschulischen Kontext. Wer davon

Die Erfahrung des Negativen

überzeugt ist, alles schon zu wissen, wird kaum bereit sein, sich einer erneuten und intensiven Erkenntnisanstrengung zu unterziehen. Von erheblicher Bedeutung ist daher die Einsicht in das eigene Nichtwissen, eine Einsicht, die offensichtlich eine negative Erfahrung bzw. das Scheitern an sich selbst voraussetzt: „Der Schock, in den der Zögling durch das Scheitern versetzt wird, die Verwirrung, die Aporie ist überhaupt der entscheidende Effekt der sokratischen Methode. Jetzt wird dem Zögling klar, dass er ein Bedürftiger ist, erst danach fängt er an, etwas zu fragen und beginnt sich zu interessieren" (Böhme 1992, S. 137). Die Erfahrung des Negativen ist somit die Bedingung der Belehrbarkeit. Die Form der Belehrung, die von der Unbelehrbarkeit befreit, verdient nach Sokrates und Platon den Namen der *Paideia*, der Bildung, allerdings nicht in dem Sinne einer Vermittlung von Wissen und Kenntnissen, sondern im Sinne einer „geistigen Befreiung" (Koch 1993, S. 290) von Vorurteilen, bloßen Meinungen und Scheinwissen, das sich bei genauerer Prüfung als Unwissen enttarnt.

Protreptik als Kunst der Hinwendung

In der *Protreptik* (griech. ‚Kunst der Hinwendung') unterstützt Sokrates seinen nun lernbereiten Gesprächspartner durch geschicktes Fragen bei der ‚Entbindung' seiner Gedanken und auf dem Weg zum Wissen im Sinne begründeter Aussagen.

Rezeption der Mäeutik durch die Aufklärungspädagogik

Vor allem die Aufklärungspädagogik (vgl. Kap. 3) hatte der sokratischen Mäeutik im 18. Jahrhundert ihre feste Stellung im Unterricht gesichert und die „heuristischen Lehrformen" als fruchtbare Verfahren im Bildungsprozess gesehen (Eggersdorfer 1961, S. 413). Der Lehrer solle den Stoff nicht nur in monotoner Art vortragen und abfragen, sondern seine Schüler fragend belehren, so dass die Schüler das, was sie lernen sollen, aus ihrer eigenen Vernunft entwickeln. In der Methodenlehre der *Metaphysik der Sitten* hatte Kant zwischen der *akroamatischen* (dozierenden) und der *erotematischen* (fragenden) Lehrart unterschieden und die letztere deutlich favorisiert:

> *„Denn wenn jemand der Vernunft des anderen etwas abfragen will, so kann es nicht anders als dialogisch, d.i. dadurch geschehen: daß Lehrer und Schüler einander wechselseitig fragen und antworten. Der Lehrer leitet durch Fragen den Gedankengang seines Lehrjüngers dadurch, daß er die Anlagen zu gewissen Begriffen in dem selben durch vorgelegte Fälle bloß entwickelt (er ist die Hebamme seiner Gedanken)."*
>
> Kant 1797, § 50

Mit dem Hinweis auf die Hebammentätigkeit des Lehrers, die sich an die Vernunft und nicht an das Gedächtnis des Schülers wendet, nimmt Kant direkten Bezug auf die Methode des Sokrates und deren Eigenart, im Umgang mit jungen Menschen auf direkte Belehrung zu verzichten und stattdessen durch wechselseitiges Fragen und Antworten Erkenntnisse und Einsichten aus der Vernunft des Schülers hervorzulocken.

Aktuellere Ansätze

Aber auch pädagogisch-didaktische Ansätze neueren Datums haben sich an der sokratischen Mäeutik orientiert. Das sokratische Moment findet sich u. a. als wesentliches Moment des exemplarischen Lernens bei Martin Wagenschein sowie bei dem Göttinger Philosophen und Pädagogen Leonard Nelson (1882–1927) und seinem Schüler Gustav Heckmann (1898–1996). Nelson und Heckmann haben die sokratische Methode auf das Gruppengespräch ausgeweitet und sie damit nicht nur für den schulischen Unterricht, sondern auch für die akademische Lehre und die Erwachsenenbildung interessant gemacht. Im sokratischen Gespräch, so Heckmann, „wollen wir über bloß subjektives Meinen hinauskommen. Deswegen prüfen wir, welche Gründe wir für unsere Behauptungen haben und ob diese Gründe von uns allen als zureichend anerkannt werden. Das Hinausstreben über bloß subjektives Meinen, das Streben nach intersubjektiv Gültigem [...] ist Motiv des sokratischen Gesprächs" (Heckmann 2002, S. 77).

Kritik an der sokratischen Mäeutik

Der fragend-entwickelnde Unterricht, der oft mit der sokratischen Mäeutik identifiziert wird, hat jedoch auch seine Kritiker gefunden. Rainer Loska etwa hat durch die Analyse zahlreicher Unterrichtstranskriptionen auf die nach seiner Meinung unlösbaren didaktischen Schwierigkeiten hingewiesen. Der „pseudomaieutische Charakter" (Loska 1995, S. 97) vieler Unterrichtssituationen wird schon durch die Asymmetrie in der Gesprächssituation deutlich. Die Frageaktivität liegt in den Händen des Lehrers, der den Unterrichtsverlauf in eine ganz bestimmte Richtung lenkt. Vorstellungen von den zu erreichenden Lernzielen einer Unterrichtsstunde bestimmen die Gesprächslenkung und nötigen den Lehrer zu inhaltlich wertenden und steuernden Eingriffen. Nicht ins Konzept passende Schülerbeiträge werden durch Nicht-Beachtung, knappe Stellungnahmen oder explizite Abwertungen bedacht. Für die Prüfung eines Schülerbeitrages auf seinen wirklichen Gehalt hin bleibt meist keine Zeit und sie liegt auch nicht in der primären Intention des Lehrers. Loska zieht das ernüchternde Fazit, dass sich der Lehrer aus der „eigenartigen Zwitterstellung" zwischen Maieut und Unterrichtsingenieur nicht zu befreien vermag (ebd., S. 151) und Johannes Bilstein sieht darin eine „subtile Art der Gängelung" (2007, S. 33).

? Aufgabe

Reflexionsfragen

1. Arbeiten Sie heraus, was Sokrates von den Sophisten unterscheidet und was möglicherweise nicht!
2. Welche Methoden wendet Sokrates an? Beschreiben Sie diese mit Ihren eigenen Worten! Wie hängen Methode und Ziele der Erziehung bei Sokrates zusammen?
3. Sokrates, der auch als das „mächtigste erzieherische Phänomen des Abendlandes" (Jaeger 1933) bezeichnet wurde, behauptet in Platons Apologie: „Eigentlich aber bin ich nie irgend jemandes Lehrer gewesen: wenn aber jemand, wie ich rede und mein Geschäft verrichte, Lust hat zu hören, jung oder alt, das habe ich nie jemandem mißgönnt. Auch nicht etwa nur, wenn ich Geld bekomme, unterrede ich mich, wenn aber keines, dann nicht; sondern auf gleiche Weise stehe ich dem Armen wie dem Reichen bereit zu fragen. Und wer da will kann antworten und hören was ich sage. Ob nun jemand davon besser wird oder schlechter, davon bin ich nicht schuldig" (33b). Interpretieren Sie diese Aussage!
4. Diskutieren Sie, warum Bilstein im Hinblick auf die sokratische Maieutik von einer „subtilen Art der Gängelung" (2007, S. 33) sprechen kann!

!

Weiterführende Literatur zu Sokrates

Bühler, Patrick (2012): Negative Pädagogik. Sokrates und die Geschichte des Lernens. Paderborn: Schöningh.

Decher, Friedhelm (2012): Die Schule der Philosophen. Große Denker über Bildung und Erziehung. Kapitel 2. Darmstadt: Lambert Schneider.

Fischer, Wolfgang (2004): Sokrates pädagogisch. Würzburg: Königshausen & Neumann.

2.3.3 Platon (427–347 v. Chr.)

Abbildung 5: Platon (427–347 v. Chr.)

Mit Platon begegnet uns einer der bedeutendsten Philosophen und Pädagogen der griechischen Antike. Nach der Einschätzung des britischen Philosophen und Mathematikers Alfred North Whitehead (1929:1987, S. 91) besteht die philosophische Tradition Europas sinngemäß lediglich aus einer Reihe von Fußnoten zu Platon. Von ebensolcher Bedeutung sind auch seine pädagogischen und bildungstheoretischen Gedanken, denen wir uns im Folgenden zuwenden wollen, wobei wir uns auf Platons *Politeia* (dt.: *Der Staat*) konzentrieren. Dass es in dieser wichtigen Schrift nicht nur um staatsphilosophische Erörterungen, sondern auch um pädagogisch relevante Überlegungen geht, zeigt schon die Bemerkung von Jean-Jacques Rousseau (siehe Kap. 3.5.2), der in seinem *Émile* Platons *Politeia* als die „schönste Abhandlung über die Erziehung" bezeichnet, „die jemals geschrieben wurde" (Rousseau 1762:1993, S. 13).

Gründung der platonischen Akademie

Platon wird 427 v. Chr. als Sohn des Ariston in den Athener Aristokraten-Stand hineingeboren. Seine Kindheit und Jugend fallen in die Zeit des Peloponnesischen Krieges (431–404 v. Chr.), der mit der Kapitulation Athens endet. Eine zunächst angestrebte politische Karriere gibt Platon angesichts der von ihm diagnostizierten politischen Korruption unter der Herrschaft der pro-spartanischen 30 Tyrannen auf. Ein entscheidendes Motiv für seine politische Resignation dürfte auch die Verurteilung und Hinrichtung seines verehrten Lehrers Sokrates (im Jahre 399 v. Chr.) unter der neuen Oligarchie sein, die der Vertreibung der 30 Tyrannen folgte. Im Jahre 407 hat vermutlich seine erste Begegnung mit Sokrates stattgefunden, die nicht nur seine Karrierepläne, sondern auch sein philosophisches und pädagogisches Denken einschneidend verändern sollte. Zunächst aber verlässt Platon Athen. Studienreisen führen ihn zu Euklid von Megara und zu der Philosophengemeinschaft der Pythagoreer, bevor er 388 v. Chr. am Hofe des Tyrannen Dionysios I. von Syrakus als philosophischer Berater auf die politischen Verhältnisse Einfluss nehmen wollte. Als dieses Projekt scheitert, kehrt Platon nach Athen zurück, schließt sich dem Kreis um Sokrates an und gründet im Hain des Heros *Akademos* seine eigene philosophische Schule, die sogenannte *Akademie*, in der er fast 40 Jahre lang als Lehrer wirkte.

Platons Dialoge

Platon hat uns seine philosophischen und bildungstheoretischen Gedanken fast ausschließlich in Dialogform überliefert. Von seinen Schriften sind u. a. 25 Dialoge erhalten, die in die frühen, die mittleren und die späten Dialoge eingeteilt werden. Platons *Politeia* gehört zusammen mit den Dialogen

Parmenides, *Phaidros* und *Theaitetos* zu den mittleren Werken und ist für uns deshalb von Interesse, weil hier das Bildungsthema aufgegriffen und bearbeitet wird.

Auf der Webseite: http://www.opera-platonis.de/platon.html können Sie alle Dialoge online einsehen! (zum Teil weichen die Übersetzungen etwas voneinander ab)

2.3.3.1 Platons *Politeia*

Die Idee der Gerechtigkeit als Thema der *Politeia*

Das übergreifende Thema der *Politeia* ist die Idee der Gerechtigkeit und zwar, wie sich zeigen wird, im Hinblick auf den idealen Staat und das Individuum. Vor dem Hintergrund des von ihm diagnostizierten politischen und moralischen Verfalls der *polis* formuliert Platon seine bis heute zu Diskussionen anregende These, dass nur dann Hoffnung auf eine gerechte Staatsverfassung bestehe, wenn die Philosophen die politische Führung übernehmen bzw. die politische Führungselite zu Philosophen gebildet wird.

Die Seele-Staat-Analogie der *Politeia*

Die wohl durchdachte und gut geplante Erziehung und Bildung der zukünftigen Regenten ist also das große Thema der *Politeia*, so dass Platon zwar ein überaus elitäres Bildungsprogramm entwirft, aus dem sich jedoch auch wichtige Hinweise für die allgemeine Bildung gewinnen lassen. Durch den methodischen Kunstgriff der sog. *Seele-Staat-Analogie* (Platon: *Politeia*, 368d–369a) lenkt Platon das Interesse von dem politischen Problem des gerechten Staatswesens auf die ethische Frage nach der individuellen Gerechtigkeit, so dass Platon die politische Idee der Gerechtigkeit mit der ethisch motivierten Selbstsorge und der Frage nach einem gelingenden individuellen Leben verbindet. Den Auftakt zu Platons staats- und bildungstheoretischen Überlegungen bildet ein Gespräch über Gerechtigkeit (*dikaiosýne*) im Hause des wohlhabenden Kephalos. Zu Gast sind der Sophist Thrasymachos und mit Glaukon und Adeimantos, Platons Brüder. Sokrates tritt als Hauptperson in Erscheinung und wird im Laufe des Gesprächs durch Adeimantos dazu aufgefordert, seine These von der Gerechtigkeit als höchstem Gut (*mégiston ágathon*) näher zu erläutern. Sokrates schlägt zu diesem Zweck vor, diese schwierige Aufgabe, die selbst für Scharfsichtige in „kleinen Lettern" geschrieben sei, an größeren und von daher leichter zu erkennenden „Lettern" zu studieren, nämlich an der Polis, dem Staat. Dies ist möglich, da nach Platon ein gerechter Mann „hinsichtlich des Wesens der Gerechtigkeit von dem gerechten Staat nicht verschieden, sondern ihm ähnlich" ist (Platon: *Politeia*, 435b). Platon nutzt also die ideale Vorstellung eines gerechten Staates „als heuristischen Schlüssel" für die Erkenntnis der individualethischen Gerechtigkeit (Kersting 1999, S. 159).

Nach Platon ist die Gerechtigkeit in der idealen Polis dann realisiert, wenn jeder Teil „das Eigene und Seinige" tut (Platon: *Politeia*, 434a). Diese Teile sind die drei im idealen Staat notwendig vorkommenden Stände: der Stand der Gewerbetreibenden, Handwerker und Bauern (*Nährstand*), der Stand der Krieger bzw. Wächter (*Wehrstand*) und der Stand der Regenten bzw. Archonten (*Lehrstand*). Die Zuordnung der Individuen zu den drei Ständen erfolgt gemäß ihrer natürlichen Begabung und individuellen Qualifikation und nicht nach Stand und Geburt, so dass jeder grundsätzlich die Möglichkeit erhält, das Seine und ihm Angemessene zu tun. Die sorgfältige Selektion derjenigen, die zum Wächteramt oder sogar zum Regieren geeignet sind, stellt eine der wichtigsten Aufgaben des staatlichen Bildungssystems dar.

Platons Definition von Gerechtigkeit

Platon entwirft auf diese Weise das Modell einer „streng hierarchisch aufgebauten Drei-Klassen-Gesellschaft" (Kersting 1999, S. 135f.), in der der unterste Stand der Bauern, Handwerker, Dienstleister und Tagelöhner den materiellen Bestand der Polis sichert, die Wächter mit ihrer polizeilichen und militärischen Funktion für die innere und äußere Sicherheit sorgen und die politische Elite, die Archonten, die Regierung übernehmen. Das entscheidende Moment in dieser Staatskonstruktion ist die Teilung der Gesellschaft in eine unpolitisch-private und eine politisch-öffentliche Sphäre (ebd.). Während die Bürger vorrangig ihren privaten und wirtschaftlichen Interessen nachgehen, sehen sich die Wächter dem Staatsinteresse und dem Allgemeinwohl verpflichtet. Zur Vermeidung von Korruption und Eigensucht wird den Wächtern Privatbesitz und jede Form eines Privatlebens untersagt. Da das Wohl der Polis auf den Sicherungsdiensten der Wächter beruht, ist ihre Erziehung und Bildung von höchstem Staatsinteresse. Sie müssen eigens erzogen werden, und zwar zur Tapferkeit (*andreia*), die nicht nur Mut, Entschlossenheit und soldatische Haltung, sondern auch Besonnenheit (*sophrosýne*) verlangt. Zweierlei kann an dieser Stelle bereits festgehalten werden: erstens steht die Erziehung und Bildung der politischen Eliten im Mittelpunkt der *Politeia*; zweitens ist die Bildung der Jugend nach Platon keine private, sondern eine öffentliche und politische Angelegenheit ersten Ranges.

Platons Staatsmodell

Nur am Rande soll darauf hingewiesen werden, dass diese Staatskonzeption heftig kritisiert wurde. Zu nennen ist in diesem Zusammenhang besonders Karl Popper, der in seinem Buch *Die offene Gesellschaft und ihre Feinde* Platons totalitäre Staatsform kritisiert und mit seinem Konzept einer offenen Gesellschaft konfrontiert hat (Popper 1945:2003, S. 104ff.). Popper weist nicht nur auf die Gefahr des politischen Stillstandes und eines gefährlichen Konservatismus in Platons Staat hin, sondern er problematisiert auch die selbstverständliche Gleichsetzung des Staatswillens mit dem Willen der Herrschenden. Jean-Jacques Rousseau wird im Gegensatz zu Platon den

Kritik an Platons Staatsform

volonté générale (allgemeiner Wille des Volkes) zum Prinzip einer Demokratie erklären.

Die Dreiteilung der Seele

Bevor wir uns das von Platon konzipierte Erziehungs- und Bildungsprogramm der Wächter näher ansehen, wollen wir die Seele-Staat-Analogie vervollständigen. Sokrates weist nämlich darauf hin, „daß die gleichen Teile, die sich im Staat finden, auch der Seele jedes Einzelnen innewohnen, und in der gleichen Zahl" (Politeia, 441c). Auch die Seele verfügt über einen vernünftigen Teil (*logistikón*), einen begehrenden (*alogiston/epithymetikón*) und einen muthaften Teil (*thymoeidés*). Dem letzteren ist es als „Bundesgenossen der Vernunft" zu eigen, dass er im Zwiespalt der Seele zwischen Trieb und Vernunft die „Waffen für das Vernünftige" gegen den aufbegehrenden triebhaften Teil ergreift (Platon: *Politeia*, 440e). Das folgende Schema soll der Verdeutlichung dienen:

Die Seele-Staat-Analogie nach Platon:

Staat:	Regenten	Wächter	Bürger
Seele:	logistikón	thymoeidés	alogiston/epithymetikón

Die Gerechtigkeit der Seele

Mit der Gerechtigkeit der Seele verhält es sich nun ebenso wie mit der Gerechtigkeit der Polis: Sie kommt nur dadurch zustande und hat nur unter der Bedingung Bestand, dass jeder Teil sich in den Grenzen dessen hält, wofür er besonders geeignet ist, d. h. ein Zustand innerseelischer Gerechtigkeit ist dann erreicht, wenn die Vernunft herrscht, der muthafte Seelenteil sich für die Vernunfteinsichten stark macht und die Begierden, Triebe und Affekte diszipliniert und im Zaum gehalten werden. Von Natur aus kommt es nämlich „dem vernünftig denkenden Teil zu herrschen, da er weise ist und für die gesamte Seele Fürsorge trägt, dem zornigen aber, ihm gehorsam und mit ihm verbündet zu sein" (Platon: Politeia, 441e). Während also Vernunft und Thymos einer sorgfältigen Erziehung und Bildung unterzogen werden müssen, bedarf der dritte Seelenteil lediglich einer strengen asketischen Disziplinierung:

> *„Und wenn diese beiden auf solche Weise erzogen und in Wahrheit in dem, was das Ihrige ist, unterwiesen und herangebildet werden, dann werden sie den begehrenden Teil unter ihre Leitung nehmen, der sich bei jedem in der Seele am breitesten macht und seiner Natur nach nie genug haben kann. Sie werden über ihn wachen, daß er nicht, durch Befriedigung der vermeintlichen Lüste des Leibes groß und stark geworden aufhöre, das Seinige zu tun und sich herausnehme, die andern sich untertänig zu machen und zu beherrschen, über die ihm seinem Stand gemäß die Herrschaft nicht zukommt, und so das gesamte Leben aller von Grund aus zerstöre."*
>
> Platon: Politeia, 442b

Das Erziehungs- und Bildungsprogramm der Wächter

Platon konzentriert sich zunächst auf das Erziehungs- und Bildungsprogramm der Wächter, aus deren Stand nach mehrmaliger strenger Selektion die Regenten hervorgehen. Von Natur aus sollten die Wächter nicht nur in einer guten körperlichen Verfassung sein und über charakterliche Stärken wie Mut und Beherztheit verfügen, sondern sie sollten sich auch durch Wissbegierde und philosophischen Sinn auszeichnen, um sich eventuell für den philosophischen Bildungsgang der zukünftigen Regenten zu qualifizieren. Jede dieser drei Naturanlagen muss eine entsprechende Erziehung und Förderung erhalten. Es bedarf also einer gymnastischen Erziehung des Körpers, einer charakterlich-ethischen Erziehung des Mutes und einer kognitiv-wissenschaftlichen Bildung des Verstandes und der Vernunft (Kersting 1999, S. 98). Die Erziehung folgt nach Platon zunächst der traditionellen und bewährten Erziehung, die für den Leib die Gymnastik und für die Seele die Musik vorsieht (Platon: Politeia, 367e ff.). Unter Musik (*mousiké*) ist nicht nur die Tonkunst, sondern auch die zugehörige Rede (*logós*) in Lied und Erzählung zu verstehen.

Musische und gymnastische Erziehung

Die Erziehung beginnt mit der musischen oder „seelenformenden" Erziehung, wie Platon sie auch nennt, denn „mit den Märchen kommen wir den Kindern früher als mit der Gymnastik" (Platon: Politeia, 377a). Da Kinder in ihrer frühen Entwicklungsphase durch die Aufnahme und Verarbeitung äußerer Eindrücke besonders formbar sind und die ersten Erfahrungen, Bilder und Empfindungen die weitere Persönlichkeitsentwicklung stark beeinflussen, kann man nach Platon nicht zulassen, „daß die Kinder beliebige Märchen anhören, wie sie der erste beste ersinnt, und daß sie so in ihre Seele Ansichten aufnehmen, die vielfach in Widerspruch stehen mit denen, die sie in reiferen Jahren unserer Meinung nach haben sollen" (Platon: Politeia, 377b).

Die Bedeutung mimetischen Lernens

Platon ist in dieser Hinsicht Mimetiker (Kersting 1999, S. 103), d. h. nach seiner Überzeugung formen die Erzählungen die kindliche Seele nach ihrem Bild. Aus diesem Grund unterzieht Platon die Dichtung einer pädagogisch motivierten Kritik, die selbst vor Homer und Hesiod nicht Halt macht (Platon, *Politeia* 377e ff.). Homers Epen und Hesiods *Theogonia* erzeugen mit ihren Darstellungen von Intrigen, sexuellen Ausschweifungen und Gewaltexzessen unter den Göttern nicht nur falsche Vorstellungen über das Wesen des Göttlichen, sondern sie sind auch kaum geeignet, um Tugendhaftigkeit und politische arete zu erzeugen (Kersting 1999, S. 102). Im Interesse des Staates sollten von daher nur Erzählungen und Märchen zugelassen werden, die den Kindern Vorbilder der Tugendhaftigkeit vor Augen stellen und zur Nachahmung empfehlen. Philosophische Dichtung „müsste Mimesis des Vernünftigen und seiner Macht über die unvernünftigen Affekte und Triebe sein" (Niehuis-Pröbsting 2004, S. 64), indem sie unter anderem anschaulich vorführt, wie die Furcht vor dem Tod durch vernünftige Überlegungen und Selbstbeherrschung überwunden werden kann. Generell sollte durch die ästhetische Gestaltung der kindlichen Lebenswelt und der damit ermöglichten Rezeption von Schönheit und „Wohlgestaltetheit" (Platon: *Politeia*, 401b-d) die Seele bereits in einer frühen Entwicklungsphase für das Vernünftige empfänglich werden. Der nun folgenden gymnastischen Erziehung geht es nicht nur um körperliche Ertüchtigung und militärische Vorübungen, sondern auch um die „asketische Zucht des unteren Seelenteils" (Kersting 1999, S. 99) mit dem Ziel der Selbstdisziplinierung.

Die Auswahl der Regentenanwärter

Nachdem die Erziehung durch Gymnastik und Musik geglückt ist, sind die wenigen erforderlichen Regentenanwärter (die künftigen Archonten) nach ihrer Begabung auszuwählen. Das Auswahlkriterium ist das Talent für philosophisches Denken, aus dem sich allmählich die Tugend der Weisheit (*sophía*) entwickeln soll, so wie die vorangegangene Wächtererziehung sich am Erziehungsziel der Tapferkeit (*andreía*) orientiert und wie dem Stand der Gewerbetreibenden die Tugend der Besonnenheit (*sophrosýne*) ans Herz gelegt wurde. Besonnenheit zeigt sich nach Platon nicht nur darin, dass man sich selbst „hinsichtlich der Freuden des Trankes, der Liebe und des Mahles" (Platon, *Politeia* 389e) zu beherrschen weiß, sondern auch in dem unhinterfragten Gehorsam gegenüber den Machthabenden.

Die vier Kardinaltugenden

Diese drei Tugenden, im rechten Verhältnis untereinander entwickelt, ergeben die vierte Tugend, die Gerechtigkeit (*díkaiosyne*). Besonnenheit, Tapferkeit, Weisheit und die aus dem rechten Verhältnis dieser drei Tugenden bestehende vierte und höchste Tugend der Gerechtigkeit, sind die vier Kardinaltugenden, die über viele Jahrhunderte hinweg den ethischen Kern der gesamteuropäischen Überlieferung ausmachten.

Der Bildungsgang der Philosophen

Betrachten wir nun im Folgenden den Bildungsgang der zum Herrschen bestimmten Philosophen, welcher der elementaren musischen und gymnastischen Erziehung folgt. Seine im engeren Sinne bildungstheoretischen Überlegungen stellt Platon in einen engen Zusammenhang mit der erkenntnistheoretischen Frage nach dem Wesen philosophischen Wissens, eine Frage, deren Beantwortung er in Form dreier Gleichnisse in Angriff nimmt: dem Gleichnis vom Staatsschiff, dem Liniengleichnis und dem Sonnengleichnis. Den spezifischen Bildungs- und Erkenntnisweg des Philosophen veranschaulicht das berühmte Höhlengleichnis.

2.3.3.2 Platons Höhlengleichnis

Die Antwort auf die Frage nach dem Bildungsgang der Regenten wird in dem berühmten Höhlengleichnis im siebten Buch der *Politeia* in Form einer Allegorie gegeben. Sie ist nicht nur eine Antwort auf die spezielle Frage nach der Erziehung der Staatslenker, sondern auch eine Antwort auf die allgemeine Frage nach der ganzheitlichen Bildung der Menschen, die ja alle „Seelenteile" zu berücksichtigen hat, nicht nur den begierdehaften und den muthaften, sondern auch und vor allem den nach Wissen, Erkenntnis, Einsicht und Weisheit strebenden. Den äußeren Rahmen für das Höhlengleichnis bildet ein Gespräch zwischen Sokrates und Glaukon:

Beschreibung der Lage der Gefangenen

> *„Nächstdem, sprach ich, vergleiche dir unsere Natur in bezug auf Bildung (paideía) und Unbildung (apaideusía) folgendem Zustande. Sieh nämlich Menschen wie in einer unterirdischen, höhlenartigen Wohnung, die einen gegen das Licht geöffneten Zugang längs der ganzen Höhle hat. In dieser seien sie von Kindheit an gefesselt an Hals und Schenkeln, so daß sie auf demselben Fleck bleiben und auch nur nach vorne hin sehen, den Kopf aber herumzudrehen der Fessel wegen nicht vermögend sind. Licht aber haben sie von einem Feuer, welches von oben und von ferne her hinter ihnen brennt. Zwischen dem Feuer und den Gefangenen geht obenher ein Weg, längs diesem sieh eine Mauer aufgeführt wie die Schranken, welche die Gaukler vor den Zuschauern sich erbauen, über welche herüber sie ihre Kunststücke zeigen. – Ich sehe, sagte er. – Sieh nun längs dieser Mauer Menschen allerlei Geräte tragen, die über die Mauer herüberragen, und Bildsäulen und andere steinerne und hölzerne Bilder und von allerlei Arbeit; einige, wie natürlich, reden dabei, andere schweigen. – Ein gar wunderliches Bild, sprach er, stellst du dar und wunderliche Gefangene. – Uns ganz ähnliche, entgegnete ich. Denn zuerst, meinst du wohl, daß dergleichen Menschen von sich selbst und voneinander je etwas anderes gesehen haben als die Schatten, welche das Feuer auf die ihnen gegenüberstehende Wand der Höhle wirft? – Wie sollten sie, sprach er, wenn sie gezwungen sind, zeitlebens den Kopf unbeweglich zu halten! – Und von dem Vorübergetragenen nicht eben dieses? – Was sonst? – Wenn sie nun miteinander reden könnten, glaubst du nicht, daß sie auch pflegen würden, dieses Vorhandene zu benennen, was sie sähen? – Notwendig. – Und wie, wenn ihr Kerker auch einen Widerhall hätte von drüben her, meinst du, wenn einer von den Vorübergehenden spräche, sie würden denken, etwas anderes rede als der eben vorübergehende Schatten? – Nein, beim Zeus, sagte er. – Auf keine Weise also können diese irgend etwas anderes für das Wahre (tò alethès) halten als die Schatten jener Kunstwerke? – Ganz unmöglich."*
>
> Platon: Politeia, 514a–515b

Bildung und Unbildung

Was in dem zugegebenermaßen zunächst befremdlichen Gleichnis der Höhle und ihrer merkwürdigen Bewohner dargestellt wird, muss in Hinsicht auf Bildung (*paideía*) und Unbildung (*apaideusía*) gedeutet und verstanden werden. Dabei ist es wichtig, dass sich der Leser in die Lage der Gefangenen versetzt, denn von uns ist die Rede, die wir, bildhaft gesprochen, gefesselt in einer Höhle der Meinungen und Vorurteile gefangen sind, an Wissen und Erkenntnis äußerst eingeschränkt, da wir immer nur die Schatten von Dingen sehen, und selbst von dem Feuer nichts wissen, das in unserem Rücken brennt. Für diese *apaideusía* gibt es weder einen Perspektivwechsel, noch eine Erkenntnis der Ursachen, da die Troglodyten (Höhlenbewohner) die veränderlichen Schattenbilder für die ganze Wirklichkeit halten. Da den Höhlenbewohnern ihre Unwissenheit nicht bewusst ist, können sie sich auch nicht aus eigener Kraft aus diesem Zustand befreien. In einer Scheinwelt zu Hause, ist ihre Lebensweise der des mediengeprägten Daseins der Gegenwart nicht unähnlich. Pädagogisch interessant ist nun natürlich die Frage nach einer möglichen Befreiung aus den „Fesseln" der Unwissenheit und der damit verbundenen Ermöglichung von Bildung:

Die Befreiung der Gefangenen

> *„Nun betrachte auch, sprach ich, die Lösung (lýsis) und Heilung (íasis) von ihren Banden und ihrem Unverstande (aphrosýne), wie es damit natürlich stehen würde, wenn ihnen folgendes begegnete. Wenn einer entfesselt wäre und gezwungen würde, sogleich aufzustehen, den Hals herumzudrehen, zu gehen und gegen das Licht zu sehn, und, indem er das täte, immer Schmerzen hätte und wegen des flimmernden Glanzes nicht recht vermöchte, jene Dinge zu erkennen, wovon er vorher die Schatten sah: was, meinst du wohl, würde er sagen, wenn ihm einer versicherte, damals habe er lauter Nichtiges gesehen, jetzt aber, dem Seienden näher und zu dem mehr Seienden gewendet, sähe er richtiger, und, ihm jedes Vorübergehende zeigend, ihn fragte und zu antworten zwänge, was es sei? Meinst du nicht, er werde ganz verwirrt sein und glauben, was er damals gesehen, sei doch wirklicher als was ihm jetzt gezeigt werde? – Bei weitem, antwortete er."*
>
> Platon: Politeia, 515c–515d

Bildung als geistige Befreiung

Nach Platon ist es eine Illusion darauf zu hoffen, dass die Menschen aus eigener Motivation nach Erkenntnis streben und den mühsamen Weg aus der Höhle wagen. Zu vertraut und bequem ist die alte Lebenswelt mit ihren Gewohnheiten und liebgewonnenen Überzeugungen, zu schmerzhaft und irritierend das Infragestellen des bislang Unhinterfragten. Es bedarf also eines gewissen pädagogischen Zwangs, der auf geistige Befreiung zielt. Übersetzt man das Bild in den gemeinten geistigen Vorgang, so ist Folgendes gemeint: es widerstrebt den Lernenden, ihre bisherigen Meinungen und Ansichten aufzugeben. Nach Platon ist der Zusammenhang zwischen geistiger Befreiung und Zwang, Schmerz und Verwirrung kaum vermeidbar. Dieser so wichtige Bildungsschritt vom Schein zum Sein, vom Bann der sinnlichen Wahrnehmung zur Wahrheitsfrage und zum Nachdenken über das, *was* das Gesehene ist, lässt sich offenbar weder auf angenehme und spielerische Weise herbeiführen, noch ist ihm ein schneller Erfolg beschieden.

Aufstieg zum Sonnenlicht

Die Idee des Guten

Die ungewohnte Helligkeit beim Verlassen der Höhle ist dafür verantwortlich, dass das geblendete Auge zunächst nichts von dem zu sehen vermag, was ihm jetzt im Bild der Sonne als das höchste Wahre begegnet. In Sokrates' eigener Erläuterung (*Politeia*, 517b) wird es als die „Idee des Guten" (*he tou agathoú idéa*) bestimmt. Um diese Idee zu erkennen, müssen die Erkenntniskräfte beständig geschult und geübt werden, um für eine Erkenntnisbewegung gerüstet zu sein, „die Aufklärung durch Aufdeckung von Verursachung, durch reflexives Einholen von Voraussetzungen gewinnt" (Kersting, S. 226). Diese höchste Erkenntnis ist das dem gesamten Ausbildungsgang von Anfang an zugrunde liegende Ziel. Erreichbar ist es nur durch das philosophische Denken, die Dialektik als „letztbegründende Wesenserkenntnis" (Kersting, S. 256), in der die angehenden Staatslenker zu Hause sein sollen. Ihr philosophischer Lehrgang ist Ziel und Gehalt einer *paideía* für wenige Auserlesene, da der mühsame und zeitraubende Aufstieg nur von einer Elite durchgehalten werden kann, die die permanente Lern- und Erkenntnisanstrengung erträgt.

Schreckensbild Erziehungsstaat?

Der Abstieg in die Höhle

Nach Platon ist es von Anfang an vorgesehen, dass die zukünftigen Regenten, nachdem sie den Aufstieg zur Idee des Guten erfolgreich bewältigt haben, ihre „Insel der Seligen" (Platon: Politeia, 518c) verlassen und noch eine weitere Station zurückzulegen, nämlich den Abstieg zurück in die Höhlenwelt, um dort ihre philosophische Einsicht für die Lenkung des Staates fruchtbar werden zu lassen. Aber der Abstieg erweist sich als nicht weniger problematisch als der Aufstieg. Im Zusammensein mit denen, die den intellektuellen Aufstieg nicht vollzogen haben, riskieren die Philosophen sich lächerlich zu machen, sogar als Verderber der Jugend angeklagt und umgebracht zu werden, wie es Sokrates selbst ergangen ist. Kein Wunder also, wenn die zur Weisheit Vorgedrungenen nicht ohne äußeren Druck in die Höhle zurückkehren, um dort politische Ämter zu übernehmen. Also abermals Nötigung und Zwang, so dass man sich mit Erhard Wiersing durchaus fragen kann, ob und wie sich Bildung und Zwang zur Bildung miteinander vereinbaren lassen, oder ob wir uns nicht mit einem „Schreckensbild des Erziehungsstaates" konfrontiert sehen (Wiersing 2001, S. 244f.).

Bildung als *periagogé*

Als Fazit können wir für die Pädagogik folgende Momente festhalten: Im Höhlengleichnis haben wir es mit einem Bildungsgang zu tun, der bereits innerhalb der Höhle beginnt und aus dem Bereich des sinnlich Wahrnehmbaren in die Region des allein dem denkenden Erkennen Zugänglichen führt. Die Bildung (*paideía*) und ihr Verfahren bezeichnet Platon als „Kunst der Umlenkung" (*téchne tés periagogés*, Platon: Politeia, 518b). Diese Umwendung des ganzen Menschen in die philosophische Existenzweise bedeutet negativ die Abwendung vom Werdenden und positiv die Hinwendung zum wahrhaft Seienden, zu den Ideen und hier vor allem zur Idee des ‚Guten', der höchsten Idee, in der alles Wissen fundiert ist. Die Antwort auf die Frage, wodurch und womit die Umwendung im Bildungsverfahren zustande gebracht werden kann, findet sich nicht im Höhlengleichnis selbst, sondern an einer späteren Textstelle des siebten Buches (Platon: Politeia, 521c ff.), an der ein Curriculum der periagogischen Fächer vorgelegt wird. Musik und Gymnastik erachtet Platon für die Grundverfassung von Leib und Seele immerhin so wichtig, dass sie gewissermaßen die Vorschule bzw. Elementarerziehung ausmachen, ehe dann das auf Wissen gerichtete Lernen mit dem Ziel der philosophischen Ideenerkenntnis beginnen kann. Hier ist es nun das Quadrivium der exakten mathematischen Disziplinen der Arithmetik, Geometrie, Astronomie und Akustik (Harmonielehre), in denen nicht nur ein bedeutendes Wissen gelehrt und erlernt wird, sondern zugleich die Umwendung vom sinnlich Wahrnehmbaren zum Abstrakten schrittweise erfolgt. Es ist also das Studium der mathematischen Disziplinen, an dem der Umgang mit unsinnlichen Gegenständen als Vorbereitung auf die Dialektik als „Hypothesenprüfungskunst" (Kersting, S. 250) angeleitet und vervollkommnet werden kann.

? Aufgabe

Reflexionsfragen

1. Wie unterscheiden sich die Bildungs- und Erziehungsziele von Platon und den Sophisten?
2. Erläutern Sie, in welchem Zusammenhang Platons Entwurf eines idealen Staates mit seinen Bildungsideen steht!
3. Das Höhlengleichnis wird auch als der älteste systematisch ausgearbeitete Text zur Bildung bezeichnet (Ballauff 1976). Skizzieren Sie anhand des Höhlengleichnisses Charakteristika des Bildungsgeschehens im Sinne Platons!
4. Im Dialog Phaidros kommt Platons ablehnende Haltung gegenüber der Schrift zum Ausdruck: „Denn diese Erfindung wird den Seelen der Lernenden vielmehr Vergessenheit einflößen aus Vernachlässigung der Erinnerung, weil sie im Vertrauen auf die Schrift sich nur von außen vermittels fremder Zeichen, nicht aber innerlich sich selbst und unmittelbar erinnern werden ... sie werden sich auch vielwissend zu sein dünken, obwohl sie größtenteils unwissend sind, und schwer zu behandeln, nachdem sie dünkelweise geworden statt weise" (Platon: *Phaidros*, 275a, b). Erläutern Sie unter Rückgriff auf das Höhlengleichnis, warum sich Platon gegen Medien, wie die Schrift, wendet!

Weiterführende Literatur zu Platon

!

Dörpinghaus, Andreas/Wigger, Lothar/Poenitsch, Andreas (2006): Einführung in die Theorie der Bildung. Darmstadt: Wissenschaftliche Buchgesellschaft, S. 43–53.

Kauder, Peter (2001): Der Gedanke der Bildung in Platons Höhlengleichnis. Eine kommentierte Studie aus pädagogischer Sicht. Baltmannsweiler: Schneider-Verlag Hohengehren.

Kersting, Wolfgang (1999): Platons „Staat". Darmstadt: Wissenschaftliche Buchgesellschaft.

2.4 Das rhetorisch-humanistische Bildungskonzept des Isokrates

Isokrates lebte von 436–338 v. Chr., wurde also fast 100 Jahre alt in einer Zeitspanne, welche die Blüte Athens unter Perikles bis zum Untergang der griechischen Demokratie bei Chaironeia (338 v. Chr.) im Kampf gegen Philipp II. von Makedonien umfasste. Seine Herkunft aus einer wohlhabenden Familie ermöglichte ihm die beste und zur damaligen Zeit fortschrittlichste Erziehung als Schüler des Gorgias, des Prodikos und des Teisias. Isokrates pflegte nicht nur einen intensiven gedanklichen Austausch mit den führenden Intellektuellen seiner Zeit, sondern er hatte wohl auch Sokrates persönlich gekannt und war in dessen Umkreis dem acht Jahre jüngeren Platon begegnet.

Abbildung 6: Isokrates (436–338 v. Chr.)

Rhetorik als Leitwissenschaft der Bildung

War es nach Platon die Philosophie, welche als Leitwissenschaft der wahren *paideía* fungierte, so ist es bei Isokrates erneut die Rhetorik. Etwa um 390 v. Chr. eröffnete Isokrates in Athen in Konkurrenz zu Platons *Akademie* eine Rednerschule, in der er eine höhere Allgemeinbildung für Schüler im Alter vom 14. bis zum 18. Lebensjahr vermittelte. Seine Schule stand in so hohem Ansehen, dass zahlreiche Fürsten und Staatsmänner Isokrates ihre Söhne anvertrauten. Dass das Ansehen des Isokrates weit über Athen hinausreichte, zeigt eine Bemerkung des römischen Rhetors Cicero, der in seiner berühmten Schrift *De oratore* die Schule des Isokrates mit einem trojanischen Pferd vergleicht, „aus dem lauter Koryphäen ans Licht traten" (Cicero: De oratore II, 94). Seine Schüler hat Isokrates vor allem dazu erzogen, gut und überzeugend zu sprechen und er sah den wahrhaft Gebildeten durch den Redner (Rhetor) verwirklicht.

Rhetorik und Philosophie als konkurrierende Formen des höheren Unterrichts

Mit diesen beiden Schulgründungen treten eine rhetorische und eine philosophische Bildungskonzeption mit zwei entsprechenden Formen des höheren Unterrichts in ein Konkurrenzverhältnis, das die ganze spätere Antike hindurch bestehen wird (Niehues-Pröbsting 2004, S. 116), ein Streit um die bessere und wahre Bildung, aus der Isokrates offensichtlich als Sieger hervorgegangen ist. Die Einschätzung der pädagogischen Bedeutung des Isokrates fällt nämlich erstaunlich einhellig aus. Nicht Platon, sondern Isokrates kann nach der Einschätzung von Henri Marrou für sich beanspruchen, der Erzieher Griechenlands sowie der hellenistischen und römischen Welt zu sein (Marrou 1977, S. 370). Werner Jaeger sieht in Isokrates den „Vater humanistischer Bildung“ (Jaeger 1973, S. 981) und auch Theodor Ballauff bezeichnet Isokrates als „wahren Erzvater“ des pädagogischen Humanismus, der die Vorstellungen über Erziehung und Bildung nahezu zwei Jahrtausende hindurch beeinflussen konnte. Mit ihm melde die Sophistik erneut ihren Bildungsanspruch an und behalte gegenüber der Philosophie tatsächlich „das letzte und entscheidende Wort“ (Ballauff 1969, S. 121).

Kritik an der sokratisch-platonischen Bildungsvorstellung

Während es der platonischen Bildung dem Prinzip nach um Wahrheit geht und Wahrheit das Fundament der platonischen *Paideia* ausmacht, beruht die Erziehung des Isokrates auf dem Logos als Rede. Von daher ist es nicht verwunderlich, dass Isokrates sich ausgesprochen kritisch gegenüber der sokratisch-platonischen Bildungsvorstellung verhielt. In der Rede *Gegen die Sophisten*, wendet er sich nicht nur gegen die Lehrer der politischen Rede und Formen einer „vulgären Sophistik“ (Ballauff 1969, S. 122), sondern auch gegen das Bildungsprogramm der platonischen Schule, deren Mitglieder er abwertend als *Eristiker* (Streitredner) bezeichnet. Durch die Selbstunterscheidung von den Philosophen auf der einen und den Sophisten auf der anderen Seite gewinnt seine eigene Position an Kontur, die zwar auch eine rhetorische ist, aber eine solche, die sich neu bestimmt.

Die handlungsleitende Funktion der *Doxa*

Seine Vorbehalte gegen die platonische Dialektik richten sich auf deren Anspruch auf sichere und unbezweifelbare Erkenntnis des Wahren und Guten, nach Isokrates ein vermessener Anspruch, der über das Menschenmögliche hinausgeht und auf dem kontingenten Feld menschlicher Praxis kaum zu erreichen ist. Statt auf die *Episteme* setzt Isokrates auf die von Platon immer wieder herabgesetzte Meinung (*dóxa*), die zwar sehr wahrscheinlich sein mag, aber doch niemals ein strenges Wissen wird. Schon deshalb bevorzugt Isokrates die Doxa, weil die meisten Menschen ihr Handeln eher auf plausible und überzeugende Annahmen als auf Vernunfterkenntnis gründen.

Theoretischer und praktischer Vernunftgebrauch nach Aristoteles

Um den rhetorischen Standpunkt des Isokrates in Abgrenzung zu Platon besser verstehen zu können, ist ein kurzer Hinweis auf Aristoteles hilfreich. Aristoteles hatte in seiner *Nikomachischen Ethik* zwischen einem theoretischen und einem praktischen Vernunftgebrauch unterschieden und beiden eine je eigene Theorieform zugewiesen (Aristoteles: Eth.Nic. I, 1094b). Diese Unterscheidung wird durch seinen Hinweis gestützt, dass sich der Grad der Exaktheit (*akribeia*) wissenschaftlicher Aussagen an ihrem Gegenstand bemisst. Wissenschaft im strengen Sinne des Beweisbaren (*episteme*) kann es nach Aristoteles nur von Gegenständen geben, die mit Notwendigkeit so sind, wie sie sind. Zu denken wäre hier an den Bereich der Mathematik, in dem Aussagen tatsächlich zweifelsfrei bewiesen werden können. Von dieser strengen theoretischen Wissenschaft unterscheidet sich das praktische Wissen, das sich auf Seiendes bezieht, das sich auch immer anders verhalten kann. Gemeint ist das auf Wahl und Entscheidung beruhende Handeln in öffentlich-politischen oder privaten Kontexten. Es wäre nach Aristoteles geradezu töricht und ein Zeichen von Unbildung, würde man für oder gegen einen mathematischen Beweis argumentieren oder auf der anderen Seite für politisches und moralisches Handeln apodiktische Beweise fordern. So wird es wohl kaum eine politische Entscheidung geben, die auf der Grundlage exakter mathematischer Beweise getroffen wurde. Das akribische Verfahren mathematischer Wissenschaft taugt nach Aristoteles nämlich nicht für die vernünftige Orientierung des Handelns, das sich immer in konkreten und unvorhersehbaren Situationen bewähren muss. Hier sind die Handelnden darauf angewiesen, selbst ihre „jeweilige Lage zu bedenken" (*Eth.Nic.* II, 1104a). Die Theorie für den dafür erforderlichen abwägenden Vernunftgebrauch ist die Rhetorik, die in allen nicht mathematisierbaren Bereichen die Vernünftigkeit der Entscheidungen sicherstellt und insofern auch über ein kritisches Moment verfügt, indem sie bloß beliebige von plausiblen und konsensfähigen Meinungen unterscheidet. Das Ziel ist eine am *sensus communis* (Gemeinsinn) und am *consensus omnium* (Konsens als Wahrheitskriterium) orientierte praktische Klugheit, die durch die Berücksichtigung der jeweiligen Umstände in der konkreten Situation das Richtige und Angemessene zu finden weiß.

Vor diesem Hintergrund wird auch die pädagogisch interessante Begründung seines eigenen rhetorischen Standpunktes gegenüber Platon verständlich, die Isokrates in der sogenannten *Antidosis* Rede liefert, eine fiktive Rede mit autobiographischen Zügen (354/353 v. Chr.), die, an Platon adressiert, zu dessen Konzept einer wissenschaftlich-mathematischen und dialektischen Bildung Stellung bezieht:

> *„Das Urteil der Menschen, die diese Bildung als unbrauchbar für praktisches Handeln ansehen, scheint mir richtig, aber auch ihre Lobredner sprechen die Wahrheit. Wenn aber in meinen Worten ein Widerspruch zu liegen scheint, so aus dem Grunde, weil diese Wissenschaften ihrem Wesen nach keine Ähnlichkeit mit den anderen aufweisen, die wir erlernen. Die anderen Lehrfächer vermögen uns nämlich erst dann zu fördern, wenn*

wir das vollkommene Wissen von ihnen in uns aufgenommen haben; bei diesen Wissenschaften aber nützt die völlige Beherrschung gar nichts – außer den Leuten, die davon leben wollen –, wohl aber fördern sie die Schüler. Während sie sich nämlich mit den Feinheiten und Genauigkeiten der Astronomie und Geometrie befassen und gezwungen sind, ihre ganze Konzentration auf diese schwer faßbaren Disziplinen zu richten, und sich daran gewöhnen müssen, beharrlich zu arbeiten an dem, was gelehrt und gezeigt wird, und nicht die Gedanken wandern lassen, werden sie durch diese Übung und Schärfung fähig, ernsthaftere und bedeutsamere Dinge leichter und schneller zu erfassen und zu begreifen.

Als Philosophie kann man freilich meines Erachtens eine Wissenschaft nicht bezeichnen, die im Augenblick weder zum Reden noch zum Handeln nützlich ist, wohl aber nenne ich eine solche Tätigkeit eine Übung der Seele und eine Vorbereitung auf die Philosophie; […] Denn auch die Schüler, die sich mit Grammatik, Musik und der anderen üblichen Bildung abmühen, haben damit für die Beredsamkeit und die Wohlberatenheit in den Geschäften keinen Beitrag gewonnen, wohl aber fördern sie dadurch ihre Aufnahmefähigkeit für höhere und wichtigere Wissenschaften.

Meine Überzeugung darüber ist nun ganz einfach. Da es nämlich nicht in der Natur des Menschen liegt, ein sicheres Wissen zu erlangen, auf das gestützt uns einsichtig wäre, was jeweils zu tun oder zu sagen ist, so halte ich im übrigen diejenigen für weise, die aufgrund ihrer Meinungen in den meisten Fällen das Beste zu treffen vermögen, für Philosophen aber Menschen, die sich mit den Dingen beschäftigen, aus welchen ihnen am schnellsten eine solche Verständigung zuwächst. […] Eine Kunst von der Art, daß sie Menschen mit schlechter Anlage zur Tauglichkeit Besonnenheit und Gerechtigkeit beibringen könnte, hat es weder früher jemals gegeben noch gibt es sie jetzt; […] Sehr wohl dagegen können sie besser werden, als sie vorher waren, und an Wert gewinnen, wenn ihr Ehrgeiz auf das gute Reden gerichtet ist, wenn ihr Eifer darauf geht, die Hörer überreden zu können, und wenn sie außerdem nach Überlegenheit streben, nicht nach der, die von den Unverständigen dafür gehalten wird, sondern nach der, die in Wahrheit diese Kraft besitzt.

Isokrates: Antidosis (354–353 v. Chr.), zit. n. Ballauff 1969, S. 122ff.

Die Bedeutung formaler Bildung

Es sind im Grunde genommen drei Momente, die den wiedergegebenen Ausschnitt aus der *Antidosis-Rede* für uns interessant machen: erstens der Versuch einer abwägenden Beurteilung der Bildungsidee Platons durch Isokrates, zweitens seine von Platon abweichende Vorstellung von Philosophie und drittens der Hinweis auf die Bildungswirkung der Rhetorik. Isokrates greift zunächst die von den pragmatisch orientierten Sophisten geäußerte Kritik an den mathematischen Fächern auf, die allesamt auf sichere und exakte Erkenntnis gerichtet sind. Isokrates teilt ihren Vorwurf der Lebensferne und ihre Skepsis gegenüber der handlungsleitenden und lebensorientierenden Leistung wissenschaftlicher Bildung. Andererseits hebt er die formal bildende Leistung der mathematischen Fächer hervor. Die konzentrierte Auseinandersetzung mit diesen „schwer faßbaren Disziplinen" übt, schärft und diszipliniert das Denken und stärkt die geistige Fassungskraft. Von daher sieht Isokrates in ihnen die beste Vorbereitung (Propädeutik) auf die Philosophie, bzw. auf das, was Isokrates in deutlicher Abgrenzung zu Platon unter Philosophie versteht, nämlich keine streng mathematische und dialektische Wissenschaft, sondern eine praktische Philosophie, die sich vorrangig um die Aufklärung und Orientierung menschlichen Handelns in der polis bemüht. Isokrates sieht zum ersten Mal in der Geschichte pädagogischen Denkens Sinn und Ziel einer wissenschaftlichen Bildung in dem, was man später als formale Bildung bezeichnen wird (Ballauff 1969, S. 123). Seine Differenz zu Platon liegt darin, dass er die Dialektik, die bei Platon mit der Philosophie nahezu identisch ist, auf die Ebene einer bloß formalen Übung zurückstuft.

Die Bildungswirkung der Rhetorik

Die natürliche Veranlagung des zukünftigen Redners, die Isokrates in der Lernfähigkeit, einem guten Gedächtnis, im Wohlklang der Stimme und der Deutlichkeit des sprachlichen Ausdrucks sowie in einer „Beherztheit" im Auftreten sieht, sollen durch Nachahmung und praktische Übungen entwickelt werden. Die Art der Übung, um die es hier geht, besteht weniger in der Anwendung von Regeln auf bestimmte Fälle, als vielmehr in der Nachahmung vorbildlicher Reden. Isokrates sieht die bildende Wirkung der Rhetorik darin, dass solche Nachahmung nicht nur die Redekompetenz stärkt, sondern auch Einfluss auf den Charakter und die moralischen Maßstäbe seiner Schüler hat. Wer sich mit würdigen Gegenständen und erhabenen Gedanken so intensiv beschäftigt, dass er auch angemessen von ihnen zu reden vermag, der wird dadurch insgesamt besser und moralisch veredelt. Hinzu kommt noch, dass die Überzeugungskraft einer Rede zum großen Teil von der ethischen Haltung und dem öffentlichen Ansehen des Redners abhängt und er schon deshalb an sich selbst arbeiten muss. Nimmt man diese Momente zusammen, so sehen wir in der isokratischen Rhetorik den ersten Versuch, die Rhetorik als Bildungsmittel zu benennen und eine Theorie ihrer bildenden Wirkung zu entwickeln (Ballauff 1969, S. 128).

Die Gedanken des Isokrates, welche die Geburtsstunde des europäischen Sprach-Humanismus markieren, wurden am Ende des 2. vorchristlichen Jahrhunderts in Rom zunächst innerhalb des sog. Scipionenkreises und später durch Marcus Tullius Cicero (106–43 v. Chr.) und Marcus Fabius Quintilianus (35–96 v. Chr.) begeistert aufgenommen. Beide weisen darauf hin, dass die humanitas, d.h. das, was den Menschen zum Menschen qualifiziert (z.B. Bildung, Edelmut, Würde, Geist) von der Sprache abhängt. Aus einer kultivierten Sprache erwächst richtiges Denken und sittliches Handeln, so dass sich das Ideal des Weisen für Cicero im orator doctus, dem gebildeten Redner verwirklicht (Schmidinger 2007, S. 15). Als gebildet gilt in der römischen Antike, wer „sich im Medium der Sprache als dem Medium des Geistes und des menschlichen Miteinanders frei zu bewegen" versteht (Groothoff 1971, S. 976).

Der von Isokrates begründete und durch Cicero und Quintilian aufgegriffene und erweiterte Sprach-Humanismus mit seiner Idee humanistischer Bildung (studia humanitatis) konnte eine jahrhundertelange Bildungstradition begründen, die zunächst in der Renaissance und später im Neuhumanismus (siehe Kap. 4) eine beeindruckende Erneuerung erfährt und die gewissermaßen neben der auf Platon und Aristoteles zurückgehenden philosophischen Tradition verläuft (Schmidinger 2007, S. 16).

? Aufgabe

Reflexionsfragen

1. Aristoteles unterscheidet zwischen theoretischem und praktischem Vernunftgebrauch, ähnlich wie Platon und Isokrates zwischen Meinung (doxa) und Wissen (episteme) differenzieren. Inwiefern lassen sich darüber Parallelen zu der Unterscheidung von empirischem und normativem Wissen ziehen (siehe auch den Band von Peter Vogel in dieser Reihe: Vogel 2019, Kap. 1.2.4)?
2. Wo liegen aber die Grenzen eines solchen Vergleichs? Denken Sie dabei etwa an das Falsifikationsprinzip des Kritischen Rationalismus (siehe auch den Band von Heinz-Hermann Krüger in dieser Reihe: Krüger 2019, Kap. 4.3.2)!
3. Erläutern Sie, warum Platon die Mathematik als Vorbereitung auf das philosophische Denken (Dialektik) empfiehlt! Und warum taugt sie aus der Perspektive des Aristoteles nicht für Entscheidungen im Kontext politischen oder moralischen Handelns?
4. Beschreiben Sie in Ihren eigenen Worten, welche Rolle Isokrates den mathematischen Fächern in seinem Bildungsentwurf zuschreibt!
5. Wie stellt sich Isokrates einen Bildungsprozess vor? Welche Elemente können Sie aus dem Zitat aus der Antidosis-Rede herausarbeiten? Erläutern Sie, warum Ballauff (1969, S. 123) konstatiert, dass darin Überlegungen stecken, die später als formale Bildung bezeichnet werden!

Weiterführende Literatur zu Isokrates

!

Ballauff, Theodor (1969): Pädagogik. Eine Geschichte der Bildung und Erziehung. Band I: Von der Antike bis zum Humanismus. Freiburg/München: Karl Alber.
Böhm, Winfried (2004): Geschichte der Pädagogik. Von Platon bis zur Gegenwart. München: Beck.
Koch, Lutz (2004): Bildung und rhetorische Sprachauffassung. In: Koch, Lutz (Hrsg): Pädagogik und Rhetorik. Würzburg: Ergon, S. 55–70.

Es ist bereits angedeutet worden, dass der Unterschied zwischen Platon und Isokrates eine nicht bloß historisch an diesen beiden Personen aufgetretene, sondern eine bleibende Spannung zwischen dem Wahren und dem Wahrscheinlichen, zwischen Wissen und glaubwürdiger Meinung, Wissenschaft und Redekunst und eben deshalb zwischen zwei Formen der Bildung ausmacht: der philosophisch-wissenschaftlichen auf der einen Seite und der rhetorisch-lebenspraktischen auf der anderen (vgl. auch Grunert 2012, S. 20ff.). Noch zu Beginn des 18. Jahrhunderts hat der italienische Philosoph, Rechtsgelehrte und Rhetorikprofessor Giambattista Vico (1668–1744) an einer kulturgeschichtlichen Epochenschwelle die rhetorisch-humanistische Bildungsidee gegen den neuzeitlichen Rationalismus und Szientismus René Descartes‘ (1596–1650) und seiner Schule verteidigt. Der pädagogischen und bildungstheoretischen Reflexion empfiehlt sich Vico durch seinen geradezu klassischen Versuch einer Vermittlung von Humanismus und Rationalismus, in dem noch einmal die pädagogische Bedeutung des Humanismus in aller Deutlichkeit aufleuchtet.

2.5 Humanistische und rationale Bildung Giambattista Vicos Vermittlungsversuch

Studia humanitatis

Ab dem Jahre 1699 hatte Vico (1668–1744) den Lehrstuhl für Rhetorik an der Universität Neapel inne. Seine Lehrverpflichtungen deckten im Wesentlichen die sogenannten *studia humanitatis* ab, welche nicht nur Grammatik und Rhetorik, sondern ebenso Poetik, Geschichte und Moralphilosophie umfassten. Zu seinen akademischen Verpflichtungen gehörte es, das Studienjahr mit einer feierlichen *Inauguralrede* zu eröffnen, die ihm die Möglichkeit bot, seine Gedanken zu aktuellen pädagogischen und bildungstheoretischen Fragen einem größeren Publikum vorzulegen. Unter den neun gehaltenen und überlieferten Reden nimmt die siebte Rede eine Sonderstellung ein. Offensichtlich hielt Vico seine dort formulierten Gedanken selbst für so bedeutsam, dass er sie unter dem Titel *De nostri temporis studiorum ratione* (dt.: Vom Wesen und Weg der geistigen Bildung, 1947) als einzige seiner öffentlich vorgetragenen Reden 1709 in Neapel publizierte. Der italienische Vico-Forscher Elio Gianturco sieht in dieser Rede eine brillante Verteidigung des rhetorischen Humanismus, die ohne Zweifel den Rang eines pädagogischen Klassikers für sich beanspruchen kann und Gadamer bewertet *De nostri temporis* als ein „pädagogisches Manifest", das in seiner Bedeutung nicht überschätzt werden kann (Gianturco 1990, S. 23; Gadamer 1990, S. 23f.). Das Thema ist eine von Vico als dringlich empfundene Versöhnung zweier Konzeptionen von Bildung, die durch die radikale Infragestellung des Ideals humanistischer Gelehrsamkeit durch René Descartes (1596–1650) und seiner Anhänger provoziert worden war.

Scientia versus Prudentia

In dieser Rede geht es Vico nicht nur darum, klassische Themen humanistischen Bildungsdenkens zu erörtern und in ihrer Bedeutung für die entfaltete Humanität und eine erfolgreiche öffentliche Wirksamkeit herauszustellen; es geht ihm auch um die Verteidigung rhetorisch-humanistischen Denkens und einer entsprechenden Bildung gegen die Herausforderungen durch die kritische Philosophie des Cartesianismus. Für die Geschichte pädagogischen Denkens ist Vico schon deshalb interessant, da seine Auseinandersetzung mit dem neuzeitlichen Rationalismus vor allem pädagogisch und bildungstheoretisch motiviert ist (Fuchs 2007, S. 150). Man kann die siebte Rede von daher als eine abwägende Gegenüberstellung der neuzeitlichen Methode (*scientia critica*) und der auf Aristoteles und Cicero zurückgehenden rhetorisch-topischen Methode des auf Klugheit gegründeten praktischen Wissens lesen bzw. als eine Gegenüberstellung von *Scientia* und *Prudentia*. Descartes hatte nämlich den *humaniora* jeglichen Bildungswert abgesprochen und einen strikten Antihumanismus vertreten, der sich auch bei seinen Anhängern findet. Statt historischer, literarischer und rhetorischer Studien werden Logik und Mathematik in das Zentrum bildungstheoretischer und didaktischer Überlegungen gestellt.

Die mathesis universalis des Descartes

Descartes' Angriff auf den Humanismus erfolgt nicht nur aus pädagogischer, sondern auch aus erkenntnistheoretischer Perspektive. In seinem 1637 anonym erschienenen *Discours de la méthode* (dt.: Abhandlung über die Methode, seine Vernunft gut zu gebrauchen und die Wahrheit in den Wissenschaften zu suchen) hatte Descartes die Vernunftevidenz als ausschließliches Wahrheitskriterium benannt, wonach nur das für die Urteilsfindung relevant ist, was sich klar und distinkt (*clare et distincte*) dem Geist unmittelbar darbietet. Die *clara et distincta perceptio* wird von nun an der alleinige Maßstab der Erkenntnis. Darüber hinaus hatte Descartes in seiner Methodenschrift *Regulae ad directionem ingenii* (1623) die mathematische Methode der Analysis und Synthesis lückenlos auf alle Wissenschaften übertragen, um durch sie zu einer Universalmethode in Gestalt einer *Mathesis universalis* zu gelangen. Durch die neue Methode sollte die Erkenntnis methodisch so geleitet werden, dass sie über jeden Gegenstand zu wahren und unerschütterlichen Urteilen gelangt. Alle Wissenschaften werden damit einer Universalmethode unterworfen, deren Muster der Geometrie entnommen ist. Damit wird, wie Karl Helmer formuliert hat, das in den *artes liberales* seinen Ausdruck findende „siebenfältige philosophische Denken" auf eine „einfältige geometrisch-methodische Rationalität" reduziert, wodurch zwar einerseits ein ungeahnter naturwissenschaftlicher und technischer Fortschritt möglich wurde, andererseits jedoch offen blieb, um welchen Preis dieser Fortschritt erkauft wird (Helmer 2000, S. 143f.).

Vicos Auseinandersetzung mit Descartes ist insofern keineswegs reaktionär, als er ausdrücklich auf die enormen Fortschritte hinweist, welche die Mathematisierung der Naturwissenschaften und die experimentelle Forschung erbracht haben, und Vico erkennt nur zu deutlich, dass die modernen Naturwissenschaften die Welt des Menschen zunehmend prägen werden. Die neuzeitliche Wissenschaft wird von Vico in ihren Vorzügen nicht bestritten, sondern lediglich in ihrem imperialistischen Absolutheitsanspruch in Frage gestellt und zwar deshalb, weil sie das Wahrscheinliche als defizitäre Wissensform abwertet und die pädagogische Bedeutung der *studia humanitatis* in Frage stellt. Wenn diese aber verloren gehen, so Vico, droht die aufgeklärte Handlungskompetenz des Menschen zu verkümmern. Menschliches Handeln, das immer auf Wahl und Entscheidung beruht, lässt sich weder auf eine mathematische Rationalität reduzieren noch aus obersten Prinzipien deduzieren. In der geschichtlich-kulturellen Welt des Menschen lässt sich mit der logischen Beweisführung nicht viel ausrichten:

> *„Da nun, um von der Klugheit im bürgerlichen Leben zu sprechen, die menschlichen Dinge unter der Herrschaft von Gelegenheit und Wahl, die beide höchst ungewiß sind, stehen und zumeist von Vorstellungen und Verheimlichung, die im höchsten Maße trügen können, gelenkt werden, so verstehen diejenigen, die allein das Wahre im Auge haben, nur schwer die Wege, die sie nehmen, und noch schwerer ihre Ziele […]. Weil man also das, was im Leben zu tun ist, nach dem Gewicht der Dinge und den Anhängen, die man Umstände nennt, zu beurteilen hat, […] lassen sich die Handlungen der Menschen nicht mit dem geradlinigen Lineal des Verstandes, das starr ist, messen."*
>
> Vico 1709:1947, S. 61

Die Bedeutung des *sensus communis*

Nach Vicos Einschätzung übersieht Descartes nicht nur, dass die Menschen in ihrem Handeln auf das Wahrscheinliche angewiesen sind, sondern er raubt auch dem *sensus communis* (Gemeinsinn), der aus dem Wahrscheinlichen erwächst, seine gemeinschaftsbildende und orientierende Kraft. Bei allen begründeten Entscheidungen im Bereich des lediglich Wahrscheinlichen sollte an die Stelle des rationalen Deduzierens das *omnia perspicere* der rhetorischen Erkenntnis treten. Angesichts einer Problemlage, die sich immer so oder auch anders verhalten kann, und angesichts einer Entscheidung, die mehrere Handlungsoptionen zulässt, kommt es nach Vico entscheidend darauf an, alle wichtigen Aspekte durchdacht und möglichst viele Momente berücksichtigt zu haben, um nicht zu übersehen, was für die Entscheidungsfindung relevant sein könnte (Menze 1985, S. 16f.). Das methodische Auffinden der zentralen Gesichtspunkte leistet die Topik, die inventiv und kombinatorisch eine Fülle von relevanten Gesichtspunkten schnell und geordnet vor Augen stellt. Rhetorik und Topik sind im Hinblick auf die Handlungsorientierung der Mathematik schon deshalb überlegen, weil es sich um „situative Denkweisen" handelt, die der „situationslosen Mathematik" entgegenstehen (Viehweg 1974, S. 113). Da sich auch das pädagogische Handeln mit kontingenten und in ihrer Komplexität nie vollständig zu durchschauenden Situationen konfrontiert sieht, in denen die jeweils angemessene Handlung zu wählen ist, lässt sich die pädagogische Praxis nach Vico nie vollständig theoretisieren, jedenfalls nicht in dem Sinne, dass wir sie einer kausalanalytischen Theorie unterwerfen.

Vicos bildungstheoretischer Gegenentwurf

Angesichts des Antihumanismus und Antihistorismus der Cartesianer warnt Vico vor einer vorschnellen und unüberlegten Preisgabe jener Bildung, die sich an den humanistischen Ideen von *sapientia* (Weisheit), *eloquentia* (Beredsamkeit) und *prudentia* (praktische Klugheit) orientiert und die auf die Entfaltung und Kultivierung jener humanen Fähigkeiten zielt, die ein gelingendes und erfolgreiches Leben in der politischen und sozialen Welt ermöglichen (Fuchs 2007, S. 148f.). Dass der antike Begriff der Weisheit nicht unbedingt als antiquiert erscheinen muss, zeigt ein Blick auf die Momente, die nach Vico diese Weisheit ausmachen: ein Wissen um die Möglichkeiten und Grenzen menschlicher Erkenntnis, die Fähigkeit klugen Urteilens und Abwägens in allen öffentlichen und privaten Angelegenheiten und ein kompetenter Umgang mit Sprache, der es allererst ermöglicht, in der sozialen und politischen Öffentlichkeit überzeugend und erfolgreich zu agieren. Wenn man bedenkt, dass Vicos Aufgabe darin bestand, junge Studenten in Form einer Propädeutik auf das Studium in den drei klassischen Fakultäten Theologie, Medizin und Jurisprudenz vorzubereiten, so vermittelte das humanistische Grundstudium in der Tat alle Kompetenzen, die für jene *Prudenzen* bis heute unverzichtbar geblieben sind, dienen sie doch der Qualifikation für Professionen, in denen theoretisches Wissen für die erfolgreiche Bewältigung der Berufspraxis allein nicht ausreicht. Hinzutreten müssen nämlich Erfahrung, Menschenkenntnis, Sensibilität für die jeweilige Situation, Empathiefähigkeit und kluges Urteilen.

Orientierung an der natürlichen Entwicklung des Kindes

Um dem Verlust an lebenspraktischer Klugheit pädagogisch entgegenzusteuern, entwirft Vico eine Bildungstheorie, die dem Anspruch kritischer Rationalität Rechnung trägt, ohne jedoch die praktische Dimension der humanistischen Bildungsidee preiszugeben. Die Einführung in eigenständiges kritisches Denken und Urteilen erfolgt auf der Grundlage einer fundierten philosophischen, historischen, literarischen und rhetorischen Bildung, die lebenspraktisch orientiert ist. Eine verfrüht einsetzende kritische Bildung verstößt nach Vico gegen die Natur des Kindes, an der sich Erziehung und Bildung auszurichten haben. Es ist von daher pädagogisch verfehlt, Kindern bereits abstrakte Wissenschaft zu lehren, da in der Kindheit besonders Gedächtnis und Phantasie lebendig sind. Vicos Bildungskonzeption wendet sich daher entschieden gegen jene „verfrühte und harte Lehre" der neuen Erziehungsmethode, die „gegen und über alle sinnlich anschaulichen Bilder ihr erstes Wahres" setzt (Vico 1709:1947, S. 29). Aus der Phantasie entwickelt sich altersgemäß die Fähigkeit zu logischem und abstraktem Denken, dem die Einübung in historische, imaginative und rhetorische Denkweisen vorausgeht. Eine an der kindlichen Entwicklung orientierte Erziehung fördert das Gedächtnis durch das Studium der Sprachen, die Phantasie durch die Lektüre der Dichter, Geschichtsschreiber und Redner, das logische Denken auf eine kindgemäße Art durch die anschauliche Elementargeometrie und das moralische Urteilsvermögen durch die Poesie.

Zwei Kulturen von Bildung

Abschließend können wir festhalten, dass in *De nostri temporis* die durch den neuzeitlichen Rationalismus provozierte Herausbildung zweier sich gegenseitig in Frage stellender „Kulturen" von Wissen und Bildung zum ersten Mal deutlich vor Augen gestellt wird: hier die an mathematischer Gewissheit orientierte axiomatische Wissenschaft, dort die auf Handlungsorientierung und humane Lebensbewältigung gerichtete zivile und politische Klugheit, hier die Bildung mathematischer Rationalität, dort die Entfaltung einer am *sensus communis* orientierte und auf das besonnene Handeln gerichtete Urteilskraft, hier Didaktik als *demonstratio* und frühe Schulung kritischen Denkens, dort die aus der rhetorischen Tradition erwachsene Betonung des Vorrangs sinnlich-ästhetischer Formen des Lernens, hier die Reduktion des Menschen auf seinen puren Intellekt, dort das Festhalten an einem humanistischen Menschenbild, das Phantasie, Leidenschaft und Emotionalität einschließt. Bereits in den bildungstheoretischen Überlegungen von *De nostri temporis* zeichnet sich eine Entwicklung ab, die Peter Snow 1959 (*The two cultures and the Scientific Revolution 1959*) als das Auseinanderfallen zweier Kulturen von Wissenschaft und Bildung charakterisieren wird. Vico, der sich dem Humanismus verpflichtet sieht, ohne die in die Zukunft weisenden

Errungenschaften rationalistischen Denkens zu ignorieren, sieht bereits die Widersprüche einer modernen Welt, in welcher der naturwissenschaftliche und technische Fortschritt um den Preis einer Verarmung der humanen Kräfte erkauft wird.

? Aufgabe

Reflexionsfragen

1. Inwiefern lassen sich in der Auseinandersetzung Vicos mit dem Denken von René Descartes Parallelen zur Unterscheidung von Natur- und Geisteswissenschaften bei Wilhelm Dilthey (siehe auch den Band von Heinz-Hermann Krüger in dieser Reihe: Krüger 2019, Kap. 4.2.1) ziehen?
2. Warum taugen auch bei Vico Mathematik und Naturwissenschaft nicht, um Wissen über menschliches Handeln zu erzeugen?
3. Erläutern Sie, was bei Vico das zentrale Bildungsziel ist und wie dies erreicht werden soll!
4. Was würden Sie sagen: Wie sind heute unterschiedliche Bildungsziele in ihrer Wertigkeit gewichtet, wenn Sie von den Inhalten in schulischen Curricula ausgehen? Vergleichen Sie dies jeweils mit den Ansätzen von den Sophisten, Sokrates, Platon, Isokrates und Vico und begründen Sie Ihre Entscheidung!

!

Weiterführende Literatur zu Giambattista Vico

Fuchs, Birgitta (2010): Rationale und ästhetische Bildung. Vicos anthropologischer Vermittlungsversuch. In: Fuchs, Birgitta/Koch, Lutz (Hrsg.): Ästhetik und Bildung. Würzburg: Ergon.

Menze, Clemens (1988): Vom Antikartesianismus zur Theorie der Bildung des Menschen. In: Pädagogische Rundschau 42, S. 63–84.

!

Weiterführende Literatur zur Pädagogik der griechischen Antike allgemein

Grunert, Cathleen (2006): Antike. In: Krüger, Heinz-Hermann/Grunert, Cathleen (Hrsg.): Wörterbuch Erziehungswissenschaft. Opladen & Farmington Hills: Barbara Budrich.

Lichtenstein, Ernst (1970): Der Ursprung der Pädagogik im griechischen Denken. Hannover: Schroedel.

Marrou, Henri Irénée (1977): Geschichte der Erziehung im klassischen Altertum. München: Deutscher Taschenbuch Verlag.
Niehuis-Pröbsting, Heinrich (2004): Die antike Philosophie. Schrift, Schule, Lebensform. Frankfurt a.M.: Fischer.

3 Die Pädagogik der Aufklärung

Das folgende Kapitel widmet sich einer für die Geschichte pädagogischen Denkens überaus wichtigen und fruchtbaren Epoche, dem Zeitalter der Aufklärung, das nicht nur in politischer, gesellschaftlicher und wirtschaftlicher Hinsicht europaweit zu einschneidenden Transformationsprozessen führte, sondern das auch das Nachdenken über Erziehung, Bildung und Unterricht grundlegend veränderte und zur Etablierung einer neuzeitlichen wissenschaftlichen Pädagogik führte. Die wachsende Kritik an dem Bildungsideal humanistischer Gelehrsamkeit, das angesichts der massiven Veränderungen als unzeitgemäß und veraltet wahrgenommen wurde, ließ eine grundlegende Reformierung des öffentlichen Bildungswesens nötig erscheinen. Interessant ist die Tatsache, dass der Begriff ‚Aufklärung' insofern doppeldeutig ist, als er sowohl eine geschichtliche Epoche als auch ein epochenübergreifendes pädagogisches Programm bezeichnet.

3.1 Aufklärung als historische Epoche und als pädagogisches Programm

Aufklärung als geschichtliche Epoche

Als geschichtliche Epoche umfasst das Zeitalter der Aufklärung das 17. und 18. Jahrhundert, in denen die zunehmende Säkularisierung und Rationalisierung nahezu aller Lebensbereiche zu wissenschaftlichen, politischen, gesellschaftlichen und ökonomischen Neugestaltungen führten, welche von England ausgehend ganz Europa und Nordamerika erfassten. Charakterisiert ist diese Zeit durch das beinahe uneingeschränkte Vertrauen in die menschliche Vernunft, durch die Emanzipation der Wissenschaften, vor allem der naturwissenschaftlichen Forschung, aus der Bevormundung durch die Kirche und schließlich durch das radikale Infragestellen aller Autoritäten und Traditionen (Höffe 2008, S. 187). Die Selbstbezeichnung des 18. Jahrhunderts als aufgeklärtes oder kritisches Jahrhundert lässt die leitende Intention erkennen, nunmehr alle politischen, sozialen und pädagogischen Fragen vor dem Richterstuhl der Vernunft (vgl. auch Kap. 3.5.3) zu verhandeln und auf der Grundlage einer wissenschaftlichen Rationalität zu beantworten. Getragen von einem nahezu uneingeschränkten Vernunftoptimismus treten die Aufklärer gegen Aberglaube, Vorurteile, religiösen Fanatismus, Intoleranz, Unwissenheit und Irrationalismen an und erhoffen sich von dem großen Projekt der Volksaufklärung eine allgemeine Verbesserung menschlicher Verhältnisse und eine umfassende Modernisierung der Gesellschaft.

Dabei wird das Denken der Aufklärung von vier Leitbegriffen beherrscht: Vernunft, Freiheit, Fortschritt und Kritik (vgl. Höffe 2008). Die Kritik richtet sich in Form eines politischen Liberalismus zunehmend gegen die Staatsform des Absolutismus und gegen die Standesprivilegien des Adels, dem die Bürger mit einem erstarkten Selbstbewusstsein und neuen Bildungsambitionen entgegentreten. Die Kritik richtet sich aber auch gegen die Dominanz der Kirche und ihren überall greifbaren Einfluss auf das bestehende Bildungssystem. Im Laufe des 18. Jahrhunderts erfasst diese kritische Grundhaltung das Projekt der Aufklärung und ihren Vernunft- und Fortschrittsoptimismus selbst und provoziert eine intensiv betriebene Selbstaufklärung über Aufklärung.

Aufklärung als pädagogisches Programm

Über die Beschreibung einer historischen Epoche hinaus bezeichnet Aufklärung auch ein epochenübergreifendes pädagogisches Programm und einen anspruchsvollen Bildungsprozess, der das mündige und emanzipierte Subjekt vor Augen hat (vgl. Böhm 2007, S. 56f.). Aufklärung als pädagogisches Programm kann ihr Ziel dabei mit zwei unterschiedlichen Akzentuierungen verfolgen: entweder mehr *rationalistisch* oder stärker *emanzipatorisch*. Unter der „rationalistischen" Perspektive geht es der Aufklärung um die Überwindung von Aberglaube, Vorurteil, Verblendung und Unwissenheit. „Aufklärung des Verstandes" und „Erhellung des Geistes" werden zu zentralen Topoi der Aufklärung. Das emanzipatorische Interesse richtet sich weniger auf das „richtige" als auf das „freie" Denken bzw. auf das „Selbstdenken" (Schneiders 2001, S. 11). Hier geht es um die Befreiung des Menschen aus religiöser und politischer Indoktrination, um das Aufdecken von Herrschaftsstrukturen und den Abbau von sozialer Ungerechtigkeit in einer ständisch geprägten Gesellschaft. Das pädagogische Programm der Aufklärung kann man auch dahingehend differenzieren, dass man eine allgemeine Volksaufklärung durch schulische Bildung von der individuellen Selbstaufklärung des Subjekts unterscheidet. Von einer grundlegenden Reform der Institution Schule, die nun nicht länger kirchlich, sondern öffentlich, d. h. unter der Aufsicht des Staates bzw. der Kommunen stehen sollte, erhoffte man sich die Beförderung des „gesamtgesellschaftlichen Prozesses" der Aufklärung. „Bildung durch Aufklärung und organisierte Aufklärung durch die Schulen", so Herrmann, „werden zum *politicum* ersten Ranges" (Herrmann 1993, S. 13).

Selbstaufklärung des Subjekts

Die Idee der Selbstaufklärung des Subjekts stammt von dem Königsberger Philosophen Immanuel Kant (1724–1804), der mit seiner Definition von Aufklärung sowohl das Selbstverständnis der Epoche als auch das pädagogische Denken der Aufklärung maßgeblich geprägt hat. Kants berühmte Aufklärungsschrift erschien erstmals 1784 unter dem Titel: *Beantwortung der Frage: Was ist Aufklärung?* im Dezemberheft der ‚Berlinischen Monatsschrift', dem Publikationsorgan der Berliner Aufklärer:

Immanuel Kant: *Was ist Aufklärung?*

„Aufklärung ist der Ausgang des Menschen aus seiner selbstverschuldeten Unmündigkeit. Unmündigkeit ist das Unvermögen, sich seines Verstandes ohne Leitung eines anderen zu bedienen. Selbstverschuldet ist diese Unmündigkeit, wenn die Ursache derselben nicht am Mangel des Verstandes, sondern der Entschließung und des Mutes liegt, sich seiner ohne Leitung eines andern zu bedienen. Sapere aude! Habe Mut, dich deines eigenen Verstandes zu bedienen! Ist also der Wahlspruch der Aufklärung.
Faulheit und Feigheit sind die Ursachen, warum ein so großer Teil der Menschen, nachdem sie die Natur längst von fremder Leitung freigesprochen (naturaliter maiorennes), dennoch gerne zeitlebens unmündig bleiben; und warum es anderen so leicht wird, sich zu deren Vormündern aufzuwerfen. Es ist so bequem, unmündig zu sein. Habe ich ein Buch, das für mich Verstand hat, einen Seelsorger, der für mich Gewissen hat, einen Arzt, der für mich die Diät beurteilt usw., so brauche ich mich ja nicht selbst zu bemühen. Ich habe nicht nötig zu denken, wenn ich nur bezahlen kann; andere werden das verdrießliche Geschäft schon für mich übernehmen. Daß der bei weitem größte Teil der Menschen (darunter das ganze schöne Geschlecht) den Schritt zur Mündigkeit, außer dem daß er beschwerlich ist, auch für sehr gefährlich halte: dafür sorgen schon jene Vormünder, die die Oberaufsicht über sie gütigst auf sich genommen haben. Nachdem sie ihr Hausvieh zuerst dumm gemacht haben und sorgfältig verhüteten, daß diese ruhigen Geschöpfe ja keinen Schritt außer dem Gängelwagen, darin sie sie einsperrten, wagten durften, so zeigen sie ihnen nachher die Gefahr, die ihnen drohet, wenn sie es versuchen, allein zu gehen. Nun ist diese Gefahr zwar eben so groß nicht, denn sie würden durch einigemal Fallen wohl endlich gehen lernen; allein ein Beispiel von der Art macht doch schüchtern und schreckt gemeiniglich von allen fernen Versuchen ab."

Kant 1784:1983, S. 53

Kant unterscheidet gleich zu Beginn seiner Aufklärungsschrift zwischen zwei Formen von Unmündigkeit: der unverschuldeten (etwa durch Krankheit) und der „selbstverschuldeten" Unmündigkeit, für welche der Einzelne selbst die Verantwortung trägt. Offensichtlich setzt die Mündigkeit als Resultat der Selbstaufklärung den festen Entschluss voraus, die eigene Denkfaulheit und die Angst vor den Konsequenzen einer mündigen Lebensführung zu überwinden und sich nur auf den eigenen Verstand und sein Urteil zu verlassen. Das Selbstdenken wird nach Kant die entscheidende „Maxime der Aufklärung", die auch zu pädagogisch-didaktischen Konsequenzen führt. Auf diese hat Lutz Koch in seiner Theorie des Lehrens und Lernens (2015) hingewiesen. Dort heißt es:

„Wann immer Erkenntnis und Einsicht nur weitergegeben, als Handreichungen ausgehändigt, mitgeteilt und vermittelt werden, ohne den Empfänger zur Wahrheitsprüfung anzuregen, die ja nur mit dem eigenen Verstand möglich ist, und sofern kein Versuch unternommen wird, den Lernenden selbständig Erfahrung machen sich ins eigene Denken hineinfinden zu lassen, handelt es sich nicht um Unterricht, sondern um Praktiken der Verleitung zum Vorurteil. Das mag hart klingen, trifft aber die Sache. Begriffe können ja nicht wie Kenntnisse erworben, sondern nur gedacht bzw. erdacht werden; Urteile können zwar ihrem Wortlaut nach passiv übernommen und nachgesprochen, aber nicht verstanden, d. h. als wahr erkannt werden, sie müssten denn mit eigenem Verstand, d. h. aktiv gefällt werden. Schlüsse können ebenfalls nur nach dem Wortlaut von anderen übernommen und reproduziert, jedoch nicht schlüssig abgeleitet und in ihrer Konsequenz eingesehen werden, ohne die Aktivität der eigenen Einsicht zu bemühen."

Koch 2015, S. 260f.

Ist es das erklärte Ziel der Selbstaufklärung, sich „durch eigene Bearbeitung" des Geistes aus der Unmündigkeit „heraus zu wickeln" und erhoffte sich Kant durch diesen Prozess den „Prospekt zu einem künftigen glücklichern Menschengeschlechte" (Kant 1803:1983, S. 699), so sah sich der überwiegende Teil der Volksaufklärer einer gemäßigten und in den Schranken der ständischen Ordnung verbleibenden Aufklärung verpflichtet. Mit ihrer Forderung nach der Vermittlung von nützlichen und anwendbaren Kenntnissen und der Entfaltung einer gemeinnützigen „industriösen Gesinnung", reagierten die Aufklärer auf veränderte Anforderungen der merkantilistischen Wirtschaftspolitik des absolutistischen Verwaltungsstaates und auf ein gesteigertes ökonomisches Interesse der Bürger. In diesem Zusammenhang sind auch die Versuche zu einer Neuordnung der Berufsausbildung, die Anfänge der Realschulen, die Gründung von berufsqualifizierenden Fachschulen sowie Industrie- und Arbeitsschulen zu sehen, in denen vor allem die unteren Stände für die „beginnende kapitalistische Produktion" diszipliniert werden sollten (Blankertz 1991, S. 22).

Das pädagogische Jahrhundert

Aus unserer heutigen Perspektive erscheint es als durchaus nachvollziehbar, dass das 18. Jahrhundert auch als das ‚pädagogische Jahrhundert' bezeichnet wurde. Es sind im Wesentlichen drei Momente, die diese Bezeichnung rechtfertigen: *Erstens* die Entdeckung der Kindheit als eine wichtige Entwicklungsphase mit ihren eigenen Formen kindlicher Weltaneignung, die nicht nur zu neuen Vorstellungen über Erziehung und zu einer neuen Definition der Beziehung zwischen Erwachsenen und Kindern führte, sondern die auch das Motiv für die nun einsetzende Kindheitsforschung lieferte. *Zweitens* führte die Phase des Übergangs von der geburtsständisch zur berufsständisch organisierten Gesellschaft, in der sich nun auch den Bürgern die Möglichkeit eröffnete, unabhängig von ihrer Herkunft und nur aufgrund individueller Leistung sich für Berufe und höhere Staatsämter zu qualifizieren, zu einem wachsenden öffentlichen Interesse an Erziehung, Bildung und beruflicher Qualifikation. Dieses wachsende Interesse führte erstmals in der Geschichte zur Etablierung eines regen öffentlichen Diskurses über pädagogische und bildungsorganisatorische Fragen, der in Deutschland in der zweiten Hälfte des 18. Jahrhunderts einsetzt und eine wahre Flut an pädagogischen Publikationen und selbst die Gründung von pädagogischen Fachzeitschriften hervorbrachte. *Drittens* lenkt die nun neu einsetzende pädagogische Anthropologie, die den Menschen als vernunftbegabtes und zu einer vernünftigen Lebensgestaltung fähiges Wesen definiert, die Aufmerksamkeit auf die Bildsamkeit und Erziehungsbedürftigkeit des Menschen.

Die Forderung nach einer wissenschaftlichen Pädagogik

Vor diesem Hintergrund wird die Forderung, die Pädagogik von Theologie und Philosophie zu lösen und als eine eigenständige wissenschaftliche Disziplin zu begründen, immer drängender. Es genüge nicht länger, so das durchtragende Argument, dass sich die Pädagogik als eine Sammlung beliebig zusammengestellter Erfahrungen und Regeln ohne theoretische Reflexion und ohne innere Systematik darstellt. Angesichts dieses unbefriedigenden Zustandes sei es dringend erforderlich, der Pädagogik als „der nötigsten aller Wissenschaften" (Campe, zit. nach Fuchs 2015, S. 20) zu ihrem Recht zu verhelfen und sie nicht länger als Appendix von Theologie und Philosophie zu betreiben. Dabei waren die Forderungen nach einer eigenständigen wissenschaftlichen Pädagogik mit enormen Erwartungen verbunden. So knüpfte etwa Kant die Hoffnung auf Vervollkommnung der menschlichen Gattung an eine wissenschaftlich aufgeklärte Erziehung. Die rein mechanische und damit planlos und zufällig verfahrende Erziehung müsse, so Kant, „in Wissenschaft verwandelt werden" (Kant 1803:1983, S. 704), was so viel bedeutet, wie eine in Prinzipien (Grundsätzen) fundierte Theorie zu entwickeln.

Erster Lehrstuhl für Pädagogik an der Universität Halle 1779

Das Bemühen um die Begründung der Pädagogik als Wissenschaft ist dabei eng mit dem Namen Ernst Christian Trapp (1745–1818) verbunden (vgl. auch den Band von Heinz-Hermann Krüger in dieser Reihe: Krüger 2019, Kap. 2.1). In seinem 1780 erschienenen *Versuch einer Pädagogik* fordert er dazu auf, die Erziehung als eine „eigene Kunst" von „ihren eigenen Leuten" betreiben zu lassen und das Studium der Pädagogik aus seiner engen Anbindung an die Theologie zu lösen. Trapp wollte die Pädagogik auf eine empirische Grundlage stellen und sie im Zusammenhang mit der empirischen Psychologie und Anthropologie sowie der Medizin begründen. Auf Veranlassung des Preußischen Ministers Freiherr von Zedlitz wurde Trapp im Jahre 1779 auf den ersten Lehrstuhl für Pädagogik an der Universität Halle und zum Inspektor der angegliederten Universitätsübungsschule berufen. Seine Antrittsvorlesung stand unter dem programmatischen Titel *Von der Notwendigkeit, Erziehen und Unterrichten als eine eigene Kunst zu studieren*.

Mit gleichem Nachdruck forderte auch August Hermann Niemeyer (1754–1829) die Professionalisierung von Erziehern und Lehrern durch eine Erziehungswissenschaft, die er in einem engen Zusammenhang mit Ethik und Psychologie entfaltete. Seine im Jahre 1776 erschienenen *Grundsätze der Erziehung und des Unterrichts* avancierten zu einem Standardwerk der Pädagogik im 19. Jahrhundert.

In seiner *Allgemeinen Pädagogik* (1806) definiert Johann Friedrich Herbart (1776–1841) in einer vielbeachteten Formulierung den Selbstanspruch der neuen wissenschaftlichen Pädagogik. Sie werde sich endlich auf ihre „einheimischen Begriffe" besinnen und ein „selbständiges Denken" kultivieren. In der Analyse des Begriffs ‚Erziehung' sieht Herbart das Fundament für die Eigenständigkeit der Pädagogik als Wissenschaft, die sich nicht länger als „Spielball" ökonomischer, politischer oder religiöser Zwecksetzungen oder wissenschaftlicher Moden der Zeit versteht.

Dabei führten die Versuche, die Pädagogik als Wissenschaft zu begründen und als eigenständige Disziplin an den Hochschulen zu etablieren, zu ganz unterschiedlichen theoretischen Ansätzen. Ein kontroverser Diskurs entzündete sich an der Frage nach Notwendigkeit und Möglichkeit der Pädagogik und ihrer wissenschaftstheoretischen Begründung, ihrem Verhältnis zu ihren ‚Nachbarwissenschaften' (Anthropologie, Medizin, Psychologie, Ethik und Ästhetik), der Frage nach einer genuin pädagogischen Denk- und Forschungsmethode, dem Verhältnis von empirischer Forschung und normativer Begründung sowie der Praxisrelevanz der Theorie und ihrer Leistung für die Professionalisierung von Erziehern und Lehrern. Dies alles sind Fragen, die die Erziehungs- bzw. Bildungswissenschaft bis heute beschäftigen (vgl. auch den Band von Heinz-Hermann Krüger in dieser Reihe: Krüger 2019).

Reflexionsfragen

? Aufgabe

1. Was kennzeichnet das Menschenbild der Aufklärung?
2. Worauf zielten die pädagogischen Bestrebungen der Aufklärer? Unterscheiden Sie hier in die rationalistische sowie die emanzipatorische Perspektive!

3.2 Die politische, gesellschaftliche und ökonomische Situation im 17. und 18. Jahrhundert als Hintergrund der pädagogischen Reformen

Diese vielfältigen pädagogischen Ambitionen mit weitreichenden Folgen für die öffentliche Organisation von Erziehung und Schule sind nur vor dem Hintergrund der Dynamik sozialer, politischer und ökonomischer Entwicklungen zu verstehen, die das 17. und 18. Jahrhundert beherrschen. In politischer und ökonomischer Hinsicht sind die einzelnen Territorialstaaten durch das politische System des Absolutismus und durch eine merkantilistische Wirtschaftspolitik charakterisiert (vgl. Schneiders 2001, S. 12). Der Merkantilismus und die einsetzende Industrialisierung wecken das staatliche Interesse an wirtschaftlichem Wachstum und einer konkurrenzfähigen Ökonomie. Der absolutistische Verwaltungsstaat benötigt stärker als in früheren Zeiten einen mit nützlichen Kenntnissen und Fertigkeiten ausgestatteten Staatsbürger. Vor diesem Hintergrund setzt sich mehr und mehr die Erkenntnis durch, dass es zu den zentralen Aufgaben des Staates gehört, die öffentliche Erziehung in die Hand zu nehmen und staatlich zu regulieren.

Allgemeine Schulpflicht und die Idee der Staatsschule

So eröffnet das 17. Jahrhundert in Ansätzen das Zeitalter der Berufs- und Standeserziehung und bringt erstmals den Gedanken der Staatsschule hervor. Die Fürsten der einzelnen Territorialstaaten treten für eine allgemeine Schulbildung ein und richten ihr Interesse zunehmend auf den Bereich der Volksschulbildung. Im 17. Jahrhundert hatten bereits Weimar (1619), Gotha (1640) und mit einer zeitlichen Verzögerung Preußen im Generallandschulreglement von 1763 und später im Allgemeinen Landrecht von 1794 die allgemeine Schulpflicht eingeführt. Bei diesen ersten Versuchen einer staatlichen Regulierung handelte es sich genau genommen nicht um ‚Schulpflicht', sondern um ‚Unterrichtspflicht', da die geforderten Kenntnisse durchaus auch auf andere Weise, etwa durch Privatunterricht, erworben werden konnten. Eine Schulpflicht im strengen Sinne gibt es in Deutschland erst seit der Weimarer Reichsverfassung von 1919. Generell legen die Schul- bzw. Unterrichtspflichtgesetze des 17. und 18. Jahrhunderts sowohl die Dauer des Schulbesuches als auch die Bildungsziele des Unterrichts fest. In der Regel sollte jedes Kind etwa 8 Jahre die Schule besuchen. Die Realität sah jedoch ganz anders aus. Vor allem die Kinder aus landwirtschaftlichen Betrieben besuchten die Schule, wenn überhaupt, nicht länger als 8–10 Wochen im Jahr, da sie die restliche Zeit als Arbeitskraft gebraucht wurden (vgl. Blankertz 1982, S. 59).

Das Aufblühen der modernen Wissenschaften

Innerhalb dieser gesamtgesellschaftlichen Veränderungsprozesse dürfen das Aufblühen der Wissenschaften und die Entwicklung des modernen wissenschaftlichen Rationalismus, der sowohl innerhalb der Naturwissenschaften als auch innerhalb der Philosophie zu einer großen Wende

Abbildung 7: René Descartes

wissenschaftlicher Forschung führte, in ihrer Wirkung nicht unterschätzt werden. Nun geht die Wissenschaft streng methodisch vor und richtet ihr Erkenntnisinteresse darauf, allgemeine Gesetzmäßigkeiten der Welt zu erfassen und auf allen Gebieten nach objektiver und mathematisch fassbarer Ordnung der Dinge zu suchen. Mit Galileo Galilei (1564–1642), René Descartes (1596–1650) und Francis Bacon (1561–1626) setzt die Moderne ein, die mit einer Veränderung nahezu aller Lebensverhältnisse durch die Wissenschaft und der auf ihr beruhenden Technik, Industrie und Ökonomie einhergeht. Der mit Galilei und seinen revolutionären Entdeckungen in Astronomie und Physik einsetzende wissenschaftliche Fortschritt stellte nicht nur das mittelalterliche Weltbild und die „Deutungsmacht der Kirche" radikal in Frage, sondern setzte einen Prozess in Gang, der zu einem völlig neuen Selbst- und Weltverständnis des Menschen führte (vgl. Schneiders 2001, S. 13).

René Descartes

Innerhalb der Philosophie wird der Einschnitt durch René Descartes markiert. Descartes suchte nach einem *fundamentum inconcussum* bzw. nach einem unerschütterlichen Fundament unserer Erkenntnis, welches allem Zweifel überlegen ist, und findet ein solches Fundament im Bewusstsein des *ego cogito*, des Ich-denke. Am Denken nämlich lässt sich nicht zweifeln, weil alles Zweifeln selbst schon ein Denken ist. Das bedeutet, dass nun die zweifelsfreie Gewissheit des Ichdenkens zum Maßstab des Wissens und der Erforschung der Wahrheit gemacht wird. Da die Mathematik diesem Ideal der zweifelsfreien Gewissheit am nächsten kommt, so wird alles Wissen daraufhin abgeschätzt, inwieweit es sich in mathematischer Form ausdrücken lässt. Für den Prozess der Aufklärung ist dieser philosophische Neuansatz von zentraler Bedeutung, da die „Konstitution des menschlichen Selbstbewußtseins" erstmals durch eigene Vernunft geleistet wurde (Blankertz 1982, S. 30).

Francis Bacon

Einen weiteren Grundzug der modernen wissenschaftlichen Methode hat Francis Bacon (1561–1626) in seinem *Novum organon* (1620) dargelegt. Es handelt sich um den induktiven Charakter der Wissenschaft, welche von Beobachtungen zur Erkenntnis von Grundsätzen fortschreitet und sich wesentlich auf das von Hypothesen geleitete Experiment stützt. Galileo, Descartes und Bacon markieren also den konzentrierten Einsatz der neuen Wissenschaft, der europaweit zur Gründung bedeutender Gelehrtengesellschaften, wie etwa die *Royal Society* in London, die *Académie des Sciences* in Paris und die Berliner *Akademie der Wissenschaften* führt und selbst Universitätsgründungen im neuen Geist initiiert. Die erste deutsche Universität, die sich nicht nur dem Projekt der Aufklärung, sondern auch der modernen wissenschaftlichen Forschung verpflichtet sah, wurde 1694 in Halle gegründet. Die Denk- und Lehrfreiheit der Professoren war in Halle ebenso selbstverständlich wie die Einheit von Forschung und Lehre. Denn nun wurde nicht mehr ein in sich abgeschlossener Wissenskanon unterrichtet, sondern Dozenten und Studenten waren gleichermaßen in den dynamischen Prozess wissenschaftlicher Forschung involviert.

3.3 Die pädagogische Bedeutung des 17. Jahrhunderts

Realismus versus Verbalismus

Es ist nicht verwunderlich, dass sich auch die jetzt entstehende Pädagogik mehr oder weniger bewusst diesem methodischen und planmäßigen Verfahren anschließt und über die Möglichkeit einer lehr- und lernbaren Methode des Erziehens und Unterrichtens nachdenkt. Die erste mit aufklärerischen Intentionen auftretende pädagogische Strömung ist die der sogenannten „didaktischen Reformer" des 17. Jahrhunderts (Blankertz 1982, S. 29) unter denen vor allem Wolfgang Ratke (1571–1635) und Johann Amos Comenius (1592–1670) zu nennen sind. Das aufklärerische Moment der Kritik richtet sich unter dem Stichwort ‚Realismus' gegen den dominierenden Verbalismus in den Schulen, vor allem in den Lateinschulen mit ihrem deutlichen Schwerpunkt auf den alten Sprachen und einer veralteten Didaktik. Nach Auffassung der Reformer lege die Schule einseitig zu viel Gewicht auf den Sprachunterricht, so dass die ‚Realien' bzw. das Sachwissen gegenüber den Worten zu kurz kämen. Darüber hinaus werde die starke Orientierung an der griechischen und römischen Antike mit ihrer Sprache und Literatur weder der permanenten Erweiterung des Wissens noch dem veränderten Selbstbewusstsein des modernen Menschen gerecht. Ein neuer Realismus muss von daher methodisch und inhaltlich Eingang in das pädagogisch-didaktische Denken finden.

Unter den didaktischen Reformansätzen des 17. Jahrhunderts ragt besonders die *Didactica Magna* (1638:1992) des Comenius hervor, die europaweit eine große Wirksamkeit entfalten konnte und die bereits die „Signaturen jener rationalen Unterrichtswissenschaft" (Blankertz 1982, S. 29) aufwies, die als Grundlage zur Realisierung einer allgemeinen Schulpflicht dienen konnte. Ohne Zweifel kann Johann Amos Comenius (1592–1670) als der wichtigste Pädagoge des Jahrhunderts gelten.

Das Titelblatt seiner *Didactica Magna* (Großen Didaktik) führt seine pädagogischen Ambitionen deutlich vor Augen:

GROSSE DIDAKTIK
DIE VOLLSTÄNDIGE KUNST;
ALLE MENSCHEN ALLES ZU LEHREN

oder

Sichere und vorzügliche Art und Weise, in allen Gemeinden, Städten und Dörfern eines jeden christlichen Landes Schulen zu errichten, in denen die gesamte Jugend beiderlei Geschlechts ohne jede Ausnahme

RASCH; ANGENEHM UND GRÜNDLICH

in den Wissenschaften gebildet, zu guten Sitten geführt, mit Frömmigkeit erfüllt und auf diese Weise in den Jugendjahren zu allem, was für dieses und das künftige Leben nötig ist, angeleitet werden kann worin von allem, wozu wir raten

die GRUNDLAGE in der Natur der Sache selbst gezeigt,

die WAHRHEIT durch Vergleichsbeispiele aus den mechanischen Künsten dargetan,

die REIHENFOLGE nach Jahren, Monaten, Tagen und Stunden festgelegt und schließlich

der WEG gewiesen wird, auf dem sich alles leicht und mit Sichergeit erreichen läßt.

ERSTES UND LETZTES ZIEL UNSERER DIDAKTIK SOLL ES SEIN, die Unterrichtsweisen aufzuspüren und zu erkunden, bei welcher die Lehrer weniger zu lehren brauchen, die Schüler dennoch mehr lernen; in den Schulen weniger Lärm, Überdruß und unnütze Mühe herrsche, dafür mehr Freiheit, Vergnügen und wahrhafter Fortschritt; in der Christenheit weniger Finsternis, Verwirrung und Streit, dafür mehr Licht, Ordnung, Friede und Ruhe.

„Alles alle gründlich zu lehren" und zwar unter Berücksichtigung der individuellen Entwicklungs- und Lernfähigkeit des Kindes ist das revolutionär neue und zukunftsweisende Projekt des Comenius. Das erklärte Ziel seiner Didaktik ist es, nicht nur rasch (*compendiose*), angenehm (*jucunde*) und gründlich (*solide*) in den Wissenschaften zu bilden, sondern auch zu guten

Sitten zu erziehen und überhaupt die Jugend zu allem, was für das jetzige und das künftige Leben nötig ist, anzuleiten. Ein solches Unternehmen ist nicht nur eine Didaktik, sondern eine ausgeführte Pädagogik, die darauf vertraut, ihre Ziele durch die Schule zu erreichen. Die *Didactica Magna* des Comenius umfasst insgesamt 33 Kapitel, von denen die Kapitel 16–19 insofern zentral sind, als sie die Grundsätze des Lehrens und Lernens behandeln. Dem Anspruch auf erfolgreiches, sicheres, leichtes und schnelles Lernen kann nach Comenius nur dadurch entsprochen werden, dass man sich an die Natur und ihre Regeln hält. Diese Regeln, von denen an dieser Stelle nur die wichtigsten genannt werden sollen, bilden das Fundament des Unterrichts:

Die Natur unternimmt alles zu seiner Zeit

Die Natur unternimmt alles zu seiner Zeit. Auf die Bildung des Menschen angewandt bedeutet dies, dass der gesamte Lehrstoff der altersgemäßen Entwicklung und dem jeweiligen Fassungsvermögen angemessen vermittelt werden muss. Da alle Kenntnis immer von den Sinnen ausgeht, muss jeder Lernprozess an die sinnliche Anschauung anknüpfen. Comenius formuliert hier bereits den späteren Grundsatz der sensualistischen Philosophie des John Locke: Nichts ist im Verstand, was nicht vorher in den Sinnen war (*Nihil est in intellectu, quod non prius fuerit in sensu*). Als didaktische Regel folgt daraus, dass Schüler so weit wie möglich aus eigener Anschauung lernen sollen. Können die Gegenstände selbst nicht im Unterricht präsentiert werden, soll der Lehrer auf Modelle oder Bilder zurückgreifen. Comenius hat mit seinem *Orbis pictus* selbst ein elementares Lehrbuch geschrieben, welches den Benennungen der Dinge die entsprechenden sinnlichen Anschauungen in Form von Abbildungen beigibt.

Die Natur beginnt stets mit dem Allgemeinen

Die Natur beginnt stets mit dem Allgemeinen und endet mit dem Besonderen. Wenn z. B. aus einem Ei ein Vogel entsteht, so werden nicht erst der Kopf oder die Augen oder die Federn geformt, sondern im Ei ist schon das Grundgerüst des ganzen Vogels angelegt, das nur noch entwickelt werden muss. Daraus folgt nach Comenius das didaktische Prinzip, dass schon zu Beginn des Bildungsganges die Grundlagen einer allgemeinen Bildung (*universalis eruditionis fundamenta*) vermittelt werden. Die Lehrgegenstände sollen so angeordnet werden, dass die späteren Studien nichts Neues hinzufügen, sondern nur eine besondere Entwicklung und Vertiefung des Früheren darstellen.

Die Natur macht keinen Sprung

Die Natur macht keinen Sprung (natura non facit saltum), das heißt, sie geht schrittweise vor. Daraus folgt, dass die Studien systematisch aufeinander aufbauen und in Form von Lernpensen auf die Jahre und Monate verteilt werden. Die Zeiteinteilung soll sicherstellen, dass nichts ausgelassen oder vertauscht wird.

Die Natur schreitet vom Leichteren zum Schwereren fort

Die Natur schreitet vom Leichteren zum Schwereren fort. Hieraus ergeben sich zwei didaktische Regeln: Erstens soll der Unterricht an die konkrete Erfahrungs- und Lebenswelt der Schüler anknüpfen und zunächst das Naheliegendere behandeln, dann erst das Entferntere. So sollen etwa allgemeine Lehrsätze durch Beispiele veranschaulicht werden, die aus der unmittelbaren Lebenswelt der Schüler entnommen sind. Zweitens müssen zunächst die Sinne geübt werden, dann das Gedächtnis, erst später der Verstand und zuletzt die Urteilskraft. Diese Stufenleiter ist darin begründet, dass das Wissen von der Sinneswahrnehmung ausgeht und durch die Einbildungskraft sich dem Gedächtnis mitteilt. Das Allgemeine wird induktiv, d. h. durch Vergleichen der Einzelfälle von den Schülern selbst erkannt, wodurch das rein rezeptive Lernen durch das Moment der Selbsttätigkeit ergänzt wird.

Der ambitionierte Anspruch des Comenius, „alles alle gründlich zu lehren", erfordert auch eine neue didaktische Methode, die es erlaubt, vom üblichen Einzelunterricht abzuweichen und alle Schüler gleichzeitig zu unterrichten. Comenius führt zu diesem Zweck erstmals das Klassenlehrerprinzip ein.

Der *Schulmethodus* von 1642 als erste Schulordnung

Die Neuansätze der didaktischen Reformer fanden schnell das Interesse der Fürsten, über deren Vermittlung die pädagogischen Ideen in Form von Schulordnungen auf das Schulwesen Einfluss nehmen konnten. Hier übernahm Herzog Ernst der Fromme zu Gotha eine Vorreiterrolle. In seinem Auftrag verfasste der Gymnasialrektor Andreas Reyher in Gotha eine Schulordnung, die unter der Bezeichnung „Schulmethodus" (1642) in die Geschichte des Bildungswesens einging und richtungsweisend für weitere Schulordnungen in den deutschen Territorialstaaten wurde. Ihr folgten die Landesschulordnungen von Braunschweig-Wolfenbüttel (1647), Württemberg (1649) und Magdeburg (1658). Mit den Worten Blankertz handelt es sich um den ersten Versuch „einer vom Staat ausgehenden Wendung von der religiösen Elementarschule als reiner Leseschule zu einer Schule des Volkes, die die Kinder an Verhältnissen ihrer Lebenswelt orientieren sollte" (vgl. Blankertz 1982, S. 39). Mit seiner Schulordnung schuf Reyher die erste einheitliche Regelung eines landesherrlichen Volksschulwesens und damit den Anfang einer zentral vom Staat her organisierten Volksschule. In mehr als 300 Paragraphen werden genaue Anweisungen über Unterrichtsorganisation und Lehrplan, über Methoden, Prüfungen und Lehrbücher erteilt. Für alle Kinder wird der Schulzwang ab dem vollendeten fünften Lebensjahr eingeführt. Der Fächerkanon umfasst neben Lesen, Schreiben, Gesang, Religion und Rechnen auch den Sachunterricht (Realien): Heimat- und Bürgerkunde, Naturlehre und Hausregeln (Hülshoff/Reble 1967, S. 123). Für diesen Unterricht verfasste Reyher 1657 auch das erste Realienbuch für die Volksschule.

Reflexionsfragen

Aufgabe ?

1. Worin besteht der Unterschied zwischen Schul- und Unterrichtspflicht? Klären Sie diese Frage unter Berücksichtigung der historischen Entwicklung des Schulwesens in Deutschland!
2. Wogegen richtete sich die Kritik der Aufklärer auf pädagogischem Gebiet? Welche Alternativen bzw. Neuerungen stellten sie zur Debatte?
3. Welchen Prämissen folgt die Didaktik von Comenius und was war daran neu bzw. innovativ?

3.4 Anfänge eines modernen Bildungswesens im 17. und 18. Jahrhundert

Der aus der Kritik am Verbalismus der klassisch-humanistischen Bildung entstandene Realismus prägte auch die Ansätze eines modernen Bildungswesens im 17. und 18. Jahrhundert, die allerdings noch einer ständischen Erziehungsvorstellung verpflichtet waren. So muss man deutlich zwischen der Adels- und der Bürgererziehung mit ihren jeweiligen Bildungsidealen unterscheiden.

3.4.1 Adelserziehung und das Bildungsideal des Gentilhomme

Das Bildungsideal des *Gentilhomme*

War es im 16. und beginnenden 17. Jahrhundert noch selbstverständlich, dass der Adel seinen Nachwuchs einer humanistischen Gelehrtenschule anvertraute, so wurde das klassisch-humanistische Bildungsideal nun zunehmend in Frage gestellt. Ausschlaggebend war unter anderem der starke Einfluss Frankreichs mit seinem höfischen Bildungsideal des *Gentilhommes*, das heißt des weltmännischen Hofmannes und Kavaliers, der sich am Hofe und in der politischen Welt souverän zu bewegen und seine Geschäfte erfolgreich zu führen wusste (vgl. Reble 1975, S. 120f.). Im Vergleich mit dem kultivierten und weltgewandten höfischen Lebensstil des französischen Adels empfand man an den deutschen Höfen die gelehrte humanistische Bildung zunehmend als eine weltfremde, rückständige und verstaubte Bücherweisheit. So ist es kaum verwunderlich, dass auch an den

Abbildung 8: Hohe Karlsschule zu Stuttgart

deutschen Fürstenhöfen das Bildungsideal des *Gentilhommes* mehr und mehr zum Tragen kam und eine Reform der Adelserziehung initiierte. Die Bildung der jungen Adligen sollte nun stärker die Vermittlung von Realien, d. h. den Unterricht in modernen Sprachen, Mathematik, Naturwissenschaften, Geschichte und Recht in den Blick nehmen. Perfekte Umgangsformen, einwandfreie Manieren und feiner Witz gehörten ebenso zum Bildungsprogramm wie Fecht-, Tanz- und Reitunterricht. Vermittelt wurde diese Bildung durch Hauslehrer bzw. Hofmeister oder aber durch eigene Schulen für den Adel, den sogenannten *Ritterakademien*, unter denen die Hohe Karlsschule zu Stuttgart (siehe Abbildung 8) eine bedeutende Stellung einnahm.

3.4.2 Die Bildungsambitionen des Bürgertums

Im 18. Jahrhundert bildete das Bürgertum jene soziale Schicht, die sich gegen die Privilegien des Adels auflehnte und ihre eigene soziale Stellung zu stärken suchte. Der Abbau sozialer Ungerechtigkeit durch die Nivellierung der Standesunterschiede sollte über den Weg der Bildung und der beruflichen Qualifikation erfolgen. Die neuen Bildungsambitionen werden in einer zweifachen Hinsicht deutlich: Erstens suchten die Bürger den Anschluss an die geistigen, wissenschaftlichen, künstlerischen und technischen Errungenschaften der Zeit und bildeten ein interessiertes und aufgeschlossenes Publikum. Die *Populärphilosophie* als eine Form der Aufklärungsphilosophie antwortet auf die neuen Bildungsambitionen mit dem Versuch, die Forschungsergebnisse der modernen Wissenschaften mit ihren technischen Umsetzungen sowie die philosophischen Theorien und ästhetischen Produktionen möglichst vielen Menschen durch eine gemeinverständliche und anschauliche Darstellungsweise zu erschließen. Damit sollte der wissenschaftliche Fortschritt die gesamte Gesellschaft ergreifen und Prozesse der Modernisierung in Gang setzen.

Die Enzyklopädie

Ein beeindruckendes Beispiel populärphilosophischer Bemühungen, das zugleich einen Höhepunkt der französischen Aufklärung markiert, bildet die sogenannte *Enzyklopädie*. Unter der Federführung von Denis Diderot (1713–1784) und Jean Le Rond d'Alembert (1717–1883) erscheint im Jahre 1751 in gemeinsamer Autorenschaft einer *société de gens de lettres* der erste von insgesamt 27 Bänden der *Encyclopédie ou Dictionnaire raisonné des sciences, des arts et des métiers*. Diese Enzyklopädie repräsentiert auf beeindruckende Weise das Bestreben der Aufklärer, möglichst allen Menschen die Teilnahme am wissenschaftlichen, technischen und künstlerischen Fortschritt zu ermöglichen. Die Enzyklopädie stellt insofern ein „historisches Novum" (vgl. Nieser 1992, S. 39) dar, als sie sich nicht an ein gelehrtes Fachpublikum, sondern an die Öffentlichkeit wendet, die es aufzuklären und zu bilden gilt. Zu diesem Zweck werden die Grundsätze jeder Wissenschaft, jeder Kunstrichtung und jeden Handwerks in allgemeinverständlicher und anschaulicher Form dargelegt.

Zweitens zeigten die Bürger ein wachsendes Interesse an den technisch-ökonomischen Wissenschaften mit ihrem Einfluss auf die sich zunehmend ausdifferenzierende Berufswelt. Die Gründung von berufsbezogenen Fach- und Realschulen sollte den Bedarf an beruflicher Ausbildung und Qualifikation decken.

Gründung der ersten Realschule 1747 in Berlin

Die erste Realschule wurde 1747 von Johann Julius Hecker (1707–1768) in Berlin gegründet. Hecker führte in seiner „ökonomisch-mathematischen Realschule" eigene Fachklassen für Mathematik, Geometrie, Geographie, Physik, Architektur, Kommerz, Manufaktur und Ökonomie ein (vgl. Blankertz 1982, S. 64). Die realistischen Unterrichtsinhalte sollten auch durch eine neue Methode vermittelt werden, die mechanisches Auswendiglernen und autoritätsgläubigen Gehorsam durch rationale Begründung und eigene Erfahrungen ersetzt. Neben dem Unterricht leisteten die Schüler eine Reihe von Praktika in Handwerksbetrieben oder Manufakturen ab. Die Bedeutung Heckers für das preußische Bildungswesen beschränkt sich dabei nicht auf das Realschulwesen allein. Hecker ist auch der Begründer des ersten preußischen Lehrerseminars (1748) in Berlin und konnte über die Mitarbeit am Generallandschulreglement von 1763 die Entwicklung des Volksschulwesens in Preußen maßgeblich beeinflussen.

3.4.3 Volkserziehung: Von der religiösen Elementarschule zur allgemeinen Volksschule

Von den Reformprojekten, die auf die bürgerlichen Bildungs- und Qualifikationsbestrebungen reagierten, sind die Schulreformen für das einfache Volk deutlich zu unterscheiden. Im Hinblick auf die Volksschule zielten die Reformbemühungen vorrangig darauf, die religiösen Elementarschulen in allgemeine Volksschulen zu verwandeln, in denen eine nützliche und lebenspraktisch orientierte Bildung vermittelt werden sollte. Wie dringend notwendig eine solche grundlegende Reform der Volkserziehung war, zeigt ein Blick auf den Zustand der stark religiös geprägten Elementarschulen. Der katechetische Unterricht folgte monoton immer dem gleichen Schema und beschränkte sich weitgehend auf das Auswendiglernen von Bibelsprüchen oder Kapiteln aus dem Katechismus, die anschließend vom Lehrer abgefragt wurden. Unter einem Katechismus versteht man die in Buchform vorliegenden zentralen Glaubenssätze einer Konfession. Als Unterrichtsmaterialien standen den Lehrern lediglich die Bibel, Katechismen, Gesangbücher oder selbst verfasste Schulbücher zur Verfügung. Das Gehalt der Lehrer lag in der Regel unter dem

Existenzminimum, so dass eine zusätzliche Erwerbstätigkeit unumgänglich war. Von einer pädagogisch-didaktischen Ausbildung konnte keine Rede sein. Die „Misere des Unterrichtswesens" für das einfache Volk lag jedoch nicht nur an dem trostlosen Zustand der Elementarschulen und ihrer „eng gefassten Religionsdidaktik" (vgl. Blankertz 1982, S. 69), sondern ebenso in den niederdrückenden Lebensbedingungen der Menschen auf dem Land, die zu ihrer Existenzsicherung auf die Arbeitsleistung ihrer Kinder angewiesen waren. Vor diesem Hintergrund entstanden die ersten Industrieschulen, die durch die enge Verbindung von Arbeit (vor allem handwerkliche Tätigkeiten der Kinder) und Lernen die problematische Situation der Kinder zu entschärfen suchten und gleichzeitig „industriöse" Tugenden wie Fleiß, Arbeitswille und Sparsamkeit entwickelten. „Industriösität" ist überhaupt das übergreifende Ziel schulischer Bildung über die sozialen Schichten hinweg. Was für den Adel das Ideal des *Gentilhomme* war, so Blankertz, wurde für das Bürgertum der *homo oeconomicus*, dessen charakteristische und erstrebenswerte Eigenschaft in der „Industriösität" gesehen wurde (vgl. Blankertz 1982, S. 57).

Die unterschiedlichen Bemühungen um eine grundlegende Reform der Volksschulbildung waren zu einem großen Teil auch sozialpädagogisch motiviert und standen im Dienst der Armenfürsorge. Die Wirren des 30-jährigen Krieges, eine völlig veraltete landwirtschaftliche Produktion und Hungersnöte führten zu einer Verarmung der Landbevölkerung. Unter dem Motto „Hilfe zur Selbsthilfe" setzten sich Friedrich Eberhard Rochow (1734–1805) in Preußen und Johann Heinrich Pestalozzi (1746–1827) in der Schweiz für eine umfassende Reform der Lebensbedingungen der ländlich-bäuerlichen Bevölkerung ein.

Abbildung 9: Friedrich Eberhard von Rochow

Friedrich Eberhard von Rochow errichtete auf seinem Gut Reckhan in der Mark Brandenburg eine Landschule (1773), um durch Erziehung und Unterricht die Kinder seiner Untertanen vor Armut zu schützen. Neben der Vermittlung elementarer Kulturtechniken und nützlicher Kenntnisse aus dem unmittelbaren Lebensumfeld der Kinder sollte auch die Denk- und Urteilskraft entfaltet und eine vernünftige Lebensführung ermöglicht werden.

Alle Ansätze einer Verbesserung und Hebung der Volksbildung entsprachen dem Staatsinteresse und wurden entsprechend begrüßt, solange durch das Projekt der Volksaufklärung die ständische Ordnung und die politische Subordination des Einzelnen nicht hinterfragt wurden. Die Frage ist nur, ob nicht die Aufklärung früher oder später zwangsläufig die bestehenden gesellschaftlichen Ungleichheiten und das absolutistische Staatsmodell hinterfragen musste.

Reflexionsfragen

Aufgabe ?

1. Welches Konzept und welche pädagogischen Inhalte verbergen sich hinter dem Bildungsideal des ‚Gentilhomme'?
2. Aus welchem Grund engagierte sich das Bürgertum für die Errichtung von berufsbezogenen Fach- und Realschulen?
3. Erläutern Sie die Interessen, die hinter den Konzepten zur Volksschulbildung standen!

Weiterführende Literatur zur Aufklärung und zur Pädagogik der Aufklärung

!

Blankertz, Herwig (1982): Die Geschichte der Pädagogik. Von der Aufklärung bis zur Gegenwart. Münster: Büchse der Pandora.

Böhm, Winfried (2007): Geschichte der Pädagogik. 2. Auflage. München: Beck.

Nieser, Bruno (1992): Aufklärung und Bildung. Studien zur Entstehung und gesellschaftlichen Bedeutung von Bildungskonzeptionen in Frankreich und Deutschland im Jahrhundert der Aufklärung. Weinheim: Deutscher Studien Verlag.

Tenorth, Heinz-Elmar (1988): Geschichte der Erziehung. Einführung in die Grundzüge ihrer neuzeitlichen Entwicklung. Weinheim/München: Juventa.

3.5 Wichtige Vertreter der Pädagogik der Aufklärung

Nach diesem eher allgemein gehaltenen Überblick über das Thema ‚Pädagogik der Aufklärung' sollen im Folgenden mit John Locke, Jean Jaques Rousseau, Immanuel Kant und den Philanthropen wichtige Vertreter der Aufklärung vorgestellt werden, die nicht nur das Nachdenken über Erziehung, sondern auch die öffentliche Organisation des Erziehungswesens nachhaltig beeinflussen konnten.

3.5.1 John Locke (1632–1704)

Der englische Philosoph, Staatstheoretiker und Pädagoge John Locke hat die Aufklärung stark beeinflusst und zwar im politischen Bereich als Begründer des europäischen und nordamerikanischen Liberalismus, auf dem Feld der Erkenntnistheorie durch seine sensualistische und empiristische Erkenntnistheorie und auf pädagogischem Gebiet durch seine Schrift *Some Thoughts Concerning Education* (dt.: *Einige Gedanken über Erziehung*), die bereits im Jahre 1710 in deutscher Übersetzung vorlag und ohne Zweifel einen Meilenstein auf dem Weg zur Entdeckung der Kindheit markiert.

Erziehung zum Gentleman

John Locke hatte seine *Gedanken über Erziehung* 1693 verfasst, um seinen Freund Edward Clarke bei der Erziehung seines Sohnes zu unterstützen. Auf den ersten Blick könnte man diese Abhandlung von daher auch der pädagogischen Ratgeberliteratur zuordnen. Ein zweiter Blick lässt jedoch erkennen, dass es sich um weitaus mehr als nur einen Erziehungsratgeber handelt, weil den Überlegungen ein geordneter, wenn auch nicht vollständiger, Plan der Erziehung zugrunde liegt, dessen praktisches Ziel in der Erziehung zum *Gentleman* liegt.

Die gleich zu Beginn seines pädagogischen Hauptwerkes geäußerte Annahme, „dass von zehn Menschen, denen wir begegnen, neun das, was sie sind, gut oder böse, nützlich oder unnütz, durch ihre Erziehung sind“ (§ 1), wird durch die empiristische Erkenntnistheorie Lockes gestützt, wonach der menschliche Geist vor allen sinnlichen Eindrücken (*impressions*) einem Blatt weißen Papiers oder einer *tabula rasa* (leere Tafel) gleicht, die man nach eigenen Vorstellungen beschriften und gestalten kann. Daraus ergeben sich für Locke erstens die Bedeutung der frühkindlichen Erziehung, deren erste Einwirkungen für die weitere Entwicklung bedeutende und dauernde Folgen haben, und zweitens die Überzeugung, dass die kindliche Entwicklung durch ein entsprechendes Arrangement von Erfahrungen und Wahrnehmungen beeinflusst werden kann.

Leibes- und Geisteserziehung

Den Ausgangspunkt der *Gedanken über Erziehung* bildet die Vorstellung, dass die Erziehung den jungen Gentleman dazu befähigen soll, in der Welt glücklich zu werden, wobei John Locke den Begriff des Glücks mit der Formel des römischen Dichters Juvenals vom gesunden Geist in einem gesunden Körper erläutert. Mit dieser Doppelbestimmung des Glücks ist die Gliederung des Hauptteils der Abhandlung im Sinne eines zweiteiligen Erziehungsprogramms vorgegeben: Gesundheitserziehung des Leibes und die Bildung des Geistes (*mind*). Der zentrale Gedanke der Abhandlung verknüpft die beiden Teile über die Leibes- und die Geisteserziehung in der Idee der Subordination des Leibes unter den Geist, d. h. die Leibeserziehung soll den Körper so kräftigen und ertüchtigen, dass er der Vernunft zu gehorchen und ihre Befehle auszuführen vermag. Was zur Leibeserziehung gehört, wird im § 30 in knapper Zusammenfassung so charakterisiert:

> *„Es läuft alles auf diese wenigen und leicht zu befolgenden Regeln hinaus: viel frische Luft, körperliche Bewegung und Schlaf, einfaches Essen, keinen Wein oder starke alkoholische Getränke und sehr wenig oder gar keine Medizin, nicht zu warme und enge Kleidung, besonders Kopf und Füße kühl halten und die Füße an kaltes Wasser gewöhnen und oft der Nässe aussetzen.“*
>
> Locke 1693:1970, § 30

Nicht nur der Körper, sondern auch der Geist muss in die rechte Verfassung gebracht werden, d. h. der Vernunft gefügig sein. Vernunft (*reason*) ist nach Locke nicht nur die oberste Instanz der Weltorientierung, sondern auch der Kompass der Lebensführung, dessen sich der junge Gentleman bedienen soll. Schon in der frühen Kindheit, wenn der Geist noch „nachgiebig und sehr leicht zu beugen" ist, muss man ihn der Vernunft gefügig machen. Diese geistige Zucht oder Selbstdisziplin soll den jungen Gentleman dazu befähigen, notfalls seinen Wünschen zu entsagen und dem zu folgen, was die Vernunft ihm als das Beste vor Augen stellt (§ 34). Die gewöhnliche Vernachlässigung dieser frühen Erziehung zur inneren Selbstdisziplin und Selbstbeherrschung ist nach Locke einer der schwersten Erziehungsfehler, der später kaum noch zu korrigieren ist:

Die Bedeutung der Selbstdisziplin

> *„Nicht darin liegt der Fehler, daß man Wünsche hat, die den Begriffen und dem Geschmack jener verschiedenen Altersstufen angemessen sind, sondern darin, daß man sie nicht den Gesetzen vernunftgemäßer Beschränkung unterwirft: der Unterschied liegt nicht darin, daß wir Begierden haben oder nicht haben, sondern darin, ob wir uns in der Gewalt haben, sie zu beherrschen und uns selbst in ihnen zu verleugnen. Wer nicht daran gewöhnt ist, solange er jung ist, wird sich kaum dazu verstehen, sich seiner eigenen Vernunft zu unterwerfen, wenn er in dem Alter ist, daß er sich ihrer bedienen kann. Als was für ein Mann sich ein solcher aber erweisen wird, das ist leicht vorauszusehen."*
>
> Locke 1693:1970, § 36

Für die Erziehung des jungen Gentleman formuliert Locke folgende vier Erziehungsziele:

Erziehungsziele nach Locke:
Tugend (virtue)
Lebensklugheit (wisdom)
Lebensart (good breeding)
Kenntnisse (learning)

Die Tugenderziehung ist nach Locke das „große und hauptsächliche" Ziel der Erziehung und wird von daher auch an erster Stelle genannt. Auf der „reinen Tugend" beruhen nicht nur die Achtung vor sich selbst, sondern auch die Anerkennung und der Respekt durch andere. Über die Tugenderziehung hat Locke zahlreiche Überlegungen angestellt, von denen sich eine der wichtigsten gegen die als Erziehungsfehler bekämpfte Moralpredigt richtet, die nach Locke lediglich das kindliche Gedächtnis mit abstrakten Geboten und Vorschriften belastet. An ihre Stelle sollen stattdessen wiederholte Übungen (*practice*)

Tugenderziehung

und das Lernen an guten und anschaulichen Beispielen treten, die dem Kind verständlich und lebensnah die Moralität menschlichen Handelns vor Augen führen und zur Nachahmung empfehlen. Die pädagogische Bedeutung des Beispiels erläutert Locke wie folgt:

Die pädagogische Bedeutung des Beispiels

> *„Von allen Arten aber, Kinder zu belehren und ihnen gesittetes Benehmen beizubringen, ist die einfachste, leichteste und wirksamste die, ihnen Beispiele dessen vor Augen zu stellen, was sie tun oder lassen sollten; weist man sie darauf hin, wie Personen, die sie kennen, handeln, knüpft man daran Bemerkungen über das Gefällige und Ungefällige ihres Tuns, so ist das wirksamer, sie zur Nachahmung anzuregen oder sie abzuschrecken, als alle Reden, die man ihnen darüber halten könnte. Tugend und Laster können ihnen durch keine Worte so klar zum Verständnis gebracht werden, wie durch das Tun anderer Menschen, wenn man ihre Beobachtung lenkt und sie auffordert, diese oder jene gute oder schlechte Eigenschaft bei anderen Leuten ins Auge zu fassen."*
>
> Locke 1693:1970, § 82

Praktische Klugheit

Die praktische Klugheit zielt nicht nur auf die geschickte und vorausschauende Führung der Geschäfte, sondern auch und vor allem auf Welt- und Menschenkenntnis. Die Demaskierung von Geltungs- und Machtbestrebungen der Menschen gehört ebenso zur Klugheit wie die Entfaltung der Urteilskraft, damit der junge Gentleman nicht in seiner Unerfahrenheit Schein für Sein hält und sich durch Schmeicheleien und kultiviertes Betragen blenden lässt. Praktische Klugheit meint jedoch auch jenes feine Gespür für Situationen und Menschen, das man auch als Taktgefühl bezeichnet. Taktiler Sinn lässt den jungen Gentleman immer den richtigen Ton treffen und eine vornehme Distanz wahren.

Kultivierte Lebensart

In eine ähnliche Richtung weist auch die kultivierte Lebensart bzw. der zur „Gewohnheit gewordene Anstand", der dem jungen Gentleman Erfolg, Wohlwollen und gesellschaftliche Anerkennung sichern soll.

Kenntnisse

Hinsichtlich des Erwerbs von Wissen erscheint Locke die Förderung der Liebe zur Wissenschaft, die Motivation zum Selbststudium sowie das Lernen des Lernens entscheidender als die Anhäufung theoretischer Kenntnisse. An die Stelle einer weltfremden Bücherweisheit rückt das Bildungsideal des weltoffenen und welterfahrenen Gentlemans, dessen Lebensglück weniger in wissenschaftlichen Kenntnissen als in einer verfeinerten Lebenskunst gründet. Am Ende der Erziehung sollten nach Locke von daher auch kein Hochschulstudium, sondern ausgedehnte Bildungsreisen stehen.

Hauslehrerprinzip

Aus der Erfahrung, dass in der Schule eher schlechte als gute Gewohnheiten erworben werden, leitet Locke den Vorzug der Privaterziehung durch

Hauslehrer ab. Auf die Auswahl des Hauslehrers (*tutor, governor*) sollte jedoch die größte Mühe verwendet werden. Bloße Gelehrsamkeit reicht hier nicht aus, sondern der Hauslehrer muss selbst gut erzogen sein, um die Lebensart (*breeding*) zu vermitteln, die man nicht aus Büchern lernen kann. Vor allem soll er Menschenkenntnis besitzen, um seinem Zögling die Menschen zu zeigen, wie sie in Wahrheit sind, und um seine Urteilskraft zu schärfen. Die Aufgabe des Hauslehrers ist nicht so sehr der wissenschaftliche Unterricht als vielmehr die Kultivierung des Betragens, die Bildung des Geistes und guter Gewohnheiten und die Einpflanzung der Grundsätze von Tugend und Lebensklugheit.

Erziehungsmethoden

Im Hinblick auf die Erziehungsmethoden lehnt Locke die zu seiner Zeit übliche Prügelstrafe und alle anderen Formen körperlicher Strafen ebenso ab wie Belohnungen. Allein die Anerkennung (*esteem*), so wie umgekehrt der Entzug der Achtung (*disgrace*) durch den Erzieher, sind nach Locke pädagogisch zu rechtfertigende Erziehungsmethoden, da sie das Kind nicht auf der sinnlichen Ebene festhalten, sondern vielmehr an seine vernünftige Einsicht appellieren. Im Geiste der Aufklärung geht es Locke vorrangig darum, dass Kinder so früh wie möglich zu eigenem Denken und Urteilen auch und besonders in moralischen Fragen angeregt werden. Das von Locke vorgeschlagene „vernünftige Gespräch" mit Kindern wird von ihm folgendermaßen begründet:

> *„Man wird sich vielleicht darüber wundern, daß ich von vernünftigem Gespräch mit Kindern rede; und doch kann ich nicht umhin, dies als die rechte Art des Umgangs mit ihnen anzusehen. Sie verstehen es so früh, wie sie die Sprache verstehen; und wenn ich recht sehe, wollen sie gern als vernunftbegabte Wesen behandelt werden, und zwar früher, als man denkt [...] Wenn ich aber von vernünftigem Gespräch rede, meine ich nur ein solches, das den Fähigkeiten und der Fassungskraft des Kindes angepasst ist."*
>
> Locke 1693:1970, § 81

Die Entdeckung des spielenden Lernens

Mit seiner Forderung, die der kindlichen Natur eigene „heitere Aufgelegtheit zum Spielen" zu erhalten und für das Arrangement eines kindgemäßen Lernens zu nutzen, wird John Locke zum Erfinder des „spielenden Lernens". Um die kindliche Neugier und die Freude am Lernen nicht zu ersticken, schlägt Locke vor, günstige Gelegenheiten für Lernphasen zu nutzen und die entsprechende Stimmungslage der Kinder zu berücksichtigen. Zeiten des Lernens und Phasen des freien und ungezwungenen Spiels sollen in einem ausgewogenen Verhältnis zueinander stehen. Mit Hilfe von eigens entwickelten Lernspielen soll den Kindern das Lernen subjektiv als Spiel erscheinen, auch wenn objektiv ein pädagogisch-didaktisches Ziel verfolgt wird. Als Beispiel nennt Locke die Kennzeichnung von Holzwürfeln mit Buchstaben, die den Kindern das mühelose Erlernen des Alphabets ermöglichen.

> *„Wir lieben, wie ich gesagt habe, schon von der Wiege an die Freiheit und haben daher eine Abneigung gegen viele Dinge aus dem einfachen Grunde, weil sie uns zur Pflicht gemacht werden. Ich habe mir immer gern vorgestellt, daß man Kindern das Lernen zu Spiel und Erholung machen und sie dahin bringen könnte, Verlangen nach dem Unterricht zu tragen, wenn man ihn als Sache der Ehre, des Lobes, des Vergnügens und der Erholung oder als Belohnung für eine andere Leistung hinstellen und wenn man Kinder wegen einer Nachlässigkeit im Unterricht niemals schelten oder zurechtweisen würde. […] Man kann Würfel und Spielsachen mit Buchstaben darauf nehmen um Kindern das Alphabet im Spiel beizubringen; und zwanzig andere Wege lassen sich finden, die ihrer besonderen Anlage gemäß sind, um diese Art des Lernens zum Zeitvertreib werden zu lassen."*
>
> Locke 1693:1970, § 148

John Lockes *Gedanken über Erziehung* fanden großes Interesse und wurden unmittelbar nach ihrem Erscheinen in französischer, italienischer und niederländischer Übersetzung publiziert. In Frankreich wurden seine pädagogischen Gedanken vor allem von Condillac und Rousseau mit Interesse aufgenommen. In Deutschland wurde John Locke zu einem der wichtigsten Bezugsautoren der Philanthropen, die Locke emphatisch als Entdecker der Kindheit und des spielenden Lernens feierten. Die philanthropische Reformpädagogik der deutschen Aufklärung hat dabei im Wesentlichen folgende Momente übernommen:

- Erziehung und Unterricht dürfen nicht im Widerspruch zu dem „natürlichen Zustand der Kindheit" stehen. Von daher müssen sich alle Lernprozesse inhaltlich und methodisch an dem Entwicklungsstand und der geistigen Fassungskraft des Kindes orientieren.
- Lernen soll nicht als lästige Pflicht, sondern als Spiel erlebt werden, um so die kindliche Neugierde wach zu halten.
- Moralerziehung anhand von leicht fassbaren und anschaulichen Beispielen löst den katechetischen Unterricht mit seinen abstrakten Belehrungen und Geboten ab.
- Aus der sensualistischen Überzeugung, dass nichts im Verstand ist, was nicht zuvor in den Sinnen war, leiten die Philanthropen ihre Forderung nach anschauender Erkenntnis ab.

Reflexionsfragen

Aufgabe ?

1. Wie schätzen Sie die Vorstellung Lockes ein, dass der menschliche Geist einem Blatt weißen Papiers oder einem Klumpen Wachs gleicht, den man nach eigenen Vorstellungen bilden und formen kann?
2. Welche pädagogischen Konsequenzen kann diese Sichtweise haben?
3. Nennen und begründen Sie zwei Aspekte: Welche innovativen, heute noch aktuellen Ideen und Konzepte sind in Lockes Erziehungsvorstellungen enthalten?

Weiterführende Literatur zu John Locke

!

Locke, John (1693:1970): Gedanken über Erziehung. Übersetzung, Anmerkungen und Nachwort von Heinz Wohlers. Stuttgart: Reclam.

Rhyn, Heinz (2003): John Locke (1632–1704). In: Tenorth, Heinz Elmar (Hrsg.): Klassiker der Pädagogik. Erster Band. München: Beck.

3.5.2 Jean-Jacques Rousseau (1712–1778)

Jean-Jacques Rousseau wird am 28. Juni 1712 in Genf geboren. Im Jahre 1724 beginnt er zunächst im Haus eines Genfer Kupferstechers eine Lehre, der jedoch bald eine Zeit der zunehmenden Verwahrlosung folgt. 1740 tritt Rousseau in Lyon im Hause von Mably eine Stelle als Hauslehrer an und verfasst mit dem *Plan zur Erziehung* des Herrn Sainte-Marie seine erste pädagogische Schrift. 1759 erscheint sein vielbeachteter Liebesroman *La Nouvelle Héloise* und drei Jahre später der *Contrat Social* zeitgleich mit seinem pädagogischen Hauptwerk *Émile ou de L'*éducation in Paris und Amsterdam. Rousseau stirbt am 2. Juli 1778 in Ermenonville.

Skeptische Haltung zur Aufklärung

Rousseaus Leben und Werk fällt zeitlich in das ‚Jahrhundert der Aufklärung', und dennoch ist Rousseau nicht einfach nur ein klassischer Repräsentant dieser Epoche. In zwei berühmt gewordenen *Diskursen* nimmt Rousseau eine ausgesprochen kritische Stellung zur Aufklärung ein, indem er die Errungenschaften der Aufklärung im Hinblick auf die moralische Entwicklung des Menschen prüft und den optimistischen Glauben an eine kontinuierliche Vervollkommnung der Menschheit in Frage stellt. Im ersten *Discours* aus dem Jahre 1750, seiner Antwort auf die Preisfrage der Akademie von Dijon, ob der „Fortschritt der Wissenschaften und Künste zur Veredelung der Sitten beigetragen habe", gibt Rousseau eine damals unerwartet abschlägige Antwort: Wissen und Tugend gehen nicht zusammen. Das Wissen schreitet zwar unaufhörlich fort, aber die moralische Vervollkommnung des Menschen stagniert oder wird durch die Moderne geradezu depraviert (d.h. verdorben). Der folgende Textausschnitt aus dem ersten *Discours* soll einen Einblick in Rousseaus kultur- und bildungskritische Argumentation eröffnen:

> *„Bevor die Kunst unsere Manieren geformt hatte und unsere Leidenschaften eine geschickte Sprache sprechen lernten, waren unsere Sitten ländlich, aber natürlich (rustiques, mais naturelles). Der Unterschied im Verhalten zeigte auf den ersten Blick den des Charakters an. Im Grunde war die menschliche Natur (nature humaine) nicht besser, aber die Menschen fanden Ihre Sicherheit darin, daß sie ohne Mühe durchschauten, was sie voneinander zu halten hatten. Heutzutage, wo scharfsinnige Untersuchungen und ein verfeinerter Geschmack die Kunst zu gefallen auf Prinzipien zurückgeführt haben, herrscht in unseren Sitten eine verächtliche und täuschende Uniformität. […] Man wagt nicht mehr als der zu erscheinen, der man ist. […]*
>
> *Welches Gefolge von Lastern begleitet nicht diese Unsicherheit! Keine aufrichtigen Freundschaften mehr, kein wirkliches Ansehen, kein gegründetes Vertrauen. Verdächte, Argwohn, Furcht, Kälte, Reserve, Haß, Verrat verbergen sich ständig unter dem gleichaussehenden und scheinheiligen Schleier der Höflichkeit – hinter jener so gepriesenen Urbanität, die wir der Aufklärung unseres Jahrhunderts verdanken. […]*
> *Wo keine Wirkung ist, braucht man keine Ursache zu suchen. Hier aber steht die Wirkung fest: der tatsächliche Verfall (dépravation réelle). In dem Maße, in dem unsere Wissenschaften und Künste zur Vollkommenheit fortschritten, sind unsere Seelen verderbt worden. […] Man sah die Tugend in dem Maß verschwinden, wie deren Licht über den Horizont emporstieg."*
>
> Rousseau 1750:1971, S. 11f.

Im zweiten *Discours* (1754) Über den Ursprung und die Grundlagen der Ungleichheit unter den Menschen in der Gesellschaft wird durch die Unterscheidung des natürlichen vom gesellschaftlichen Menschen und durch den Hinweis auf die Gefahr der Entfremdung im gesellschaftlichen Zustand die gesellschaftskritische Grundlage für Rousseaus Theorie der Erziehung gelegt. Von zentraler Bedeutung ist dabei seine Theorie der ‚komparativen Existenz' als Kulturprodukt der modernen Gesellschaft. Durch sie wird die natürliche und auf Selbsterhaltung gerichtete *Selbstliebe* durch den permanenten Vergleich mit anderen zur *Eigenliebe* umgeformt, die schnell zu Lastern wie Neid, Ehrsucht, Habsucht und Herrschsucht ausarten kann.

Vor diesem Hintergrund verfasst Rousseau sein pädagogisches Hauptwerk Émile ou de L'éducation (dt: *Émil oder Über die Erziehung*) und liefert in seinem Émile weder einen Erziehungsratgeber noch eine systematische Erziehungslehre, sondern ein Gedankenexperiment zur Bewährung seiner gesellschaftskritischen These, dass der Mensch von Natur aus gut sei und nur durch seine gesellschaftliche Existenz entarte. Rousseaus Émile kann daher als „radikaler Gegenentwurf" (Koch 1996, S. 142) zu einer Erziehungswirklichkeit gelesen werden, die Rousseau einer Kritik unterzieht und mit seiner Fiktion einer von den schädlichen Einflüssen der Gesellschaft unabhängigen natürlichen Erziehung konfrontiert. Von daher beginnt das Werk mit der These, alles sei gut, wie es aus den Händen des Schöpfers kommt; alles entarte unter den Händen des Menschen, wobei mit dem „Schöpfer" die Natur gemeint ist. Rousseaus Émile ist nicht nur eine pädagogische Abhandlung über die Erziehung, sondern auch ein anthropologisches Buch über den gesellschaftlich unverdorbenen Menschen.

Émile oder Über die Erziehung

Schule gemacht hat der Émile jedoch als reformpädagogisches Erziehungsbuch, das die ‚anthropologische Wende' in der Pädagogik herbeiführte, die Kindheit als eigenständiges Lebensalter und nicht als bloße Übergangszeit zu sehen lehrte und die Aufgabe der Erziehung in die Befreiung des Kindes und Jugendlichen zur selbständigen Lebensführung aus eigenen physischen und geistigen Kräften verlegte, statt die Heranwachsenden für staatliche und gesellschaftliche Zwecke abzurichten. Vor allem Rousseaus Forderung, Kinder zunächst Kinder sein zu lassen, da ein Verstoß gegen die natürliche Entwicklung nur „frühreife Früchte" bzw. „junge Gelehrte" und „alte Kinder" (Rousseau 1762:1989, S. 69) hervorbrächte, sowie sein Hinweis auf die spezifische Art und Weise der Kinder zu denken und zu fühlen wurde von den Reformpädagogen begeistert aufgenommen. Dies gilt ebenso für seine kritische Frage, ob und inwieweit es pädagogisch und ethisch zu legitimieren sei, die Kindheit als eine Zeit der unbeschwerten Heiterkeit für eine völlig ungewisse Zukunft und für Zwecke, die das Kind überhaupt noch nicht einsehen kann, zu opfern.

Kindheit als eigenständige Lebensphase

Zur Durchführung seiner These von der natürlichen Gutheit des Menschen musste Rousseau seinen imaginären Zögling Émile, geleitet von seinem ebenso imaginären Erzieher Jean-Jacques, in Gedanken aufwachsen lassen als kleines Kind, das noch nicht sprechen und auch noch nicht „Ich" sagen kann (1. Buch: von der Geburt bis zum Ende des 1. Lebensjahres), als sprechendes und seiner selbst bewusstes Kind (2. Buch: 2.–12. Lebensjahr), als lernbegierigen Knaben (3. Buch: 12.–15. Lebensjahr), als Jüngling (4. und 5. Buch: bis zur Heirat des fünfundzwanzigjährigen Mannes). Diese von Rousseau intendierte Erziehung ist eine Erziehung des Menschen zum Menschen und nicht die Erziehung für einen bestimmten Stand oder einen ausgewählten Beruf.

Zunächst nämlich sind alle Menschen gleich:

> *„[...] ihre gemeinsame Berufung ist: Mensch zu sein. Wer dafür gut erzogen ist, kann jeden Beruf, der damit in Beziehung steht, nicht schlecht versehen. Ob mein Schüler Soldat, Priester oder Anwalt wird, ist mir einerlei. Vor der Berufswahl der Eltern bestimmt ihn die Natur zum Menschen. Leben ist ein Beruf, den ich ihn lehren will."*
>
> Rousseau 1762:1989, S. 14

Natürliche Erziehung

Das heißt, Rousseaus Leitgedanke ist die an der natürlichen Entwicklung des Kindes und nicht an tradierten Konventionen orientierte „natürliche Erziehung", der die elementare Überlegung zugrunde liegt, wonach wir durch drei „Erzieher" gebildet werden: durch die Natur, die Dinge (d.h. durch Anschauung und Erfahrung) und durch die Menschen. Da die Natur nicht beeinflusst oder gar verändert werden kann, müssen sich die beiden anderen, vor allem die Erziehung durch die Menschen, nach der Natur und ihren Entwicklungsgesetzen richten. Mit „Natur" ist an dieser Stelle die innere Natur gemeint, d.h. die Fähigkeiten und Kräfte, die durch eine natürliche Erziehung entwickelt werden sollen. Dabei handelt es sich zunächst um den psychologischen Zusammenhang der Sensibilität für Sinneseindrücke (Wahrnehmung) mit den Gefühlen des Angenehmen oder Unangenehmen und den entsprechenden Strebungen des Kindes. Hier verweist Rousseau auf die Bedeutung der Sinneserziehung als elementarer Grundlage der intellektuellen Entwicklung des Kindes:

> *„Das Kind will alles berühren, alles anfassen. Verhindert diese Unruhe nicht. Sie vermittelt ihm eine sehr notwendige Lehre. Es lernt Wärme, Kälte, Härte, Weichheit, Schwere, Leichtigkeit der Körper kennen und Größe, Gestalt und alle anderen Eigenschaften beurteilen, indem es sie betrachtet, befühlt, belauscht; indem es Gesichts- und Tasteindrücke vergleicht; indem es das Auge lehrt abzuschätzen, welche Eindrücke die Körper unter den Fingern erzeugen."*
>
> Rousseau 1762:1989, S. 40f.

Durch geistige Operationen, wie vergleichen, unterscheiden und abschätzen, gelangt das Kind zu ersten empirischen Urteilen und allgemeinen Vorstellungen, die später durch den Begriff erfasst und präzisiert werden.

Im dritten Buch lernt Émile nach nützlichen Zwecken unter Anleitung seines Verstandes zu handeln und erst danach (4. Buch) wird er seinem Handeln die Vernunftideen des Glückes und der Vollkommenheit zugrunde legen. Diese natürliche Erziehung vollzieht sich in den ersten drei Phasen der Kindheit unter Ausschluss der Öffentlichkeit zunächst nur durch die Eltern, später durch den Erzieher Jean-Jacques und öffnet sich erst in der vierten Phase (4. Buch) mit dem Beginn der Pubertät den Beziehungen zu anderen Menschen. Im Grunde genommen endet hier das Prinzip der natürlichen Erziehung, da der Heranwachsende nun aus der Natur heraustritt und sich als ein „moralisches" Wesen mit Leidenschaften, die sich auf die Anderen beziehen, erfährt. Die Erziehung reagiert auf diesen Entwicklungsschritt mit einem deutlichen Methodenwechsel.

Negative Erziehung

Bis dahin ist die Erziehung auf die Relation zwischen Émile und den Dingen bezogen, und zwar negativ, „um das Herz vor dem Laster und den Geist vor dem Irrtum zu bewahren" (Rousseau 1762:1989, S. 72). Mit diesen Überlegungen wird Rousseau zum Erfinder der „negativen Erziehung" mit ihren zwei berühmten Leitsätzen: „Verhindern, daß etwas geschieht" und „nicht: Zeit gewinnen, sondern Zeit verlieren", wodurch jede Form der Verzögerung im Erziehungsprozess als Vorteil erscheint.

> *„Die erste Erziehung muß also rein negativ sein. Sie darf das Kind nicht in der Tugend und in der Wahrheit unterweisen, sondern sie muß das Herz vor Laster und den Verstand vor Irrtümern bewahren. [...] Tut das Gegenteil vom Üblichen und ihr werdet fast immer das Richtige tun. Da man aus einem Kind kein Kind machen will, sondern einen Gelehrten, so können die Väter und die Lehrer nicht früh genug mit Schelten, Verbessern, Maßregeln, Schmeicheln, Drohen, Versprechen, Belehren, Vernünfteln beginnen. [...] Übt seinen Körper und seine Glieder, seine Sinnen und seine Kräfte, laßt aber seine seelischen Kräfte solange als möglich in Ruhe! Fürchtet alle Gefühle, ehe seine Urteilskraft sie beurteilen kann! Haltet fremde Eindrücke fern! Übereilt euch nicht, Gutes zu tun, um zu verhindern, daß das Böse erwache! Gut kann man nur im Lichte der Vernunft tun. Betrachtet jede Verzögerung als einen Vorteil. [...] Laßt die Kindheit im Kinde reifen! Welche Belehrung es auch nötig hat, hütet euch, sie ihm heute zu geben, wenn ihr sie ohne Gefahr bis morgen aufschieben könnt!"*
>
> Rousseau 1762:1989, S. 73

Im Rahmen seiner Theorie der negativen Erziehung stellt sich auch die Frage nach dem kindlichen Gehorsam als ein Kernproblem der natürlichen Erziehung. Rousseau unterzieht zunächst die vorherrschende Erziehungsvorstellung einer harschen Kritik und entlarvt sie als eine Erziehung zu Verstellung, Heuchelei und zu einer Knechtsgesinnung:

> *„Ihr versucht, eure Zöglinge zu der Pflicht des Gehorsams zu überreden. Zu dieser vergeblichen Überredung fügt ihr Gewalt und Drohungen*

hinzu, oder was noch schlimmer ist, Schmeichelei und Versprechungen. [...] Was folgt daraus? Indem man ihnen eine Pflicht auferlegt, die sie nicht verstehen, macht man sie gegen den Zwang widerwillig und untergräbt ihre Zuneigung. Man lehrt sie heucheln, sich verstellen und lügen, um belohnt zu werden oder Strafen zu entgehen. Schließlich gewöhnt man sie daran, geheime Gründe mit glaubwürdigen Motiven zu verdecken. Damit gebt ihr ihnen die Mittel, euch andauernd zu täuschen und andere mit Phrasen abzuspeisen. [...] Bei Kindern den Zwang und bei Erwachsenen die Vernunftgründe anzuwenden, das ist die natürliche Ordnung."

Rousseau 1762:1989, S. 69

Lernen aus Erfahrung

Die Lösung, die Rousseau vorschlägt, ist einfach: „Tut das Gegenteil vom Üblichen". Das heißt, Émile soll nicht von der Autorität des Erwachsenen, sondern nur von der Notwendigkeit der Dinge abhängig sein. Was heißt das? Naturgemäß erziehen bedeutet nach Rousseau, dass Émile nur aus eigenen Erfahrungen und aus den notwendigen Konsequenzen seines Handelns lernt. Die einzige Form von Strafe, die er kennt, sind die natürlichen Folgen seiner Handlungen. So wird Émile zum Beispiel erfahren, dass die Lüge dazu führt, dass man ihm nicht mehr glaubt, auch wenn er die Wahrheit sagt. In Form der indirekten Erziehung wird der Erzieher Jean-Jacques durch ein entsprechendes Arrangement dafür sorgen, dass Emil einerseits die nötigen Erfahrungen erwirbt und andererseits seine „wilde" Freiheit in die geregelte Form der „wohlgeordneten Freiheit" überführt wird:

„Man hat alle Mittel erprobt, außer dem einen, das zum Erfolg führen kann: die wohlgeordnete Freiheit. [...] Mit dem Band der Notwendigkeit bindet, treibt oder hält man es zurück, ohne daß es murrt. Die bloße Macht der Dinge macht es gefügig und folgsam. Kein Laster kann Wurzeln schlagen, denn die Leidenschaften erwachen nicht, solange sie wirkungslos sind.
Haltet eurem Zögling keine Reden: Er darf nur aus der Erfahrung lernen. Legt ihm keinerlei Strafe auf, denn er weiß nicht, was Schuld ist."

Rousseau 1762:1989, S. 70f.

„Positive" Erziehung

Erst in der dritten Entwicklungsphase, Émile ist jetzt etwa zwölf oder dreizehn, wird die Erziehung „positiv", um die Zeit, in der die Kräfte des Heranwachsenden seine Bedürfnisse überwiegen, mit Lernen zu erfüllen. Jetzt bricht die Zeit „des Arbeitens, des Unterrichts, der Studien" an (Rousseau 1762:1989, S. 171), jedoch so, dass Émile sein Wissen nicht aus Büchern oder durch Belehrung erwirbt, sondern indem er sich auf der Grundlage eigener Erfahrungen selbst unterrichtet:

„Kein anderes Buch als die Welt, kein anderer Unterricht als die Tatsachen. Ein Kind, das liest, denkt nicht; es liest nur. Es unterrichtet sich nicht, es lernt nur Worte. Macht euren Schüler auf die Naturerscheinungen aufmerksam, dann wird er neugierig. Aber um seine Neugier zu nähren, beeilt euch niemals, sie zu befriedigen. Stellt ihm Fragen, die seiner Fassungskraft entsprechen; laßt sie ihn selber lösen. Er darf nichts wissen, weil ihr es ihm gesagt habt, sondern weil er es selbst verstanden hat. Er soll die Naturwissenschaften nicht lernen, sondern erfinden. Setzt ihr aber jemals die Autorität an die Stelle des Verstandes, so wird er nicht mehr selber überlegen. Er wird der Spielball fremder Meinungen werden."

Rousseau 1762:1989, S. 159f.

Im vierten Buch, wenn üblicherweise die Erziehung endet, beginnt nach Rousseau die eigentliche Erziehung und zwar nach einem neuen Plan, der den Umgang mit der Selbstliebe (*l'amour de soi-même*) regelt. Die ursprüngliche Selbstliebe ist selbstgenügsam und unschuldig, weil sie der Selbsterhaltung dient und schnell befriedigt ist, sobald die nötigsten Bedürfnisse gestillt sind. Doch kann sie, veranlasst durch gesellschaftliche Verführungen (Meinungen, Medieneinfluss und künstlich erzeugte Bedürfnisse), den Vergleich mit anderen suchen und dadurch in unnatürliche Eigenliebe (*l'amour propre*) umschlagen. So entstehen nicht nur negative Leidenschaften wie Neid, Eifersucht, Gehässigkeit und Jähzorn, sondern hier liegt auch der Ursprung des Bösen, der eine neue erzieherische Aufgabe erforderlich werden lässt, nämlich die Leidenschaften zum Guten und nicht zum Bösen zu führen. Im Kern geht es darum, die Leidenschaften, welche die „Stimme des Körpers" sind, auf die Selbstliebe zu begrenzen und das Gewissen als die „Stimme der Seele" auszubilden (Rousseau 1762:1989, S. 300).

Rousseaus Émile ist in Deutschland schnell rezipiert worden. Neben Kant haben ihn die Aufklärungspädagogen Basedow und Campe mit Begeisterung aufgenommen. Basedow hat in seinem *Methodenbuch* (1771) seitenlange Auszüge des Émile abgedruckt und Campes *Revisionswerk* enthielt eine deutsche Übersetzung und einen ausführlichen Kommentar. Aber nicht nur die reformpädagogische Bewegung der Aufklärung (Philanthropen), sondern auch die Reformpädagogik aus den ersten Jahrzehnten des 20. Jahrhunderts hat sich auf Rousseau berufen (Montessori, Freinet, Landerziehungsheim-bewegung). Vor allem Rousseaus Begriff der *perfectibilité*, d. h. seine Annahme der Fähigkeit zur Selbstverwirklichung und Vervollkommnung bei gleichzeitiger völlig unbestimmter und von daher nicht bestimmbarer Natur des Menschen, dominierte den anthropologischen Diskurs der Aufklärung.

In seinen letzten Lebensjahren hat sich Rousseau als ein von allen Zeitgenossen Verfolgter gefühlt. Die letzten seiner Schriften hatten vorwiegend den Zweck, sich gegenüber seinen Verfolgern zu rechtfertigen und sich vor ihnen zu verteidigen. Von einer elaborierten Kritik an Rousseaus Pädagogik ist dagegen kaum zu sprechen, denn diese ist von Anfang an entweder Missverständnissen erlegen oder in reine Polemik umgeschlagen. Das ganze Jahrhundert nach Rousseau lässt sich zu einem großen Teil als ein Parteienstreit zwischen denen, die ihn absichtlich oder aus Unkenntnis missverstanden, und jenen, die ihn bis in den Grund ablehnten, beschreiben.

? Aufgabe

Reflexionsfragen

1. Warum sollte Erziehung im Kindesalter Rousseaus Vorstellungen zufolge „negativ" sein? Was ist darunter zu verstehen?
2. Aus welchen Gründen wurde Rousseau in Deutschland stark rezipiert?
3. Nennen und begründen Sie zwei Aspekte: Welche Gedanken in Rousseaus Pädagogik können auch aktuell für pädagogisches Denken und Handeln als relevant betrachtet werden?

!

Weiterführende Literatur zu Jean-Jacques Rousseau

Böhm, Winfried/Soetard, Michel (2012): Jean-Jacques Rousseau. Der Pädagoge. Einführung mit zentralen Texten. Paderborn: Schöningh.

Grell, Frithjof (1996): Der Rousseau der Reformpädagogen. Würzburg: Ergon.

Hentig, Hartmut von (2003): Rousseau oder Die wohlgeordnete Freiheit. München: Beck.

3.5.3 Immanuel Kant (1724–1804)

Immanuel Kant wird am 22. April 1724 in Königsberg als viertes Kind des Riemermeisters Johann Georg Kant und seiner Frau Regina geboren. Ab 1740 studiert er Philosophie, Mathematik und Naturwissenschaft an der Universität Königsberg und verdient seinen Lebensunterhalt zunächst durch Privatunterricht. Nach seiner Promotion wird Kant Privatdozent für Philosophie und 1770 zum ordentlichen Professor für Metaphysik und Logik an die Universität Königsberg berufen. Im Jahre 1781 erscheint seine *Kritik der reinen Vernunft*, 1788 die *Kritik der praktischen Vernunft* und im Jahre 1790 die *Kritik der Urteilskraft*. Mit diesen drei Kritiken leistet Kant aus philosophischer Perspektive einen entscheidenden Beitrag zur Aufklärung, indem er ihr ‚Instrument' selbst, die Vernunft und ihre Leistungsfähigkeit einer Analyse unterzieht und die überkommene Metaphysik auf ein neues Fundament stellt. Doch nicht nur die theoretische und praktische Philosophie, sondern auch die Pädagogik verdankt Kant wichtige und zukunftsweisende Gedanken. Er stirbt am 22. Februar 1804 in Königsberg.

Vorlesungen über Pädagogik

Zu den umfangreichen Lehrverpflichtungen an der Universität Königsberg gehörten auch seine Vorlesungen über Pädagogik. Insgesamt hat Kant vier Mal über Pädagogik gelesen, wobei sich seine erste Vorlesung im Wintersemester 1776/77 mit Basedows *Methodenbuch* beschäftigte und der Vorlesung im Wintersemester 1786/87 das *Lehrbuch der Erziehungskunst* seines Kollegen Bock zugrunde lag. Im Jahr 1803 gab Friedrich Theodor Rink den Text der Vorlesung, bestehend aus Aufzeichnungen Kants für seine Pädagogik-Kollegs, heraus. Rink hatte dabei versucht, eine Ordnung in die Aufzeichnungen Kants zu bringen, die jedoch im Detail nicht immer überzeugend ist. Der Haupteinteilung in Einleitung, physische und praktische Erziehung liegt Kants Unterscheidung zwischen Natur und Freiheit zugrunde. Während die physische Erziehung versucht, die Natur des Menschen, und zwar seine körperliche und seine seelische Natur (d. h. seine Gemütskräfte) zu bilden, richtet sich die praktische Erziehung als moralische Bildung an die menschliche Freiheit, d. h. an den Willen.

Notwendigkeit von Erziehung

Die Einleitung seiner Pädagogik-Vorlesung entwickelt einige Grundgedanken, die sowohl in anthropologischer als auch in pädagogischer Hinsicht von bleibender Bedeutung sind. Aus den beiden Lehrsätzen der pädagogischen Anthropologie: „Der Mensch ist das einzige Geschöpf, das erzogen werden muss" (Kant 1803:1983, S. 697) und „Der Mensch kann nur Mensch werden durch Erziehung" (a. a. O., S. 699) folgt die Notwendigkeit und Unersetzbarkeit der Erziehung (vgl. den Band von Peter Vogel in dieser Reihe: Vogel 2019, Kap. 2.1.2):

> *„Ein Tier ist schon alles durch seinen Instinkt; eine fremde Vernunft hat bereits alles für dasselbe besorgt. Der Mensch aber braucht eigene Vernunft. Er hat keinen Instinkt und muß sich selbst den Plan seines Verhaltens machen. Weil er aber nicht sogleich imstande ist, dieses zu tun, sondern roh auf die Welt kommt, so müssen es andere für ihn tun."*
>
> Kant 1803:1983, S. 697

Die teleologische Unbestimmtheit des Menschen

Kants Hinweis auf die Instinktarmut des Menschen im Vergleich mit dem Tier hat weitreichende Konsequenzen für das Selbstverständnis des Menschen und seine Bildung. Kant verweist an dieser Stelle auf die teleologische

Unbestimmtheit des Menschen (*télos* = Ziel). Im Gegensatz zum Tier erreicht der Mensch sein *télos* nicht ohne sein eigenes Zutun, d. h. er muss sich selbst zu etwas machen. Bereits in seiner *Idee zu einer allgemeinen Geschichte in weltbürgerlicher Absicht* (1784) hatte Kant diesen Gedanken entwickelt. Dort heißt es:

> *„Die Natur hat gewollt: dass der Mensch alles, was über die mechanische Anordnung seines tierischen Daseins geht, gänzlich aus sich selbst hervorbringe, und keiner anderen Glückseligkeit, oder Vollkommenheit, teilhaftig werde, als die er sich selbst, frei von Instinkt, durch eigene Vernunft verschafft hat."*
>
> Kant 1784:1966, S. 36

Der Begriff der Bildsamkeit

Bis auf die organische Entwicklung und Reifung, die sich als Naturprozess von selbst vollzieht, muss der Mensch sich selbst zu dem machen, was und wer er sein will. Diese Form der „Selbstformierung" bzw. Bildung wäre aber nicht möglich, wenn der Mensch nicht über autoplastische Anlagen verfügen würde, die er nach seinen Vorstellungen und seinem Entwurf entwickeln kann. Diese bestimmbaren oder plastischen Anlagen machen die *Bildsamkeit* des Menschen aus, die negativ so viel wie natürliche Unbestimmtheit bedeutet, positiv ein Potential der Bestimmbarkeit durch sich selbst. Die Kultur seiner selbst, die Bildung, kann kraft der teleologischen Unbestimmtheit und Bestimmbarkeit (beides = Bildsamkeit) als Selbstbestimmung des Menschen bezeichnet werden. Kant unterscheidet dabei zwischen der technischen, der pragmatischen und der moralischen Anlage, die er in seiner *Anthropologie in pragmatischer Hinsicht* (1798) näher erläutert.

Autoplastische Anlagen nach Kant:
Technische Anlage
Pragmatische Anlage
Moralische Anlage

Die technische Anlage

Die technische Anlage ermöglicht dem Menschen die Herstellung von Gegenständen wie etwa Instrumente, Werkzeuge, Maschinen, technische Hilfsmittel aller Art oder auch die ästhetische Hervorbringung von Kunstwerken. Dieser technische Vernunftgebrauch muss gelernt und erworben werden, wobei jeder Mensch selbst entscheiden muss, welche „Geschicklichkeit" (z. B. das Spielen eines Instruments oder eine handwerkliche Tätigkeit) er bis zu welchem Grad der Vervollkommnung erreichen will.

Die pragmatische Anlage

Die pragmatische oder gesellschaftliche Anlage bezieht sich auf das gesellschaftlich-soziale Handeln des Menschen, wobei Kant besonders die Gestaltung der zwischenmenschlichen Beziehungen der Menschen vor Augen hat. Von besonderer Bedeutung sind hier gesellschaftliche Kommunikations- und Interaktionsformen im Medium der Sprache. Die Ausbildung der gesellschaftlichen Anlage „zivilisiert“ den Menschen durch das Erlernen von gesitteten Umgangsformen und Regeln, die ein humanes Miteinander ermöglichen und bestimmen. Diese Regeln ermöglichen es auch, miteinander frei handeln zu können, ohne aber die Freiheit der anderen zu verletzen.

Die moralische Anlage

Die moralische Anlage eröffnet dem Menschen die Möglichkeit, das gute vom bösen Handeln zu unterscheiden und in sich selbst einen guten oder einen bösen „Charakter“ auszubilden. „Gut“ bedeutet, nach einem Grundsatz zu handeln, der als ein allgemeiner Grundsatz akzeptabel ist und zwar um des Guten selbst willen und nicht aus selbstbezüglichen und egoistischen Motiven. Moralisch wäre nach Kant z. B. die Entscheidung, unabhängig von einem privaten Nutzenkalkül das Recht zu achten, selbst wenn es Mühe kostet und keinen unmittelbaren Vorteil verspricht.

Kommen wir zur Pädagogik-Vorlesung zurück. Auf die anthropologischen Überlegungen folgt das Postulat der Wissenschaftlichkeit der Pädagogik, auf das bereits hingewiesen wurde: „Der Mechanismus in der Erziehungskunst muss in Wissenschaft verwandelt werden.“ Die Forderung nach Verwissenschaftlichung der Pädagogik bedeutet nach Kant, eine in Prinzipien (Grundsätzen) fundierte Theorie zu entwickeln, wobei das wichtigste dieser Prinzipien lautet: „Kinder sollen nicht dem gegenwärtigen, sondern dem zukünftigen möglichen bessern Zustand des menschlichen Geschlechts [...] angemessen, erzogen werden“ (Kant 1803:1983, S. 704). Dabei handelt es sich um ein durchaus revolutionäres Prinzip kosmopolitischer Bildung, da es über den jeweils erreichten Stand der gesellschaftlichen Entwicklung und der ihr entsprechenden Erziehung hinaus denkt und die bloße Anpassung an das Vorhandene negiert. Zur kosmopolitischen Orientierung des Erziehungsplanes gehört es, dass die Kinder nicht bloß dressiert, abgerichtet und mechanisch unterwiesen, sondern „würklich aufgeklärt“ werden (Kant 1803:1964, S. 707). Das entscheidende Moment dieser Aufklärung besteht nach Kant darin, dass Kinder denken lernen.

Neben diesen eher allgemeinen Regeln wird mit dem Zusammenhang von Disziplinierung, Kultivierung, Zivilisierung und Moralisierung eine vierfache Gliederung der gesamten Erziehungsaufgabe entwickelt (vgl. auch den Band von Peter Vogel in dieser Reihe: Vogel 2019, Kap. 2.1.2).

Stufen des Erziehungsprozesses nach Kant:
Disziplinierung
Kultivierung
Zivilisierung
Moralisierung

Disziplinierung

Die Disziplinierung oder „Zucht“ ist nach Kant *negativ* (verneinend) und „bezähmt“ die „Wildheit“ des Kindes. Der „Wilde“ ist nach Kant dadurch definiert, dass er sich nicht an gemeinsame Regeln hält, die seine natürliche bzw. angeborene Freiheit, zu tun und zu lassen, was ihm augenblicklich gefällt, einschränken. Das kleine Kind ist im Verständnis Kants ein solcher „Wildling“, weil es die Regeln des üblichen Verhaltens noch gar nicht kennt und daher diese erst lernen und einüben muss. Das heißt, die Erziehung soll das Kind dazu befähigen, nach Regeln zu handeln, ohne dass es die jeweiligen Einfälle oder der Wechsel von Lust und Laune davon abhalten. Diese Erziehungsaufgabe ist in dem Sinne *negativ*, als sie die natürliche Freiheit des Kindes durch Verhaltensregeln so einschränkt, dass sie weder anderen Personen, noch dem Kind selbst schadet. Die Erziehung als Disziplinierung ist nach Kant insofern notwendig, als sie die Voraussetzung für ein selbstbestimmtes Leben schafft. Zur Selbstbestimmung gehört nämlich nicht nur die Fähigkeit, sich selbst die Regeln des Verhaltens zu geben, sondern auch die innere Disziplin, sich an die selbstgegebenen Regeln zu halten.

Kultivierung

Die Zucht bzw. die Disziplinierung erscheint auch als die Bedingung eines geregelten Unterrichts, der nach Kant zur *Kultivierung* gehört, die uns mit einer Reihe von „Geschicklichkeiten“ (Kenntnissen und Fertigkeiten) ausstattet. Solche Kultivierung in Form von Lehr- und Lernprozessen und beruflichen Qualifikationen ist nach Kant *positiv*, da sie nicht einschränkt, sondern unsere Kenntnisse und Fertigkeiten erweitert.

Zivilisierung

Die dritte Stufe im Erziehungsprozess bildet die *Zivilisierung*, die dafür zu sorgen hat, „daß der Mensch auch klug werde, in die menschliche Gesellschaft passe, daß er beliebt sei und Einfluß habe. Hierzu gehört eine gewisse Art von Kultur, die man Zivilisierung nennt“ (Kant 1803:1983, S. 706). Sympathie und Einfluss gewinnt der zivilisierte Mensch nicht nur durch seine praktische Klugheit, die ihn jede Situation und das Verhalten der Menschen schnell durchschauen lässt, sondern auch über jenes feine Taktgefühl, auf das wir bereits bei John Locke gestoßen sind.

Moralisierung

Die Moralisierung als die wichtigste Aufgabe der Erziehung thematisiert die moralische Selbstbestimmung des Menschen nach selbst gegebenen Grundsätzen (Maximen). Hier geht es nicht mehr um den Erwerb von Kenntnissen, Qualifikationen und geschliffenen Umgangsformen, sondern um die innere Gesinnung des Menschen:

> *„Der Mensch soll nicht bloß zu allerlei Zwecken geschickt sein, sondern auch die Gesinnung bekommen, daß er nur lauter gute Zwecke erwähle. Gute Zwecke sind diejenigen, die notwendigerweise von jedermann gebilligt werden und die auch zu gleicher Zeit jedermanns Zwecke sein können.“*
>
> Kant 1803:1983, S. 707

Jetzt werden die Zwecke, die sich ein Mensch setzt, einem „moralischen Kriterium" (Koller 2014, S. 36) unterworfen. Moralische Erziehung heißt also nach Kant nicht die Vermittlung von Werten und Normen, sondern die Entwicklung der Fähigkeit, sich aus eigener vernünftiger Einsicht nur „gute" Zwecke zu setzen. „Gut" ist ein Zweck dann, wenn er von jedermann ohne Anstoß gebilligt werden kann. Lasse ich mich in meinem Handeln von der Intention leiten, ohne Rücksicht auf andere meine Interessen schonungslos durchzusetzen, wird mein Vorgehen kaum auf allgemeine Zustimmung stoßen. Im Grunde entspricht dieses Kriterium dem berühmten *kategorischen Imperativ*, den Kant in seiner *Kritik der praktischen Vernunft* (1788) wie folgt formuliert: „Handle stets so, daß die Maxime deines Willens jederzeit zugleich als Prinzip einer allgemeinen Gesetzgebung gelten könne" (Kant 1788:1983, S. 140). Dass die von Kant angestrebte moralische Selbstbestimmung nicht durch Dressur und konditionierende Erziehungsmaßnahmen zu erreichen ist, bedarf keiner weiteren Erläuterung. Es kommt vielmehr darauf an, „daß die Kinder *denken* lernen" und ihr Handeln an begründungsfähigen Prinzipien orientieren (Kant 1803:1983, S. 707; Koller 2014, S. 37). Die Instanz, auf die alles ankommt, ist die Einsicht des Kindes, sein moralisches Urteil, das auf den selbständigen Gebrauch des eigenen Verstandes zurückgeht.

Wie kultiviere ich die Freiheit bei dem Zwange?

Da aber Disziplinierung unsere natürliche Freiheit nach Regeln einschränkt und solche Einschränkung immer mit Zwang verbunden ist, ergibt sich für den Pädagogen die immer wieder bis auf den heutigen Tag zitierte Frage Kants: „Wie kultiviere ich die Freiheit bei dem Zwange? Ich soll meinen Zögling gewöhnen, einen Zwang seiner Freiheit zu dulden, und soll ihn selbst zugleich anführen, seine Freiheit gut zu gebrauchen" (Kant 1803:1983, S. 711).

Das Zitat macht deutlich, dass die Kultivierung der Freiheit den Erzieher mit einer in sich widersprüchlichen Aufgabenstellung konfrontiert: einerseits soll er seinen Zögling an die Einschränkung seiner Freiheit durch erzieherischen Zwang „gewöhnen" und ihn andererseits zu einem vernünftigen Gebrauch seiner Freiheit führen. Wie lässt sich die Antinomie von Freiheit und Zwang in der Erziehung auflösen? Man müsse, so Kant, dem Kind „beweisen, daß man ihm einen Zweck auferlegt, der es zum Gebrauche seiner eigenen Freiheit führt, daß man es kultiviere, damit es einst frei sein könne." Die Einschränkung der Freiheit durch Zwang ist pädagogisch nur gerechtfertigt, wenn sie sich nachweislich im Interesse künftiger Freiheit als erforderlich erweist. So erfordert die „praktische Selbständigkeit" als eine Form individueller Freiheit und Unabhängigkeit die Selbsterhaltung durch Arbeit und Beruf, die die Fähigkeiten voraussetzen, Entbehrungen und Verzicht in Kauf zu nehmen (Koller 2014, S. 38).

? Aufgabe

Reflexionsfragen

1. Was versteht man mit Kant unter dem kategorischen Imperativ? Auf welche Weise bezieht er sich auf allgemeine Moralvorstellungen der Gesellschaft?
2. Beschreiben Sie kurz Kants Idee einer kosmopolitischen Orientierung des Erziehungsplanes auf die Zukunft! Wie könnte ein aktueller Erziehungsplan nach diesen Vorstellungen aussehen? Entwickeln Sie dazu Ideen!
3. Wie bewerten Sie den Widerspruch zwischen Freiheit und Zwang in der Pädagogik? Argumentieren Sie anhand eines praktischen Beispiels!

!

Weiterführende Literatur zur Pädagogik Kants

Kauder, Peter/Fischer, Wolfgang (1999): Immanuel Kant. Über Pädagogik. 7 Studien. Baltmannsweiler: Schneider-Verlag Hohengehren.

Koch, Lutz (2003): Kants ethische Didaktik. Würzburg: Ergon.

Koller, Hans-Christoph (2014): Grundbegriffe, Theorien und Methoden der Erziehungswissenschaft. Eine Einführung. 7. durchgesehene Auflage. Stuttgart: Kohlhammer.

3.5.4 Die Philanthropen

Die wohl prominenteste Richtung der Aufklärungspädagogik in der zweiten Hälfte des 18. Jahrhunderts stellt die Reformbewegung der Philanthropen (*philos* = Freund; *anthropos* = Mensch) dar, die einen bedeutenden Beitrag zur Etablierung des öffentlichen Erziehungs- und Schulwesens im Geiste der Aufklärung leisten konnten. Ihr theoretisches Profil gewann die Pädagogik des Philanthropismus einerseits durch die allerdings keineswegs einheitliche Rezeption der anthropologischen und erziehungstheoretischen Gedanken John Lockes und Jean-Jacques Rousseaus und andererseits durch die Abgrenzung von der als verfrühte und einseitige Verstandeskultur diskreditierte vorphilanthropische Aufklärungspädagogik. So schreibt Joachim Heinrich Campe 1785 in der Einleitung zu seinem *Revisionswerk*:

> *„Locke und Rousseau sind bisher unter den neuen Erziehungsphilosophen ohnstreitig diejenigen gewesen, deren pädagogisches Lehrgebäude am weitesten bekannt und am meisten gelesen worden sind. Sie verdienen ohnstreitig auch noch jetzt, von allen, denen die Erwerbung gründlicher*

Erziehungseinsichten am Herzen liegt, gelesen und studiert zu werden. Sie machten Bahn, wir anderen folgten.“

Campe 1785, S. XLIX

Reformpädagogische Schulversuche

Interessant ist die pädagogische Bewegung des Philanthropismus auch dadurch, dass es in ihrem Verlauf nicht nur bei theoretischen Ansätzen blieb, sondern dass die programmatischen Entwürfe und Konzepte in einer Reihe von Muster- bzw. Alternativschulen praktisch umgesetzt und erprobt wurden. Diese reformpädagogischen Schulversuche gingen entweder aus privater Initiative hervor (Dessau, Schnepfenthal, Jenkau) oder sie waren der Versuch, öffentliche Bürger- und Gelehrtenschulen im Geiste des Philanthropismus zu reformieren. In diesem Zusammenhang ist Johann Stuve (1752–1793) zu nennen, der gemeinsam mit Julius Lieberkühn (1754–1788) die Reform einer öffentlichen Gelehrtenschule in Neuruppin in Angriff nahm. Gemeinsam war allen diesen Schulversuchen die Intention, vorherrschende Strukturen aufzubrechen und den Geist der Innovation und des Fortschritts in die bestehenden Schulen zu bringen. Ganz im Geiste der Aufklärung sollte das erstarrte System humanistischer Bildung durch einen Unterricht ersetzt werden, der anschaulich und kindgemäß an die Erfahrungswelt der Schüler anknüpft, das Selbstdenken und Urteilen fördert und dabei nützliche und anwendbare Kenntnisse vermittelt. Muttersprachlicher Unterricht mit einer an Locke geschulten Didaktik, moderne Sprachen, Geographie, Geschichte, Zeichnen, Mathematik und Naturkunde sollten die Inhalte bilden. Der humane und kinderfreundlich inszenierte Unterricht sollte das individuelle Glück ebenso fördern wie die politische und ökonomische Wohlfahrt des Gemeinwesens (Herrmann 1993, S. 15; Schmitt 2007, S. 310). Ein zentrales Moment philanthropischer Pädagogik war von daher auch die Orientierung an der Nützlichkeit oder am gemeinen Nutzen.

Die Hauptakteure der philanthropischen Bewegung formierten sich in einer Reihe von philanthropischen Gesellschaften, von denen besonders die von 1777 bis 1793 in Dessau bestehende *Philanthropische Gesellschaft*, die Straßburger *Société des Philanthropes* und die 1783 gegründete *Gesellschaft praktischer Erzieher* von Bedeutung sind, da sie nicht nur den gedanklichen Austausch unter den Reformern förderten, sondern auch eine öffentliche Wirksamkeit der neuen Ansätze bezweckten.

3.5.4.1 Johann Bernhard Basedow (1724–1790)

Johann Bernhard Basedow gilt gemeinhin als Initiator und „großer Anreger“ der philanthropischen Erziehungs- und Schulreform der Aufklärung (Herrmann 1993, S. 16), der für geistige Freiheit und religiöse Toleranz eintrat.

Abbildung 10: Johann Bernhard Basedow

Am 11. September 1724 in Hamburg geboren, studierte Basedow zunächst evangelische Theologie in Leipzig. Bereits im Rahmen seiner Tätigkeit als Hauslehrer unterrichtete Basedow den Sohn des Hauses von Qualen in Borghorst (Schleswig-Holstein) nach seiner eigenen, an Locke und Rousseau geschulten kindgemäßen, die Selbsttätigkeit des Schülers fördernden, spielerischen und anschaulichen Unterrichtsmethode. Im Jahre 1768 erschien in Hamburg seine programmatische Schrift *Vorstellungen an Menschenfreunde und vermögende Männer über Schulen und Studien und ihren Einfluß auf die öffentliche Wohlfahrt*. Diese Schrift richtete sich an „vernünftige Patrioten" und band die gesellschaftliche und staatliche Wohlfahrt und die öffentliche Moral an eine umfassende Reform des Erziehungs- und Unterrichtswesens als „wichtigstes Reichsgeschäft". Basedow plädierte auch für eine staatliche anstelle der kirchlichen Schulaufsicht und er engagierte sich für die Verbesserung der Lehrerbildung, die Errichtung von Schulbibliotheken und das Verfassen von Schulbüchern.

In dieser Schrift finden sich erstmals die von John Locke inspirierten Grundzüge einer neuen Unterrichtsmethode, die auf dem didaktischen Grundsatz beruht, allen „Verdruß und Ekel" beim Lernen zu vermeiden. Eine vernünftig durchdachte, an dem jeweiligen Entwicklungsstand und der geistigen Fassungskraft der Kinder orientierte Auswahl des Stoffes, ein spielerisch gestalteter Unterricht sowie die Vermeidung von Lernschwierigkeiten durch Veranschaulichung der Unterrichtsgegenstände sollten die Freude und die Lust am Lernen wachhalten. An die Stelle des „Verbalmemorierens" soll das „Realmemorieren" treten, d. h. die Wahrnehmungs- und Urteilsfähigkeit der Schüler wird dadurch geübt, dass allgemeine Gesichtspunkte in einer Reihe von Gegenständen erfasst und behalten werden. Gute Gewohnheiten und tugendhaftes Verhalten sollten durch Übung und Lernen am Beispiel erworben werden. Ein eigens zu diesem Zweck angestellter Pädagoge, der „Edukator", übernahm die soziale und moralische Erziehung der Kinder und Jugendlichen außerhalb des Unterrichts.

Vorstellungen an Menschenfreunde

Im § 56 seiner *Vorstellungen an Menschenfreunde* erwähnt Basedow erstmals seinen ambitionierten Plan eines *Elementarbuchs* der „realen und verbalen menschlichen Erkenntnis", das den gesamten Umfang nützlicher und lebenspraktisch orientierter Erkenntnisse anschaulich und an dem natürlichen Entwicklungsverlauf der Kinder orientiert präsentieren sollte.

Das *Elementarwerk*

Im Jahre 1769 erschien mit dem *Elementarwerk* die grundlegende Schrift philanthropischer Pädagogik. Dieses dreibändige und mit 53 Kupfertafeln des berühmten Berliner Kupferstechers Daniel Nikolaus Chodowiecki ausgestattete Werk wurde bereits 1774 in zweiter Auflage (jetzt mit hundert Kupfertafeln) in Dessau und Berlin publiziert. Schon aus dem Untertitel wird ersichtlich, worum es sich handelt und welchen Zweck das *Elementarwerk* verfolgt:

Anschluss an die Ideen von Locke

Dieses *Elementarwerk* ist nicht nur ein bedeutendes Grundlagenwerk zum Selbst- und Weltverständnis der philanthropischen Pädagogik (Schmitt 2003, S. 119f.), sondern kann auch als eine klassische Schrift der pädagogischen Moderne gelesen werden, in dem die Forderungen John Lockes nach einer spielerisch, unterhaltsam und kindgerecht vermittelten Grund- und Allgemeinbildung von den ersten Kenntnissen bis zum akademischen Studium umgesetzt wurden. ‚Elementarisch' geht das Werk insofern vor, als die Anordnung der Kenntnisse nicht einer wissenschaftlichen Systematik folgt, sondern an den Wahrnehmungs- und Erfahrungshorizont der Kinder anknüpft und anschaulich in die Natur und die menschliche Lebenswelt einführt.

Das Philanthropinum in Dessau

Basedow wurde jedoch nicht nur durch sein *Elementarwerk* zu einem der einflussreichsten Vertreter der philanthropischen Reformbewegung. Die großzügige finanzielle und ideelle Unterstützung durch den Fürsten Leopold Friedrich Franz von Anhalt-Dessau ermöglichte Basedow die Gründung des ersten *Philanthropinums* in Dessau. Diese „Schule der Menschenfreundschaft" sollte als Internatsschule zugleich als Ausbildungsstätte für zukünftige Lehrer und Hauslehrer dienen. Führende Vertreter der Aufklärung, darunter Kant, Lessing und Wieland, verfolgten mit großem Interesse die Gründung und die weitere Entwicklung der pädagogischen Arbeit in Dessau. Kant sprach in seinen Pädagogikvorlesungen begeistert von der „Pflanzschule der guten Erziehung" und forderte ausdrücklich zur Förderung des *Philanthropins* auf. Das Dessauer *Philanthropin* wurde im letzten Drittel des 18. Jahrhunderts zum Mittelpunkt der philanthropischen Erziehungsbewegung und konnte seine innovative Wirkung auch dadurch entwickeln, dass die dort erprobten Erziehungs- und Unterrichtsmethoden, neue Lehr-Lernmethoden in den aufgeklärten Journalen einer breiten und an pädagogisch-didaktischen Fragen interessierten Öffentlichkeit zugänglich wurden.

Kritik an Basedow

Die zunächst überaus positive Resonanz auf den Schulversuch in Dessau darf jedoch nicht darüber hinweg täuschen, dass in Dessau von den Schülern bis zum 12. Lebensjahr ein blinder und durch Leibesstrafen erzwungener Gehorsam gefordert wurde. Die fleißige und disziplinierte Lern- und Arbeitshaltung sowie ein tugendhaftes Verhalten der Kinder und Jugendlichen wurden auf den sogenannten „Meritentafeln" in der Schule öffentlich vermerkt und damit der Wettstreit unter den Schülern als Erziehungsmittel bewusst eingesetzt. Diese Erziehungspraktiken in Form eines ausgeklügelten öffentlichen Belohnungs- und Bestrafungssystems mussten zwangsläufig zu einem

„komparativen Selbstverhältnis" führen, das weder mit Rousseaus gesellschaftskritischen Erziehungsideen vereinbar war, noch zu moralischem Handeln aus eigener Einsicht führen konnte (Musolff/Hellekamps 2006, S. 62). Von daher ist es auch kaum verwunderlich, dass nicht erst das durch den Neuhumanismus geprägte Bild von der Erziehungswirklichkeit in Dessau negativ ausfiel. Heftige Kritik an den Erziehungspraktiken in Dessau übte bereits Campe in seiner Schrift *Ob es ratsam sei, die Ehrbegierde zu einer moralischen Triebfeder bei der Erziehung zu machen*. Die Ehrbegierde bezeichnet Campe dort als eine gefährliche Leidenschaft, deren gezielte Förderung kaum dazu beitrage, wahre Tugend zu befördern.

3.5.4.2 Joachim Heinrich Campe (1746–1818)

Joachim Heinrich Campe trat sowohl in theoretischer als auch in praktischer Hinsicht als eine Schlüsselfigur der philanthropischen Reformbewegung in Erscheinung. Im Jahre 1746 in Deensen bei Braunschweig geboren, übernahm Campe nach seinem Studium im Jahr 1773 für zwei Jahre als Hauslehrer die Erziehung der Brüder Wilhelm und Alexander von Humboldt, bevor er auf Veranlassung des Fürsten Leopold Friedrich Franz als „Educationsrath" am Basedowschen Philanthropin in Dessau als Lehrer tätig wurde. Ein heftiger Streit mit Basedow veranlasste Campe, Dessau zu verlassen, um stattdessen in seinem Privathaus in Trittau bei Hamburg die Kinder wohlhabender Geschäftsleute in Form einer Lebens- und Erziehungsgemeinschaft zu unterrichten. In dieser Zeit entstanden aus dem intensiven gedanklichen Austausch mit Vertretern der Berliner und Hamburger Aufklärung erste grundlegende pädagogische und anthropologische Abhandlungen, von denen besonders die zweiteilige *Sammlung einiger Erziehungsschriften* (1778), *Über Empfindsamkeit und Empfindeley, in pädagogischer Hinsicht* (1779) und die *Kleine Seelenlehre für Kinder* (1780) hervorzuheben sind.

Mit der überarbeiteten Fassung von Defoes Roman *Robinson Crusoe* mit dem Titel *Robinson der jüngere, zur angenehmen und nützlichen Unterhaltung für Kinder* (1779:1934) sowie durch die drei Bände *Die Entdeckung Amerikas, ein angenehmes und nützliches Lesebuch für Kinder und junge Leute* (1781/82) konnte Campe einen überaus wichtigen Beitrag zu der sich im 18. Jahrhundert neu etablierenden Kinder- und Jugendliteratur leisten und avancierte zu einem weltweit anerkannten Kinder- und Jugendbuchschriftsteller.

Das *Revisionswerk*

Die herausragende wissenschaftliche Leistung Campes im Rahmen philanthropischer Reformbestrebungen ist jedoch die Konzeption und Herausgabe des 16-bändigen *Revisionswerkes* (1785–1792), das unter dem vollständigen Titel *Allgemeine Revision des gesamten Schul- und Erziehungswesens* die Summe pädagogischen Denkens und pädagogischer Praxis darstellen sollte. Zur Realisierung dieses großen Projektes hatte Campe 1783 die *Gesellschaft praktischer Erzieher* gegründet. Sie sollte einen beständigen Gedankenaustausch unter den Reformern etablieren und die unterschiedlichen Reformbestrebungen zu einer „gemeinschaftlichen planmäßigen Wirksamkeit" zusammenführen. In einer Zeit der „allgemeinen Gährung in Erziehungssachen" sollte das Revisionswerk nicht nur einer durch die nahezu unüberschaubare Flut an pädagogischen Zeitschriften, Büchern und Ratgebern um sich greifende Verunsicherung und Verwirrung entgegenwirken, sondern auch die aus einem reformerischen Übereifer resultierenden pädagogischen Verengungen und Irrtümer korrigieren. Das ambitionierte Ziel Campes war die vollständige Darstellung eines zeitgemäßen Erziehungs- und Unterrichtssystems, „eines *corporis educationis et institutionis*" (Campe 1785, S. XII). Neben Campe zählten u. a. Karl Friedrich Bahrdt, Peter Villaume, Johannes Stuve und Ernst Christian Trapp zu den prominentesten Autoren des Revisionswerkes. Der erste theoretische Teil beinhaltet grundlegende und programmatische Abhandlungen führender Philanthropen, die sich mit allgemeinen Grundsätzen der Erziehung, der körperlichen, geistigen und moralischen Entwicklung des Kindes und der pädagogischen Bedeutung des Spiels ebenso befassen wie mit einer Diätetik für Schwangere und Säuglinge. Erstmals wurden auch Beobachtungen der kindlichen Entwicklung in Form von Tagebüchern miteinbezogen. Der zweite praktische Teil stellt eine Reihe von Lehrbüchern für den Unterricht zur Verfügung. Die umfangreichen Kommentare zu den deutschen Übersetzungen von John Lockes *Some Thoughts concerning Education* und Rousseaus *Émile* vermitteln einen Einblick in die durchaus kontroverse und reduktionistische Rezeption Lockes und Rousseaus durch die Philanthropen.

Die bildungspolitische Wirksamkeit Campes

Neben seiner Arbeit am *Revisionswerk* entfaltete Campe eine intensive bildungspolitische Wirksamkeit. Auf Veranlassung des Herzogs Carl Wilhelm Ferdinand von Braunschweig-Lüneburg erarbeitete Campe den Plan zu einer umfassenden Reform des niederen und höheren Schulwesens im Herzogtum Braunschweig-Wolfenbüttel. Im Rahmen dieser Reform sollte die Aufsicht über das öffentliche Schulwesen aus den Händen der Kirche in ein staatliches Schuldirektorium übergehen, eine professionelle Lehrerbildung etabliert, die Lehrpläne neu geordnet und geeignete Schulbücher verfasst werden. Gemeinsam mit Johann Stuve, Ernst Christian Trapp und Konrad Heusinger übernahm Campe zu diesem Zweck im Jahre 1786 die Leitung des neu gegründeten Schuldirektoriums. Das im Jahre 1788 erstmals herausgegebene *Braunschweigische Journal philosophischen, philologischen und pädagogischen Inhalts* avancierte in kurzer Zeit zur führenden reformpädagogischen Zeitschrift (Schmitt 2007, S. 65f.).

2.5.4.3 Christian Gotthilf Salzmann (1744–1811)

Ein weiterer bedeutender und einflussreicher Vertreter des Philanthropismus war Christian Gotthilf Salzmann, der sich nicht nur als praktischer Erzieher und Schulreformer, sondern auch als volkspädagogischer Schriftsteller im Geiste der Aufklärung zu profilieren wusste. Seine pädagogischen Schriften mit ihren überaus originellen Titeln *Krebsbüchlein oder Anweisung zu einer unvernünftigen Erziehung der Kinder* (1780) und das *Ameisenbüchlein oder Anweisung zu einer vernünftigen Erziehung der Erzieher* (1806) avancierten schnell zu klassischen Texten der Pädagogik.

In seinem *Krebsbüchlein*, das Salzmann als „Schutz- und Bittschrift" für die wehrlosen Kinder bezeichnete, trat Salzmann als Anwalt des Kindes auf, dessen soziale Rechte und dessen Würde es gegen die Gleichgültigkeit, Unwissenheit und Brutalität der Eltern zu verteidigen gilt. Der Erwachsene wird zum Angeklagten, der die Kinder für jene Fehler und Untugenden rücksichtslos bestraft, die er selbst durch sein schlechtes Beispiel, durch mangelnde Aufsicht und durch seine Erziehungsfehler verursacht hat.

Während sich das *Krebsbüchlein* dem Thema Familienerziehung zuwendet und explizit die Eltern anspricht, widmet sich das *Ameisenbüchlein* der Professionalisierung von Erziehern und Lehrern, die nach Salzmann in der Selbsterziehung der Erzieher gründet. Als leitendes Prinzip formuliert Salzmann den bereits aus dem *Krebsbüchlein* bekannten provokativen Satz: „Von allen Fehlern und Untugenden seiner Zöglinge muß der Erzieher den Grund in sich selbst suchen" (Salzmann 1806:2007, S. 14). Folgerichtig steht am Anfang der Ausbildung junger Erzieher und Lehrer zunächst ein negatives Moment: Vorrangig geht es darum, Fehler zu vermeiden, indem durch fortlaufende Selbstreflexion und Selbstkritik das Misslingen erzieherischer und didaktischer Maßnahmen auf das eigene Handeln zurückgeführt wird. So muss etwa damit gerechnet werden, dass das Desinteresse der Schüler aus einem trockenen oder abstrakten Lehrstil resultiert, despotisches Verhalten von Erziehern und Lehrern im Kind Abneigung und Widersetzlichkeit provoziert, ein Lehrer, der sich selbst in Lügen verstrickt, seine Glaubwürdigkeit verliert oder die Unterdrückung des natürlichen Aktivitätsdranges der Kinder zu Faulheit und Trägheit führt.

Erziehung als Entwicklung und Übung der kindlichen Kräfte

Positiv gewendet hat die Erziehung vorrangig die Entwicklung und Übung der kindlichen Kräfte im Blick, wobei der kluge Erzieher den Gang der Natur respektiert, jede Form der Verfrühung vermeidet und lediglich „Gelegenheit und Reiz" zur Selbstübung und Selbstentfaltung arrangiert. Naturgemäß entwickeln sich im Kind zunächst Sinnlichkeit, Gedächtnis und Einbildungskraft, erst später der Verstand und erst am Ende der Kindheit die Vernunft als das Vermögen, abstrakte Vorstellungen zu bilden. Zur elementaren Übung der kindlichen Kräfte schlägt Salzmann die Naturbetrachtung vor, da durch sie die sinnliche Wahrnehmung verfeinert und das Gedächtnis durch die Benennung der Pflanzen und Tiere mit ihren lateinischen Fachausdrücken geschult wird. Die eigenständige Anfertigung von Spielsachen, Werkzeugen und Geräten unter fachlicher Anleitung soll dem Kind zur Selbständigkeit verhelfen und seine Kräfte zusätzlich stärken. Die wichtigste Aufgabe der Erziehung sieht Salzmann in der „Gewöhnung zur Sittlichkeit". Im Geiste der Aufklärung sieht Salzmann die Würde des Menschen in der inneren Freiheit realisiert, seine Begierden, Wünsche und Launen zu beherrschen und nach richtigen, d. h. vernünftigen Grundsätzen zu handeln. Zu dieser vernünftigen bzw. moralischen Einsicht gelangen Kinder jedoch weder durch abstrakte moralische Belehrungen und Verbote noch durch ein ausgeklügeltes Belohnungs- und Bestrafungssystem, sondern allein durch anschaulich und lebendig gestaltete Beispiele, die den natürlichen Nachahmungstrieb der Kinder anregen. Allerdings darf diese Form mimetischen Lernens die Hinführung zur eigenen moralischen Urteilsbildung nicht ersetzen.

Das Philanthropin in Schnepfenthal

Die großzügige Unterstützung durch Ernst II. von Gotha und Altenburg ermöglichte es Salzmann, im Jahre 1794 in Schnepfenthal eine eigene Erziehungsanstalt zu gründen und seine Erziehungsideen praktisch umzusetzen. Seine pädagogisch-didaktische Arbeit erregte bald das Interesse der aufgeklärten Kreise und veranlasste unter anderem Klopstock, Wieland, Jean Paul, Goethe und Fichte dazu, sich im Rahmen von Hospitationen über die pädagogische Arbeit in Schnepfenthal zu informieren. Die in Schnepfenthal praktizierten Erziehungs- und Unterrichtsgrundsätze orientierten sich unverkennbar an Locke, Rousseau und Basedow. Ausgehend von der nächsten Umgebung und dem Erfahrungshorizont der Kinder wurde der Unterricht anschaulich gestaltet und zielte neben der Übung und Verfeinerung der sinnlichen Wahrnehmung auf die Entfaltung der Urteilskraft durch eigene Beobachtungen und Erfahrungen. Zentrales Moment der Unterrichtsgestaltung bildet die Naturbeobachtung, deren pädagogisch-didaktischen Wert Salzmann wie folgt beschreibt:

> *„Alle Tage gehe ich mit meinen Zöglingen in dies Naturalienkabinett und such heraus, was uns das merkwürdigste ist. Darüber unterreden wir uns denn miteinander, jedes sagt, was es daran bemerkt; wir vergleichen die gesammelten Sachen untereinander, bemerken, worin sie einander ähnlich oder unähnlich sind, und schärfen so unser Unterscheidungsvermögen, legen zehn bis zwanzig Produkte der Natur vor uns, untersuchen, was sie alle miteinander gemein haben und lernen so abstrahieren; legen eines nach dem andern weg, bemühen uns es recht deutlich zu beschreiben,*

so wird unsere Einbildungskraft und das Vermögen, andern seine Gedanken mitzuteilen, geübt.“

Salzmann 1806:1984, S. 160

Das Naturalienkabinett

Das die eigenen Beobachtungen im „Naturalienkabinett“ ergänzende Unterrichtsgespräch wurde nicht nur in der Muttersprache, sondern auch in lateinischer und französischer Sprache geführt, um auch den Fremdsprachenunterricht zu integrieren. Die nahezu täglich stattfindenden Naturbeobachtungen wurden durch größere Exkursionen und zweimal im Jahr stattfindende Schulausflüge ergänzt, wodurch die von Salzmann intendierte Öffnung der Schule gegenüber den Realien, der Natur und dem beruflichen Umfeld der Schüler realisiert wurde (vgl. Schmitt 2007, S. 227).

Sport- und Werkunterricht

Im Sinne der ganzheitlichen Erziehung und Bildung legte Salzmann großen Wert auf eine gesunde und natürliche Lebensweise sowie auf körperliche Abhärtung durch gymnastische Übungen und körperliche Arbeit. Für die körperliche Ertüchtigung der Schüler war Johann Christoph Friedrich Guts Muths (1759–1839) zuständig. Mit seinen beiden Publikationen *Gymnastik für die Jugend* (1793:1928) und *Spiele zur Übung und Erholung des Körpers und Geistes* (1796) wurde Guts Muths zum Begründer des Turn- und Gymnastikunterrichts an deutschen Schulen. Wurde Guts Muths zum Pionier des Sportunterrichts an Schulen, so erlangte der Philologe Bernhard Heinrich Blasche, den Salzmann seit 1792 als Mitarbeiter in Schnepfenthal gewinnen konnte, eine ähnliche Bedeutung im Hinblick auf den Werkunterricht in der Schule.

Widersprüche pädagogischen Denkens

Rückblickend kann man festhalten, dass die Philanthropen mit ihren pädagogischen Konzepten und didaktischen Entwürfen zum großen Teil jene pädagogischen Ideen vorweggenommen haben, welche die internationale Reformpädagogik um die Wende vom 19. zum 20. Jahrhundert bestimmten (siehe Kap. 3). In der Auseinandersetzung mit der Reformbewegung der Aufklärung entwickelten sich auch jene erziehungs- und bildungstheoretischen Grundfragenstellungen, die am Anfang des 19. Jahrhunderts in den Preußischen Bildungsreformen eine erste praktische Wirksamkeit entfalteten (Benner/Kemper 2003, S. 19). In aller Deutlichkeit zeigen sich aber auch bereits die Widersprüche neuzeitlichen pädagogischen Denkens sowie die antinomische Grundstruktur der Erziehung in der bürgerlichen Gesellschaft: Die Erziehung zum aufgeklärten und mündigen Subjekt und seine Vergesellschaftung im Sinne bürgerlicher und ökonomischer Brauchbarkeit stehen sich unvermittelt gegenüber (Herrmann 1993, S. 45). Der ungebrochene Glaube an den mit der Aufklärung einhergehenden Fortschritt machte viele Aufklärungspädagogen blind für den „inneren Konflikt“ einer Pädagogik, die das „Recht des Einzelnen auf sich selbst“ und die „Idee der Gemeinnützigkeit“ zugleich realisieren will und dabei notwendigerweise die „Radikalität der

Rousseauschen Rückfrage an die Erziehung“ nicht sieht oder sehen konnte (vgl. Blankertz 1982, S. 81).

Eine der wenigen Ausnahmen bildet in diesem Zusammenhang Peter Villaume (1746–1825), der im dritten Band des *Revisionswerkes* in provokativer Absicht die Frage stellte, „ob und inwieweit bei der Erziehung die Vollkommenheit des einzelnen Menschen seiner Brauchbarkeit aufzuopfern sei“:

> *„Man kann von dem Menschen sagen, daß er ein Rad in einer großen Maschine, der Gesellschaft, ist. Das Rad muß genau in die andern Theile greifen, es muß weder zu groß seyn, noch zu sauber ausgearbeitet werden; in dem letzten bricht es leicht. Also muß der Erzieher allemahl auf den Stand seines Zöglings Rüksicht nehmen. Das ist ein sehr bekannter Satz. Aber dieser ist nicht ganz so trivial: Er muß seinen Zögling nicht vollkommener machen, als es sein Stand erlaubt; außer, wenn er sieht, daß dessen Kräfte ihn offenbar zu einem andern Stande bestimmen.“*
>
> Villaume, zit. nach Herrmann 1993, S. 23

Erziehung in den Grenzen des Standes?

Die Metapher vom Individuum als funktionierendem Rad im gesellschaftlichen Getriebe rechtfertigt zunächst die Begrenzung aufklärerischer Bemühungen im Hinblick auf Stand und gesellschaftliche Funktion des Zöglings. Aufklärung durch Erziehung soll den Einzelnen nicht „vollkommener machen, als es sein Stand erlaubt“. Eine Missachtung dieses Grundsatzes würde nicht nur die ständische Gesellschaftsordnung, sondern auch das individuelle Lebensglück gefährden. Auch für Villaume scheint es also ausgemacht, dass die Vollkommenheit der Brauchbarkeit zu opfern ist. Allerdings bleibt noch der irritierende letzte Satz des Zitats, der den Aussagen Villaumes eine andere Richtung gibt. Offensichtlich setzt sich Villaume für ein Erziehungs- und Schulsystem ein, das seine Selektionsmechanismen nicht mehr an das traditionelle Standesdenken, sondern an die individuelle Begabung und Leistungsfähigkeit bindet. Nach der Einschätzung von Ulrich Herrmann zeichnet Villaume bereits die Konturen eines bildungs- und gesellschaftlichen Problems der bürgerlichen Leistungsgesellschaft, „die sich zugleich an gesellschaftlich verwertbarer Leistung und an den individuellen Grundrechten der Entfaltung der Persönlichkeit orientieren will“ (Herrmann 1993, S. 23/24). Wir werden im Fortgang unserer Ausführungen noch sehen, dass sich dieses Problem im Laufe des 19. und 20. Jahrhunderts noch zuspitzen wird.

? Aufgabe

Reflexionsfragen

1. Worauf richtete sich die Kritik der Philanthropen an den Bildungsidealen der Humanisten? Welche Alternativen zeigten sie auf?
2. Im Philanthropin in Dessau setzte Basedow auf ein Belohnungs- und Bestrafungssystem der Kinder. Was würde Locke dazu sagen? Argumentieren Sie doch einmal von Lockes Position aus, die Sie im Abschnitt 3.5.1 kennengelernt haben, gegen Basedow!
3. Wie ist Salzmanns Aussage zu verstehen: „Von allen Fehlern und Untugenden seiner Zöglinge muß der Erzieher den Grund in sich selbst suchen" (Salzmann 1806:2007, S. 14)? Reflektieren Sie diese Aussage anhand eines Beispiels aus der pädagogischen Praxis!
4. Der Konflikt zwischen den Erziehungszielen der „Vollkommenheit des einzelnen Menschen" und seiner „Brauchbarkeit" ist auch heute noch aktuell. Wie kann man diesen Konflikt in Hinblick auf aktuelle Schullaufbahnen von Kindern und Jugendlichen beschreiben?

!

Weiterführende Literatur zur Pädagogik der Philanthropen

Herrmann, Ulrich (1993): Aufklärung und Erziehung. Studien zur Funktion der Erziehung im Konstitutionsprozeß der bürgerlichen Gesellschaft im 18. und frühen 19. Jahrhundert in Deutschland. Weinheim: Deutscher Studienverlag.

Musolff, Hans-Ulrich/Hellekamps, Stephanie (2006): Geschichte des pädagogischen Denkens. München/Wien: Oldenbourg.

Schmitt, Hanno (2007): Vernunft und Menschlichkeit. Studien zur philanthropischen Erziehungsbewegung. Bad Heilbrunn: Klinkhardt.

3.5.5 Der Übergang zum Neuhumanismus

Gegenbewegung zur Aufklärung

Im letzten Drittel des 18. Jahrhunderts erwächst aus der zunehmenden Kritik an der Aufklärungspädagogik und ihrer utilitaristischen Tendenz der politischen und ökonomischen Verzweckung des Menschen der bildungstheoretische Diskurs des Neuhumanismus, der die weitere Diskussion vom späten 18. bis zum 20. Jahrhundert maßgeblich bestimmen wird. Überhaupt kann die Zeit zwischen 1770 und 1830 nach der Einschätzung Albert Rebles als eine neue, „von der Aufklärungspädagogik wohlunterschiedliche geistesgeschichtliche Epoche" betrachtet werden (Reble 1981, S. 167). Folgen wir der Einschätzung von Roland Reichenbach, so handelt es sich in philosophischer, literarischer und bildungstheoretischer Hinsicht um die bedeutendste Epoche, die Deutschland je erlebt hat (Reichenbach 2007, S. 113). Es ist die klassisch-idealistische Epoche, in der einerseits das Projekt der Aufklärung auf Realisierung drängt und andererseits auf den Gebieten der Dichtung, der Philosophie und der Erziehungs- und Bildungstheorie die „große Gegenbewegung zur Aufklärung" an Gestalt gewinnt (Reble, a. a. O.). Innerhalb der Literatur führt die Kritik am einseitigen Rationalismus der Aufklärung von der Bewegung des ‚Sturm und Drang' über die Klassik zur Romantik. Auf philosophischem Gebiet entstehen im Anschluss an den transzendentalen Idealismus Kants die großen, vom neuzeitlichen Subjekt aus gedachten Systementwürfe des Deutschen Idealismus (Fichte, Schelling, Hegel).

Idee der allgemeinen und harmonischen Bildung

Innerhalb des Erziehungs- und Bildungsdenkens weitet sich der pädagogische Blick von der Gewinnung allgemeiner Grundsätze und Regeln einer von Nützlichkeitserwägungen geprägten Erziehungsvorstellung zu einer Theorie der Bildung, die mit der philosophisch-anthropologischen Bestimmung des Menschen als Selbstzweck ernst macht. Beherrschend werden nun die Idee der Humanität und der Gedanke einer allgemeinen und harmonischen Bildung des Menschen. Vor diesem Hintergrund müssen zwangsläufig alle Erziehungs- und Bildungsabsichten, die auf wirtschaftliche, bürgerliche und politische Brauchbarkeit zielen, geradezu als Entwürdigung des Menschen erscheinen. Mit den Worten Clemens Menzes löst nun der sich seiner selbst und seiner Rechte bewusste Mensch den nützlichen Untertanen des absolutistischen Staates ab. Dieser „wird nicht länger erzogen, sondern er bildet sich selbst. Selbstbildung, Selbstbestimmung, Gewissen, Freisetzung von lastender Abhängigkeit bilden von jetzt an wesentliche Orientierungspunkte des pädagogischen Denkens (Menze 1975, S. 14).

4 Die Bildungsphilosophie des Neuhumanismus

Humanistische Bildung

Nicht der Erwerb von nützlichen und anwendbaren Kenntnissen und Fertigkeiten steht also nun im Mittelpunkt, sondern die harmonische Entfaltung aller im Menschen ruhenden Kräfte und Vermögen. Ganzheit, Totalität, individuelle Selbstbildung und innere Harmonie werden zu zentralen Topoi des neuhumanistischen Bildungsdiskurses. Da es jetzt um die Bildung des Menschen zum Menschen und nicht zu einem verwertbaren Funktionsträger innerhalb der Gesellschaft geht, kann diese Vorstellung auch als humanistische Bildung bezeichnet werden (lat. *humanus* = menschlich; *humanitas* = Menschlichkeit). Die angestrebte Vervollkommnung des Menschen umfasst neben der ganzheitlichen Entfaltung aller seiner Möglichkeiten zu einer individuellen und originellen Gestalt und der schöpferischen Selbstentfaltung auch das Moment der moralischen Selbstbestimmung. Diese humanistische Bildung soll durch das Studium der griechisch-römischen Antike mit ihrer als vorbildlich erachteten Kultur, Literatur und Lebensphilosophie gelingen. Das Studium der alten Sprachen und ihrer Literatur stehen also im Mittelpunkt menschlicher Bildung.

Die Bildungsidee des Renaissance-Humanismus

Der Begriff Neu-Humanismus legt nahe, dass es schon einen ‚alten' Humanismus gegeben hat. In der Tat können die neuhumanistischen Bildungstheoretiker mit ihrer Hochschätzung der Antike als einem hervorgehobenen Bildungsgut an die europaweite geistige Bewegung des Renaissance-Humanismus (14.-16. Jhd.) anknüpfen. Durch die Wiederentdeckung der kulturellen Leistungen besonders der römischen Antike konnte damals ein neues Bildungsideal entworfen werden, dessen Bildungsprogramm als *studia humanitatis* oder auch *studia humaniora* (Studien der Humanität) bezeichnet wird. Zu diesen Studien gehörten neben den sprachlichen Disziplinen der *septem artes liberales* (Grammatik, Rhetorik, Dialektik) auch Geschichte, Moralphilosophie und Literatur. Das Studium dieser Fächer sollte vor allem praktische Klugheit und Urteilsfähigkeit entwickeln und Orientierungen für eine besonnene Lebensführung bieten.

Der Neuhumanismus übernimmt mit der Begeisterung für die Antike auch die Überzeugung, dass die Sprache und ein eloquenter Umgang mit Sprache zur Bildung des Menschen gehöre und dass der Mensch eigentlich erst durch sie zur Humanität gebildet werden könne (Koch 2015, S. 238). Die Neufassung der Humanitätsidee am Übergang vom 18. zum 19. Jahrhundert schöpft jedoch nicht nur aus dem reichen Gedankenschatz der Antike, sondern sie erfolgt auch vor dem Hintergrund einer schonungslosen

Gesellschafts- und Kulturkritik. Friedrich Schiller konnte mit der in seinen Briefen Über die ästhetische Erziehung des Menschen (1795:2009) formulierten Kritik an dem humanitätsgefährdenden Rationalismus der Aufklärung und mit seiner scharfen Analyse einer durch Zerrissenheit, Entfremdung und Fragmentarisierung charakterisierten Moderne den kulturtheoretischen Diskurs über die Kritische Theorie der Frankfurter Schule bis heute inspirieren.

4.1 Die Französische Revolution: Freiheit, Gleichheit, Brüderlichkeit

Für die Entwicklung des neuhumanistischen Bildungsdenkens sind – neben der Gesellschafts- und Kulturkritik – die durch die Französische Revolution angestoßenen politischen, gesellschaftlichen und ökonomischen Veränderungsprozesse von entscheidender Bedeutung. Das politische Jahrhundertereignis der Französischen Revolution, das mit dem Sturm auf die Bastille am 14. Juli 1789 in Paris seinen Anfang nahm, versetzte mit der Forderung nach politischer und bürgerlicher Freiheit in einem republikanischen Staatswesen nicht nur die deutschen Territorialstaaten, sondern ganz Europa in Aufruhr. Man diskutierte nicht nur grundsätzlich über das Recht eines Volkes, sich selbst eine Verfassung zu geben, sondern man erahnte, dass mit diesem Ereignis eine europaweite Entwicklung in Richtung politischer Liberalisierung und Demokratisierung nicht mehr aufzuhalten war.

Das Ringen des französischen Volkes um politische Freiheit und dessen Versuch einer Transformation des absolutistischen Staates, des *ancien régime*, in eine freiheitliche Republik wurde in den intellektuellen Kreisen in Deutschland durchweg begrüßt und positiv bewertet. Mit Entsetzen und großer Bestürzung nahm man jedoch den postrevolutionären Terror und die radikale Auflösung bestehender Strukturen zur Kenntnis. Die Septembermorde des Jahres 1792, die Verurteilung König Ludwigs XVI. und seine Hinrichtung sowie die Schrecken der Jakobinerherrschaft warfen einen Schatten auf die politischen Errungenschaften in Frankreich.

Die überaus ambivalente Stellung zu den Ereignissen der Französischen Revolution lässt sich besonders deutlich an der Einschätzung durch Friedrich Schiller (1759–1805) zeigen. In seinen 1795 inmitten der Wirren der Französischen Revolution erschienenen *Briefen über die ästhetische Erziehung des Menschen* bringt er zunächst emphatisch seine Hochschätzung für das mutige Unternehmen des französischen Volkes zum Ausdruck, „die heiligen Menschenrechte" und die politische Freiheit zu realisieren, das „Gesetz auf den Thron zu stellen" und den Menschen als Selbstzweck zu respektieren (Schiller 1795:1999, S. 253).

Ganz anders fällt Schillers Stellungnahme in seinem berühmten Brief an den Augustenburger Prinzen vom 13. Juli 1793 aus. Dort heißt es:

> *„Der Versuch des französischen Volks, sich in seine heiligen Menschenrechte einzusetzen, und eine politische Freiheit zu erringen, hat bloß das Unvermögen und die Unwürdigkeit desselben an den Tag gebracht. Und nicht nur dieses unglückliche Volk, sondern mit ihm auch einen beträchtlichen Teil Europas und ein ganzes Jahrhundert in Barbarei und Knechtschaft zurückgeschleudert. Der Moment war der günstigste, aber er fand eine verderbte Generation, die ihn nicht werth war, und weder zu würdigen noch zu benutzen wußte. Der Gebrauch den sie von diesem großen Geschenck des Zufalls macht und gemacht hat, beweißt unwidersprechlich, daß das Menschengeschlecht der vormundschaftlichen Gewalt noch nicht entwachsen ist, daß das liberale Regiment der Vernunft da noch zu frühe kommt, wo man kaum damit fertig wird, sich der brutalen Gewalt der Thierheit zu erwehren, und daß derjenige noch nicht reif ist zur bürgerlichen Freiheit, dem noch so vieles zur menschlichen fehlt [...]*
> *In den niedern Klassen sehen wir nichts als rohe gesetzlose Triebe, die sich nach aufgehobenem Band der bürgerlichen Ordnung entfeßeln, und mit unlencksamer Wuth ihrer thierischen Befriedigung zueilen. Es war also nicht der moralische Widerstand von innen, bloß die Zwangsgewalt von außen, was bisher ihren Ausbruch zurück hielt. Es waren also nicht freye Menschen, die der Staat unterdrückt hatte, nein, es waren bloß wilde Thiere, die er an heilsame Ketten legte. Hätte der Staat die Menschheit wirklich unterdrückt, wie man ihm Schuld gibt, so müßte man Menschheit sehen, nachdem er zertrümmert worden ist. Aber der Nachlaß der äusseren Unterdrückung macht nur die innere sichtbar, und der wilde Despotismus der Triebe heckt alle jene Unthaten aus, die uns in gleichem Grad anekeln und schaudern machen.“*
>
> Schiller 1793:2000, S. 137ff.

Das anthropologische Scheitern der Französischen Revolution

In diesem Brief verleiht Schiller nicht nur seiner resignierten Überzeugung Ausdruck, dass er angesichts des brutalen Terrors nicht mehr an eine „Regeneration im Politischen“ glaube, sondern er lässt mit seinem Hinweis auf das „Unvermögen“ und die „Unwürdigkeit“ des französischen Volkes deutlich werden, dass die Französische Revolution aus seiner Sicht nicht politisch, sondern anthropologisch gescheitert ist. Das „liberale Regiment der Vernunft“, d. h. eine demokratische Verfassung kommt zu früh, da der Mensch politisch noch nicht reif ist, um von seiner Freiheit einen vernünftigen Gebrauch zu machen. Der „wilde Despotismus der Triebe“, der in den postrevolutionären

Ausschreitungen seinen schockierenden Ausdruck fand, rechtfertige sogar im Nachhinein den Zwangscharakter des absolutistischen Staates.

Der Plan einer ‚Revolution von oben'

Die Sorge, dass die gewaltsame Revolution in Frankreich auch in den deutschen Territorialstaaten zu Umstürzen führen könnte, drängte sowohl aus politischer als auch aus bildungstheoretischer Perspektive zur Beantwortung der Frage, wie politische Liberalisierung und gesellschaftliche Modernisierung ohne die Gefahr von Anarchismus und Terror zu realisieren seien. Die nun vor diesem Hintergrund einsetzenden Reformen können im Sinne einer *Revolution von oben* „als spezifisch deutsche Antwort auf die Herausforderung der Französischen Revolution" interpretiert werden (Baumgart 2001, S. 85). Sie markieren den Übergang von der feudal-ständischen zur bürgerlich-liberalen Gesellschaft, der im Folgenden am Beispiel der Preußischen Reformen nachgezeichnet werden soll.

? Aufgabe

Reflexionsfrage

Welche Einschätzung gibt Schiller in seinem Brief an den Augustenburger Prinzen vom 13. Juli 1793 über das französische Volk ab? Versuchen Sie bitte einmal gedanklich eine Perspektivenübernahme auf die Seite eines Menschen aus dem Volk und erwidern Sie den Brief! Berücksichtigen Sie hierbei Erkenntnisse zur Lebens- und Bildungssituation in dieser Zeit!

4.2 Die Preußischen Reformen

Verschärft wurde die Situation in Preußen durch die vernichtende Niederlage Österreichs und Preußens gegen die napoleonischen Truppen im Jahre 1806 bei Auerstedt und Jena, die den preußischen Staat in eine schwere Krise stürzte.

Im Frieden von Tilsit (1807) musste Preußen weite Gebiete abtreten, die französischen Besatzungstruppen dulden und für die immensen Kriegskosten aufkommen. Vor diesem Hintergrund erschien eine Erneuerung und Modernisierung der politischen, gesellschaftlichen und ökonomischen Strukturen unvermeidlich und eröffnete reformwilligen und liberal gestimmten Kräften in Preußen die Möglichkeit, einen modernen politischen Liberalismus für die Neuorganisation des Staates wirksam werden zu lassen und dringende Reformen gegen konservative und restaurative Kräfte durchzusetzen (Menze 1975, S. 69).

4.2.1 Die Stein-Hardenbergischen Reformen

Die Reformen in Preußen zielen auf die liberale Auflösung nahezu aller bestehenden Herrschafts- und Sozialordnungen, um auf diese Weise die rechtlichen Voraussetzungen für die „Freisetzung des bürgerlichen Individuums aus der ständisch geschlossenen Lebenswelt" zu schaffen (vgl. Herrlitz/Hopf/Titze 1981, S. 10). Aufgrund der zentralen Stellung, die der Freiherr von und zum Stein (1757–1831) sowie Karl August von Hardenberg (1750–1822) innerhalb der Reformbewegung inne hatten, werden diese Reformen auch als die Stein-Hardenbergischen Reformen bezeichnet. In der Nassauer Denkschrift (Stein) und in der Rigaer Denkschrift (Hardenberg), beide im Jahr 1807 erschienen, werden die Vorschläge für eine umfassende Neustrukturierung und Modernisierung des Preußischen Staates unterbreitet.

Abbildung 11: Freiherr vom Stein 1804

Soziale und ökonomische Reformen

Auf die Initiative des Freiherrn vom Stein, seit 1804 Finanz- und Wirtschaftsminister in Berlin, gehen eine Reihe einschneidender sozialer und ökonomischer Reformen zurück. Mit den Edikten vom 9. Oktober 1807 und vom 11. November 1810 wurden Leibeigenschaft und Zwangsdienste der Bauern aufgehoben, freie Eigentumsrechte an Grund und Boden formuliert und die Patrimonialjurisdiktion, also die eigenständige Gerichtsbarkeit der adeligen Grundherren, aufgehoben. Ökonomische Reformen wurden u. a. durch das Gewerbesteueredikt vom 2. November 1810 eingeleitet, das nun nicht nur weitgehende Gewerbe- und Handelsfreiheit eröffnete, sondern auch den Reglementierungen des absolutistischen Staates die rechtlichen Grundlagen entzog (Herrlitz/Hopf/Titze 1981, S. 23). Durch eine Neuordnung der städtischen Verwaltung wurde den Städten 1808 das Recht auf Selbstverwaltung übertragen. Im Rahmen der Militärreform unter der Leitung von Gerhard von Scharnhorst (1755–1813) und August Graf Neidhardt von Gneisenau (1760–1831) wurde 1813 die Allgemeine Wehrpflicht eingeführt, die Armee von einem Söldnerheer zu einem Volksheer umgebaut und menschenunwürdige Behandlung der Soldaten durch die Vorgesetzten unterbunden.

Einführung eines liberalen Verfassungsstaates

Im Mittelpunkt der Reformen sollte jedoch die Einführung eines liberalen Verfassungsstaates stehen, in dem das absolutistische Kabinettsystem durch ein Staatsministerium ersetzt wurde. Am 24. November 1808 wurde ein Staatsministerium mit fünf Ministern für Finanzen, Inneres, Justiz, Auswärtiges und Krieg eingerichtet. Der direkt dem König unterstellte Staatsrat sollte die oberste Leitung der Regierungsgeschäfte übernehmen (vgl. Menze 1975, S. 74).

Ein kurzes Zitat aus der Nassauer Denkschrift soll zeigen, dass Stein die von ihm intendierten Staatsreformen eng mit einer Reform des öffentlichen Bildungswesens verbindet. Als neues Bildungsziel formuliert Stein die:

> *„Belebung des Gemeingeistes und des Bürgersinns, die Benutzung der schlafenden und falsch geleiteten Kräfte und zerstreut liegenden Kenntnisse, den Einklang zwischen dem Geist der Nation, ihren Ansichten und Bedürfnissen und denen der Staatsbürger, die Wiederbelebung der Gefühle für Vaterland, Selbständigkeit und Nationallehre."*
>
> Freiherr vom Stein 1807:1959, S. 394

Verbindung von Staatsreform und Bildungsreform

Zwei Momente sind in diesem Zitat bemerkenswert: Erstens sollen durch eine Reform der öffentlichen Erziehung alle noch ungenutzten oder fehlgeleiteten Kräfte im Staat mobilisiert werden. Dass dies die Ermöglichung freier Selbstentfaltung durch die konsequente Beseitigung ständischer Bildungsbeschränkungen voraussetzt, war den Bildungsreformern durchaus bewusst. Zweitens sollen die Menschen durch eine entsprechende politische Bildung auf den neuen Staat vorbereitet werden. Aus dem unterwürfigen Untertanen des absolutistischen Staates soll nun der politisch aufgeklärte und mündige Bürger werden, der sich aus einem politischen Interesse heraus für das Gemeinwohl engagiert. Die Entwicklung des Gemeingeistes (*sensus communis*) wird von daher zum vorrangigen Ziel politischer Bildung.

Aus dem Kreis der Preußischen Reformer tritt Carl August von Hardenberg (1750–1822), seit 1803 Außenminister unter König Friedrich Wilhelm III., als einer der bedeutendsten Staatsreformer in Erscheinung. In der von ihm im Auftrag des Königs verfassten *Rigaer Denkschrift* (1807) Über die Reorganisation des Preußischen Staates setzt sich Hardenberg für eine konstitutionelle Monarchie ein, in der die bürgerlichen Freiheitsrechte definiert und politische Mitbestimmung garantiert sind. 1810 wird Hardenberg zum preußischen Staatskanzler berufen. Seine einflussreiche Position konnte jedoch nicht verhindern, dass die Durchsetzung seiner liberalen Ideen an den restaurativen Kräften im Staat scheiterte.

Abbildung 12: Karl August von Hardenberg

4.2.2 Die preußischen Bildungsreformen und die Entstehung der Staatsschule

Innerhalb der Preußischen Reformen nimmt das Projekt einer grundlegenden Neuorganisation des gesamten öffentlichen Bildungswesens im Geiste des Neuhumanismus eine Schlüsselstellung ein. Man sah deutlich die notwendige Beziehung zwischen politischer, gesellschaftlicher und ökonomischer Neuorientierung und einer grundlegenden Erziehungs- und Bildungsreform. Der politischen Forderung nach bürgerlicher Freiheit und Rechtsgleichheit sollte im öffentlichen Schulsystem die Demokratisierung von Bildungschancen durch den Abbau ständischer Bildungsprivilegien entsprechen. Von dieser liberalen Bildungspolitik erhoffte man sich nicht nur einen gewaltlosen Fortschritt und die Weckung innovativer Kräfte, sondern man wollte auch die Reformpolitik gegen konservative und restaurative Kräfte auf Dauer stellen. Auf diesen notwendigen inneren Zusammenhang von Bildungsreform und liberaler Staatsreform hat der Ministerialrat Altenstein (1770–1840) in seiner Denkschrift vom 11. September 1807 hingewiesen:

> *„Es ist kein Augenblick zu verlieren, eine wohltätige Reform des Erziehungswesens vorzunehmen. Vergeblich sind alle Bemühungen, die höchste Kraftäußerung des Staates herbeizuführen, wenn die Erziehung widerstrebt, flache Staatsbeamte gebildet werden, welche das Ruder des Staates zu führen nicht taugen, und kraftlose Bürger erzogen werden."*
>
> Altenstein 1807, zit. nach Menze 1975, S. 72

Ebenso lässt Schleiermacher in seiner Abhandlung *Über den Beruf des Staates zur Erziehung* (1814) keinen Zweifel darüber aufkommen, dass er seine Hoffnung auf die Realisierung demokratischer Prinzipien an eine grundlegende Reform des öffentlichen Erziehungs- und Bildungswesens knüpft. Die Erziehung sei, so die pointierte Aussage Schleiermachers,

> *„[...] wichtiger als das richtige Verfahren bei der allmählichen Eröffnung der inneren Schranken; denn wenn hierbei etwas versehen ist: so wird die Erziehung es leicht wieder gut machen durch die Masse von berichtigenden Einsichten, die sie entwickelt. Hat man aber im pädagogischen Prozeß einen unrichtigen Weg eingeschlagen: so können dadurch die besten und richtigsten Maßnahmen der inneren Verwaltung nur unwirksam werden."*
>
> Schleiermacher 1814:2000, S. 284

Bildung des Gemeingeistes

Wenn Schleiermacher von „berichtigenden Einsichten" spricht, meint er zum einen die Entwicklung einer liberalen staatsbürgerlichen Gesinnung und zum anderen die für ein demokratisches Staatswesen unverzichtbare Bildung des Gemeingeistes. Dahinter steht die Einsicht, dass das Zusammenleben im Staat auf die vernünftige Gestaltung durch politisch verantwortungsvoll handelnde Subjekte angewiesen ist, die aus einem motivierten Interesse heraus das Wohl des Gemeinwesens über ihr Eigeninteresse stellen. Die Einrichtung einer eigenen *Sektion* (Department) für *Cultus und öffentlichen Unterricht* innerhalb des preußischen Innenministeriums trägt der wachsenden Bedeutung der Bildungsfragen für den Staat auch institutionell Rechnung (vgl. Menze 1975, S. 76). Erst 1817 wird die *Sektion* in ein eigenständiges Ministerium umgewandelt.

Sozialisation und Emanzipation

Das politisch mündige und engagierte Subjekt soll nun eigenverantwortlich die sozialen und politischen Innovationen mittragen und vorantreiben. Der Einzelne soll die sozialen und politischen Veränderungen nicht nur verstehen, sondern auch produktiv gestaltend in sie eingreifen. Das heißt aber, dass die politische Eröffnung von Partizipationsmöglichkeiten mit emanzipatorischen Zielen der Erziehung und Bildung korrelieren muss. Vor diesem Hintergrund diskutiert Schleiermacher unter dem Gegensatz von „erhalten" und „verbessern" zwei zunächst widersprüchlich anmutende Ziele der Erziehung: einerseits sollen die Heranwachsenden in die umfassenden sozialen Bezüge des gesellschaftlichen und kulturellen Lebens eingefügt (Sozialisation) und andererseits aus allen Sozialisationszwängen, die auf Anpassung drängen, befreit werden (Emanzipation). Die gewaltlose Initiation von Veränderungsprozessen ist nach Schleiermacher nämlich nur dann möglich, wenn der Einzelne aus dem Zustand einer trägen Zufriedenheit mit dem Bestehenden gerissen und zu Distanz- und Kritikfähigkeit erzogen wird. In den Pädagogik-Vorlesungen von 1813 findet sich folgende treffende Formulierung:

> *„Wenn der Mensch z. B. für den gegebenen Staat erzogen wird, alles Unvollkommene in diesem immer weiter einwurzelt. Heilung für die Gebrechen aller Sphären kommt freilich nur durch die Erziehung [...]. Sie wird also immer von zwei Punkten ausgehen, von der unbewußten Billigung des Gegebenen und von der gefühlten Mißbilligung desselben. Hierin liegt die Aufgabe, dem Zögling soviel Kraft und Freiheit anzuerziehen, daß er dies aufheben könne."*
>
> Schleiermacher 1813/14:2000, S. 216

Die Entstehung der Staatsschule

In dieser überaus spannungsreichen Phase des Übergangs von der feudalständischen zur liberal-bürgerlichen Gesellschaft erfolgt auch die Institutionalisierung der öffentlichen Erziehung zu einem Staatsschulwesen. Die Verstaatlichung des Bildungswesens wurde zunächst von einer großen Mehrheit aus politischen, aufklärerisch-philanthropischen und aus ökonomischen Beweggründen begrüßt. Man war davon überzeugt, dass allein durch ein vom Staat getragenes öffentliches Bildungswesen das Bildungsniveau der niederen Stände an das höhere angeglichen, die Erweiterung und Verbesserung der Volksbildung gegen konservative Kräfte durchgesetzt, gleiche Bildungschancen jenseits festgelegter Standesprivilegien und freie Berufswahl garantiert werden können. Darüber hinaus war die geplante Institutionalisierung der Reformen ohne „die Anerkennung der staatlichen Zuständigkeit" kaum zu realisieren (Menze 1975, S. 232).

Das Preußische Allgemeine Landrecht 1794

Die Errichtung des *Oberschulkollegiums* (1787) durch den Kultusminister Karl Abraham von Zedlitz in Berlin hatte mit der Durchsetzung der staatlichen Schulaufsicht und der Verstärkung der Zentralisierungstendenzen den Prozess der Verstaatlichung des öffentlichen Bildungswesens in Preußen eingeleitet, der dann durch das *Preußische Allgemeine Landrecht* von 1794 auf eine gesetzliche Grundlage gestellt wurde. Dort heißt es:

> *„Schulen und Universitäten sind Veranstaltungen des Staates, welche den Unterricht der Jugend in nützlichen Kenntnissen und Wissenschaften zur Absicht haben" (§1); „Alle öffentlichen Schulen und Erziehungsanstalten stehen unter der Aufsicht des Staats und müssen sich den Prüfungen und Visitationen desselben zu allen Zeiten unterwerfen (§9)."*

Staatlicher Einfluss auf Erziehung

Wirft man allerdings einen Blick auf Schleiermachers Abhandlung ‚Über den Beruf des Staates zur Erziehung' aus dem Jahre 1814, so sieht man, dass seine Überlegungen zu der Verstaatlichung des Bildungswesens bereits von der resignativen Einsicht überschattet werden, dass sich das liberale und sich an neuhumanistischen Ideen orientierende Reforminteresse der Bildungstheoretiker nicht mehr ohne weiteres mit den Zwecken und Intentionen des Staates zu einer Übereinstimmung bringen lässt. Eine überaus kontrovers geführte Diskussion des Verhältnisses von Staat und öffentlichem Bildungssystem lässt eine gewisse Skepsis gegenüber dem dominanten Einfluss des Staates erkennen und zeigt, dass sich die Verstaatlichung des Schulwesens und damit auch die Annahme, öffentliche Schulen seien zwangsläufig staatliche Schulen, keineswegs widerspruchslos durchsetzt. Mit dem Entstehen des staatlichen Schulwesens formiert sich nahezu zeitgleich eine starke Opposition gegen eine die öffentliche Erziehung normierende Tätigkeit des Staates. Unter dem Eindruck der verstärkt einsetzenden Restauration stellen Schleiermacher und Humboldt in kritischer Absicht die Frage, ob der Staat überhaupt ein Recht habe, sich in die Erziehung und Bildung einzumischen und, wenn ja, ob dieses Recht nicht immer „mit einem bestimmten Maß zugleich“ gedacht werden müsse, um Monopolisierungstendenzen von Seiten des Staates vorzugreifen. Die durchaus positiv zu bewertende Tätigkeit des preußischen Reformstaates entbindet nicht von der dringenden Klärung der Frage, so Schleiermacher, worauf das Recht des Staates beruhe, „sich das Geschäft der Erziehung anzumaßen“.

Die wissenschaftlichen Deputationen in Berlin, Königsberg und Breslau

Diese Diskussion lässt noch ein weiteres Moment deutlich werden: Weder die an den Reformen beteiligten Bildungstheoretiker noch eine für pädagogische Fragen zunehmend interessierte und aufgeschlossene Öffentlichkeit waren länger bereit, sich ein Mitspracherecht in Fragen der Erziehung und Bildung von der staatlichen Obrigkeit streitig machen zu lassen. Ein Mittel zur Sicherung des Einflusses pädagogischer Reflexion und einer kritischen Öffentlichkeit auf bildungspolitische Entscheidungen sah man in der von Humboldt initiierten Gründung *wissenschaftlicher Deputationen*, die als vermittelnde Instanz zwischen staatliche Administration, wissenschaftliche Reflexion und engagierte Öffentlichkeit treten sollten. Die Motive, die zur Gründung der wissenschaftlichen Deputationen in Berlin, Königsberg und Breslau führten, zeugen von einem auf liberale Selbstverwaltung setzenden Reformwillen, der entschieden gegen einen starren Bürokratismus zu Felde zog.

Zu den von der *Sektion für Unterricht und Kultus* an die *Deputationen* übertragenen Aufgaben gehörten unter anderem die Prüfung neuer Unterrichtsmethoden, der Entwurf von Lehrplänen und die Unterbreitung von Vorschlägen zur Stellenbesetzung an Schulen. Es gehörte auch zu ihren Aufgaben, Reformvorschläge aus der Öffentlichkeit entgegenzunehmen, diese zu prüfen und gegebenenfalls auf ihrer Grundlage der Sektion mögliche Verbesserungsvorschläge vorzulegen. Interessanterweise wird den wissenschaftlichen Deputationen auch eine kritische Funktion gegenüber der Sektion eingeräumt. Süvern hebt ausdrücklich hervor, dass die Deputationen gleichsam eine „wissenschaftliche Kontrollbehörde für die Sektion“ seien, welche „die Wirklichkeit beständig an dem höheren Ideal der reinen Theorie messen und darnach das von der Sektion befolgte Bildungssystem kritisieren sollen“ (Süvern, zit. nach Kade 1925, S. 46). Der von Humboldt, Süvern und Schleiermacher gleichermaßen getragene Versuch, politische und pädagogische Tätigkeit, staatliche Administration und wissenschaftliche Kritik in ein fruchtbares und konstruktives Gespräch zu bringen, scheiterte am reaktionären Widerstand des preußischen Staatsrates und Innenministers Friedrich von Schuckmann (1755–1834), der in einer Kabinettsorder vom 19. Dezember 1816 die wissenschaftlichen Deputationen durch Prüfungskommissionen ersetzte.

Reflexionsfrage

Aufgabe **?**

Welche Rolle spielten die von Humboldt initiierten ‚wissenschaftlichen Deputationen' im Rahmen der Entwicklung des Staatsschulwesens in Preußen? Nennen und begründen Sie zwei Aspekte: Wie nimmt die Öffentlichkeit aktuell Einfluss auf bildungspolitische Entscheidungen?

4.3 Wilhelm von Humboldt (1767–1835)

Abbildung 13: Wilhelm von Humboldt (2. von links) mit Schiller, seinem Bruder Alexander und Goethe in Jena (1797)

Die Reformen des öffentlichen Bildungswesens in Preußen sind untrennbar mit dem Namen Wilhelm von Humboldt (1767–1835) verbunden (vgl. auch den Band von Peter Vogel in dieser Reihe: Vogel 2019, Kap. 2.2.2). Am 10. Februar 1809 wird Humboldt zum Geheimen Staatsrat und Direktor der *Sektion für Cultus und Unterricht* im Preußischen Innenministerium ernannt. Zu den führenden Köpfen der preußischen Bildungsreformen gehörten neben Humboldt vor allem die beiden Staatsräte Johann Wilhelm Süvern (1775–1829) und Georg Heinrich Nicolovius (1767–1839), der Theologe Friedrich Daniel Ernst Schleiermacher (1768–1834) und Reinhold Bernhard Jachmann (1767–1843). Das bildungspolitische Engagement der Reformer stand unter dem Motto der Demokratisierung der Bildungschancen durch die Nivellierung der Standesunterschiede in einem einheitlich organisierten Bildungssystem, das von der Elementarschule bis zum universitären Studium eine für alle Staatsbürger gemeinsame Bildung als „Medium vernünftiger sozialer Integration" vorsah (Herrlitz/Hopf/Titze 1981, S. 30). Vor allem im Hinblick auf die Neugestaltung des humanistischen Gymnasiums und der modernen Universität sollte der Beitrag der Reformer für das deutsche Bildungswesen bis heute folgenreich werden.

4.3.1 Wilhelm von Humboldts Bildungstheorie

Humboldt ist ohne Zweifel sowohl in bildungstheoretischer wie auch in bildungspolitischer Hinsicht der bedeutendste Vertreter des Neuhumanismus. Seine Bildungstheorie bildet „den einzigartigen Höhepunkt" neuhumanistischen Denkens, in der die „Selbstdeutung und Welteinstellung" des Menschen „exemplarisch" ihren Ausdruck findet (Menze 1975, S. 9; vgl. auch den Band von Peter Vogel in dieser Reihe: Vogel 2019, Kap. 2.2.2).

Wesentliche Momente der Humboldtschen Bildungstheorie

Für die Herausarbeitung der wesentlichen Momente der Humboldtschen Bildungstheorie sind vor allem zwei Publikationen von Bedeutung: erstens die 1792 erschienene Abhandlung *Ideen zu einem Versuch, die Gränzen der Wirksamkeit des Staats zu bestimmen* und zweitens seine Fragment gebliebene *Theorie der Bildung*. Im Sinne eines Gegenentwurfes gegen den Utilitarismus der Aufklärung formuliert Wilhelm von Humboldt in geradezu klassischer Weise die Idee der Bildung als Selbstzweck und betont den zeitlichen Vorrang allgemeiner Menschenbildung vor der Berufsausbildung. Als den „wahren Zweck" des Menschen, der demselben nicht durch politische, gesellschaftliche oder ökonomische Interessen von außen diktiert wird, bezeichnet Humboldt die „höchste und proportionierlichste Bildung seiner Kräfte zu einem Ganzen". Gemeint sind hier die Kräfte des Intellekts, der Einbildung, der sinnlichen Wahrnehmung und der Empfindung, die innerhalb des Bildungsprozesses gleichermaßen angesprochen und in einem harmonischen Gleichmaß ausgebildet werden sollen. Die Gewährung von Freiheit ist für diesen Bildungsprozess ebenso notwendig wie die Konfrontation mit möglichst vielen unterschiedlichen Situationen, ihren Konstellationen und ihren Anforderungen an die Heranwachsenden.

Theorie der Bildung des Menschen

> *„Der wahre Zweck des Menschen – nicht der, welchen die wechselnde Neigung, sondern welchen die ewig unveränderliche Vernunft ihm vorschreibt – ist die höchste und proportionirlichste Bildung seiner Kräfte zu einem Ganzen. Zu dieser Bildung ist Freiheit die erste, und unerlässliche Bedingung. Allein ausser der Freiheit erfordert die Entwikkelung der menschlichen Kräfte noch etwas andres, obgleich mit der Freiheit eng verbundenes, Mannigfaltigkeit der Situationen. Auch der freieste und unabhängigste Mensch, in einförmige Lagen versetzt, bildet sich minder aus."*
>
> Humboldt 1792:2010, S. 64

Die folgenden Überlegungen Humboldts aus seinem *Bildungsfragment* verweisen auf die Wechselwirkung von Ich und Welt innerhalb des Bildungsprozesses. Bildung als die harmonische Entwicklung aller Kräfte im Menschen ist nur möglich, indem sich der Mensch an einem Gegenstand abarbeitet, der außerhalb seiner selbst liegt (Koller 2008, S. 80). Die innerhalb der neuhumanistischen Bildungsphilosophie immer wieder benannte Kategorie der Wechselwirkung verweist auf ein gleichzeitiges In-Wirksamkeit-Setzen und In-Begrenzung-Nehmen. Gemeint ist an dieser Stelle die Dialektik von Rezeptivität (in-sich-aufnehmen) und Spontaneität (tätig-sein, formen). Die Spontaneität als das formgebende Vermögen des Menschen kann nur an einem gegebenen Stoff (Welt) wirksam und wirklich werden. Ohne die „Verknüpfung" mit der Welt wäre der Mensch weltlos, inhalts- und anschauungslos. In diesem Sinne sind der Mensch und seine Bildung tatsächlich abhängig von Welt. Auf der anderen Seite verfügt der Mensch über die Möglichkeit, den gegebenen Stoff in eine Form zu bringen. So ist zum Beispiel jeder Gedanke der Versuch, eine Mannigfaltigkeit von Empfindungen in eine Form (nämlich des Begriffs) zu bringen. Die „letzte Aufgabe unseres Daseins" besteht nach Humboldt in dem permanenten Streben, über unsere Lebenszeit hinaus Spuren unseres „lebendigen Wirkens" zu hinterlassen, so wie es etwa Humboldt selbst durch sein bildungspolitisches Wirken und durch seine Bildungsgedanken gelungen ist.

> *„Im Mittelpunkt aller besonderen Arten der Thätigkeit nemlich steht der Mensch, der ohne alles, auf irgendetwas Einzelnes gerichtete Absicht, nur die Kräfte seiner Natur stärken und erhöhen, seinem Wesen Werth und Dauer verschaffen will. Da jedoch die blosse Kraft einen Gegenstand braucht, an dem sie sich üben, und die blosse Form, der reine Gedanken, einen Stoff, in dem sie, sich darin ausprägend, fortdauern könnte, so bedarf auch der Mensch einer Welt ausser sich. Daher entspringt sein Streben, den Kreis seiner Erkenntnis und seiner Wirksamkeit zu erweitern, und ohne dass er sich selbst deutlich dessen bewusst ist, liegt es ihm nicht eigentlich an dem, was er von jener erwirbt, oder vermöge dieser ausser sich hervorbringt, sondern nur an seiner inneren Verbesserung und Veredelung, oder wenigstens an der Befriedigung der inneren Unruhe, die ihn verzehrt [...] Bloss weil beides, sein Denken und sein Handeln nicht anders, als nur vermöge eines Dritten, nur vermöge des Vorstellens und des Bearbeitens von etwas möglich ist, dessen eigentlich unterscheidendes Merkmal es ist, Nicht-Mensch, d.i. Welt zu seyn, sucht er, soviel Welt, als möglich zu ergreifen, und so eng, als er nur kann, mit sich zu verbinden. Die letzte Aufgabe unsres Daseyns: dem Begrif der Menschheit in unserer Person, sowohl während der Zeit unsres Lebens, als auch noch über dasselbe hinaus, durch die Spuren des lebendigen Wirkens, die wir zurücklassen, einen so grossen Inhalt, als möglich, zu verschaffen, diese Aufgabe löst sich allein durch die Verknüpfung unsres Ichs mit der Welt zu der allgemeinsten, regesten und freiesten Wechselwirkung [...]*

Beschränken sich indess auch alle diese Forderungen nur auf das innere Wesen des Menschen, so dringt ihn doch seine Natur beständig von sich aus zu den Gegenständen ausser ihm überzugehen, und hier kommt es nun darauf an, dass er in dieser Entfremdung nicht sich selbst verliere, sondern vielmehr von allem was er ausser sich vornimmt, immer das erhellende Licht und die wohlthätige Wärme in sein Innres zurückstrale. Zu dieser Absicht aber muss er die Masse der Gegenstände sich selbst näher bringen, diesem Stoff die Gestalt seines Geistes aufdrücken und beide einander ähnlicher machen. In ihm ist vollkommene Einheit und durchgängige Wechselwirkung, beide muss er also auch auf die Natur übertragen; in ihm sind mehrere Fähigkeiten, ihm denselben Gegenstand in verschiedenen Gestalten, bald als Begriff des Verstandes, bald als Bild der Einbildungskraft, bald als Anschauung der Sinne vor seine Betrachtung zu führen. Mit allen diesen, wie mit ebensoviel verschiedenen Werkzeugen, muss er die Natur aufzufassen versuchen, nicht sowohl um sie von allen Seiten kennen zu lernen, als vielmehr um durch diese Mannigfaltigkeit der Ansichten die eigene innewohnende Kraft zu stärken [...]. Was also der Mensch nothwendig braucht, ist bloss ein Gegenstand, der die Wechselwirkung seiner Empfänglichkeit mit seiner Selbstthätigkeit möglich mache [...]"

Humboldt 1793:2010, S. 235ff.

4.3.2 Königsberger und Litauischer Schulplan (1809)

In seinen beiden 1809 erschienenen Schulplänen konnte Humboldt seine neuhumanistischen Bildungsvorstellungen auch bildungsorganisatorisch konkretisieren (vgl. auch den Band von Peter Vogel in dieser Reihe: Vogel 2019, Kap. 2.2.3). Der *Königsberger* und der *Litauische Schulplan* lassen zweierlei deutlich werden: Erstens geht es Humboldt um eine bildungstheoretische Fundierung der öffentlichen Erziehung und zweitens entwirft er ein „integratives Konzept" für alle drei Bildungsinstitutionen (Elementarschule, Gymnasium, Universität) ohne die Besonderheiten zu nivellieren (Koch 2015, S. 97). Für alle drei Bildungsstufen fordert Humboldt den Vorrang allgemeiner bzw. formaler Bildung vor jeder Spezialisierung im Sinne beruflicher Qualifikation. Über das Verhältnis von allgemeiner und spezieller Bildung heißt es im *Litauischen Schulplan*:

„Alle Schulen aber, deren sich nicht ein einzelner Stand, sondern die ganze Nation, oder der Staat für diese annimmt, müssen nur allgemeine Menschenbildung bezwecken.- Was das Bedürfniss des Lebens oder eines

einzelnen seiner Gewerbe erheischt, muss abgesondert, und nach vollendetem allgemeinen Unterricht erworben werden. Wird beides vermischt, so wird die Bildung unrein, und man erhält weder vollständige Menschen noch vollständige Bürger einzelner Klassen.
Denn beide Bildungen – die allgemeine und die specielle – werden durch verschiedene Grundsätze geleitet. Durch die allgemeine sollen die Kräfte, d. h. der Mensch selbst gestärkt, geläutert und geregelt werden; durch die specielle soll er nur Fertigkeiten zur Anwendung erhalten. Für jene ist also jede Kenntnis, jede Fertigkeit, die nicht durch vollständige Einsicht der streng aufgezählten Gründe, oder durch Erhebung zu einer allgemeinen Anschauung (wie die mathematische und ästhetische) die Denk- und Einbildungskraft, und durch beide das Gemüth erhöht, todt und unfruchtbar. Für diese muss man sich sehr oft auf in ihren Gründen unverstandene Resultate beschränken, weil die Fertigkeit da seyn muss, und Zeit oder Talent zur Einsicht fehlt. So bei unwissenschaftlichen Chirurgen, vielen Fabrikanten u.s.f. Ein Hauptzweck der allgemeinen Bildung ist, so vorzubereiten, dass nur für wenige Gewerbe noch unverstandene, und also nie auf den Menschen zurück wirkende Fertigkeit übrigbliebe."
Humboldt 1809:1966, S. 14

Konzeption eines einheitlichen, dreistufigen Bildungssystems nach Wilhelm von Humboldt:
Elementarunterricht
Schulunterricht (Gymnasium)
Universitätsunterricht

Elementarunterricht

Der Elementarunterricht, der in etwa unserem heutigen Grundschulunterricht entspricht, ist nach Humboldt noch kein Unterricht im strengen Sinne, sondern er soll schulische Lehr-Lernprozesse überhaupt erst möglich machen und vorbereiten, indem er die Schüler in die Lage versetzt, „eigentlich Dinge zu lernen und einem Lehrer zu folgen". Natürlich steht hier das Erlernen von Lesen, Schreiben, Rechnen und Zeichnen an erster Stelle. Der Erwerb dieser elementaren Kulturtechniken soll darüber hinaus den Analphabetismus in Preußen bekämpfen und alle Jugendlichen auf eine aktive Kulturteilnahme vorbereiten. In seiner Reform des Elementarunterrichts sah Humboldt einen wichtigen Teil eines Reformprogramms zur Herausbildung einer bürgerlichen Öffentlichkeit, „in der jeder potentiell mit jedem kommunizieren kann" (Benner 1995, S. 189).

‚Elementar' ist der Unterricht in einem dreifachen Sinne: *Erstens* geht es im Unterricht um die Vermittlung einer grundlegenden Bildung, an die alle weiteren Bildungsprozesse anknüpfen können. *Zweitens* zielt der Unterricht nicht auf die Vermittlung festgelegter Kenntnisse und Fertigkeiten, sondern er soll die Grundkräfte im Schüler üben und entfalten, so dass „in dem Lernen das Gedächtnis geübt, der Verstand geschärft, das Urtheil berichtigt, das sittliche Gefühl verfeinert wird" (Humboldt: *Königsberger Schulplan* 1809:1966, S. 29f.).

Anschluss an Pestalozzi

Drittens knüpft Humboldt mit seinen Überlegungen an das Elementarbildungskonzept von Johann Heinrich Pestalozzi (1746–1827) an. Pestalozzi hatte in seinem Buch *Wie Gertrud ihre Kinder lehrt* (1801) seine Elementarmethode für die Volksbildung vorgelegt. Neben einer ganzheitlichen Bildung von *Kopf* (intellektuelle Bildung), *Herz* (moralische Bildung) und *Hand* (handwerkliche Fertigkeiten) solle der Unterricht rein mechanisches Auswendiglernen vermeiden, die Selbsttätigkeit der Schüler fördern, vom Leichten zum Schweren fortschreiten und den Erkenntnisprozess behutsam von der sinnlichen Anschauung zu deutlichen Begriffen leiten. Ganz ähnlich fordert auch Humboldt, dass der Unterricht Einsicht in die Gründe des Wissens vermitteln und didaktisch so verfahren solle, dass „das Kind immer das volle und deutliche Bewusstsein haben muss, was es in jedem Augenblick hört, sagt und thut, und warum so und nicht anders gehandelt wird." Ein die kindliche Selbsttätigkeit fördernder Unterricht lässt die Schüler so weit wie möglich „alle Begriffe aus sich selbst" entwickeln und vermeidet so das geistlose Memorieren (Menze 1975, S. 205). Die Ergänzung des Unterrichts durch Geographie, Geschichte und naturhistorische Fächer soll durch die Vermittlung elementarer Grundkenntnisse den Übertritt ins Berufsleben für diejenigen Schüler erleichtern, die aus wirtschaftlich-sozialen Gründen gezwungen sind, an dieser Stelle ihre Schulbildung abzubrechen.

Der gymnasiale Unterricht

Dem allgemeinbildenden gymnasialen Unterricht geht es weniger um den Erwerb und die Anhäufung von Kenntnissen, als vielmehr um das vielbeschworene „Lernen des Lernens", durch das sich der Schüler schrittweise seine Unabhängigkeit von einem Lehrer erarbeitet. So heißt es im *Litauischen Schulplan*:

> *„Der Schulunterricht führt den Schüler nun in Mathematik, Sprach- und Geschichtskenntnis bis zu dem Punkte wo es unnütz seyn würde, ihn noch ferner an einen Lehrer und eigentlichen Unterricht zu binden, er macht ihn nach und nach vom Lehrer frei, bringt ihm aber bei, was ein Lehrer beibringen kann."*
>
> Humboldt 1809:1966, S. 188ff.

Bis dieses Ziel erreicht ist, konzentriert sich der schulische Unterricht auf die Entfaltung der „intellectuell-mechanischen Kräfte" (ebd.) des Sammelns, Vergleichens, Ordnens und Prüfens, wobei sich das Moment des Prüfens auf die Begründung des Wissens bezieht. Die in der Schule erworbenen Kenntnisse sind nach Humboldt nämlich unfruchtbar, wenn sie nicht durch „vollständige Einsicht der streng aufgezählten Gründe, oder durch Erhebung zu einer allgemeingültigen Anschauung (wie der mathematischen oder der ästhetischen) die Denk- und Einbildungskraft, und durch beide das Gemüth" erhöhen (Humboldt a.a.O.). Dass es Humboldt auch im Hinblick auf den gymnasialen Unterricht in erster Linie um Bildung im Sinne der harmonisch-proportionierlichen Entwicklung aller Kräfte und Vermögen des Schülers geht, zeigt die Auswahl der Inhalte, die nicht nur die Vermittlung von Kenntnissen und Wissen, sondern auch und besonders die individuelle Selbstentfaltung der Schüler im Blick hat. Die Lehrgegenstände sollen den Menschen in seiner Ganzheit ansprechen und neben der intellektuellen auch die gymnastische und ästhetische Bildung miteinbeziehen. Der didaktische Unterricht gliedert sich nach Humboldt in sprachliche, historische und mathematische Studien, wobei Humboldt vor allem dem Sprachstudium und dem Studium der Mathematik, wohl gemerkt der reinen und nicht der angewandten Mathematik, einen besonders hohen Bildungswert zuspricht. Die Mathematik führt systematisch von der sinnlichen Anschauung zur Abstraktion, dient damit der rein formalen Verstandesbildung und entwickelt das Abstraktionsvermögen. Die Bildungsbedeutung des Sprachunterrichts, in dem es in erster Linie darum gehen soll, den formalen Aufbau einer Sprache vor Augen zu führen, hat Clemens Menze in der folgenden Textstelle herausgearbeitet:

> *„Voll verständlich werden diese Bemerkungen auf dem Hintergrund der sprachtheoretischen Erörterungen Humboldts. Ausgehend von der für Humboldt unverlierbaren Einsicht Herders, daß der Mensch Sprachgeschöpf sei, wird die Sprache als dasjenige bestimmt und ausgelegt, was Menschsein konstituiert. Nun verfügt der Mensch aber nicht über Sprache überhaupt, sondern jeweils über eine bestimmte Sprache. Diese Sprache, so macht Humboldt einsichtig, ist Ausdruck einer bestimmten Ansicht von Welt. Sie gibt nämlich die Perspektive an, in der die Welt dem Menschen erscheint. Nur in dem dieser Sprache eigenen Horizont erscheint die Welt, und zwar nicht als Welt überhaupt, sondern als eine in der Ansicht dieser Sprache zugängliche Welt, als ein Ausschnitt von Welt. Bildung aber besteht in Welterweiterung, Weltgewinn und damit verbundener fortschreitender Selbstverwirklichung des Ich. Sie ist also ohne Sprache undenkbar; denn die Sprache ist dasjenige, was dem Menschen Welt vermittelt, zugleich aber auch in dem Akt der Vermittlung Welt als dem Menschen zugängliche Welt überhaupt erst erschafft […] Sprachbildung, sei es Vertiefung der mit der Muttersprache schon gegebenen Hinsicht auf Welt, sei es Spracherlernung als Aneignung neuer Sprachen, bedeutet deshalb in*

der Schaffung einer umfassenderen Weltansicht gleichzeitig die Möglichkeit der Anverwandlung einer reicheren Welt und somit fortschreitende Steigerung der die Idee ihres Menschseins immer mehr verwirklichenden Individualität.“

Menze 1975, S. 253f.

Individuelle Selbstbestimmung des Schülers

Mit der Forderung, dass der gymnasiale Unterricht die Individualität der Schüler durch die Zulassung von Schwerpunktsetzungen entweder in Mathematik oder im Bereich Sprache respektieren solle, greift Humboldt einen Gesichtspunkt auf, der die Diskussion um das Gymnasium in den 1950 und 60er Jahren intensiv beschäftigen wird. Es ist sein Einsatz für die individuelle Selbstbestimmung des Schülers, die Humboldt das Jahrgangsklassenprinzip, dessen Durchsetzung auch erst im Jahre 1837 durch Johannes Schulze erfolgt, ablehnen lässt. Seinen wissenschaftspropädeutischen (das Studium vorbereitenden) Auftrag hat das Gymnasium erfüllt, sobald der Schüler in der Lage ist, für sich selbst zu lernen, das heißt ohne Anleitung und Kontrolle durch einen Lehrer seine Lernprozesse selbst zu organisieren und zu verantworten.

Der Universitätsunterricht

Den grundsätzlichen Unterschied zwischen schulischem Lernen und universitärem Studium sieht Humboldt im Wesentlichen darin, dass der Studierende an der Universität nicht nur Fachkenntnisse und fertige Forschungsresultate zur Kenntnis nimmt und ‚lernt‘, sondern dass er zumindest für eine gewisse Zeit selber aktiv und produktiv in den Forschungsprozess miteinbezogen wird. Dies setzt einerseits die Universität als einen freien Ort des gemeinsamen Forschens voraus, an dem bewusst auf die Vermittlung fertiger Wissensbestände oder wissenschaftlicher Lehrmeinungen verzichtet wird und andererseits fordert der von den Professoren lediglich angestoßene und begleitete Prozess des forschenden Lernens selbstdenkende und kritisch hinterfragende Studenten (vgl. Koch 2015, S. 99). Das Bildungsziel des universitären Studiums besteht nach Humboldt darin, dass sich die Studierenden frei von allen Zwängen allein der wissenschaftlichen Reflexion widmen und sich auf diesem Wege durch Wissenschaft bilden.

4.3.3 Das Berufsbild des Gymnasiallehrers

Im Rahmen der Neubegründung des humanistischen Gymnasiums rückte auch die Frage nach der Zukunft der Lehrerbildung in den Fokus des bildungsorganisatorischen Interesses. Vor dem Hintergrund der veränderten Bildungsansprüche an das Gymnasium erschien der Zustand, dass arbeitslose Theologen übergangsweise den Unterricht übernahmen, nicht mehr tragbar. Engagierte Vertreter des philologischen Neuhumanismus warben um das wachsende öffentliche Ansehen des Lehrerberufes und konnten erreichen, dass es im Rahmen der Preußischen Bildungsreformen zur Etablierung eines eigenen Gymnasiallehrerstandes kam (vgl. Menze 1975, S. 271). Durch die Einführung des *examen pro facultate docendi* konnte der neue Berufsstand des Gymnasiallehrers auf eine rechtliche Grundlage gestellt und die Ablösung der Theologen durch die Philologen konsequent betrieben werden.

Am 11. April 1810 erstellt Humboldt einen ersten Entwurf *Über Prüfungen für das höhere Schulfach*. Der endgültige, von Süvern entworfene Text, wird am 12. Juni 1810 vom König als *Edikt wegen einzuführender allgemeiner Prüfung der Schulamts-Candidaten* unterschrieben und veröffentlicht (Menze 1975, S. 274). In dieser vorgesehenen Prüfung sollen junge Lehramtsanwärter nicht nur ihre Fachkenntnisse, sondern auch ihre pädagogisch-didaktischen Kompetenzen in Form einer Probelektion nachweisen. Der § 11 fasst die Kernaussage des Gesetzes wie folgt zusammen:

> *„Die Wirkung eines solchen günstigen Zeugnisses ist, daß nur der damit Versehene unter die Schulamts-Kandidaten Unsers Staats gerechnet wird, daß nur ein solcher in öffentlichen gelehrten und höhern Bürger-Schulen und den ihnen gleich stehenden öffentlichen Erziehungs-Anstalten als außerordentlicher und Hülfslehrer unterrichten, und daß kein anderer zu einer ordentlichen Anstellung an diesen Anstalten sich melden, vorgeschlagen und angenommen werden darf, daher die Prüfung, wodurch dasselbe gewonnen wird, examen pro facultate docendi genannt werden kann."*
>
> Edikt vom 12. Juni 1810, zit. nach Menze 1975, S. 275

Durch sein akademisches Studium dem Theologen gleichgestellt, eröffnet sich nun dem Lehrer eine streng hierarchisch strukturierte staatliche Laufbahn. Mit der Einrichtung des *examen pro facultate docendi* für die Lehrer der höheren Schulen im Jahre 1810 wird nach der Einschätzung von Elmar Tenorth eine „berufsgeschichtlich folgenreiche Zäsur gesetzt". Durch die Eingliederung in eine strenge Beamtenhierarchie wird der Pädagoge zum Staatsdiener, „und das bedeutet in der Folgezeit zum Exekutor des staatlichen Willens in der Schule" (Tenorth 1988, S. 140). Auch für das Lehramt an niederen Schulen werden nach 1820 in Preußen eigene Ausbildungsseminare gegründet, seit 1832 in Münster und Paderborn auch für angehende Lehrerinnen.

4.3.4 Anspruch und Wirklichkeit der Preußischen Bildungsreformen

Rückblickend kommt man nicht umhin, zwischen Anspruch und Wirklichkeit der Preußischen Bildungsreformen zu unterscheiden, die als ein überaus komplexer und in sich widersprüchlicher Prozess von „politischen und ökonomischen Modernisierungszwängen", divergierenden „Klasseninteressen" und bestehenden Herrschaftsstrukturen ebenso beeinflusst waren, wie durch den liberalen Reformwillen der Bildungspolitiker um Wilhelm von Humboldt (Herrlitz/Hopf/Titze 1981, S. 12). Hinzu kommt, dass angesichts der noch immer herrschenden Massenarmut und der zunehmenden Verelendung des Proletariats die Ideale allgemeiner Menschenbildung nur für einen kleinen und elitären Teil der Gesellschaft überhaupt realisierbar waren (a. a. O., S. 31). Die materiellen Verhältnisse als Schranke der Verwirklichung des allgemeinen Bildungsanspruchs wurden noch nicht als ein sozialpolitisch zu bearbeitendes Problemfeld des Staates wahrgenommen, der den Anspruch auf gleiche Bildungschancen nicht nur als ein formales Recht proklamiert, sondern auch materiell durch *Sozialpolitik* zu realisieren versucht. „Solange die Staatsverwaltung in den Bildungskonzepten mit dieser komplementären Aufgabe nicht ebenfalls in die Pflicht genommen wurde, mußten die allgemeinen Bildungsansprüche auch der radikalen Neuhumanisten eine abstrakte Programmatik bleiben" (a. a. O., S. 31/32). Ein ähnliches Resümee zieht Heinz-Elmar Tenorth in seiner *Geschichte der Erziehung*:

> *„Der historische Prozeß der Begründung und weiteren Gestaltung des allgemeinen, öffentlich-staatlich kontrollierten Bildungssystems ist im 19. Jahrhundert erheblich trivialer, umweghafter, auch schwieriger und widerspruchsvoller verlaufen als es sich die philosophischen Klassiker erhofft und theoretisch antizipiert hatten. Die Epoche wird zwar zum Jahrhundert der Schulen, in der die klassischen Stätten höherer und niederer Bildung gegründet werden: Universitäten und Gymnasien, Volksschulen und Lehrerseminare. Aber diese Schulen haben nicht die Gestalt gewinnen können, von der die Bildungsphilosophen träumten. Auch die Bildungspolitik zeigt vielmehr das zwiespältige Gesicht des defensiven Modernisierungsprozesses, die Gleichzeitigkeit von Erneuerung und Begrenzung und die Ordnung des Bildungswesens parallel zur Klassentrennung der Gesellschaft in Eliten und Massen, Regierende und Regierte, Abhängige und Besitzende."*
>
> Tenorth 1988, S. 135

Reflexionsfragen

Aufgabe ?

1. Beschreiben Sie wesentliche Aspekte des Elementarunterrichts im Sinne Humboldts!
2. Was versteht man Humboldt zufolge darunter, dass der Lehrer im Gymnasium „durch den Schulunterricht entbehrlich“ werden soll? Wie betrachten Sie diese Prämisse mit Blick auf die gegenwärtige Schulbildung?
3. Aus welchen Gründen betont Humboldt das „forschende Lernen“ an Universitäten? Wie wird dies in Ihrem Studium umgesetzt?

Weiterführende Literatur zu Humboldt und den Preußischen Bildungsreformen

!

Benner, Dietrich (2003): Wilhelm von Humboldts Bildungstheorie. Eine problemgeschichtliche Studie zum Begründungszusammenhang neuzeitlicher Bildungsreform. 3. Auflage. Weinheim/München: Juventa.

Menze, Clemens (1975): Die Bildungsreform Wilhelm von Humboldts. Hannover/Berlin/Darmstadt: Hermann Schroedel.

Tenorth, Heinz-Elmar (2018): Wilhelm von Humboldt. Bildungspolitik und Universitätsreform. Paderborn: Schöningh.

4.4 Friedrich Daniel Ernst Schleiermacher (1768–1834)

Friedrich Daniel Ernst Schleiermacher (1768–1834) gehört zu den wichtigsten Begründern einer modernen wissenschaftlichen Pädagogik im 19. Jahrhundert und zwar schon deshalb, weil seine Erziehungs- und Bildungstheorie bis auf den heutigen Tag einen der bedeutendsten Systementwürfe dieser Wissenschaft darstellt. Auf einem „unübertroffenen Reflexionsniveau“ und mit einer „nicht mehr erreichten Schärfe des Blicks“ hat Schleiermacher pädagogische Grundprobleme erfasst und auf die Antinomien erzieherischen Handelns in der Moderne hingewiesen (Schurr 1975, S. 376). Über die Rezeption durch Wilhelm Dilthey konnte Schleiermacher einen grundlegenden Einfluss auf die sog. *Geisteswissenschaftliche Pädagogik* ausüben (vgl. den Band von Heinz-Hermann Krüger in dieser Reihe: Krüger 2019, Kap. 4.2) und auch in den aktuellen Entwürfen einer kulturwissenschaftlichen Pädagogik ist der Bezug auf Schleiermachers Pädagogik unverkennbar (vgl. etwa Wulf/Zirfas 2007). Seine unhinterfragte Stellung als pädagogischer Klassiker ist u. a. durch das dialektische Verfahren gerechtfertigt, mit dem er wichtige Probleme und Fragen der

Pädagogik in einer Weise erörtert, die mit ihrer diskursiven Vernunft die Leser wie auch zu seinen Lebzeiten die Hörer seiner Vorlesungen in die Entwicklung der Gedanken einbezieht.

Bildungspolitisches Engagement

Schleiermacher ist jedoch nicht nur als Bildungstheoretiker für die Pädagogik als Wissenschaft von zentraler Bedeutung, sondern er konnte auch in maßgeblichen Positionen an der neuhumanistischen Bildungsreform in Preußen mitwirken. Wilhelm von Humboldt hatte Schleiermacher 1810 zum Direktor der *Wissenschaftlichen Deputation für den öffentlichen Unterricht* ernannt. Noch im gleichen Jahr wird er Staatsrat und ordentliches Mitglied der *Sektion für Kultus und öffentlichen Unterricht im Ministerium des Innern* (1810–1825). In einer beachtlichen Reihe von Gutachten, Rezensionen und Einwürfen, die Schleiermacher sowohl für die *Deputation* als auch für die *Sektion* verfasste, nahm er zu schuladministrativen und bildungspolitischen Fragen Stellung und konnte auf diese Weise die Organisation des öffentlichen Schulwesens in Preußen und die Neugründung der Berliner Universität entscheidend mitbestimmen.

4.4.1 Schleiermachers Theorie der Erziehung

Notwendigkeit einer wissenschaftlich reflektierten Erziehung

Schleiermacher entwickelt seine Pädagogik durch die kritische Auseinandersetzung mit den führenden philosophischen und pädagogischen Positionen und Richtungen seiner Zeit. Wissenschaftshistorische Bezüge lassen sich zum Erziehungsdiskurs der Aufklärung, zur kritischen Philosophie Kants und Fichtes, zur Romantik und zu den neuhumanistischen Bildungsvorstellungen herstellen. In diesen Diskurs greift Schleiermacher mit seinen drei an der Universität Berlin gehaltenen Vorlesungen über die *Grundzüge der Erziehungskunst* (1813/14, 1820, 1826) mit der Absicht ein, auch im Hinblick auf Erziehung, Bildung und Unterricht zu einer „wissenschaftlichen Betrachtungsweise" zu gelangen, die das Niveau von Erfahrungslehren und pädagogischen Ratgebern deutlich übersteigt. Die Notwendigkeit einer wissenschaftlich reflektierten Erziehungs- und Bildungspraxis begründet er mit der kulturellen, ethischen und politischen Bedeutung der Erziehung. So heißt es in den Pädagogik-Vorlesungen von 1826: „Es beruht alle wesentliche Förderung des ganzen menschlichen Lebens auf der Erziehung". Mit dieser „hohen Bedeutung der Aufgabe" sei es nicht vereinbar, an der „gewöhnlichen Behandlung unseres Gegenstandes" festzuhalten (Schleiermacher 1826:2000, S. 36f.).

In der *Einleitung* zu seiner Pädagogik behandelt Schleiermacher ausführlich wissenschaftstheoretische Grundfragen der Pädagogik und begründet die Notwendigkeit der Erziehungstheorie aus anthropologischer, kulturtheoretischer und politischer Perspektive. Im zweiten *Allgemeinen Teil* entwirft er mit der gegenwirkenden, unterstützenden und behütenden Erziehung eine Topik pädagogischer Handlungsformen, die über Voraussetzungen und mögliche Konsequenzen erzieherischen Handelns aufklärt. Der dritte *Besondere Teil* leistet die Anwendung der theoretischen Überlegungen auf die konkrete Erziehungspraxis. Schleiermacher behandelt in diesem Teil Themen, die von der Erziehung des sprachlosen Kindes über schul- und bildungspolitische Fragen der Schulreform bis zu Kernaufgaben universitärer Bildung reichen. Die Originalität seiner Pädagogik soll im Folgenden in komprimierter Form an zwei Punkten gezeigt werden: an seiner dialektischen Denkmethode und an der Verortung der Pädagogik in der praktischen Philosophie (Ethik).

4.4.1.1 Schleiermachers dialektische Denkmethode

Dialektik als Gesprächskunst

Die innere Dynamik seiner Vorlesungen über Pädagogik ergibt sich aus Schleiermachers eigentümlicher dialektischer Denkform. Schleiermacher definiert *Dialektik* im Anschluss an das griechische *dialegesthai* als die Kunst, ein Gespräch zu führen, wobei diese Gesprächskunst von einer gegebenen Differenz der Vorstellungen zur Übereinstimmung zu gelangen sucht. Das heißt, das wissenschaftliche Gespräch ist nach Schleiermacher ein Streitgespräch, in dessen Verlauf die methodisch disziplinierte Kontroverse im Idealfall Übereinstimmung und Konsens oder zumindest die Vermittlung der Positionen ermöglicht. Das Polaritätsdenken Schleiermachers zielt dabei weder auf die Vereinigung zweier Momente in einem höheren Dritten, etwa nach dem Muster: These, Antithese, Synthese (Hegel) noch auf die Aufhebung einer Seite des Gegensatzes in die andere. Vielmehr geht es Schleiermacher um eine Verhältnisbestimmung der Pole bzw. um ein In-eins-Denken der Gegensätze. Dadurch soll sichergestellt werden, dass jede Seite in ihrer Berechtigung gesehen und ernst genommen, zugleich aber durch die Gegenposition begrenzt und relativiert wird. Auf die Pädagogik angewendet bedeutet dies, dass gegensätzliche Standpunkte und strittige Meinungen über Erziehung und bildungspolitische Entscheidungen auf die Ebene eines wissenschaftlichen Gesprächs gehoben, erörtert und argumentativ gestützt oder widerlegt werden sollen.

Anknüpfen an ein allgemeines Verständnis von Erziehung

Schon der erste Satz der Pädagogik-Vorlesungen von 1826 verweist auf Schleiermachers dialektische Vorgehensweise: „Was man im allgemeinen unter Erziehung versteht, ist als bekannt vorauszusetzen." Schleiermacher bleibt also zu Beginn seiner Vorlesungen eine präzise Definition von Erziehung schuldig und knüpft stattdessen an ein allgemeines Verständnis von Erziehung an (vgl. auch den Band von Peter Vogel in dieser Reihe: Vogel 2019, Kap. 1.2.2). Die Begründung für dieses gelegentlich als irritierend empfundene Moment sowie eine nähere Bestimmung der Aufgabe dialektischen Denkens findet sich in folgenden Textpassagen:

„Zuvörderst sollte wohl eine Erklärung gegeben werden. Andererseits ist deutlich, daß die Erklärung das letzte ist, das ganze Erkennen. Denn ist sie rechter Art: so giebt sie den das Wesen des Gegenstandes darlegenden Begriff [...]. Soll man also mit ihr anfangen: so dreht man sich im Kreise. Demohnerachtet muß man mit ihr beginnen, es ist dies die cyclische Natur des Erkennens, und es giebt kein Erwerben im Gebiete des Wissens so, daß ein Wissen vom andern abgeschnitten wäre, sondern nur so, daß eine allmählige Verklärung des Wissens entsteht, indem deutlicher bestimmter sicherer wird, was man auf einer niedrigeren Stufe des Bewußtseins auch schon hatte [...]. Alle Erkenntnis muß mit einem unvollkommeneren Begriff ihres Gegenstandes anfangen."

Schleiermacher, Dialektik 1814/15:1988, § 1

Die zyklische Natur des Erkenntnisprozesses

Dialektische Theoriearbeit beginnt also nicht im luftleeren Raum, sondern die „cyclische Natur" des Erkenntnisprozesses erfordert die Anknüpfung an einen noch unvollkommenen Begriff der Erziehung. Durch die dialektische Denkanstrengung soll das, was noch undifferenziert und möglicherweise unverstanden in einem allgemeinen Erziehungsverständnis zirkuliert, deutlicher, bestimmter und sicherer hervortreten. Eine Erziehungsdefinition bereits zu Beginn der Vorlesungen hätte auch Schleiermachers pädagogisch-didaktische Absicht verfehlt, die ja gerade darin besteht, seine Theorie der Erziehung nachvollziehbar vor den Augen und Ohren seiner Zuhörer entstehen zu lassen. Zu diesem Zweck ist das Anknüpfen an das Vorwissen allerdings unerlässlich, um dadurch einen gemeinsamen Verständigungs- und Diskussionsrahmen zu schaffen.

„Sobald ein Gegenstand wissenschaftlich behandelt wird, gesellt sich auch das Kritische dazu; dieses befreit den Menschen von einer solchen unbewußt gewordenen Überzeugung, und fordert, daß er sich der direkten Entstehung dieser Überzeugung bewußt werde."

Schleiermacher 1820/21:2000, S. 303

Das kritische Interesse dialektischen Denkens

Dialektisches Denken verfolgt ein kritisches Interesse. Das Vorwissen in Form von allgemeinen Erfahrungen und subjektiven Meinungen, man könnte hier auch von Vorurteilen sprechen, wird von Schleiermacher in Frage gestellt, um so die Bereitschaft zu einer gemeinsamen Denkanstrengung zu provozieren. Diese ist notwendig, weil nur das eigenständige Durchdenken und Prüfen der vorgetragenen Positionen zu einem begründeten Urteil und damit auch indirekt zu einer bewussteren und verantwortungsvolleren Gestaltung der erzieherischen Praxis führt. Schleiermachers Vorgehen erinnert an die Widerlegungskunst (*Elenktik*) des Sokrates (vgl. Kap, 2.3.2; Schäfer 2005), welche das vermeintliche Wissen seiner Gesprächspartner als Scheinwissen entlarvt. Dieses negative Moment gehört nach Schleiermacher zur „wahren dialektischen Kunst", die bei ihren Adressaten das „Nichthaben sowohl als ihr bewußtes Haben dessen, was sie erwerben sollen" zum Bewusstsein bringt (Schleiermacher 1808:2000, S. 129).

4.4.1.2 Die Verortung der Pädagogik in der Ethik

„Die Pädagogik ist eine rein mit der Ethik zusammenhängende, aus ihr abgeleitete Wissenschaft, der Politik koordiniert" (Schleiermacher 1826:2000, S. 13). Dieses Zitat lässt deutlich werden, dass Schleiermacher seine Theorie der Erziehung in enger Anlehnung an die praktische Philosophie (Ethik) entwickelt. In seiner Wissenschaftssystematik dient die Ethik als Grundlagenwissenschaft für alle jene Einzelwissenschaften, die sich um Aufklärung und Orientierung eines bestimmten Bereiches menschlicher Praxis bemühen, von Schleiermacher auch als „Kunstlehren" bezeichnet. In diesem Sinne ist die Politik als „Kunstlehre" des gemeinsamen Zusammenlebens im Staat eine praktische Wissenschaft, der Pädagogik koordiniert. Interessant ist der Hinweis Schleiermachers, dass Pädagogik und Politik einander koordiniert (zugeordnet) sind und nicht die Pädagogik der Politik bzw. dem Staatsinteresse subordiniert ist. Untergeordnet sind Politik und Pädagogik hingegen der ethischen Gesamtidee, der Idee des Guten. Das stellt die Politik vor die Aufgabe, auf die Konstitution eines „guten", d.h. der ethischen Idee entsprechenden Gemeinwesens hinzuarbeiten, etwa durch den Abbau von Standesprivilegien oder durch die Schaffung gleicher Bildungsmöglichkeiten und Aufstiegschancen für alle. Schleiermacher verweist wiederholt auf diese Abhängigkeit der Pädagogik von der Ethik und auf die Tatsache, dass es für die Erziehung nur „als ethischen Prozeß" überhaupt eine Theorie geben könne (Schleiermacher 1826:2000, S. 29).

Ethik als Kulturtheorie

Die Originalität der Schleiermacherschen Ethik besteht darin, dass sie keine Sollens-Ethik darstellt, sondern als eine umfassende Kulturtheorie gelesen werden kann, in der die Vernunft als kulturschaffende Kraft in Erscheinung tritt und ihre Produktivität in relativ autonome Kulturbereiche (Staat, Wissenschaft, freie Geselligkeit und Religion) ausdifferenziert. Der Begriff der Kultur bedeutet nach Schleiermacher die Einigung von Vernunft und Natur, durch welche sich einerseits die Vernunft im Natürlichen realisiert und individualisiert und wodurch andererseits das Natürliche die Gestalt des Vernünftigen gewinnt.

Humanisierung menschlicher Lebensverhältnisse

Als angewandte Ethik ist sie zugleich auf die Humanisierung menschlicher Lebensverhältnisse und damit auf das Gute und Vernünftige in der Generationenfolge hin ausgelegt, um einen „möglichen besseren Zustand des menschlichen Geschlechts“ (Kant 1803:1964, S. 704) durch Erziehung zu erreichen. Das heißt, die ethische Perspektive lässt es nach Schleiermacher nicht zu, sich gegenüber den bestehenden kulturellen Systemen der Gesellschaft (Staat, Wissenschaft, Geselligkeit und Religion) rein affirmativ zu verhalten. Die Pädagogik habe sich von daher, so Schleiermacher, „nicht allein an das in der Gegenwart Bestehende zu halten, sondern auch darauf Rücksicht zu nehmen, daß in der heranwachsenden Generation die Prinzipien der Verbesserung, das Korrektiv, niedergelegt werden“ (Schleiermacher 1826:2000, S. 360). Die gebildete Individualität ist für Schleiermacher von daher die leitende Idee der Pädagogik: „Das Ende der Erziehung ist die Darstellung einer persönlichen Eigentümlichkeit des einzelnen“ (a. a. O., S. 38). Für das Erziehungsverständnis hat das eine doppelte Konsequenz:

Das individuelle und universelle Ziel der Erziehung

Erstens nötigt der Begriff der Individualität zur Unterscheidung zweier deutlich voneinander abgehobener Erziehungs- und Bildungsvorstellungen, die Schleiermacher als Gegensatz des *individuellen* und des *universellen* Zieles der Erziehung erörtert: einerseits die Idee einer für Staat, Gesellschaft, Wissenschaft und Religion handelnden Erziehung, welche die Anforderungen der jeweiligen Kultursphären an das Bildungssystem und die Notwendigkeit der Qualifikation für die gesellschaftlichen Systeme ernst nimmt, und andererseits die Idee einer Erziehung, die sich die Ausbildung einer unverwechselbaren Eigentümlichkeit des einzelnen zum Ziel setzt. Schleiermacher hat beide Momente in seiner Pädagogik dialektisch aufeinander bezogen und damit sowohl die gesellschaftliche Reproduktionsfunktion der modernen Erziehung anerkannt als auch gleichzeitig die utilitaristische Erziehung zur Brauchbarkeit durch seine Parteinahme für die Individualität relativiert. Das universelle Ziel der Erziehung, das Schleiermacher mit der „Ablieferung“ des Einzelnen an die Institutionen von Staat, Kirche, Wissenschaft und bürgerlicher Gesellschaft bestimmt, muss die Individualität berücksichtigen, so dass die Individualisierung und die Sozialisierung der Subjekte in der Pädagogik „in eins“ gedacht werden müssen. Ein in gesellschaftspolitischer und bildungstheoretischer Hinsicht kritisches Moment fließt in diese Überlegungen ein, wenn Schleiermacher die grundsätzliche Möglichkeit und Freiheit einer Bildung zur Individualität zum Beurteilungsmaßstab sowohl individueller Bildungsprozesse und ihrer Resultate als auch öffentlicher Erziehungs- und Bildungssysteme von Gesellschaften erhebt (Schleiermacher 1826:2000, S. 37).

Kritik an einer technisch verfahrenden Erziehung

Zweitens sperrt sich Schleiermachers ethisch fundierte Pädagogik gegen die Vorstellung der bloßen Zurichtung der jüngeren Generation für politische und ökonomische Zwecke ebenso wie gegen das „Rationalisierungsprojekt der Moderne“, das auf die methodisch-technische Beherrschung der äußeren und inneren Natur des Menschen zielt (Hügli 1999, S. 41). Eine „technisch“ verfahrende Erziehung ist nach Schleiermacher nur dort denkbar, wo „ein

Zusammenhang von Mittel und Zweck zu konstruieren ist" (Schleiermacher 1813:2000, S. 213). Dies ist allenfalls im Hinblick auf die Gestaltung von Lehr-Lernprozessen und innerhalb berufsqualifizierender Maßnahmen möglich. Eine streng methodisch vorgehende Erziehung ist in diesen Bereichen sogar notwendig, da in modernen Gesellschaften die Tradierung der Wissensbestände und die Ausbildung für eine ausdifferenzierte Berufswelt nicht mehr bloß der Nachahmung überlassen werden dürfe. Ganz „außer dem Gebiet der technischen Erziehung" liegen aber der Wille und die Gesinnung (Schleiermacher 1813:2000, S. 231). Dazu bemerkt Schleiermacher:

> *„Jeder wird aber doch gestehen, daß ein technischer Prozeß zur Erweckung einer tugendhaften Gesinnung etwas Verkehrtes ist, und daß sich einer lächerlich machen würde, wenn er behauptete, im Besitz einer Methode zu sein, um guten Geschmack einzuimpfen."*
>
> Schleiermacher 1813:2000, S. 226

4.4.1.3 Theorie und Praxis schulischer Erziehung und Bildung

Schleiermachers Äußerungen zu Fragen der curricularen und methodischen Unterrichtsgestaltung, zur Lehrerbildung und zu den unterschiedlichen Schultypen lassen nicht nur seine schultheoretische und bildungspolitische Position deutlich werden, sondern sie zeugen auch von seiner liberalen Bildungspolitik, die er couragiert gegen reaktionäre Kräfte und eine restriktive Schulpolitik zu verteidigen sucht. Zwei Momente bestimmen grundlegend die Überlegungen Schleiermachers:

Vermittlung von Humanismus und Utilitarismus

Erstens sein Versuch einer Vermittlung von Humanismus und Utilitarismus als Antwort auf veränderte und gesteigerte Ansprüche an die Schule in der modernen Gesellschaft. Während Wilhelm von Humboldt die Humanitätsidee und sein Konzept allgemeiner Bildung konsequent gegenüber einer utilitaristisch orientierten berufsqualifizierenden Bildung durchzusetzen sucht, nimmt Schleiermacher in dieser Frage eine vermittelnde Position ein. Einerseits hält er zwar an der Idee humanistischer Bildung fest: „Die Schule hat es mit dem allgemein Menschlichen zu tun, mit dem, was der Mensch unabhängig von seinem Geschäft überhaupt und im Gesamtleben sein soll" (Schleiermacher 1826:2000, S. 270f.). Andererseits sieht Schleiermacher deutlich, dass die beginnende Industrialisierung mit ihren modernen arbeitsteiligen Produktionsmechanismen sowie der enorme Aufschwung naturwissenschaftlicher Forschung das bestehende, altphilologisch geprägte Bildungssystem als „unangemessen" erscheinen lassen. Schleiermachers Vermittlungsversuch sieht daher einerseits die Begrenzung der alt-philologischen Bildung durch die

Aufwertung mathematisch-naturwissenschaftlicher Fächer und andererseits die Lösung allgemeiner Bildung aus ihrer engen Anbindung an die klassische Antike vor. Die neuhumanistische Idee formaler Bildung als „Übung der Kräfte" solle vielmehr an solchen Gegenständen erfolgen, die auch im späteren Berufsleben von Bedeutung sind. Man könnte mit Jeismann von einem Festhalten an der Bildungsidee bei gleichzeitiger Auswechslung des Bildungsgutes sprechen (vgl. Jeismann 1974, S. 268).

Demokratisierung der öffentlichen Erziehung

Zweitens Schleiermachers bildungspolitisches Engagement in Richtung einer Demokratisierung öffentlicher Bildung: Von dem staatlich getragenen Bildungswesen erwartet Schleiermacher eine Erweiterung und Verbesserung der Volksbildung, die Realisierung gleicher Bildungschancen jenseits festgelegter Standesprivilegien und die schrittweise Angleichung des Bildungsniveaus der niederen Stände an das der höheren. Allein diese Leistungen legitimieren nach Schleiermacher auch den Eingriff des Staates in das Bildungswesen. Entschieden weist Schleiermacher die „angeerbten Unterschiede" aus der pädagogischen Praxis zurück und formuliert als Prinzip, dass kein Schüler durch „absichtliche Verschließung" von der Bildung ausgeschlossen werden dürfe. Konservative und reaktionäre Kräfte, aber auch prominente Vertreter des Philanthropismus macht Schleiermacher dafür verantwortlich, dass unter dem Deckmantel der Menschenfreundlichkeit die Beseitigung ständischer Bildungsprivilegien nur schleppend vorangetrieben wurde und nach wie vor die Herkunft über Aufstiegsmöglichkeiten entscheidet. Die Demokratisierung des Schulwesens impliziert nach Schleiermacher auch die freie Berufswahl. Die bestehende Ungleichheit im Hinblick auf soziale Stellung und berufliche Tätigkeit dürfe „kein Werk der Erziehung sein", sondern müsse aus der freien Selbstbestimmung jedes Einzelnen resultieren. Entschieden wendet er sich von daher auch gegen eine an Staatsinteressen und Ökonomie orientierte „Bildung für den engsten Berufskreis" (Schleiermacher 1826:2000, S. 360). Bereits in seiner Rezension von Zöllners *Ideen über National-Erziehung* (1805) hatte Schleiermacher vehement gegen die Meinung Zöllners opponiert, dass es zulässig sei, die Berufswahl auch gegen die individuellen Begabungen, Neigungen und Interessen festzulegen, sofern dies im Staatsinteresse liege, eine nach Schleiermacher geradezu „despotische Voraussetzung" (Schleiermacher 1805:2000, S. 84).

Selektionsdruck in den Schulen

Schleiermacher weist nicht nur die Anmaßung des Erziehers zurück, über die berufliche Zukunft seines Zöglings zu entscheiden, sondern er wendet sich auch gegen den frühen Selektionsdruck in den Schulen. Schleiermacher setzt sich für ein dreigliedriges Schulsystem und die Idee einer aufeinander aufbauenden Schulbildung ein, die von der elementaren Bildung in der Volksschule über eine eher praktisch ausgerichtete Bildung in der Bürgerschule bis zur Wissenschaftspropädeutik in den Gymnasien führt.

4.4.1.4 Die Volksschule

Schleiermachers Theorie der „Elementarbildung" (im Sinne Pestalozzis) in Volksschulen und ihre Methode nimmt in seinen Vorlesungen von 1826 breiten Raum ein. Die in bildungspolitischer Hinsicht wichtige Frage, was überhaupt in der Volksschule erreicht werden könne und solle, beantwortet Schleiermacher im Geiste der Aufklärung: Die Hauptaufgabe der Volksschule besteht einerseits in dem politischen Programm, durch Bildung die Differenz der Stände aufzuheben, und andererseits in der pädagogischen Aufgabe, den praktischen Verstand auszubilden und die Jugend „für ihren Kreis zu verständigen Menschen zu bilden" (Schleiermacher 1826:2000, S. 271). Seine Forderung, dass der Einzelne durch schulische Bildung zu seiner persönlichen und politischen Selbständigkeit gelangen soll, führt in den Volksschulen über die Vermittlung elementarer Lese- und Schreibkompetenzen hinaus zu einer beachtlichen Erweiterung des Unterrichtsstoffes. Neben den naturwissenschaftlich-mathematischen Fächern soll vor allem der Geschichtsunterricht historische Zusammenhänge aufdecken und das Verständnis der politischen Verhältnisse eröffnen.

Das Ziel politischer Bildung

Das Ziel politischer Bildung in den Volksschulen definiert Schleiermacher folgendermaßen: Die Kinder und Jugendlichen sollen in eigener Verantwortung dem Gesetz „eine Wirksamkeit aus sich selbst verschaffen" (Schleiermacher 1826:2000, S. 280). Das kann nur gelingen, wenn sie den gesetzlichen Zustand der Schule als Verbesserung und nicht als Zwang empfinden. Die sensible Orientierung am Entwicklungsstand der Schüler und eine durchdachte Abwechslung von „strenger Übung" und „freier Tätigkeit" sollen verhindern, dass die Schüler das Schulgesetz als „Knechtschaft" empfinden. „Strenge Regelmäßigkeit" verbunden mit einer „gewissen Milde in der Handhabung" (a. a. O.) verhindern die Zügellosigkeit. Den Erziehungserfolg der Schule bindet Schleiermacher an die besonnene Vermittlung der beiden Extreme von Knechtschaft und Zügellosigkeit als Grundlage einer politischen Gesinnung.

Die Heterogenität der Schüler

Mit der Heterogenität der Schüler greift Schleiermacher ein überaus aktuell anmutendes Thema auf. Er sieht das Problem, dass ein gelingender Unterricht die individuellen und heterogenen Lerndispositionen der Schüler mit einer notwendigen „Gleichförmigkeit" des Unterrichts vermitteln muss. Mit der Maxime der „Begünstigung des Talents" und der Maxime der „Unterstützung der Schwachheit" entwickelt Schleiermacher zwei gegensätzliche Positionen, deren einseitige Berücksichtigung zu problematischen Konsequenzen führen muss. Einerseits wird die Ungleichheit unter den Schülern immer mehr zunehmen und andererseits könnten die stärkeren Schüler nicht entsprechend gefördert werden. Der von Schleiermacher vorgeschlagene „wechselseitige Unterricht“ löst das Problem dahingehend, dass die begabteren Schüler die schwächeren unterstützen und gleichzeitig von ihrer Lehrtätigkeit profitieren.

4.4.1.5 Die Bürgerschule

Zwischen dem elementaren Volksschulunterricht und der höheren Bildung auf den Gymnasien verortet Schleiermacher die Bürgerschule als Bildungs- und Qualifikationsanstalt für den sich neu etablierenden Mittelstand. Weder die unzeitgemäßen Lateinschulen noch die traditionelle Ausbildung der Handwerker im Zunftwesen können nach Schleiermacher den veränderten Anforderungen an die schulische und berufliche Bildung in der modernen Gesellschaft gerecht werden, da administrative, gewerbliche und handwerkliche Berufe zunehmend naturwissenschaftlich-technische und neusprachliche Bildung voraussetzen. Schleiermacher kritisiert zwar die Überbetonung der altphilologischen Bildung an den Schulen, aber er befürchtet auch, dass eine ausschließlich berufsqualifizierende Schulbildung unter Verzicht auf allgemeine und vor allem politische Bildung weder die Verbesserung der bürgerlichen Verhältnisse bewirkt, noch die Realisierung des politischen Programms der Nivellierung der Standesunterschiede vorantreiben könne.

4.4.1.6 Das Gymnasium

Wissenschafts-propädeutik an Gymnasien

Schleiermacher betont vor allem den wissenschaftspropädeutischen Anspruch des gymnasialen Unterrichts. Er besteht zum einen in der Übung der intellektuellen Kräfte, zum anderen in dem „Hervorlocken“ individueller Begabungen und Interessen sowie der Förderung des philosophisch-systematischen Geistes. Aus dieser Aufgabenstellung ergibt sich auch die curriculare Gestaltung des Unterrichts. Zumindest in Umrissen muss das gesamte verfügbare Wissen behandelt werden, damit jedes noch unerkannte Talent sein entsprechendes Übungsfeld findet. Die „Hauptgegenstände“ des Unterrichts im Hinblick auf die Entwicklung und Schulung eines wissenschaftlich-systematischen Denkens bilden Grammatik und Mathematik, und zwar aus drei Gründen: Erstens sind sie die einzigen Fächer, die zumindest mit einem „Anklang von Wissenschaftlichkeit“ unterrichtet werden können, zweitens schulen besonders Grammatik und Mathematik logisches Denken und Abstraktionsvermögen, und drittens wird in diesen beiden Fächern die besondere wissenschaftliche Begabung eines Schülers sichtbar.

4.4.1.7 Die Universität

Die Idee der Universität und seine Vorstellungen über die akademische Bildung entwickelt Schleiermacher in seiner programmatischen Schrift *Gelegentliche Gedanken über Universitäten in deutschem Sinn. Nebst einem Anhang über eine neu zu errichtende* (1808). Mit ihr greift Schleiermacher in die öffentlich geführte Diskussion um die Neugründung der Berliner Universität ein, an der sich unter anderem neben Schelling und Fichte vor allem Wilhelm von Humboldt mit seiner Denkschrift Über die innere und *äu*ßere Organisation der höheren wissenschaftlichen Anstalten in Berlin (1810) beteiligt hatten. Schleiermachers *Gelegentliche Gedanken* können als „ein klassisches Dokument deutscher Universitätsgeschichte" gelten, das Schleiermachers prominente Stellung in der Bildungsgeschichte des 19. Jahrhunderts mitbegründet (Arndt 1996, S. 1193). Der etwas umständlich anmutende Titel ist bereits Programm: Mit der Formulierung „in deutschem Sinn" will Schleiermacher die deutsche Universität von fachspezifischen Spezialschulen deutlich abgrenzen, wie sie sich nach 1806 besonders in Frankreich ausgebildet hatten.

Gymnasium, Universität und Akademie

Die *Gelegentlichen Gedanken* (1808) umfassen neben Vorrede und Anhang insgesamt sechs Kapitel. In ihnen thematisiert Schleiermacher unter anderem das Verhältnis der Universität zum Staat und kritisiert die Vereinnahmung von universitärer Forschung und Lehre für politische und wirtschaftliche Interessen. Jede Form eines staatlichen Dirigismus könne sich für beide Seiten nur negativ auswirken. Schleiermacher verortet die Universität zwischen den Gymnasien mit ihrem wissenschaftspropädeutischen Anspruch und den Akademien, in denen ohne Studenten und Lehrbetrieb ausschließlich geforscht wird. Schleiermachers Verhältnisbestimmung von Gymnasium, Universität und wissenschaftlicher Akademie greift zu Formulierungen, die an das Zunftwesen des Handwerks erinnern, wenn er etwa die Schule als das „Zusammensein der Meister mit den Lehrburschen", die Universität als das „Miteinander der Meister mit den Gesellen" und die Akademie als „Versammlung der Meister unter sich" bezeichnet. Die Universität bildet somit den Übergang von den Schulen als Orten des Lernens und den Akademien, in denen durch selbständige Forschung die Gebiete der Wissenschaft erweitert werden.

Lernen und Studieren

Generell hebt sich die Lehre an den Universitäten deutlich vom Schulunterricht ab. Sie ist nach Schleiermacher nicht einfach nur die nahtlose Fortführung schulischen Lernens, sondern sie eröffnet einen völlig neuen „geistigen Lebensprozess". An den Universitäten sollen die Prinzipien und der Grundriss allen Wissens methodisch-didaktisch so zur Anschauung gebracht werden, dass die Studierenden zu eigener geistigen Produktion angeregt und zu einem zunehmend selbständigen „Lernen des Lernens" befähigt werden.

4.4.2 Schleiermachers Theorie der Bildung

Bildung und Darstellung individueller Eigentümlichkeit

Als reformierter Prediger an der Berliner *Charité* fand Schleiermacher Zugang zum geselligen Leben der aufgeklärten Intellektuellen Berlins. Dieses entfaltete sich besonders intensiv in der Berliner Salonkultur und in den anspruchsvollen wissenschaftlichen Gesprächen der *Mittwochsgesellschaft* des Aufklärers Ignatius Feßler. Hier konnte Schleiermacher die anregende und bildende Wirkung geistreicher Konversation selbst erleben. Inspiriert durch diese Erfahrungen verfasste Schleiermacher im Jahre 1799 anonym seinen bildungstheoretisch hoch interessanten *Versuch einer Theorie des geselligen Betragens*. Schleiermacher schreibt hier als Theoretiker, der für diesen, neben den familiären Verpflichtungen und den unterschiedlichen Zwängen des Berufslebens, selbstzweckhaften Kulturbereich die Theorie zu liefern sucht. Die zentrale Stellung der „freien Geselligkeit" innerhalb Schleiermachers Kulturtheorie zeigt sich schon daran, dass die Geselligkeit neben Religion, Wissenschaft und Politik als ein eigenständiger sittlicher Bereich des kulturellen Lebens gewertet ist. Der Bezug zur Bildung zeigt sich daran, dass Schleiermacher den Zweck dieser freien, „durch keinen äußeren Zweck gebundenen und bestimmten Geselligkeit" in der Bildung und Darstellung eigentümlicher Individualität sieht (Schleiermacher 1799:1996, S. 65). Das zentrale Thema ist also die individuelle Bildung, für die das gesellige Gespräch durch seine *anregende*, *ergänzende* und *bildende* Wirkung Bedeutung erlangt. Die „freie" Geselligkeit unterscheidet sich von der „gebundenen" durch das Prinzip der Wechselwirkung, das heißt durch die Vorstellung, dass sich alle am Gespräch Beteiligten wechselseitig mit ihren Gedanken und Empfindungen anregen und beleben.

Bildungsbedeutung des geselligen Gesprächs

Die *Anregung* des geselligen Gesprächs geht von der fremden Individualität aus, die es dem Einzelnen ermöglicht, sich selbst durch Unterscheidung von ihr der eigenen Individualität bewusst zu werden. Bereits in seinen *Monologen* hatte Schleiermacher auf das Moment der Entgegensetzung hingewiesen. Dort heißt es:

> *„Wer sich zu einem bestimmten Wesen bilden will, dem muß der Sinn geöffnet sein für alles, was er nicht ist [...] Nur wenn der Mensch im gegenwärtigen Handeln sich seiner Eigenheit bewußt ist, kann er sicher sein, sie auch im Nächsten nicht zu verletzen; und nur wenn er von sich beständig fordert die ganze Menschheit anzuschaun und jeder andern Darstellung von ihr sich und die seinige entgegenzusetzen, kann er das Bewußtsein seiner Eigenheit erhalten: denn nur durch Entgegensetzung wird das einzelne erkannt."*
>
> Schleiermacher 1800:1996, S. 168f.

Schleiermachers Überlegungen zur *ergänzenden* Funktion des geselligen Gesprächs bewegen sich in einem begrifflichen Feld, das dem der Schillerschen Zeitanalyse aus den Ästhetischen Briefen sehr verwandt ist. So weist Schleiermacher auf die zunehmende Differenzierung und Spezialisierung im Berufs- und Arbeitsleben moderner Gesellschaften hin, die den Einzelnen zur Fragmentarisierung seiner Persönlichkeitsentwicklung zwingen. Ähnlich wie Schiller erkennt Schleiermacher in der Spezialisierung zwar die Antriebskraft für den wissenschaftlichen und ökonomischen Fortschritt, aber er diagnostiziert darin auch den Grund der Verarmung der Individuen in einem entfremdeten Dasein. In der freien Geselligkeit findet der Einzelne einen geschützten Raum, in dem er sich, „dem freien Spiel seiner Kräfte überlassen", ungeachtet beruflicher Interessen und familiärer Zwänge das Fehlende durch die Mitwirkung der Anderen ergänzen kann. So erweist sich die freie Geselligkeit als Bedingung der Bildung zur Humanität, die Schleiermacher, ähnlich wie Humboldt, als das höchste Ziel des menschlichen Daseins begreift.

Die *bildende* Funktion der Geselligkeit sieht Schleiermacher nicht nur in der Anregung von Selbstbildungsprozessen, sondern auch in der Erweiterung des geistigen Horizonts durch die Konfrontation mit unterschiedlichen Standpunkten und Perspektiven.

Reflexionsfragen

Aufgabe **?**

1. Vergleichen Sie: Was unterscheidet Schleiermachers und Hegels Denkmethoden?
2. Auf welche Aspekte gründet Schleiermacher die ethischen Grundsätze der Pädagogik?
3. Vergleichen Sie: Inwiefern unterscheiden sich Humboldts und Schleiermachers Positionen in Hinblick auf die Ausgestaltung und Zielrichtung schulischer Bildung?
4. Welche Position vertritt Schleiermacher hinsichtlich der Bildungsgerechtigkeit? Sind seine Überlegungen aktuell noch von Bedeutung?
5. Was versteht Schleiermacher unter der „Freiheit von Forschung und Lehre"? Überlegen Sie, wie sich diese universitären Bildungsziele bis heute entwickelt haben? Begründen Sie Ihre Überlegungen!

Weiterführende Literatur zu Schleiermacher

!

Brachmann, Jens (2002): Friedrich Schleiermacher. Ein pädagogisches Porträt. Weinheim: Beltz.

Fuchs, Birgitta (2015): Friedrich Schleiermacher. Einführung mit pädagogischen Texten. Paderborn: Schöningh.
Hopfner, Johanna (Hrsg.) (2001): Schleiermacher in der Pädagogik. Würzburg: Ergon.

Verfolgt man die weitere Entwicklung des Bildungssystems im 19. Jahrhundert, so wird schnell deutlich, dass sich weder in bildungstheoretischer noch in institutioneller Hinsicht die neuhumanistischen Bildungsideen durchsetzen konnten (vgl. Benner/Kemper 2003, S. 22ff.). Die nun einsetzende Bildungspolitik setzte an die Stelle der von Humboldt konzipierten horizontalen Differenzierung des Bildungssystems nach allgemeinbildenden Schulstufen (Benner/Kemper, ebd.) eine vertikale Differenzierung in niedere und höhere Bildungsanstalten. Damit etablierte sich im 19. Jahrhundert ein staatliches Berechtigungswesen, das dafür sorgte, dass der Aufstieg in höhere Berufe von „Karrieren im Bildungssystem" abhängig wurden (Benner/Kemper 2003, S. 23). Der offensichtlichen Bildungsbenachteiligung in den Elementarschulen korrespondierte nicht selten eine Überforderung der Schüler der höheren Schulen, die durch eine Stoffüberbürdung der höheren Schulen im Verlaufe des 19. Jahrhunderts noch verschärft wurde. Das sich gegen Humboldt durchsetzende Jahrgangsklassensystem erhöhte den Druck auf die Schüler insofern, als nun die zu erbringenden Leistungen unabhängig von individuellen Differenzierungen festgeschrieben wurden (Furck 1964, S. 56f.). Es ist nicht zuletzt die Kritik an einer restriktiven Bildungs- und Sozialpolitik an den Elementar- und Volksschulen sowie an dem enzyklopädischen Vielfächerwissen des zu einer reinen Lehr- und Paukschule verkommenen Gymnasiums (Benner/Kemper 2003, S. 35), die an der Wende vom 19. zum 20. Jahrhundert tiefgreifende Reformen provozierte.

5 Reformpädagogik

Um die Wende vom 19. zum 20. Jahrhundert wurde nicht nur die Lehr- und Buchschule des 19. Jahrhunderts, sondern auch das herkömmliche Verständnis von Erziehung radikal in Frage gestellt. Die dadurch motivierte Suche nach kindgemäßen und repressionsfreien Formen der Erziehung und einer humaneren und schülerzentrierteren Gestaltung des Unterrichts führten zu einer beachtlichen Anzahl und Vielfalt pädagogisch-didaktischer Neuansätze. Diese wurden zunächst von Herman Nohl in seiner Monographie *Die pädagogische Bewegung in Deutschland und ihre Theorie* (1935) als „pädagogische Bewegung" erfasst und haben später unter dem Begriff ‚Reformpädagogik' in die pädagogische Historiographie Eingang gefunden. Nohls Monographie stellt innerhalb der Rezeptionsgeschichte auch den ersten Versuch einer Kanonisierung reformpädagogischer Ansätze dar. Nach seiner Einschätzung umfasst dieser Kanon die pädagogischen Volksbewegungen, zu denen er die Jugendbewegung (vgl. Kap. 5.1.2) und die Volkshochschulbewegung rechnet, sowie die in einem engeren Sinne pädagogischen Reformbewegungen mit der Kunsterziehungs- und Arbeitsschulbewegung, den Landerziehungsheimen (vgl. Kap. 5.2.1) und der Einheitsschulbewegung. Die spätere Gesamtdarstellung *Die reformpädagogische Bewegung* von Wolfgang Scheibe (1969) hat den Kanon insofern erweitert, als er noch die Hauslehrerschule Berthold Ottos (vgl. Kap. 5.1.3) und die ethisch-politischen Reformbestrebungen Friedrich Wilhelm Foersters und natürlich die neueren Versuchsschulen erwähnt hat, die insofern interessant sind, als sie eine bis heute andauernde Schultradition begründen konnten. Dazu gehören die Jena-Plan Schulen (vgl. Kap. 5.1.4.2), die Waldorfschulen und die Montessori-Schulen (vgl. Kap. 5.3.2).

Die Internationalität der Reformpädagogik

Auf die Internationalität der reformpädagogischen Bewegung hat besonders Hermann Röhrs hingewiesen. Er spricht von einer „epochalen Welterziehungsbewegung" (vgl. Röhrs 1986, S. 7f.), die auf eigens gegründeten internationalen Foren immer neue Nahrung fand. Zu nennen wären etwa das 1926 von Bovet, Claparède und Ferrière gegründete internationale Forum des *Bureau International d'Education* in Genf oder die 1927 gegründete *New Education Fellowship* (Weltbund für Erneuerung der Erziehung), die weltweit selbständige Sektionen unterhielt, sowie der 1923 in San Francisco gegründete *Weltverband der pädagogischen Vereinigungen (World Federation of Educational Associations)*. Darüber hinaus wurde ein überaus fruchtbarer internationaler Gedankenaustausch auf mehreren Weltkongressen gepflegt und intensiviert, wie etwa 1923 in Montreux, 1925 in Edinburgh und 1927 in Toronto.

Die Heterogenität reformpädagogischer Ansätze

Alle Kanonisierungsversuche können jedoch nicht darüber hinwegtäuschen, dass es der reformpädagogischen Bewegung weder im Hinblick auf die theoretische Begründung noch in Bezug auf praktische Umsetzungsversuche gelungen ist, zu einer einheitlichen und für alle Vertreter der Reformpädagogik gleichermaßen akzeptablen und überzeugenden Form zu gelangen. Zu unterschiedlich waren die jeweiligen weltanschaulichen und politisch-sozialen Überzeugungen sowie die Vorstellungen darüber, wie eine grundlegende Reform von Erziehung und Schule sich auch institutionell niederschlagen sollte. Es handelt sich vielmehr, so die Einschätzung von Baumgart, um „disparate, teilweise widersprüchliche Reforminitiativen einer ‚neuen Erziehung', die sich nach der Jahrhundertwende unabhängig voneinander entwickelten, öffentliche Resonanz gewannen und zwei Jahrzehnte später, am Ende der Weimarer Republik, im wissenschaftlichen Diskurs als ‚Reformpädagogik' zusammengefaßt wurden" (vgl. Baumgart 2001, S. 121). Zu einer ähnlichen Einschätzung gelangt Ehrenhard Skiera in seiner 2010 in zweiter Auflage erschienenen kritischen Einführung in die Reformpädagogik. Auch er sieht in der Reformpädagogik ein „facettenreiches" und in sich „widersprüchliches Diskurs- und Handlungsfeld" (vgl. Skiera 2010, S. VIII). Seine Einführung beginnt von daher auch mit den irritierenden Worten:

> *„Es gibt kaum einen Gegenstandsbereich in der erziehungswissenschaftlichen Diskussion, der ähnlich umstritten ist wie die Reformpädagogik. Das gilt für einzelne ihrer Richtungen ebenso wie für Bilanzierungsversuche hinsichtlich ihrer Bedeutung und Wirksamkeit, hinsichtlich der Frage nach den ihr zugehörigen Reformmotiven und der Summe ihrer Bewegungen sowie hinsichtlich ihrer historischen Einordnung im Ganzen."*
>
> Skiera 2010, S. 1

Die Diskussion um die Reformpädagogik

Der Streit um die Reformpädagogik entzündet sich hauptsächlich an zwei Momenten: Erstens an der Frage nach ihrer Originalität und zweitens im Hinblick auf die Bewertung ihres bleibenden pädagogisch-didaktischen Ertrags. Auf den ersten Blick erscheinen die Reformbestrebungen des beginnenden 20. Jahrhunderts tatsächlich nicht sonderlich originell. Die Kapitel 2 und 4 über die Pädagogik der Aufklärung und die Bildungsreformen des Neuhumanismus haben gezeigt, dass bereits die führenden Vertreter des Philanthropismus auf den Spuren Jean-Jacques Rousseaus und John Lockes die Eigenart der Kindheit betont und die Orientierung von Erziehung und Unterricht an der natürlichen Entwicklung eingefordert haben. Darüber hinaus waren die neuhumanistischen Bildungsreformen in Preußen unter anderem durch eine Gesellschafts- und Kulturkritik motiviert, die der im späten 19. Jahrhundert einsetzenden Zivilisationskritik sehr ähnlich ist. In seiner 1989 in ideologiekritischer Absicht verfassten „Dogmengeschichte" der Reformpädagogik stellt Jürgen Oelkers daher auch die These auf, dass die Reformpädagogik um die Wende vom 19. zum 20. Jahrhundert weder theoretisch noch praktisch sonderlich Neues hervorgebracht habe. Das, was die pädagogische Geschichtsschreibung als Reformpädagogik bezeichnet, sei lediglich die Fortsetzung des Projekts der neuzeitlichen Pädagogik, die seit Comenius und Rousseau immer mit einem Reformanspruch aufgetreten ist. Neu sind nach seiner Einschätzung lediglich die überaus problematische Mystifizierung des Kindes zum göttlichen Heilsboten und die übersteigerte Vision einer Rettung der Welt durch die guten und unverdorbenen Kräfte des Kindes.

Vor diesem Hintergrund scheint es auch plausibel, wenn Dietrich Benner und Herwart Kemper in ihrer 2003 erschienenen dreibändigen *Theorie und Geschichte der Reformpädagogik* den Versuch unternehmen, die reformpädagogische Bewegung um die Wende vom 19. zum 20. Jahrhundert in einen drei Phasen umspannenden Reformprozess einzubinden (vgl. Benner/Kemper 2003, S. 10). Sie unterscheiden die Reformbewegung der Aufklärung und des Neuhumanismus, die pädagogische Bewegung von der Wende vom 19. zum 20. Jahrhundert bis zum Ende der Weimarer Republik und die demokratischen Schulreformen in den beiden deutschen Nachkriegsstaaten nach 1945. Die erste Phase endete mit der den Preußischen Reformen folgenden Restauration und der aus ihr hervorgehenden staatlich reglementierten Lern- und Buchschule des 19. Jahrhunderts. Im ersten Drittel des 20. Jahrhunderts entstand aus der kritischen Auseinandersetzung mit eben dieser Schule eine zweite pädagogische Reformbewegung (vgl. ebd., S. 17). Es ist schon fast eine Ironie des Schicksals, dass das von den Aufklärungspädagogen und den Vertretern des Neuhumanismus in Angriff genommene ambitionierte Projekt eines für alle verpflichtenden öffentlichen Bildungssystems unter staatlicher Aufsicht nun den Anlass für eine radikale Schulkritik bildet, die sich gerade an der Institutionalisierung und „Formalisierung schulischen Lernens" entzündet (vgl. Baumgart 2001, S. 122; Benner/Kemper 2003, S. 35).

Nach Baumgart erfährt die nun einsetzende zweite reformpädagogische Bewegung mit ihren erziehungstheoretischen und methodisch-didaktischen Neuansätzen jedoch eine „zeittypische Zuspitzung", die es durchaus rechtfertigt, von einer „neuen Form pädagogischer Theorie und Praxis" zu sprechen (vgl. Baumgart 2001, S. 121). Neu ist gegenüber den Ansätzen der Aufklärung und des Neuhumanismus die Radikalität, mit der jetzt die Individualität des Kindes in das Zentrum der pädagogischen Reflexion gestellt und die Pädagogik als Theorie und Praxis vom Kinde aus gedacht wird.

Frage nach dem bleibenden Ertrag der Reformpädagogik

Auch die Frage nach dem bleibenden Ertrag bzw. der Leistung der Reformpädagogik wird überaus kontrovers verhandelt, was an zwei Positionen gezeigt werden soll. Während Hermann Röhrs im reformpädagogischen Aufbruch im Zeitraum zwischen 1880 und 1930 (1940 im außerdeutschen Bereich) die pädagogisch reichste Epoche der neueren Bildungsgeschichte sieht, die mit ihrem Fundus an pädagogischen Konzepten und Lösungsbeiträgen die Erziehungswirklichkeit bis heute entscheidend mitprägen konnte (vgl. Röhrs 1986, S. 79), hält Ehrenhard Skiera eine kritische Reflexion und Rezeption der Reformpädagogik für unerlässlich. Als Begründung verweist Skiera auf die zum Teil „antirationalen Theoreme" und „irrationalen Rettungsphantasien" (vgl. Skiera 2010, S. VIII), die in die utopische Hoffnung münden, durch eine am Kind orientierte „richtige" Erziehung eine bessere Gesellschaft und eine friedvollere Welt erschaffen zu können. Überaus fragwürdig seien dabei nicht nur die Idealisierung des Kindes als „neuem Messias" und die damit verbundene „Sakralisierung des Lehrens und Erziehens", sondern auch die vorherrschenden Gemeinschaftsideologien mit ihrer Anfälligkeit für totalitäre Systeme. Der Versuch einer Rekonstruktion und Rezeption der Reformpädagogik könne aus den benannten Gründen nur kritisch-diskursiv erfolgen (vgl. Skiera, a. a. O., S. VI). Eine gewisse Relativierung erfährt diese Einschätzung dadurch, dass Skiera durchaus auch auf die durch die Reformpädagogen entwickelte Vielfalt an inspirierenden schulpädagogischen und methodischen Alternativen hinweist, die heute aus der Unterrichtsgestaltung nicht mehr wegzudenken sind. So haben etwa fächerübergreifender Unterricht, handlungsorientiertes Lernen, Formen freien Arbeitens, Wochenplanarbeit, Projektarbeit sowie alternative Formen der Leistungsbeurteilung ihren Ursprung in der Reformpädagogik (vgl. Skiera, a. a. O., S. IX).

Eine bildungshistorische Perspektive auf die Reformpädagogik nimmt Elmar Tenorth ein und stellt einen epochalen Einschnitt im Erziehungsdenken fest. Die Zeit um 1890 markiere erziehungsgeschichtlich in mehrfacher Hinsicht den Beginn einer neuen Epoche, in der vor dem Hintergrund von „Kulturkritik, Sozialismusangst und bürgerlich-defensiver Reformrhetorik" versucht wird, durch Erziehung die Gesellschaft zu verändern. Theoretisch zeige sich die Zäsur in der Entstehung neuer Erziehungs- und Bildungstheorien und empirischer Forschungsprojekte. Praktisch wird der Einschnitt durch „einen rapiden Wandel der Erziehungsverhältnisse" sowie im „Wandel der Erziehungsbedingungen, die mit den modernen Formen der Familie, der Entdeckung der Jugend und dem Ausbau des Bildungssystems verbunden sind", greifbar (vgl. Tenorth 1992, S. 178).

5.1 Allgemeine Motive

Allgemeine Motive der Reformpädagogen

So unterschiedlich die Erziehungstheorien und Schulkonzepte hinsichtlich ihrer anthropologischen Begründung, ihrer Methoden und Zielsetzungen auch sein mögen, so lassen sich doch drei Momente herauskristallisieren, die sich, wenn auch in Variationen, wie ein roter Faden durch den reformpädagogischen Diskurs hindurchziehen: erstens die Gesellschafts- und Kulturkritik, zweitens der Ansatz einer „Pädagogik vom Kinde aus" und drittens das Moment der Schulkritik.

5.1.1 Gesellschafts- und Kulturkritik

> *„Wenn man die pädagogische Bewegung in Deutschland verstehen will, wird man sie in dem allgemeinen Zusammenhang der kulturellen Bewegungen sehen müssen, in dem sie mit allen ihren Einzelströmungen selbst doch wieder nur eine Welle ist, eine Bewegung neben andern größten historischen Ausmaßes, dem Sozialismus, der Inneren Mission, der Frauenbewegung, der sozialpolitischen Bewegung, der nationalen Bewegung, um nur die wichtigsten zu nennen. [...] Hinter den Bewegungen des 19. Jahrhunderts steht die neue soziale, sittliche und geistige Not unseres Volkes, die durch die Entwicklung der Industrie, der Großstädte, der Arbeits- und Wohnverhältnisse, aber auch durch die naturwissenschaftliche Aufklärung (Atomisierung/Entzauberung der Welt) und die Entwicklung der Spezialwissenschaften über die Seelen hereingebrochen ist. In diesem Prozeß ging der Selbstwert des Subjekts verloren; der Mensch, der nur noch nach seiner Leistungskraft gewürdigt wurde, wurde zur Masse, und alle Bindungen seines sozialen Daseins lösten sich auf. Parallel damit ging eine geistige Entwicklung, in der das Humanitätsideal unserer klassischen Welt zerstört wurde."*
>
> Nohl 1935:1988, S. 3f.

Zentrale Momente der Gesellschafts- und Kulturkritik

In diesem Zitat von Herman Nohl werden nicht nur die zentralen Momente der Gesellschafts- und Kulturkritik benannt, sondern es lässt sich auch ein Unbehagen an der modernen Gesellschaft und ihrer Kultur erkennen, einer Kultur, die sich für immer mehr Menschen als eine inhumane Unkultur zu erkennen gibt. Die soziale Not, von der Nohl spricht, erscheint als das Resultat umwälzender Modernisierungsprozesse innerhalb der Gesellschaft, die in einem engen Zusammenhang mit der zunehmenden Industrialisierung stehen. Im letzten Drittel des 19. Jahrhunderts hatte sich Deutschland zu einer der führenden Industrienationen entwickelt und damit Prozesse in Gang gesetzt, die nicht nur zur Entstehung des modernen Kapitalismus, sondern auch zur Herausbildung eines Industrieproletariats führten, und zwar mit weitreichenden Folgen für die sozialen Strukturen innerhalb der Gesellschaft. Aus der Ständegesellschaft war eine Klassengesellschaft geworden (vgl. Baumgart 2001, S. 124), in der sich niederdrückende Armut in der Arbeiterklasse mit unermesslichem Reichtum bei den Industriemagnaten gegenüberstanden. Der zunehmenden Bedrohung der gesellschaftlichen Ordnung durch die sich verschärfenden Klassengegensätze versuchte man politisch durch erste Ansätze einer staatlich initiierten Sozialpolitik zu begegnen. Sozialpädagogisch sollte die Neugestaltung der Schulen zu echten Lebensgemeinschaftsschulen werden. Neue Formen der Produktion und das Aufblühen einzelner Industriezweige, wie etwa im Bereich des Bergbaus und der Stahlindustrie, veränderten ganze Gebiete Deutschlands nachhaltig (z. B. Ruhrgebiet) und ließen die industriellen Ballungsgebiete entstehen. Der „Moloch" Großstadt (vgl. Baumgart 2001, S. 124) konfrontierte die Menschen mit den negativen und bedrohenden Seiten des modernen Industriezeitalters.

Verlust des Subjekts

Darüber hinaus droht in einer Zeit, in der alles auf Produktionssteigerung und Profitmaximierung angelegt ist und der Einzelne nur noch nach Leistung und Effizienz auf dem Arbeitsmarkt beurteilt wird, der „Selbstwert des Subjekts" verloren zu gehen. Die arbeitsteiligen Produktionsmechanismen in den Industriehallen führten verstärkt zu jenen Entfremdungserfahrungen, auf die bereits Schiller in seinen *Briefen über die ästhetische Erziehung* hingewiesen hatte (vgl. Kap. 3.1). Ein schnöder Materialismus und der Verlust der Individualität in der anonymen Massenkultur der Großstädte lassen nach Nohl das Humanitätsideal verblassen. Verstärkt werden diese Prozesse durch die Ausdifferenzierung der Naturwissenschaften mit ihren Formen der mathematisch-technischen Welterklärung, die zu einer Entzauberung der Welt führten, einer Welt, die von vielen zunehmend als sinnentleert empfunden wurde.

Im Hinblick auf den lebhaften Diskurs um Kultur- und Bildungskritik, Lebensreform und Reformpädagogik in Deutschland sind es vor allem Friedrich Nietzsche (1844–1900), Paul de Lagarde (1827–1891) und Julius Langbehn (1851–1907), die als „entscheidende Impulsgeber" genannt werden (vgl. Skiera 2010, S. 53). Julius Langbehn veröffentlichte 1890 sein Buch *Rembrandt als Erzieher* und konnte, so zumindest die gängige Geschichtsschreibung (z. B. Röhrs 1991; Andresen 2006; Jung 2011), nicht nur der Jugendbewegung (vgl. Kap. 5.1.2), sondern auch der „Kunsterziehungsbewegung" (vgl. Kap. 5.2.1) zu Beginn des 20. Jahrhunderts wichtige Impulse geben. Ebenso habe Paul de Lagarde in seinen *Deutschen Schriften* (1873) das Bildungsverständnis der Zeit einer scharfen Kritik unterzogen, indem er vor allem das Epigonenbewusstsein verurteilt, das im Grunde alles Neue und Individuelle im Keim erstickt. Christian Niemeyer hat 2014 in einem Aufsatz über Julius Langbehn diese Deutung radikal in Frage gestellt und vor allem das „erstaunlich positive Image“ Langbehns in der pädagogischen Geschichtsschreibung kritisch hinterfragt. Bedenklich sei nach Niemeyer vor allem der antisemitische und völkisch-nationale Hintergrund bei Langbehn und Lagarde. So kommt Niemeyer zu dem Schluss, dass Langbehns *Rembrandt als Erzieher* ebenso wie die Schriften Lagardes eindeutig in eine „präfaschistische Richtung“ weisen, ergänzt um einen „massiven Intellektualismus bei gleichzeitiger Beschwörung einer antimodernen Volkstums- und Kunsterneuerungsprogrammatik“ (Niemeyer 2014, S. 614).

Kritik am Bildungsbegriff durch Nietzsche

Die wohl schärfste Kritik an den Bildungsvorstellungen der Zeit stammt von Friedrich Nietzsche (1844–1900), der seine kultur- und bildungskritischen Gedanken vor allem in seinen *Unzeitgemäßen Betrachtungen* (1873–76) und in seinen Vorträgen Über die Zukunft *unserer Bildungsanstalten* (1872) entwickelt hat. Friedrich Nietzsche (1844–1900) wurde nach seinem Studium der klassischen Philologie und Theologie bereits mit 25 Jahren auf den Lehrstuhl für klassische Philologie an der Universität Basel berufen. Aus gesundheitlichen Gründen musste Nietzsche seine Lehrtätigkeit bereits 1879 beenden. Er starb 1900 in Weimar.

Abbildung 14: Friedrich Nietzsche

Die zwei folgenden kurzen Zitate reichen aus, um die Stoßrichtung von Nietzsches Bildungskritik vor Augen zu führen. Die im Interesse der Nationalökonomie geforderte „Erweiterung“ der Bildung lässt diese zur Ware und den Menschen selbst zum verfügbaren Humankapital werden. Der Sieg des Utilitarismus bedeutet zugleich die Reduktion individueller Bildung auf die effiziente Abrichtung für den Arbeitsmarkt:

> *„Dem ersten Triebe gemäß soll die Bildung in immer weitere Kreise getragen werden, im Sinne der anderen Tendenz wird der Bildung zugemuthet, ihre höchsten selbstherrlichen Ansprüche aufzugeben und sich dienend einer anderen Lebensform, nämlich der des Staates unterzuordnen. […] Ich glaube bemerkt zu haben, von welcher Seite aus der Ruf nach möglichster Erweiterung und Ausbreitung der Bildung am deutlichsten erschallt. Diese Erweiterung gehört unter die beliebtesten nationalökonomischen Dogmen der Gegenwart. Möglichst viel Erkenntniß und Bildung – daher möglichst viel Produktion und Bedürfniß – daher möglichst viel Glück: – so lautet etwa die Formel.“*
>
> Nietzsche 1872:1980, S. 667

„Das heisst eben doch nur: die Menschen sollen zu den Zwecken der Zeit abgerichtet werden, um so zeitig als möglich mit Hand anzulegen; sie sollen in der Fabrik der allgemeinen Utilität arbeiten, bevor sie reif sind, ja damit sie gar nicht mehr reif werden – weil dies ein Luxus wäre, der dem Arbeitsmarkte eine Menge von Kraft entziehen würde."

Nietzsche, 1872:1980, S. 299

5.1.2 Jugendbewegung

Jugendbewegung als Antithese zur Moderne

Aus dieser allgemeinen Stimmung eines Unbehagens an der modernen Zivilisation und ihren Folgen entwickelte sich seit 1900 die Jugendbewegung als Antithese zur Moderne. Folgen wir noch einmal der Einschätzung von Herman Nohl, so handelt es sich bei der um die Jahrhundertwende einsetzenden Jugendbewegung um die „tiefgreifendste Erscheinung der pädagogischen Gegenwart" (vgl. Nohl 1935:1988, S. 15). Tiefgreifend konnte die Jugendbewegung insofern wirken, als durch sie nicht nur das „grundlegende Verhältnis aller Pädagogik" (a. a. O.), nämlich das Generationenverhältnis, radikal in Frage gestellt wurde, sondern weil es im Verlauf dieser Bewegung auch zu einem neuen Erziehungsverständnis und zu einer Anerkennung einer eigenen Jugendkultur kam.

Gründung des Wandervogels

Die Anfänge der Jugendbewegung, in der immerhin das Selbstbewusstsein einer ganzen Generation ihren Ausdruck findet, sind eher unspektakulär. Wanderungen von Schülern eines Gymnasiums in Berlin Steglitz in den nahegelegenen Grunewald führten im Jahre 1901 zur Gründung des Vereins *Wandervogel – Ausschuss für Schülerfahrten*. Der Gründungsbericht an das Kultusministerium definiert den Zweck des Vereins und lässt die zivilisationskritische und lebensreformerische Ausrichtung erkennen:

„In der Jugend die Wanderlust zu pflegen, die Mußestunden durch gemeinsame Ausflüge nutzbringend und erfreulich auszufüllen, den Sinn für die Natur zu wecken, zur Kenntnis unserer deutschen Heimat anzuleiten, den Willen und die Selbständigkeit der Wanderer zu stählen, kameradschaftlichen Geist zu pflegen, allen den Schädigungen des Leibes und der Seele entgegenzuwirken, die zumal in und um unseren Großstädten die Jugend bedrohen, als da sind: Stubenhockerei und Müßiggang, die Gefahren des Alkohols und des Nikotins – um von Schlimmerem ganz zu schweigen."

Gründungsbericht, zit. nach Giesecke 1981, S. 17

Aus dieser eher unscheinbaren Initiative sollte innerhalb kürzester Zeit eine Tausende von Jugendlichen umfassende Bewegung werden.

Abbildung 15: Gruppe des Wandervogels aus Berlin

„Aus grauer Städte Mauern ziehn wir durch Wald und Feld." In diesem noch heute bekannten Lied von Hans Riedl (Text) und Robert Götz (Weise) aus dem Jahr 1921 wird die Grundstimmung der sich nun formierenden Jugend eingefangen. In deutlicher Abgrenzung gegen die leeren Konventionen und verstaubten Moralvorstellungen der bürgerlichen Gesellschaft und als Flucht vor den belastenden Lebensbedingungen in den Großstädten mit ihren beengten Wohnverhältnissen und den Bedrohungen durch Alkoholismus, Nikotinsucht und Resignation sucht die Jugend nun die freie und unberührte Natur und das Zusammenfinden in neuen und durch die Jugendlichen selbst organisierten Gemeinschaften. Die Jugend lehnt sich mit wachsendem Selbstbewusstsein gegen eine Gesellschaft auf, die ihr keine „attraktiven Identifikationsmodi" mehr zu bieten vermag (vgl. Skiera 2010, S. 73f.).

Abgrenzung gegen die bürgerliche Gesellschaft

Als Gegenentwurf gegen den einseitigen Intellektualismus und gnadenlosen Leistungsdruck in den Schulen, gegen die anonyme Zweckrationalität der Berufswelt und das autoritäre Gebaren im Elternhaus wird nun auf das Erleben und zwar sowohl auf das unmittelbare Naturerleben als auch auf die Erfahrung echter Gemeinschaft Gleichgesinnter unter der Leitung von

Entstehung einer Jugendkultur

selbstgewählten Führern gesetzt. Die bewusste Abgrenzung gegen die ältere Generation bringt auch eine spezifische Jugendkultur mit eigenen ästhetischen Formen hervor, die eine deutliche Affinität zur deutschen Volkskultur (Volkslied und Volkstanz) erkennen lässt. So entstand eine große Zahl an kleinen Gruppen und Bünden, von denen sich der überwiegende Teil zur *Freideutschen Jugend* zusammenschloss.

Meißnerfest am 13. Oktober 1913

Einen Höhepunkt erreichte die Jugendbewegung mit dem Ersten Freideutschen Jugendtag auf dem Hohen Meißner bei Kassel am 13. Oktober 1913. In der von Gustav Wyneken formulierten Einladung zum Meißnerfest findet das neue Selbstverständnis der Jugend seinen Ausdruck:

> *„Die deutsche Jugend steht an einem entscheidenden Wendepunkt. Die Jugend, bisher nur ein Anhängsel der älteren Generation, aus dem öffentlichen Leben ausgeschaltet und auf eine passive Rolle verwiesen, beginnt sich auf sich selbst zu besinnen. Sie versucht, unabhängig von den Geboten der Konventionen sich selbst ihr Leben zu gestalten. Sie strebt nach einer Lebensführung, die jugendlichem Wesen entspricht, die es ihr aber zugleich ermöglicht, sich selbst und ihr Tun ernst zu nehmen und sich als einen besonderen Faktor in die allgemeine Kulturarbeit einzugliedern. Sie möchte das, was in ihr an reiner Begeisterung für höchste Menschheitsaufgaben, an ungebrochenem Glauben und Mut zu einem adligen Dasein lebt, als einen erfrischenden, verjüngenden Strom dem Geistesleben des Volkes zuführen."*
>
> Wyneken 1907, zit. nach Skiera 2010, S. 71

Fomulierung der Meißnerformel

In einer großen Inszenierung gelobte die Jugend auf dem Hohen Meißner, von nun an ihr Leben in eigener Verantwortung und mit „innerer Wahrhaftigkeit" zu gestalten und für diese innere Freiheit „unter allen Umständen geschlossen" einzutreten" (Meißnerformel 1913, zit. nach Reble 1975, S. 275).

Forderung nach einer eigenen Jugendkultur

Gustav Wyneken wurde 1875 in Stade geboren. Sein Studium der Theologie und Philologie schloss er 1898 mit der Promotion an der Universität Berlin ab. Von 1900 bis 1906 war Wyneken als Lehrer in den Landerziehungsheimen in Ilsenburg und Haubinda tätig (vgl. Kap. 5.2.3), bis er nach einem Zerwürfnis mit dem Schulgründer Hermann Lietz die Internate verließ.

Mit geradezu missionarischem Engagement trat Gustav Wyneken (1875–1964) für eine eigene Jugendkultur ein. In seinem *Gedankenkreis der Freien Schulgemeinde* (1919) verteidigt Wyneken das Recht der Jugend auf freie Selbstgestaltung und fordert die Anerkennung einer autonomen Jugendkultur:

> *„Jugend ist nicht lediglich Vorbereitungszeit, sondern sie hat ihren eigenen unersetzlichen Wert, ihre eigene Schönheit und infolgedessen auch*

das Recht auf ein eigenes Leben, auf die Möglichkeit der Entfaltung ihrer besonderen Art. Weil ihr nun diese in der Gegenwart meist versagt ist, so treffen wir so selten den Typus des jugendlich-schönen Menschen an. Und die Erwachsenen, die für den Wert der jugendlichen Sonderart keinen Sinn hatten, und infolgedessen in ihrer Zeitkultur die Jugend haben verkümmern lassen, sie haben hinterher für diese verhunzte Jugend noch ihren dummgutmütigen Hohn: Flegeljahre, Pennäler, Backfische. Es gilt also der bürgerlichen Stumpfheit das Recht der Jugend abzuringen.“

Wyneken 1919, S. 10.

Gründung der Freien Schulgemeinde Wickersdorf 1906

Wynekens Vorsatz, auch in der Schule eine eigene Jugendkultur zu pflegen, führte 1906 zur Gründung der *Freien Schulgemeinde Wickersdorf*, an der auch Paul Geheeb, der Gründer der Odenwaldschule, beteiligt war. Die Schule sollte den Jugendlichen zur freien Selbstentfaltung verhelfen und vor allem durch ein partnerschaftliches Verhältnis zwischen Lehrern und Schülern geprägt sein. Wynekens engagierter Einsatz für die Belange der Jugend fand allerdings im Jahr 1919 ein überaus unrühmliches Ende: Ein strafrechtliches Verfahren wegen Pädophilie und sexuellen Missbrauchs an mindestens zwei Schülern zwang ihn dazu, 1920 den Schuldienst zu quittieren. Dies allein ist Anlass genug, um auch auf die überaus bedenklichen Momente der Jugendbewegung hinzuweisen.

Die „dunkle Seite" der Jugendbewegung

In seinem 2013 publizierten Buch *Die dunklen Seiten der Jugendbewegung. Vom Wandervogel zur Hitlerjugend* hat Christian Niemeyer durch eine schonungslose Analyse der historischen und ideologischen Zusammenhänge zwischen der Jugendbewegung und dem Nationalsozialismus auf völkische, antisemitische und antidemokratische Untertöne hingewiesen, die den „Mythos Jugendbewegung“ erheblich ins Wanken brachten. Niemeyer kritisiert in diesem Zusammenhang auch die nach 1945 einsetzende Geschichtsschreibung der Jugendbewegung, die offensichtlich ganz bewusst das völkische und antisemitische Erbe der Bewegung zu verschleiern sucht (Niemeyer 2013, S. 8ff.). Nicht ohne Grund konnte die Hitlerjugend in der NS-Zeit an Formen einer jugendbewegten Gemeinschaftserziehung mit ihrem Führerprinzip anknüpfen.

Weiterführende Literatur zur Jugendbewegung

!

Barth, Reinhard (2006): Die Revolte von Jung gegen Alt in Deutschland im 20. Jahrhundert. Berlin.

Giesecke, Hermann (1981): Vom Wandervogel bis zur Hitlerjugend. Weinheim/München: Juventa.

Niemeyer, Christian (2013): Die dunklen Seiten der Jugendbewegung. Vom Wandervogel zur Hitlerjugend. Tübingen: A. Francke.
Skiera, Ehrenhard (2010): Reformpädagogik in Geschichte und Gegenwart. Eine kritische Einführung. 2. Auflage. München: Oldenbourg, Kapitel 3.

5.1.3 Pädagogik „vom Kinde aus"

Pädagogik vom Kinde aus

Der Vorsatz, Ziele und Methoden der Erziehung sowie die pädagogisch-didaktische Konzeption von Unterricht in Zukunft „vom Kinde aus" zu denken und entsprechend zu gestalten, wurde von allen Reformpädagogen wenn auch in durchaus. unterschiedlicher Weise verfolgt. Im Hinblick auf das Erziehungsverständnis sollte diese Neuorientierung bedeuten, das Recht des Kindes auf freie und schöpferische Selbstentfaltung zu respektieren, auf die im Kind selbst wirkenden Entwicklungskräfte zu vertrauen und die Aufgabe von Erziehung auf die fördernde Begleitung natürlicher Entwicklungsprozesse und das Arrangement einer entwicklungs- und aktivitätsfördernden Umgebung zu begrenzen. Im schulischen Bereich führte der pädagogische Ansatz „vom Kinde aus" zu der Forderung, die entwicklungsbedingten Lernmöglichkeiten und individuellen Interessen der Schüler stärker zu berücksichtigen und rezeptive Lernformen durch die Eigenaktivität der Schüler zu ersetzen. In letzter Konsequenz führte die Vorstellung einer „Pädagogik vom Kinde aus" jedoch zu einer geradezu mystischen Verklärung des Kindes zum „autopoietischen Prinzip individueller und gesellschaftlicher Entwicklung" (vgl. Benner/Kemper 2003, S. 61).

Ellen Key: *Das Jahrhundert des Kindes*

Im Jahre 1902 erschien in Berlin das Buch der schwedischen Journalistin und Lehrerin Ellen Key (1849–1926) mit dem programmatischen Titel *Das Jahrhundert des Kindes*, das in Deutschland wie ein „Fanfarenstoß" einer Pädagogik vom Kinde aus wirkte (vgl. Skiera 2010, S. 100). Beeinflusst durch die Evolutionstheorien von Ernst Haeckel und Charles Darwin sowie inspiriert durch die kulturkritischen Schriften Friedrich Nietzsches, ruft Ellen Key das Jahrhundert des Kindes aus und formuliert das Programm einer „neuen", vom Kinde aus entwickelten Pädagogik, von der sie sich nicht weniger als eine Erneuerung und Regeneration der Gesellschaft erhofft. Das Jahrhundert des Kindes wird, so die optimistische Vision Keys, nicht nur dazu führen, dass die Erwachsenen die Kindheit in ihrer Eigenart verstehen, sondern die „Einfalt des Kindersinns" wird auch positiv auf die Erwachsenen zurückwirken (Key 1902:1991, S. 121). Die Bedingung dafür ist jedoch eine Erziehung, welche die Natur „ruhig und langsam" sich selbst helfen lässt und lediglich Sorge dafür trägt, dass die natürliche Selbstentfaltung des Kindes nicht durch äußere Eingriffe und Verhältnisse gestört wird (a. a. O., S. 77). Dass die

Reformrhetorik Ellen Keys mitunter geradezu überschwängliche Züge annahm, zeigt das folgende Zitat:

> *„Bevor nicht Vater und Mutter ihre Stirn vor der Hoheit des Kindes beugen; bevor sie nicht einsehen, daß das Wort Kind nur ein anderer Ausdruck für den Begriff Majestät ist; bevor sie nicht fühlen, daß es die Zukunft ist, die in Gestalt des Kindes in ihren Armen schlummert, die Geschichte, die zu ihren Füßen spielt, werden sie auch nicht begreifen, daß sie ebensowenig die Macht oder das Recht haben, diesem neuen Wesen Gesetze vorzuschreiben, wie sie die Macht oder das Recht besitzen, sie den Bahnen der Sterne aufzuerlegen."*
>
> Key 1902:1991, S. 181f.

Forderung nach Humanisierung und Demokratisierung von Schule

Ellen Key warnte darüber hinaus mit starken Worten vor den „Seelenmorden in den Schulen" (so die Überschrift eines Kapitels in ihrem *Jahrhundert des Kindes*) und forderte eine Humanisierung und Demokratisierung der Schule durch die konsequente Berücksichtigung der Individualität und Selbsttätigkeit der Schüler. In der folgenden Textpassage entwirft Key ein koedukatives Gesamtschulmodell und benennt die „vier Eckpfeiler" der von ihr entworfenen „neuen" Schule:

> *„Der Kenntnisdrang, die Selbsttätigkeit und die Beobachtungsgabe, die die Kinder dorthin mitbringen, sind nach Schluß der Schulzeit in der Regel verschwunden, ohne sich in Kenntnisse oder Interessen umgesetzt zu haben. Das ist das Resultat, wenn die Kinder ungefähr vom sechsten bis zum achtzehnten Jahre ihr Leben auf Schulbänken damit zugebracht haben, Stunde für Stunde, Monat für Monat, Semester für Semester Kenntnisse zuerst in Teelöffel-, dann in Dessertlöffel- und schließlich in Eßlöffel-Portionen einzunehmen, Mixturen, die der Lehrer oft nach Darstellungen aus vierter oder fünfter Hand zusammengebraut hat. [...] Ich habe darum immer aufs wärmste den Gedanken gehegt, daß die Schule keine Knaben-, keine Mädchen-, keine Elementar- und keine Volksschule sein soll, sondern eine wirkliche Gesamtschule, wo das eine und das andere Geschlecht, die Kinder der einen sowie der anderen Gesellschaftsklasse das gegenseitige Vertrauen, die gegenseitige Achtung, das gegenseitige Verständnis lernten, das dann ihr segensreiches Zusammenarbeiten in der Familie und im Staate ermöglichen soll. [...] Bei einer solchen Schule muß auch derselbe Grundsatz, der auf anderen Gebieten Sitte und Gesetz humanisiert hat, sich geltend machen, nämlich die Rücksicht auf die verschiedenen Individualitäten, so daß der persönlichen Freiheit so wenig Hindernisse wie möglich in den Weg gelegt werden. [...] Frühe*

Spezialisierung da, wo ausgeprägte individuelle Anlagen vorhanden sind; Konzentrierung auf gewisse Gegenstände zu gewissen Zeitpunkten; selbständiges Arbeiten während der ganzen Schulzeit; Wirklichkeitsberührung während aller Schulstadien: dies müssen die vier Ecksteine der neuen Schule sein.“

Key 1905, S. 221–233

Eugenische und rassenbiologische Überlegungen

Dass sich in Ellen Keys emphatischer Forderung nach einer *Pädagogik vom Kinde aus* auch eugenische und rassenbiologische Überlegungen finden lassen, bleibt in affirmativen Darstellungen der Reformpädagogik meist unerwähnt. Key schreckt offensichtlich nicht davor zurück, bei der Realisierung ihrer utopischen Vision eines durch Erziehung hervorzubringenden „neuen Menschen“ auf Eugenik und Rassenlehre zurückzugreifen. Bezeichnenderweise fordert Key gleich im ersten Kapitel ihres wirkungsvollen Buches *Das Jahrhundert des Kindes* das Recht des Kindes ein, „seine Eltern zu wählen“, und sie erhofft sich durch die Festlegung von staatlichen Regeln zur Vermeidung von Eheschließungen unter „Minderwertigen“ (Key 1905, S. 22f.) diese Rechte umzusetzen. Andresen und Baader konnten in ihrer 1989 veröffentlichten Studie zeigen, dass sich Keys „Bekenntnis zur Eugenik“ wie ein roter Faden durch das ganze Buch zieht (Andresen/Baader 1989, S. 6).

Einem kruden Biologismus und Naturalismus folgend, verspricht sich auch Maria Montessori von einer wissenschaftlich fundierten Erziehungsreform die Hervorbringung eines „neuen und vollkommenen Menschen in künftigen Generationen“ (Montessori 1951, zitiert nach Böhm 1996, S. 17f.). Ein neu zu gründendes „Ministerium für menschliche Entwicklung“, das sich in Analogie mit der „Agrikultur“ mit der „Homokultur“ zu befassen habe (ebd.), soll die erzieherischen Bemühungen unterstützen. Sowohl Ellen Key als auch Maria Montessori orientieren sich dabei an der Evolutionstheorie von Herbert Spencer, der mit seiner evolutionstheoretischen Vorstellung einer Höherentwicklung der Arten den weltanschaulichen und anthropologischen Diskurs des 19. Jahrhunderts maßgeblich beeinflussen konnte (Skiera 2003, S. 90). Wenngleich damit eugenisches und rassistisches Gedankengut sozusagen ‚hoffähig‘ wurde, kann man allerdings weder bei Ellen Key noch bei Maria Montessori von einem völkischen Rassismus sprechen, wie ihn später die Nationalsozialisten vertreten haben.

Die Hamburger Schulreformer

Deutlich realistischere Töne stimmten die in Hamburg, Bremen und Berlin wirkenden Schulreformer an, unter denen besonders Fritz Gansberg (1871–1950), Heinrich Scharrelmann (1871–1941), Ludwig Gurlitt (1855–1931), Berthold Otto (1859–1933) und Johannes Gläser (1863–1944) zu nennen sind. Ihnen gemeinsam ist die Vorstellung, dass der Unterricht vorrangig der Persönlichkeitsentwicklung dienen und die elementaren Kräfte im

Schüler entwickeln solle. Die Grundintention der Schulreformer lässt sich beispielhaft an Berthold Otto zeigen.

Die Hauslehrerschule von Berthold Otto

Berthold Otto gründete am 23. April 1906 in seiner Privatwohnung in Berlin-Lichterfelde als Erweiterung des Unterrichts für seine eigenen fünf Kinder seine *Hauslehrerschule.* 1910 zog die Schule in ein eigens errichtetes Schulgebäude um. Die theoretischen Prämissen seines Schulkonzepts erläutert Otto folgendermaßen:

> *„Jeder Mensch, jedes Kind trägt die Gesetze seines organischen Wachstums in sich selbst. Für den Körper ist das allbekannt; für Geist und Seele will man es nicht anerkennen. Deswegen lässt man den Körper wachsen, wie er will, gibt ihm nur Gelegenheit zu gesunder Betätigung und hält schädliche Einflüsse und solche Gefahren, deren Abwehr er noch nicht gewachsen ist, von ihm fern. Diese körperliche Erziehung hat die besten Ergebnisse. Geist und Seele dagegen, meint man, würden sich zu schändlichen Mißgestalten auswachsen, wenn man sie nicht in sorgfältig ausgewählte und zurechtgedrechselte Schablonen einzwängte, die man in Erwägung dessen, was der Mensch im Leben braucht, zusammenstellt. Solch eine Schablone nennt man Lehrplan, und der wachsende Geist muß jahrweise und tagweise hineingepreßt werden, einerlei ob er seiner eigenen Natur nach gerade in dieser Richtung wachsen will oder nicht, ja einerlei ob er überhaupt gerade Wachstumskraft hat oder nicht. […] Das alles hatte ich im Lehrgang der Zukunftsschule nachgewiesen, und nun lehrten mich meine Beobachtungen im Unterricht, daß das Kind durch die Gesetze des organischen Geisteswachstums, die es in sich trägt, gerade zu den Betätigungen geführt wird, die wir hier als die sehr wichtigeren kennen gelernt haben, so daß der Schablonenzwang, der es davon wegdrängt, durchweg verbildend wirkt.“*
>
> Otto 1898, zit. nach Flitner 1961, S. 186f.

Der Einfluss Maria Montessoris

Einen nicht unerheblichen Einfluss auf die Bewegung vom Kinde aus in Deutschland konnte die italienische Ärztin und Anthropologin Maria Montessori (1870–1952) gewinnen. Im Jahre 1913 war die deutsche Übersetzung ihres pädagogischen Hauptwerkes *Il Metodo* unter dem Titel *Selbsttätige Erziehung im frühen Kindesalter* erschienen. Aus ihrer rein naturalistisch begründeten Theorie kindlicher Entwicklung leitete Montessori dort die Forderung nach einer naturgemäßen Erziehung ab, welche die Normen des erzieherischen Handelns aus der natürlichen Entwicklung des Kindes gewinnt. Der Erzieher wird konsequenterweise zum dienenden Helfer des Kindes, das an der Entfaltung seines immanenten Bauplanes arbeitet. Am Beispiel Montessoris lässt sich die innere Ambivalenz einer *Pädagogik vom Kinde aus* besonders deutlich zeigen, die zwischen einer bis ins Irrationale tendierenden Mystifizierung des göttlichen Kindes und einer eher nüchtern anmutenden Forderung nach der wissenschaftlichen Erforschung des Kindes und seiner Entwicklung oszilliert.

Das Kind als Messias

Hinter Montessoris optimistischer Sicht des Kindes verbirgt sich der religiöse Glaube bzw. die metaphysische Annahme, Gott selbst habe jene geheimnisvollen Entwicklungskräfte in das Kind eingesenkt, um uns durch sie die wahre und unverfälschte menschliche Natur vor Augen zu führen. Die ungehinderte Entfaltung des immanenten Bauplanes im Kind realisiert den im göttlichen Schöpfungsplan vorgesehenen normalen Menschen, der hinsichtlich seiner intellektuellen, moralischen und sozialen Kompetenzen der Vorstellung des vollkommenen Menschen entspricht. Der wahre pädagogische Geist strebt von daher danach, die objektiven Bedürfnisse des Kindes als Ausdruck der göttlichen Weisheit zu achten und sich dem natürlichen Verlangen des Kindes selbstlos zu fügen. Das Kind erscheint in diesem verklärten Licht sogar als der neue Messias, der die Erwachsenen aus ihrer Verblendung befreit und eine neue und bessere Menschheit verkündet. In ihrem Buch *Gott und das Kind* beleuchtet Montessori das Verhältnis zwischen Erwachsenem und Kind unter einer dezidiert religiösen Perspektive und verleiht dem erzieherischen Handeln eine geradezu religiöse Dignität. Die normale Entwicklung des Kindes wird als Schöpfungsakt Gottes interpretiert und damit zur normativen Instanz erhoben, eine Hypostasierung der Erziehung, der die Montessori-Methode zum Teil ihren weltweiten Erfolg verdankt:

> *„Gott offenbart seinen Willen einerseits durch übernatürliche Offenbarung, andererseits durch die Natur der Wesen, die durch ihn erschaffen sind. Aber wie immer Gott seinen Willen offenbart und seine Wünsche, wir müssen darauf hören. [...] Wenn man die Gesetze der Entwicklung des Kindes entdeckt, so entdeckt man den Geist und die Weisheit Gottes, der im Kind wirkt. Wir müssen die objektiven Bedürfnisse des Kindes achten, als etwas, das Gott selbst uns zu befriedigen auferlegt. Dies ist der wahre pädagogische Geist, denn es bedeutet, dass man die göttliche Weisheit selbst durch das Verhalten der Erzieher verwirklicht. Wenn wir im Rufe der Natur den Ruf Gottes erkennen, der uns sagt, dass wir dem Kind helfen sollen, dann werden wir immer bereit sein, diesen Bedürfnissen zu entsprechen. Dann werden wir sehen, dass wir uns auf diese Weise den Plänen Gottes zur Verfügung stellen und dass wir so am Werk Gottes Anteil haben."*
>
> Montessori 1922:1995, S. 28

Andererseits fordert Montessori aber auch eine an den Methoden der Naturwissenschaften orientierte pädagogische Forschung, welche die bislang vermeintlich verborgene wahre Natur des Kindes enthüllt und über die immanenten Gesetzmäßigkeiten seiner natürlichen Entwicklung aufklärt:

> *„Die Basis der in unseren Tagen notwendigen pädagogischen und sozialen Reformen muss durch ein wissenschaftliches Studium des unbekannten Menschen gelegt werden.“*
>
> Montessori 1949:1966, S. 20

Pädagogik als Experimentalwissenschaft

Im Geiste des italienischen Positivismus erhoffte sich Montessori einen Fortschritt der Pädagogik als Wissenschaft von der Orientierung an den Methoden der Experimentalwissenschaften, an deren Forschungsleistungen sich die Pädagogik in Zukunft zu messen habe. Entsprechend begrüßte es Montessori ausdrücklich, dass nun auch die Pädagogik, wie schon früher die Medizin, die Bahnen der bloßen Spekulation verlassen und sich auf die positiven Forschungsergebnisse der Erfahrung und des Experiments gründen wolle. Montessori verstand ihre Arbeit von daher auch als „erste Keimzelle der positiven Wissenschaft“ und die von ihr gegründeten Kinderhäuser als „Laboratorien der Humanwissenschaft“ (Montessori 1913:1994, S. 1).

Festzuhalten ist die Tatsache, dass die von der Reformpädagogik entschieden vertretene *Pädagogik vom Kinde aus* einen wichtigen Beitrag zur Etablierung der experimentellen Forschung und zum Aufschwung der Kinderpsychologie und Kindheitsforschung leisten konnte. Im Jahre 1882 erschien William Preyers vielbeachtetes Buch *Die Seele des Kindes* und 1897 wurde der deutsche Verein für Kinderpsychologie gegründet.

5.1.4 Wissenschaftliche Forschung als Grundlage

5.1.4.1 Experimentelle Forschung

Um die Wende vom 19. zum 20. Jahrhundert wurden vom „szientifischen Flügel der Reformpädagogik“ (Tenorth 2000, S. 224) in Deutschland Versuche unternommen, die empirisch-analytische und experimentelle Forschung zu etablieren. Ein entscheidendes Motiv war der Wunsch, das erzieherische und didaktische Handeln empirisch zu erforschen und sowohl seine Effektivität als auch seine ‚Kindgemäßheit‘ zu überprüfen. Die methodischen Grundlagen lieferten neben der experimentellen Psychologie Wilhelm Wundts, Gustav Fechners und William Preyers die Schulhygienebewegung und die internationale empirische Kinderforschung. Besonders der amerikanische Psychologe Stanley Hall (1846–1924), der führende Kopf der sog. *child-study-Bewegung* in den USA konnte die Kinderforschung in Deutschland anregen

(Depaepe 1993, S. 52f.). Als treibende Kraft trat eine engagierte und sich in Vereinen organisierende Lehrerschaft in Erscheinung, die in der Experimentellen Pädagogik die Möglichkeit einer erfahrungsbasierten Schulreform sah. Eine Vorreiterrolle nahm der Leipziger Lehrerverein (LLV) ein, der bereits 1900 eine *Abteilung für exakte Pädagogik* und 1906 das erste *Institut für experimentelle Pädagogik und Psychologie* ins Leben gerufen hatte. Im Jahre 1910 gründete Aloys Fischer (1880–1937) in Zusammenarbeit mit dem örtlichen Lehrerverein das *Pädagogisch-psychologische Institut* in München. Die enge Verbindung von reformpädagogischen und experimentell-wissenschaftlichen Bestrebungen zeigt sich besonders deutlich in der Arbeit des 1909 in Berlin gegründeten Bundes für Schulreform, zu dessen Gründungsvätern Ernst Meumann, Georg Kerschensteiner, Alfred Lichtwark, William Stern, Heinrich Wolgast, Hugo Gaudig, Aloys Fischer, Peter Petersen, Paul Geheeb und Wilhelm Rein gehörten (Hopf 2004, S. 252). Im deutschsprachigen Raum gelten Wilhelm August Lay (1862–1926) und Ernst Meumann (1862–1915) als Begründer und Epigonen der experimentellen Pädagogik.[1]

In seinen beiden Hauptwerken *Experimentelle Didaktik* (1903) und *Experimentelle Pädagogik mit besonderer Rücksicht auf die Erziehung durch die Tat* (1908) entwirft Lay für die Pädagogik ein Forschungskonzept, das methodisch auf das Experiment, die Statistik und die exakte Beobachtung „in eigenartiger, den pädagogischen Zwecken entsprechender Gestalt, zur Lösung von Fragen des Unterrichts und der Erziehung" (Lay 1908:1918, S. 1) zurückgreift. Die neuen Forschungsmethoden und ihre Resultate sollten das „blinde Probieren" ersetzen und die Pädagogik in den Rang einer modernen Wissenschaft erheben.

Die drei Stufen des pädagogischen Experiments

Ein pädagogisches Experiment verläuft nach Lay in den drei Stufen der Hypothesenbildung, der Anordnung des Versuchs und der Verifikation der Ergebnisse in der Praxis (Lay 1908:1918, S. 8). Die Planung und Durchführung pädagogischer Experimente liegt in der Zuständigkeit der Lehrer, zu deren professioneller Qualifikation daher die Einübung in empirisch-experimentelle Methoden notwendig gehört. Im Idealfall nutzt der forschende Lehrer die verifizierten Forschungsergebnisse direkt zur Verbesserung seiner Schulpraxis. Mit der *Individual-, Natural- und Sozialpädagogik* unterscheidet Lay drei Teilgebiete der experimentellen Forschung, die insofern von theoretischer und praktischer Bedeutung sind, als sie die individuellen, naturalen und sozialen Einflussfaktoren auf die Erziehung bestimmen (Lay 1908:1918, S. 23ff.). Die *Individualpädagogik* befasst sich mit den ererbten Anlagen, Begabungen

[1] Zu den Anschlüssen an diese Forschungstraditionen in der Erziehungs- bzw. Bildungswissenschaft vgl. den Band von Heinz-Hermann Krüger in dieser Reihe: Krüger 2019, Kap. 4.3: Empirische Erziehungswissenschaft.

und individuellen Eigenschaften des Kindes. Die *Naturalpädagogik* erforscht Abstammungsmerkmale sowie erworbene Eigenschaften als Folge von Sozialisationsprozessen. *Sozialpädagogische Forschungen* erfassen die sozialen Einflüsse (Familie, Freunde, politische und religiöse Gemeinschaften) auf die Entwicklung von Kindern und Jugendlichen.

Die Tatschule als eine Form der Arbeitsschule

Aus seiner reformpädagogisch motivierten Kritik an der Wort- und Buchschule resultiert Lays Forderung nach der *Tatschule* als spezifischer Form der Arbeitsschule, in der das passive und rein rezeptive Lernen durch das aktive Konstruieren, Darstellen und Schaffen des Schülers zumindest ergänzt wird. Die anthropologische Begründung der *Tatschule* leistet Lay durch die Übertragung des biologischen Grundgesetzes, wonach jede Einwirkung (Reiz) durch eine Rückwirkung (Bewegung) beantwortet wird, auf geistige Phänomene. Alle geistigen Prozesse sind durch die Wechselwirkung von *Eindruck* (Beobachtung, Anschauung), *geistiger Verarbeitung* (durch Phantasie, Gefühl, Verstand) und *Ausdruck* (Darstellung, Rückwirkung) charakterisiert. Der Unterricht soll von daher „sensorisch-motorisch, anschauend-schaffend und beobachtend-darstellend" gestaltet sein (Lay 1910, S. 592).

Kritik an Lay

Die zeitgenössische Kritik entzündete sich vor allem an der Vorstellung des forschenden Lehrers und an Lays Forderung nach einer engen Verknüpfung von experimenteller Forschung und konkreter Unterrichtsgestaltung. Wilhelm Wundt warnte ausdrücklich vor der Durchführung experimenteller Untersuchungen durch methodisch unzureichend ausgebildete Lehrer und einer „schablonenhaften Anwendung" experimentell gewonnener Ergebnisse auf die Praxis (Wundt 1909, S. 315f.). Auch Meumann problematisierte eine direkte Übertragung der Forschungsergebnisse in die Praxis. Sein bis heute gültiger Einwand lautete, dass das bloße „Ausprobieren der zweckmäßigsten Maßnahmen und Methoden" die Pädagogik zu einer Sammlung von technischen Kunstgriffen diskreditiere (Meumann 1914, S. 12).

Ernst Meumann wurde am 29. August 1862 in Ürdingen geboren und studierte Philosophie und Kunstwissenschaften in Tübingen und Berlin sowie evangelische Theologie in Halle. Im Jahre 1891 nimmt Meumann ein Studium am Institut für experimentelle Psychologie bei Wilhelm Wundt in Leipzig auf und wird später dessen Assistent. 1904 wird Meumann Professor für Philosophie und Allgemeine Pädagogik an der Universität Zürich. Es folgen weitere Professuren in Königsberg, Münster, Halle und Leipzig. 1911 wird er Mitbegründer und Vorstand des *Bundes für Schulreform* und Mitherausgeber der *Zeitschrift für Pädagogische Psychologie und Experimentelle Pädagogik*. 1914 gründet Meumann in Hamburg das interdisziplinär arbeitende *Institut für Jugendkunde*, an dem auch Peter Petersen tätig war.

Empirische Tatsachenforschung

Im Grunde wollte Meumann die experimentelle Pädagogik für die zeitgenössische Reformbewegung fruchtbar machen. Zu diesem Zweck forderte

Meumann eine empirische Tatsachenforschung, die sich von einer normativen Pädagogik ebenso abgrenzt wie von den subjektiven Vorschlägen reiner Praktiker. Allein die empirisch-experimentelle Forschung biete eine „objektive Instanz", die angesichts der Fülle von Reformvorschlägen frei von politischen, sozialen und religiösen Einflüssen im „Geiste reiner Wahrheitsforschung" zu überprüfbaren Aussagen über Erziehung und Unterricht gelangen könne (vgl. Meumann 1920, S. 3). Meumanns *Vorlesungen zur Einführung in die Experimentelle Pädagogik* erschienen erstmals 1907 und gelten zusammen mit dem 1914 in Leipzig publizierten *Abriß der experimentellen Pädagogik* als seine Hauptwerke. Erziehung und Unterricht müssen im Hinblick auf Erziehungsmittel und Inhalte auf die Entwicklungsstufen des Kindes berechnet und diesen angepasst sein. Da die Natur des Kindes und die Gesetze seiner Entwicklung nicht durch „deduktive Reflexion" feststellbar sind, beruht die ganze Pädagogik auf einem „empirischen Unterbau" und bedarf einer umfassenden Grundlegung durch empirische Forschung. Das bevorzugte Arbeitsgebiet der experimentellen Pädagogik ist daher die *exakte Jugendkunde* (vgl. Meumann 1914:1920, S. 13). Zu ihr gehört die Entwicklungsforschung mit experimentellen Untersuchungen über die körperliche und geistige Entwicklung des Jugendlichen, wobei vor allem die Entwicklung von Aufmerksamkeit, Sinneswahrnehmung, Gedächtnis, Vorstellungskraft und Gefühl experimentell festgestellt werden. Ergänzt werden diese Untersuchungen durch Individualitäts- und Begabungsforschungen.

Die Arbeit des Schulkindes

Ein weiterer Forschungsschwerpunkt liegt auf der experimentellen Analyse der *Arbeit des Schulkindes*, die sich sowohl auf die sozialen Beziehungen als auch auf die Ökonomie und Technik des schulischen Lernens richtet. Meumann ist davon überzeugt, dass sich auch hoch komplexe geistige Vorgänge experimentell erforschen lassen, indem man sie auf ihre elementaren Verhältnisse reduziert. In Anlehnung an die Methoden der experimentellen Psychologie arbeitete Meumann in Laboratorien mit aufwendigen Apparaturen, die der möglichst exakten Zeitmessung und der Durchführung von Reaktionsversuchen dienten (Hopf 2004, S. 187). Durch seine Forschungen zur ästhetischen Wahrnehmungs- und Darstellungsfähigkeit von Kindern ergaben sich enge Bezüge zur Kunsterziehungsbewegung, die durch die räumliche Nähe zu deren Zentrum in Hamburg noch verstärkt wurden.

5.1.4.2 Die pädagogische Tatsachenforschung (Else und Peter Petersen)

Peter Petersen wird am 26. Juni 1884 in Flensburg geboren. Nach seinem Studium ist Petersen zunächst als Gymnasiallehrer in Leipzig und Hamburg tätig. 1912 wird Petersen Vorstandsmitglied im *Bund für Schulreform* und übernimmt 1920 die Leitung der *Lichtwarkschule* in Hamburg. Die hier gewonnenen

Erfahrungen im Hinblick auf die innere Schulreform bilden die Grundlage für die spätere Konzeption des Jena-Planes. Nach seiner Habilitation (1920) wird Petersen auf den Lehrstuhl für Erziehungswissenschaft an der Universität Jena berufen (1923).

Universitätsübungsschule in Jena

Mit dem Lehrstuhl übernimmt Petersen auch die angegliederte Universitätsübungsschule und gestaltet sie nach seinen eigenen Reformideen zu einer Lebensgemeinschaftsschule um. Der Schulversuch wird später unter dem Namen Jena-Plan weltweit bekannt.

Pädagogische Tatsachenforschung

In den Jahren zwischen 1932 und 1952 entwickelten Else und Peter Petersen an der Versuchsschule in Jena die *pädagogische Tatsachenforschung*. Ziel war es, eine der Erziehungswissenschaft adäquate Methode empirischer Forschung zu entwickeln. Als Hilfswissenschaft der Pädagogik widmet sich die Forschung ausschließlich in der Schule vorkommenden „Tatsachen“ und führt von der Erfassung pädagogischer „Geschehnisse“ zu pädagogischen Erkenntnissen (Petersen 1965, S. 129). Eine bedeutende Wendung in der Tatsachenforschung brachte Elsa Köhler, die 1931 von Wien nach Jena kam und ein exaktes Protokollieren des Verhaltens der Schüler auf psychologischer Grundlage forderte. Die Grundbedingung aller Aufnahmen ist die natürliche, nicht die gestellte pädagogische Situation: „Niemals darf der Beobachter die Situation beeinflussen. Sie muß so verlaufen, wie wenn er nicht da wäre, sie muß absolut rein sein und rein wiedergegeben werden“ (vgl. Petersen 1965, S. 142). Dabei werden drei Formen von erziehungswissenschaftlichen „Aufnahmen“ unterschieden:

Einzelaufnahme, Lehrer- und Gesamtaufnahme

Erstens die *Einzelaufnahme*, die der Erfassung der „Grundkräfte“ und „Grundformen“ (a. a. O.) kindlicher Entwicklung sowie der Erforschung des Entwicklungsverlaufs dient. *Zweitens* die *Lehreraufnahme*, welche die Persönlichkeit des Lehrers sowie unterschiedliche Formen der Unterrichtsgestaltung in den Blick nimmt. *Drittens* die *Gesamtaufnahme* der pädagogischen Situation, in der das gemeinsame Unterrichtsleben in seinem Rhythmus und in seinen Wirkungen und Gegenwirkungen erfasst wird. Die sich aus den protokollierten Beobachtungen ergebenden Folgerungen liefern die Grundlage für die Unterrichtsgestaltung.

Die pädagogische Situation

Unter einer *pädagogischen Situation* versteht Peter Petersen jenen

> *„[...] absichtsvoll gebildeten und unterhaltenen Lebenskreis problemhaltiger (gleich: fragenerfüllter) Situationen, der dazu bestimmt ist, der allseitigen Entwicklung, Formwerdung (Bildung) und Reifung der rein menschlichen Anlagen und Kräfte von Kindern und Jugendlichen die beste Umwelthilfe zu gewähren. Sie stellt die Jugend unter Reize und vor Aufgaben der mannigfaltigen Art, durch die ein jeder genötigt wird, sich als ganzer Mensch, als ganze Persönlichkeit zu äußern, tätig zu werden, zu*

handeln und mit relativ abgeschlossenen Stellungnahmen und Leistungen zu antworten.“

Petersen 1965, S. 109

Die Jena-Plan Schule

Wesentliche Aufgabe der Erforschung der pädagogischen Situation ist die Verbesserung der erzieherischen und didaktischen Sensibilität und Kompetenz der Lehrer. Sie soll von Lehrern selbst vorgenommen werden und einen festen Platz in der Lehrerbildung einnehmen. Bekannt wurde Petersen jedoch nicht nur durch die Tatsachenforschung, sondern auch durch die Umgestaltung der Universitätsübungsschule in Jena zu einer Lebensgemeinschaftsschule. Dieses Reformprojekt konnte unter dem Namen *Jena-Plan-Schule* eine bis heute wirksame Schultradition begründen.

Die erziehungswissenschaftlichen Grundlagen seiner Versuchsschule stellte Petersen 1927 in seiner Schrift *Der Jena-Plan einer freien allgemeinen Volksschule. Kleine Ausgabe* dar. Die Jenaplan-Schule sollte als Arbeits- und Lebensgemeinschaftsschule die Erziehung aller Kinder bis zum 10. Schuljahr ermöglichen. Erziehung wird von Petersen dabei als eine Funktion der Gemeinschaft aufgefasst, deren erzieherische Kräfte den Schüler stärker beeinflussen als jeder Lehrer. Die Erziehung gestaltet sich so als ein mehr emotionales als rationales „Hineingelebtwerden in die Gemeinschaft“ (vgl. Petersen 1927, S. 104), ihre kulturellen Ausprägungen, sozialen Umgangsformen und sittlichen Normen. In der Jena-Plan Schule lernen und arbeiten die Schüler gemeinsam in Stammgruppen (Untergruppe: 1.–3. Schuljahr; Mittelgruppe: 4.–6. Schuljahr; Obergruppe: 7.–8. Schuljahr; Jugendlichengruppe: 9.–10. Schuljahr) und zwar in hohem Maße selbständig und nach einem Wochenarbeitsplan. Die Gruppenarbeit nimmt insofern eine zentrale Stellung ein, als durch sie nach Petersen das selbstständige Denken und kooperative Handeln in besonderem Maße gefördert werden kann. Da Petersen davon ausgeht, dass die Schüler durchaus in der Lage sind, ihre eigenen Leistungen einzuschätzen, erfolgt die Versetzung von einer Stammgruppe in die nächst höhere auf der Grundlage der Selbst- und Mitschülerbeurteilung.

Petersens nationalsozialistische Vergangenheit

Peter Petersen erfährt bis heute mit seiner pädagogischen Tatsachenforschung und dem Konzept der Jena-Plan Schule weltweit Beachtung. Umso irritierender ist die Aufdeckung seiner nationalsozialistischen Vergangenheit. Benjamin Ortmeyer konnte in seiner Studie *Mythos und Pathos statt Logos und Ethos* (2009) die offen zu Tage tretende antisemitische, völkisch-nationale und rassistische Position Petersens ebenso zweifelsfrei nachweisen wie seine offensive NS-Propaganda. In Petersens Aufsatz *Die erziehungswissenschaftlichen Grundlagen des Jenaplans im Lichte des Nationalsozialismus* aus dem Jahre 1935 finden sich die folgenden unmissverständlichen Formulierungen:

„Die Erziehungswissenschaft, auf deren Grundlagen der Jenaplan ruht, ist die erste, welche volkstheoretisch begründet wurde. Wie sie sich eindeutig gegen jeden Liberalismus und Internationalismus, gegen Demokratie und Individualismus wandte, so auch gegen die idealistischen Theorien von der Menschheit. Es gibt keine Menschenbürger, es gibt nur Volksbürger."

Petersen 1935, S. 3

An gleicher Stelle betont Petersen, zwei Jahre nach den Sterilisierungsgesetzen des NS-Regimes, dass seine Jenaplan-Schule „von jeher offen für alle Forderungen der Hygiene und Eugenik, der Rassenlehre und der Erbwissenschaft gewesen sei (ebd.; Ortmeyer 2009, S. 5). Noch deutlicher wird der Rassismus Petersens in einer Publikation von 1941, die dem Thema der „rassischen Hochwertigkeit" gewidmet ist. Dort heißt es:

„Einen einzigen Tag gründlich eine Schule für Farbige besuchen, etwa in Südafrika [...] oder in Neuyork oder Cleveland, Ohio oder Chicago dürfte genügen, jeden der den Menschen liebt und achtet, von Rassenmischung abzuschrecken. Er wird mit Grauen feststellen, was für ein Verbrechen es ist, Gelbe mit Weißen, Schwarze mit Gelben, Schwarze mit Weißen, Mischlinge wieder mit Mischlingen usf. zu paaren, und zwar wegen der seelischen Entartung, die so oder so letzten Endes unvermeidlich ist [...] Denken wir uns alle Völker ihrer Leistung, ihrem Kulturwerte nach auf eine Kurve aufgetragen, so finden wir die Weißen im letzten höchsten Teile der Kurve, ihnen sind die höheren Werte vorbehalten."

Petersen 1941, S. 41

Peter Petersen hatte offensichtlich keinerlei Skrupel, als er am 25. April 1944 im Konzentrationslager Buchenwald einen Vortrag über *Wissenschaft im Dienst des Lebens – Erziehungswissenschaft der Gegenwart* hielt. Der überwiegende Teil seiner Zuhörer waren norwegische Studenten, die aufgrund ihres politischen Widerstandes gegen das NS-Regime in Norwegen verhaftet worden waren.

Vor diesem Hintergrund ist es leicht nachvollziehbar, dass sich nach der Veröffentlichung der Studie von Ortmeyer eine Reihe von Peter-Petersen-Schulen zu einer Umbenennung ihrer Schulen entschlossen hat. Die erste in dieser Reihe war die Petersen-Schule in Weiterstadt (bei Darmstadt), die nun den Namen Anna-Freud-Schule trägt (Ortmeyer 2009, S. 3).

!

Weiterführende Literatur zur Pädagogik vom Kinde aus und zur Experimentellen Pädagogik

Benner, Dietrich/Kemper, Herwart (2003): Theorie und Geschichte der Reformpädagogik. Teil 2: Die Pädagogische Bewegung von der Jahrhundertwende bis zum Ende der Weimarer Republik. Weinheim/Basel: Beltz, Kapitel 3.6.

Hopf, Caroline (2004): Die experimentelle Pädagogik. Empirische Erziehungswissenschaft in Deutschland am Anfang des 20. Jahrhunderts. Bad Heilbrunn: Klinkhardt.

Wehner, Ulrich (2009): „Pädagogik vom Kinde aus". Versuch einer kinderphilosophischen Reinterpretation einer pädagogischen Formel. In: www.widerstreit-sachunterricht.de. Online Zeitschrift, Ausgabe Nr. 12.

5.1.5 Schulkritik

Kritik an der alten Schule

Die Kritik an der ‚alten Schule' bildet ohne Zweifel ein Hauptmotiv der Reformpädagogen, das sogar geeignet erscheint, einen inneren Zusammenhang zwischen den unterschiedlichen pädagogischen Reformvorschlägen und didaktischen Neukonzeptionen zu stiften. Dabei führte die Kritik an der Lern- und Buchschule des 19. Jahrhunderts sowohl zu eher moderaten Versuchen einer inneren Schulreform, welche den Intellektualismus und Verbalismus zu überwinden suchten (z. B. Kunsterziehungsbewegung, Kap. 5.2.1 und Arbeitsschulbewegung, Kap. 5.2.2) als auch zu völlig neuen pädagogisch-didaktischen Ideen und ihrer praktischen Umsetzung in Modell- und Versuchsschulen, die zum Teil bis heute fortdauernde Schultraditionen begründen konnten (z. B. Jena-Plan Schulen, Waldorf- und Montessori-Schulen). In den Fokus der Kritik geraten nun u. a. ein nahezu ausschließlich lehrerzentrierter und autoritärer Unterricht, der die Eigenaktivität und Produktivität der Schüler in fremdgesteuerten Unterrichtsprozessen unterdrückt, eine monotone und geisttötende didaktische Gleichförmigkeit des Unterrichts, die aus dem enzyklopädischen Bildungsbegriff des 19. Jahrhunderts resultierende Stoffüberbürdung des Unterrichts, mangelnde Individualisierung und schließlich die als angsterzeugend und repressiv erfahrene Lernatmosphäre in den meisten Schulen.

Autobiographische Erinnerungen

Um sich eine Vorstellung von der nun heftig kritisierten Schule zu bilden, kann das folgende Zitat von Stefan Zweig aus seinem autobiographischen Werk *Die Welt von Gestern. Erinnerungen eines Europäers* (1942 posthum erschienen) hilfreich sein:

„Dunkel erinnere ich mich, dass wir als Siebenjährige irgendein Lied von der fröhlichen, seligen Kinderzeit auswendig lernen und im Chor singen mussten. Ich habe die Melodie dieses einfach-einfältigen Liedchens noch im Ohr, aber sein Text ist mir schon damals schwer über die Lippen gegangen und noch weniger als Überzeugung ins Herz gedrungen. Denn meine Schulzeit war, wenn ich ehrlich sein soll, nichts als ein ständiger gelangweilter Überdruss, von Jahr zu Jahr gesteigert durch die Ungeduld, dieser Tretmühle zu entkommen. Ich kann mich nicht besinnen, je fröhlich noch selig innerhalb jenes monotonen, herzlosen und geistlosen Schulbetriebs gewesen zu sein, der uns die schönste, freieste Epoche des Daseins gründlich vergällt, und ich gestehe sogar, mich heute noch eines gewissen Neides nicht erwehren zu können, wenn ich sehe, um wie viel glücklicher, freier, selbständiger sich noch in diesem Jahrhundert die Kindheit entfalten kann. Noch immer kommt es mir unwahrscheinlich vor, wenn ich beobachte, wie heute Kinder unbefangen und fast au Pair mit ihren Lehrern plaudern, wie sie angstlos statt wie wir mit einem ständigen Unzulänglichkeitsgefühl zur Schule eilen, wie sie ihre Wünsche, ihre Neigungen aus junger, neugieriger Seele in Schule und Haus offen bekennen dürfen – freie, selbständige, natürliche Wesen, indes wir, kaum dass wir das verhasste Haus betraten, uns gleichsam in uns hineinducken mussten, um nicht mit der Stirn gegen das unsichtbare Joch zu stoßen. Schule war für uns Zwang, Öde, Langeweile, eine Stätte, in der man die Wissenschaft des nicht Wissenswerten in genau abgeteilten Portionen sich einzuverleiben hatte, scholastische oder scholastisch gemachte Materie, von der wir fühlten, dass sie auf das reale und auf unser persönliches Interesse keinerlei Bezug haben konnten. Es war ein stumpfes, ödes Lernen nicht um des Lebens willen, sondern um des Lernens willen, das uns die alte Pädagogik aufzwang. Und der einzige wirklich beschwingte Glücksmoment, den ich der Schule zu danken habe, wurde der Tag, da ich ihre Tür für immer hinter mir zuschlug."

Zweig 1942, zit. nach Böhm 2012, S. 40f.

Kritik am Formalismus der Herbartianer

Wenngleich autobiographische Berichte über die eigenen, oft als leidvoll in Erinnerung gebliebenen Erfahrungen mit der Lernschule des 19. Jahrhunderts sich bei vielen Vertretern der Reformpädagogik finden lassen und diese ‚Erfahrungen' sicherlich auch die Schulkritik inspirierten, so muss doch als eigentliches Motiv für das Ressentiment gegen die ‚alte' Schule die Kritik am Formalismus der Herbartianer besonders ins Auge gefasst werden.

Stufen des Unterrichts nach Herbart

Johann Friedrich Herbart (1776–1841), neben Schleiermacher Mitbegründer einer neuzeitlichen wissenschaftlichen Pädagogik, hatte in seiner *Allgemeinen Pädagogik* (1806) mit den vier Stufen Klarheit, Assoziation, System und Methode eine Stufentheorie des Unterrichts vorgelegt.

Stufen des Unterrichts nach Johann Friedrich Herbart (1776–1841):

Klarheit
Assoziation
System
Methode

Abbildung 16: Johann Friedrich Herbart

Nach den didaktischen Vorstellungen Herbarts sollte jeder Unterricht einem klaren und durchdachten Schema folgen: Nach der Einstimmung in das Thema der Stunde soll der Unterricht zunächst an das anknüpfen, was die Schüler an Vorwissen und individuellen Vorerfahrungen im Hinblick auf das zu behandelnde Unterrichtsthema bereits mitbringen. Der Unterricht beginnt also mit der analytischen Klärung des oft noch unklaren und undeutlichen Vorwissens der Schüler (*Klarheit*). In einem zweiten didaktischen Schritt sollen die Schüler das Neuerlernte mit dem bereits Bekannten in Verbindung bringen (*Assoziation*). Die dadurch provozierte und von den Schülern selbst zu leistende Neuordnung und Neustrukturierung des Wissens zu einem geordneten Zusammenhang bezeichnet Herbart als *System*. Auf der letzten Stufe des Unterrichts werden die neu erworbenen Kenntnisse methodisch angewendet und die Schüler zu der Erkenntnis geführt, dass die Verknüpfung von Neuem und Alten, die Erweiterung ihres Gedankenkreises sowie die Neustrukturierung ihres Wissensbestandes als ihre eigene Lernleistung und als das Resultat ihrer Selbsttätigkeit zu gelten haben (vgl. Benner/Kemper 2003, S. 28f.). Die Kritik der Reformpädagogen richtet sich von daher auch nicht gegen Herbart selbst, der ja ausdrücklich auf die Selbsttätigkeit der Schüler hinweist, sondern gegen eine verkürzte Rezeption seiner Unterrichtstheorie und die Reduktion der Stufen des Unterrichts auf didaktische Formalstufen durch die sogenannten Herbartianer. Unter ihnen sind besonders Tuiskon Ziller (1817–1882), Karl Volkmar Stoy (1815–1885) und Wilhelm Rein (1847–1929) zu nennen. Die Herbartianer hatten zu einer bedenklichen Schematisierung und Erstarrung des Unterrichts beigetragen und darüber hinaus die Aktivität im Unterrichtsgeschehen von den Schülern auf die Lehrer übertragen (vgl. Holstein 1963, S. 9f.). Nun sind es die Lehrer, die etwas zeigen und erklären, Neues mit Bekanntem verknüpfen und systematische Gedankengänge entwickeln. Die Kritik an der Lernschule wurde weitgehend unreflektiert zu einer Kritik an Herbart, und kaum ein Befürworter der „neuen" Schule bemühte sich um ein differenziertes und unvoreingenommenes Herbartverständnis (a. a. O.).

Kritik an den didaktischen Formalstufen des Unterrichts der Herbartianer

Beispiele einer alternativen Schulpraxis

So überspitzt und polemisch die Schulkritik aus der Perspektive der Reformer für uns heute auch klingen mag, so dürfen wir nicht vergessen, dass die aus dieser Kritik heraus unternommenen Versuche einer Humanisierung der Schule zu jenen Beispielen einer alternativen Schulpraxis führten, die auch heute noch die Diskussion um neue Lern- und Schulkulturen inspirieren und zur Akzeptanz schülerzentrierter Lernformen führten. Nach Ehrenhard Skiera verdanken wir den didaktischen Neuansätzen der Reformpädagogik folgende Momente, die aus der aktuellen Schulwirklichkeit nicht mehr wegzudenken sind (vgl. Skiera 2010, S. VII):

- Individualisierung des Unterrichts und Betonung des Aktivitätsprinzips
- Orientierung an den entwicklungsbedingten Lernmöglichkeiten und individuellen Interessen der Schüler
- Überwindung des einseitigen Intellektualismus der Schule in Richtung auf die ganzheitliche Förderung der Kinder und Jugendlichen
- Die Organisation der Schule als Lebensgemeinschaft, die kooperative, selbst- und mitverantwortliche Formen des Lernens zulässt und fördert
- Gestaltung einer anregenden und aktivitätsfördernden Lernumgebung
- Eröffnung von Möglichkeiten demokratischer Mitbestimmung durch die Schüler
- Selbstbildungsmittel zur individuellen Arbeit, Partner- und Gruppenarbeit

Bildung im Medium von Kunst und Arbeit

Zu den ersten pädagogisch-didaktischen Bewegungen in Richtung einer inneren Schulreform gehören die Kunsterziehungs- und die Arbeitsschulbewegung. Gegen den einseitigen Intellektualismus und das rein rezeptive Lernen in den Schulen werden nun Kunst und Arbeit in ihrer bildenden Wirkung hervorgehoben.

Reflexionsfragen

Aufgabe ?

1. An welche Theorieansätze und Ansichten von Vorläufern wurde von der Reformpädagogik angeknüpft?
2. Welche gesellschaftskritischen Annahmen bildeten die Basis für die Entwicklung reformpädagogischer Strömungen?
3. Nennen und begründen Sie zwei Aspekte: Welche zivilisations- und kulturkritischen Motive liegen der Jugendbewegung zugrunde?
4. Welche Zusammenhänge erkennen Sie zwischen der Pädagogik Montessoris in Italien und dem szientifischen Flügel der Reformpädagogik in Deutschland?
5. Nennen und begründen Sie zwei Aspekte: Wogegen richtet sich die Schulkritik der Reformpädagogen? Welche didaktischen Neuansätze verdanken wir der Reformpädagogik?

6. Welche Diskrepanzen bestehen zwischen der Schultheorie Herbarts und den späteren Vorstellungen der Herbartianer? Wie bewerten Sie die Folgen dieser Unterschiede in Hinblick auf didaktische Modelle?
7. Welche Konsequenzen ergeben sich aus einer „Pädagogik vom Kinde aus" für das Verständnis von Erziehung und Unterricht?
8. Diskutieren Sie, inwiefern die Reformpädagogik teilweise anschlussfähig an die „Pädagogik" des Nationalsozialismus war! Was sagt dies über das Verhältnis pädagogischen Denkens im Kontext von Ideologie und Politik aus? Vergleichen Sie hier auch die Überlegungen der Kritischen Erziehungswissenschaft (siehe auch den Band von Heinz-Hermann Krüger in dieser Reihe: Krüger 2019, Kap. 4.4)!

5.2 Pädagogische Bewegungen

5.2.1 Kunsterziehungsbewegung

Das Kind als Künstler

Die um etwa 1870 einsetzende Kritik an einer angeblich blassen und verarmten Kultur sowie einer „leer gewordenen Zivilisation" (Nohl 1935: 1988, S. 38) führte in Verbindung mit der Schulkritik zu der Entstehung der *Kunsterziehungsbewegung* mit ihrer Idee einer neuen und anderen Bildung aus den produktiv-schöpferischen Kräften des Menschen. Die Kunst erscheint nun als das neue Medium sowohl von Bildung als auch einer als dringend notwendig empfundenen Erneuerung der Kultur. Man entdeckte nicht nur das Kind als Künstler, das über ganz eigene und spontane Ausdrucksformen verfügt (z. B. Kinderzeichnungen), sondern man versuchte auch durch die stärkere Betonung der ästhetischen Erziehung eine ganzheitliche Förderung und Bildung zurückzugewinnen. Die Anbahnung ästhetischer Erfahrungen durch den Kunstunterricht wurde dabei ebenso gesehen wie die Bedeutung der sinnlichen Anschauung und die Schulung der Wahrnehmungsfähigkeit. Generell wurden die musischen Fächer in ihrer Bildungswirkung neu gesehen und gegen die Dominanz der wissenschaftlichen Fächer verteidigt.

Der Kunsthistoriker Julius Langbehn (1851–1907) konnte mit seinem kulturkritischen Buch *Rembrandt als Erzieher* (1890) die Kunsterziehungsbewegung nachhaltig beeinflussen. Langbehn führt den „rapiden Verfall" der deutschen Kultur darauf zurück, dass in Wissenschaft, Philosophie und Kunst keine „epochemachenden Individualitäten" mehr zu finden sind, die mit ihrer Kreativität neue Akzente zu setzen wissen. Schuld daran sei zum einen eine rückwärtsgewandte historische Bildung und zum anderen die zunehmende

Verwissenschaftlichung nahezu aller Bereiche, die das Schöpferische im Menschen zu ersticken drohen. Notwendig sei von daher nicht ein Mehr an wissenschaftlicher Qualifikation, sondern eine ästhetische Erziehung und Bildung, welche die schöpferische Individualität gegen den einseitigen Rationalismus in den Blick bringt (zur Kritik an Langbehns antisemitischem und völkisch-nationalem Hintergrund vgl. Niemeyer 2013; Kap. 5.1.1).

Krisenbewältigung im Medium der Kunst

Langbehns These lautet: Die Überwindung der Krise der Kultur, die immer auch eine Krise der Bildung bedeutet, kann nur im Medium der Kunst gelingen:

> *„Es ist nachgerade zum öffentlichen Geheimniß geworden, daß das geistige Leben des deutschen Volkes sich gegenwärtig in einem Zustande des langsamen, Einige meinen auch des rapiden Verfalls befindet. Die Wissenschaft zerstiebt allseitig in Spezialismus; auf dem Gebiet des Denkens wie der schönen Literatur fehlt es an epochemachenden Individualitäten; die bildende Kunst, obwohl durch bedeutende Meister vertreten, entbehrt doch der Monumentalität und damit ihrer besten Wirkung; Musiker sind selten, Musikanten zahllos. Die Architektur ist die Achse der bildenden Kunst, wie die Philosophie die Achse alles wissenschaftlichen Denkens ist; augenblicklich giebt es aber weder eine deutsche Architektur noch eine deutsche Philosophie. Die großen Koryphäen auf den verschiedenen Gebieten sterben aus; les rois s' en vont. Das heutige Kunstgewerbe hat, auf seiner stilistischen Hetzjagd, alle Zeiten und Völker durchprobirt und ist trotzdem oder gerade deshalb nicht zu einem eigenen Stil gelangt. Ohne Frage spricht sich in allem diesem der demokratisirende nivellirende atomisirende Geist des jetzigen Jahrhunderts aus. Zudem ist die gesammte Bildung der Gegenwart eine historische alexandrinische rückwärts gewandte; sie richtet ihr Absehen weit weniger darauf, neue Werthe zu schaffen, als alte Werthe zu registriren. Und damit ist überhaupt die schwache Seite unserer modernen Zeitbildung getroffen; sie ist wissenschaftlich und will wissenschaftlich sein; aber je wissenschaftlicher sie wird, desto unschöpferischer wird sie. […] Das Interesse an der Wissenschaft und insbesondere an der früher so populären Naturwissenschaft vermindert sich neuerdings in weiten Kreisen der deutschen Welt; es vollzieht sich ein merklicher Umschwung in der betreffenden allgemeinen Stimmung; […] Man glaubt nicht mehr so recht an diese Art von Evangelium. Man ist einigermaßen übersättigt von Induktion; man durstet nach Synthese; die Tage der Objektivität neigen sich wieder einmal zu Ende und die Subjektivität klopft dafür an die Thüre. Man wendet sich zur Kunst!“*
>
> Langbehn 1890, zit. nach Baumgart 2001, S. 131

Erste Ansätze einer Kunstpädagogik

Entscheidende kunstpädagogische und -didaktische Anregungen gingen von einem Kreis Hamburger Reformpädagogen aus, die auch tatsächlich eine Reihe von Innovationen in die Schulen tragen konnten: Der freie Ausdruck sollte nun den Zeichen- und Werkunterricht in den Schulen bestimmen, freie Aufsätze (meist Erlebnisberichte) bereicherten den Deutschunterricht, spontane körperliche Bewegung in Form von rhythmischer Gymnastik und Tanz fanden Eingang in den Sportunterricht, und das Schultheater sollte die ästhetische Selbstdarstellung der Schüler fördern. Über die Schulen hinaus führte die Kunsterziehungsbewegung u. a. zu einer Aufwertung der Volksliedtradition, des Laienspiels und des Kunsthandwerks. Öffentliche Aufmerksamkeit erlangte die Kunsterziehungsbewegung durch drei große Kunsterziehungstage, die jeweils eine andere Kunstgattung thematisierten und über Möglichkeiten der didaktischen Umsetzung diskutierten:

Die drei großen Kunsterziehungstage:
1901 in Dresden (bildende Kunst und freies Zeichnen)
1903 in Weimar (Sprache und Dichtung)
1905 in Hamburg (Musik und Gymnastik)

Abbildung 17: Alfred Lichtwark

Öffentlichkeitswirksam war auch eine Reihe von Ausstellungen, die sich mit dem Thema kindlicher Kreativität auseinandersetzten. Im Jahr 1898 veranstaltete Carl Götze (1865–1947), Oberschulrat in Hamburg, in der Hamburger Kunsthalle die Ausstellung *Das Kind als Künstler*, der 1901 in Berlin eine weitere Ausstellung mit dem Titel *Die Kunst im Leben des Kindes* folgte.

Zu den prominentesten Vertretern der Kunsterziehungsbewegung gehörte neben dem Kunsthistoriker Alfred Lichtwark (1852–1914) der Lehrer und Literaturpädagoge Heinrich Wolgast (1860–1920).

Alfred Lichtwark wurde am 14. November 1852 in Hamburg geboren und studierte nach seinem Abitur am Christianeum in Hamburg Kunst und Pädagogik in Dresden, Leipzig und Berlin. Nach seiner Lehrtätigkeit an unterschiedlichen Bürgerschulen in Berlin wurde Lichtwark 1886 Direktor der Hamburger Kunsthalle, die er als Stätte der ästhetischen Erziehung und Bildung des Volkes verstand und die er auch für Kinder und Jugendliche attraktiv gestalten wollte.

Lichtwark als Begründer der Museumspädagogik

Mit seinem Versuch, Kinder und Jugendliche in seinem Museum behutsam an die Betrachtung und das Verstehen von Kunstwerken heranzuführen, konnte Lichtwark der Museumspädagogik wichtige Impulse liefern. In seinen

1909 in Berlin erschienenen *Übungen in der Betrachtung von Kunstwerken* setzte sich Lichtwark für die Förderung der kreativ-schöpferischen Kräfte im Kind ein und warnte davor, das Kunsterleben durch abstrakte Theorie zu verstellen. Die intellektuell-wissenschaftliche Ausrichtung des Unterrichts sollte durch ästhetische Erziehung und Bildung ergänzt werden.

Der Volksschullehrer und Literaturpädagoge Heinrich Wolgast (1860–1920) löste mit seinem Buch *Das Elend unserer Jugendliteratur* (1899) eine ‚Schundliteratur-Debatte' aus und forderte zur Lektüre ästhetisch anspruchsvoller Literatur in den Schulen auf. Als Schriftleiter der Zeitschrift *Jugendschriften-Warte* konnte Wolgast der mit ihm entstehenden Jugendschriftenbewegung wichtige Impulse geben.

5.2.2 Arbeitsschulbewegung

Arbeit als Bildungsmittel

Neben der Kunsterziehungsbewegung stellt die sogenannte *Arbeitsschulbewegung* eine weitere bedeutende reformpädagogische Initiative dar, um gegen den einseitigen Intellektualismus der Buchschule die Selbsttätigkeit und Produktivität der Schüler in den Blick zu nehmen. Zu den wichtigsten Vertretern gehörten, sowohl im Hinblick auf die theoretische Begründung der Arbeit als Bildungsmedium als auch im Hinblick auf die konkrete didaktische Umsetzung, Georg Kerschensteiner und Hugo Gaudig. Wenngleich beide darin übereinstimmten, dass die Lernschule durch eine Arbeitsschule zu ersetzen sei, die dem Prinzip Bildung durch Arbeit folgt, unterschieden sie sich doch in Bezug auf die Beantwortung der Frage, welche Form der Arbeit gemeint ist. Während Kerschensteiner die stärkere Berücksichtigung des praktisch-handwerklichen Tuns und der manuellen Tätigkeit im Unterricht forderte und sich die Entwicklung einer disziplinierten und selbständigen Arbeitshaltung erhoffte, verstand Gaudig unter Arbeit die freie geistige Selbsttätigkeit des Schülers und betonte entsprechend die Eigenaktivität im Lernprozess.

Georg Kerschensteiner (1854–1932) kann, wie gesagt, als einer der bedeutendsten Vertreter der Arbeitsschulbewegung in Deutschland gelten. Am 29. Juli 1854 in München geboren, studierte er nach seinem Abitur (1877) Mathematik und Naturwissenschaften an der Universität München und war zunächst als Gymnasiallehrer tätig. 1895 wurde er zum Stadtschulrat in München und zum Leiter der Volks- und Berufsschulen gewählt. In dieser einflussreichen Position nahm Kerschensteiner die Reform der Volks- und Berufsschulen in Angriff und warb auf zahlreichen pädagogischen Tagungen und Kongressen für sein Arbeitsschulprinzip.

Argumente für die Arbeitsschule

Zu seinen bedeutendsten Publikationen gehört das 1912 erschienene Buch mit dem programmatischen Titel *Die Schule der Zukunft eine Arbeitsschule.*

Seine Theorie der manuellen Tätigkeit als Bildungsmittel begründet Kerschensteiner mit vier Argumenten (vgl. Wilhelm 1977, S. 37f.): Aus *psychologischer Perspektive* verweist er auf den angeborenen Tätigkeitsdrang von Kindern und Jugendlichen und das natürliche Bedürfnis nach praktischem Tun, Erproben und Experimentieren. In *schulpolitischer Hinsicht* solle die Schule der Tatsache Rechnung tragen, dass fast neunzig Prozent der Schulabgänger später in handwerklichen Berufen tätig sein werden. *Sozialpädagogische Überlegungen* zeigen, dass das arbeitsteilige Zusammenwirken in der Schule, die gemeinsame Planung und Ausführung von Projekten, am besten auf die spätere Berufstätigkeit vorbereitet. Unter *anthropologisch-bildungstheoretischer Perspektive* weist Kerschensteiner darauf hin, dass auch handwerkliche Tätigkeiten mit einem geistigen Moment verbunden sind und von daher als ein Weg der Bildung gewertet werden müssen. Generell geht es Kerschensteiner darum, „intellektuelle Einseitigkeit" durch „humane Vielseitigkeit" zu ersetzen (vgl. Kerschensteiner 1924, S. 120.) sowie praktische Tätigkeit und berufliche Qualifikation neben der intellektuellen Bildung als Aufgabe von Schule zu bestimmen (vgl. Baumgart 2001, S. 129). Mit seiner leitenden Idee der ganzheitlich gebildeten und zur Selbständigkeit gelangten Persönlichkeit, konnte Kerschensteiner eine beachtliche schulreformerische Wirkung erzielen. Auf seine Initiative hin fanden Schulgärten, naturwissenschaftliche Laboratorien sowie Werkstätten für Holz- und Metallarbeiten Eingang in die Schulen.

Kerschensteiner als Begründer der Berufsschulen

Die Weiterentwicklung der damaligen Fortbildungsschulen zu Berufsschulen konnte Kerschensteiner durch die enge Verknüpfung von beruflicher Qualifikation und dem Anspruch allgemeiner Bildung vorantreiben und dabei den berufsqualifizierenden Schulen den Status von Bildungseinrichtungen sichern. Darüber hinaus verstand Kerschensteiner die Arbeitsschule als „Keimzelle" demokratisch-staatsbürgerlicher Gesinnung (vgl. Wilhelm 1977, S. 72), in der die Heranwachsenden zu Eigenverantwortung und politischem Engagement gelangen sollten. Interessant ist seine Einschätzung des bestehenden Schulsystems, die überaus differenziert ausfällt. Kerschensteiner erkennt die Leistungen der bestehenden Schule durchaus an, indem er auf die Vermittlung und Einübung von Sekundärtugenden wie etwa Ordnung, Pünktlichkeit, Gewissenhaftigkeit, Arbeitsdisziplin usw. verweist und lediglich die mangelnde Selbsttätigkeit der Schüler moniert:

> *„Ich würde ungerecht sein, würde ich die Vorteile verkennen, die gleichwohl die heutige Schule der Erziehung bietet, die sich aus der Gewöhnung an ursprünglich unbegehrte Arbeit entwickeln, aus dem festen Gefüge des Schullebens mit seiner peinlichen Ordnung und seinem unnachsichtlichen Ernste. Gewiß können sich hier die Kinder wertvolle Grundeigenschaften*

aneignen, die wir durchaus nicht missen wollen: Pünktlichkeit, Gewissenhaftigkeit, Sorgfalt, Ausdauer, Ordnung, Regelmäßigkeit, Selbstüberwindung. Ja man muß gestehen, daß gerade diese sittlichen Werte gerne da gedeihen, wo die Schule nicht ausschließlich den Neigungen des Schülers nachgeht, vorausgesetzt, daß der Stern eines freundlichen Lehrerherzen, die Sonne einer verständigen Güte leuchtet.

Was aber unsere heutige Schule dem Kinde, wenn es ins Leben hinübertritt, nicht mitgibt, was sie weit mehr verkümmern läßt, als fördert, das sind gewisse aktive Charaktereigenschaften, die die meisten Kinder im Keime schon hatten, als sie in die Schule eintraten, den Mut zur Selbständigkeit, den Mut der Selbstbehauptung und der Unternehmungslust, den Mut, Neues und Ungewohntes anzugreifen, die Lust, zu beobachten und zu prüfen und vor allem, aber nicht nur um seiner selbst willen, zu arbeiten, nicht bloß, um selbst zu wachsen, um die anderen zu überflügeln, um Sieger zu werden im wilden Kampf des Lebens, sondern auch um die eigenen, reichen Kräfte hilfsbereit allen zur Verfügung stellen zu können, allen, die ihrer bedürfen.

Und so erhebt sich die Frage: Ist es nicht möglich, unsere heutige Schule so umzugestalten, daß sie ihre guten Eigenschaften nicht verliert, gleichwohl aber dem Wesen des Kindes gerecht wird, und daß sie in ihm auch jene aktive Seelenverfassung entwickelt, die sie heute vernachlässigt, ja verkümmern läßt? Wenn das möglich sein soll, so kann es nur geschehen, daß wir vom Beginn allen Unterrichts an uns mehr als bisher an die schaffenden Kräfte des Kindes wenden, und zwar tunlichst in dem gleichen Wirkungskreis, an den es vor und während der Schule durch seine persönlichen Anlagen und wirtschaftliche Umgebung gebunden ist. Wie dem kleinen Kind der Spielraum des Hauses die Werkstätte seines Geistes ist, wo die tausend Eindrücke und Anregungen aus seiner Umgebung zu einer Welt des Scheines verarbeitet werden, so muß im größeren Kinde der Arbeitsraum der Schule die Zentralwerkstätte seiner Aktivität sein, aus dem es gerne in die Lernräume der Schule hinüber steuert. […] Aus unserer Lernschule muß eine Arbeitsschule werden, die sich an die Spielschule der ersten Kindheit anschließt.“

Kerschensteiner 1908:1968, S. 29ff.

Während Kerschensteiner also das selbständige handwerkliche Arbeiten vor Augen hatte, fand Hugo Gaudig (1860–1923) das Prinzip der Arbeitsschule in der freien geistigen Tätigkeit des Schülers.

Nach seinem Studium der Philologie und Theologie in Halle war Gaudig ebenso wie Kerschensteiner zunächst als Gymnasiallehrer tätig. 1896 erfolgte seine Berufung zum Direktor der Höheren Mädchenschule der Franckeschen

Stiftung in Halle, bevor ihm die Leitung einer höheren Mädchenschule mit angegliedertem Lehrerinnenseminar in Leipzig übertragen wurde.

Prinzip der freien geistigen Tätigkeit des Schülers

In seinen *Didaktischen Ketzereien* (1904) und in den *Didaktischen Präludien* (1909) setzt sich Gaudig überaus kritisch mit der Lernschule und ihrer Didaktik auseinander, bevor er in seinem wohl wichtigsten Buch *Die Schule im Dienste der werdenden Persönlichkeit* (1923) das Prinzip der geistigen Selbsttätigkeit entwickelt. In einem vielbeachteten Vortrag, den Gaudig 1911 anlässlich eines Kongresses für Jugendbildung und Jugendkultur in Dresden gehalten hat, benennt Gaudig das pädagogisch-didaktische Ziel der Arbeitsschule aus seiner Perspektive wie folgt:

> *„In dieser Arbeitsschule soll der Schüler während der gesamten Arbeitsvorgänge selbsttätig sein, selbsttätig beim Zielsetzen, selbsttätig beim Ordnen des Arbeitsganges, selbsttätig bei der Fortbewegung zum Ziel, selbsttätig bei den Entscheidungen an den Kreuzwegen, selbsttätig bei der Kontrolle, bei der Korrektur usw. Kein Hörsaal, sondern eine Werkstatt soll die Schulstube sein, eine Stätte, wo der Schüler sich Erkenntnis und Fertigkeit arbeitend erwirbt, nicht eine Stätte, wo ihm Wissen eingedrillt wird, wo man an ihm arbeitet, ihn bearbeitet; eine Stätte, wo er unter Anleitung des Meisters die Arbeitstechnik gewinnt, vor allem die Technik, mit (arbeitendem) Wissen neues Wissen zu erwerben."*
>
> Gaudig 1911, zit. nach Reble 1975, S. 298.

Der Schüler als „werdende Persönlichkeit"

Interessant an Gaudigs Ansatz ist die Umformung der Herbartschen Unterrichtsmethode in eine Form der „freien geistigen Schularbeit", bei der die anzustrebende Methodenkompetenz der Schüler entscheidende Bedeutung erlangt. Wie der folgende Textausschnitt zeigt, steht der Schüler als „werdende Persönlichkeit" im Zentrum des Unterrichtsgeschehens, der sich selbsttätig neuen Stoff nach Regeln erarbeitet. Die Schüler stimmen sich zunächst in Form eines Unterrichtsgesprächs gemeinsam auf das Thema ein, erfassen das Ziel, stellen sich untereinander die Fragen, entwerfen einen Arbeitsplan, gelangen durch Beobachtung, Lektüre, Nachschlagen, Experimentieren und Beschreiben selbständig zu Erkenntnissen, die anschließend schriftlich festgehalten werden:

> *„Das Prinzip der freien geistigen Tätigkeit hat die größte Bedeutung für die zukünftige Gestaltung unseres Schullebens und damit die größte Bedeutung für die Zukunft unseres gesamten Kulturlebens. Gegenüber dem Schulleben der Vergangenheit hat es revolutionären Charakter, stellt es doch in den Mittelpunkt des pädagogischen Denkens und Handelns, in dem bisher der Lehrer gestanden hat, den Schüler als werdende Persönlichkeit. Ein kopernikanischer Wandel der pädagogischen*

Weltanschauung. [...] Freie geistige Tätigkeit ist Eigenaktivität, ist Selbsttätigkeit. Es handelt sich beim freien geistigen Tun um ein Handeln aus eigenem Antrieb, mit eigenen Kräften, auf selbstgewählten Bahnen, zu frei gewählten Zielen. [...] Das Prinzip der freien geistigen Tätigkeit ist im Grunde ein Natur-Prinzip. Aus dem im Leben stehenden Eigenwesen, das sich selbst behauptet und sich selbst entwickelt, bricht die freie geistige Tätigkeit von selbst hervor. Aber es bedarf planmäßiger Arbeit und keiner geringen Kunst, wenn der Geist zur vollen Freiheit in seiner Kraftbetätigung entfaltet werden soll. [...] Wir müssen es dahin bringen, daß der Zögling unserer Schulen in freier Initiative (von sich aus) sich zur Arbeit entschließt, von sich aus mit dem Verlangen nach Erkenntnis die Probleme, die der Arbeitsgegenstand bietet, ermittelt, in freier, lediglich sachgebundener Wahl die Themen der Arbeit aufstellt, sodann vor allem über den Arbeitsweg nachsinnt und unter freitätiger Entfaltung und Erhaltung der Kraft über alle Hemmungen hinweg dem Ziele zustrebt, endlich die gewonnenen Arbeitsergebnisse – wiederum freitätig – in systematische Zusammenhänge eingliedert und von dem gewonnenen Erkenntnisstandpunkt aus die Perspektive auf neue Fragen gewinnt."

Gaudig 1925, zit. nach Flitner 1961, S. 238ff.

Die zunächst heftig geführte Diskussion zwischen einer mehr manuell und einer mehr geistig orientierten Pädagogik der Arbeitsschule ist in der Folgezeit mehr und mehr in den Hintergrund getreten. In den 1920er Jahren konnte die Arbeitsschulbewegung sogar auf die Unterstützung durch die staatliche Schulpolitik zählen. Der Intention der Arbeitsschulbewegung in Deutschland verwandte Reformbestrebungen finden sich in den Niederlanden (Jan Ligthart), in der Schweiz (Adolphe Ferrière), in Italien (Maria Montessori), in Belgien (Ovid Decroly) und in den USA (John Dewey; Helen Parkhurst) (vgl. Wilhelm 1977, S. 45).

Weiterführende Literatur zur Kunsterziehungs- und Arbeitsschulbewegung

!

Hackl, Bernd (1990): Die Arbeitsschule. Geschichte und Aktualität eines Reformmodells. Wien: Verlag für Gesellschaftskritik.

Skiera, Ehrenhard (2010): Reformpädagogik in Geschichte und Gegenwart. Eine kritische Einführung. 2. Auflage. München: Oldenbourg, Kapitel 4.

Weiss, Edgar (1996): Kunsterziehungsbewegung – Ästhetischer Genuss und die Befreiung des Ausdrucks. In: Seyfahrt-Stubenrauch, Michael/Skiera, Ehrenhard (Hrsg.): Reformpädagogik und Schulreform in Europa: Grundlagen, Geschichte, Aktualität. Baltmannsweiler: Schneider-Verlag Hohengehren.

5.2.3 Landerziehungsheimbewegung

Hermann Lietz als Begründer der Landerziehungsheimbewegung

Aus der Gesellschafts- und Kulturkritik hat sich auch der Gedanke der Gemeinschaftserziehung entwickelt, der über Ansätze der inneren Schulreform hinaus zur Gründung einer Reihe von Landerziehungsheimen führte. Das pädagogische Bestreben richtete sich weniger auf eine didaktische Neugestaltung des Unterrichts als vielmehr auf eine Reform der gesamten Schulkultur in Richtung einer echten Lebensgemeinschaft von Lehrern und Schülern, die allerdings aktuell nach der Aufdeckung von zahlreichen Missbrauchsskandalen an den durch die Landerziehungsheimbewegung inspirierten Schulen in einem anderen Licht erscheint. Eine unangefochtene Vorreiterstellung kam dabei Hermann Lietz (1868–1919) zu. Lietz wurde als Bauernsohn auf der Insel Rügen geboren und studierte Theologie, Philosophie, Pädagogik, Deutsch und Geschichte in Jena und Halle. Nach seiner Promotion bei dem Herbartianer Wilhelm Reich war Lietz als Lehrer unter anderem an der Universitätsschule in Jena tätig.

Abbildung 18: Hermann-Lietz-Schule Haubinda

Gründung des ersten Landerziehungsheimes 1898 bei Ilsenburg

Auf Veranlassung von Wilhelm Rein nahm Lietz kurzfristig eine Stelle als Gastlehrer an der New School des englischen Reformpädagogen Cecil Reddie in Abbotsholme (England) an. Cecil Reddie (1858–1932) hatte 1889 seine Schule gegründet, um Söhne der englischen Upper-Class zu erziehen. Ein asketischer Lebensstil, viel Bewegung an frischer Luft bei Feldarbeit und Sport sowie ein durch gelebten Gemeinschaftsgeist geprägter kameradschaftlicher Umgang sowohl zwischen den Schülern als auch zwischen Lehrern und Schüler prägten das Leben in Abbotsholme. Die ländliche Abgeschiedenheit sollte die Jugendlichen vor den negativen Zivilisationseinflüssen wie etwa Alkoholismus oder Nikotinsucht schützen. Seiner geradezu überschwänglichen Begeisterung für das englische Landerziehungsheim verleiht Lietz in seinem 1897 veröffentlichten Buch *Emlohstobba* (Anagramm zu Abbotsholme) Ausdruck. Inspiriert durch seine Erfahrungen in England, gründete Lietz Im Jahre 1898 das erste Landerziehungsheim in der Pulvermühle bei Ilsenburg im Harz, dem 1901 Haubinda in Thüringen und 1904 Schloss Bieberstein in der Rhön folgten. Weitere Heime entstanden in Veckenstedt, Ettersburg und Spiekeroog. Die innere Organisation des dortigen

Internatslebens orientierte sich am Vorbild der Familienstruktur, so dass relativ kleine Gruppen von etwa 5–12 Kindern bzw. Jugendlichen mit einem Erzieher zusammenlebten.

Auf die Lietzschen Gründungen gehen zahlreiche weitere Schulinitiativen zurück, unter denen besonders die bereits erwähnte *Freie Schulgemeinde Wickersdorf* (Gustav Wyneken, 1906), die *Odenwaldschule* (Paul Geheeb, 1910) und *Schloss Salem* (Prinz Max von Baden und Kurt Hahn, 1920) zu nennen sind. Generell liegen der Landerziehungsheimbewegung folgende Gedanken und Überzeugungen zu Grunde (vgl. Wilhelm 1977, S. 49f.): Ihnen gemeinsam ist der Versuch, einerseits die Heranwachsenden vor den gefährdenden Einflüssen des modernen Industriezeitalters zu schützen und andererseits gegen eine in leeren Konventionen erstarrte bürgerliche Gesellschaft die Schule als echte Lebensgemeinschaft zu gestalten. Die leitende Vorstellung einer Erziehung in und durch die Gemeinschaft brachte Wyneken folgendermaßen auf den Punkt:

> *„Erziehung muß durch die gesamte Umwelt, insonderheit durch die gesellschaftliche erfolgen, und eine Erziehung, die nur in der planmäßigen Einwirkung vom Erzieher auf den Zögling bestünde, würde diesen geistig und sittlich verhungern lassen und zugleich sich selbst zu einer berechneten psychologischen Technik und Taktik herabwürdigen. Darum kann es keine andere Erziehung geben als Gemeinschaftserziehung, Erziehung in der sich selbst erziehenden Gemeinschaft.“*
>
> Wyneken 1919, S. 13

Leitmotive der Landerziehungsheime

Eine gewisse Skepsis gegenüber der pädagogischen Leistungsfähigkeit und Krisenbewältigungskompetenz der Familie ließ damals das Internat als die jugendgemäße Form der Schule erscheinen. Wiederum war es Gustav Wyneken, der in seinem pädagogischen Hauptwerk *Schule und Jugendkultur* (1913) sowohl das Interesse vieler Eltern an der Erziehung ihrer Kinder als auch ihre pädagogischen Fähigkeiten grundsätzlich in Frage stellte. Die Familienerziehung könne seiner Meinung nach nur als „Noterziehung“ gewertet werden, die weder durch eine echte Begeisterung für die Jugend noch für die Erziehungsaufgabe generell charakterisiert ist (vgl. Wyneken 1919, S. 18). Die Landerziehungsheime traten in Deutschland entschieden für Koedukation ein, bevorzugten Kurssysteme anstelle der Altersklassen und förderten die Eigenverantwortung der Schüler durch Formen der Schülermitbestimmung und Selbstregulierung. Dem autoritären und distanzierten Lehrer der ‚alten‘ Schule tritt der partnerschaftliche Erzieher und Lehrer gegenüber, der das Eigenrecht der Jugendlichen und auch die emotionalen Bedürfnisse der Schüler zu respektieren weiß.

Das hier gezeichnete pädagogische Idyll einer partnerschaftlich gestalteten Erziehung auf dem Lande verliert sofort an Glanz, sobald ein weiteres Grundmotiv des Lietzschen Denkens Beachtung findet. Die Akzentverschiebung von der Idee individueller Erziehung und Bildung zur Gemeinschaftserziehung ist keine Erfindung des Nationalsozialismus, sondern wurde schon von Herman Lietz auf der Grundlage eines übersteigerten Nationalismus mit deutlich völkisch-rassistischen und militaristischen Untertönen forciert. So verleiht Herman Lietz seiner Hoffnung Ausdruck, dass sich die von ihm gegründeten Landerziehungsheime zu „Pflegestätten gesunder germanischer Seelen in gesunden germanischen Körpern" weiterentwickeln würden (Lietz 1910, S. 23; Skiera 2003, S. 176). In allen drei von Lietz bis 1904 gegründeten Internatsschulen standen militärische Exerzizien und Schießübungen auf dem Stundenplan. Ehemalige Kriegsveteranen des Ersten Weltkrieges berichteten von der guten Vorbereitung auf den Krieg in den Landerziehungsheimen (Priebe 2007, S. 62f.).

Dass hier auch antisemitische Gedanken mitschwingen, zeigt ein Streit an der Schule in Haubinda, der als der sogenannte „Haubinder Judenkrach" in die pädagogische Geschichtsschreibung Eingang gefunden hat. Eine heftige Auseiandersetzung mit einer Gruppe von Schülern hatte zur Entlassung des Lehrers und Philosophen Theodor Lessing geführt. Lessing hatte scharf gegen das völkische Hetzblatt *Der Hammer* opponiert, das Lietz abonniert und den Schülern zur Lektüre empfohlen hatte. Verschärft wurde die Situation noch dadurch, dass Lietz einen Passus in den Schulprospekt aufgenommen hatte, der jüdischen Schülern nur in Ausnahmefällen eine Aufnahme in die Schule erlaubte (Bast 1996, S. 52). Noch deutlicher kommt die antisemitische Grundhaltung von Lietz in seiner nach dem Ersten Weltkrieg publizierten Schrift *Des Vaterlands Not und Hoffnung* (1919) zum Ausdruck. Dort fordert Lietz mit deutlichen Worten die Reinerhaltung der Rasse und die Abwehr der jüdischen Gefahr und warnt vor den Folgen der Rassenmischung (Röhrs 1980, S. 126; Skiera 2003, S. 176).

Paul und Edith Geheeb hatten die Odenwaldschule am 14. April 1910 in Heppenheim (an der Bergstraße) mit zunächst 14 Schülern gegründet. Von 1924 bis 1932 war z. B. auch Martin Wagenschein, der durch seine Theorie des exemplarischen Lernens in den 1960er-Jahren die Diskussion um das Gymnasium beeinflussen konnte, als Lehrer an der Odenwaldschule tätig. 1934 emigrierten Paul und Edith Geheeb gemeinsam mit einigen Schülern in die Schweiz, wo sie die *Ecole d'Humanité* gründeten. Nach dem Zweiten Weltkrieg konnte die Schule den Lehrbetrieb als eine integrierte Gesamtschule wieder aufnehmen und wurde 1963 sogar UNESCO-Projektschule. Der Unterricht an der Odenwaldschule respektiert die Selbsttätigkeit und freie Entscheidung des Schülers. Fachkurse treten an die Stelle des Klassenunterrichts und eröffnen Freiräume für die Schüler, sich ihrem individuellen Interesse gemäß für einzelne Kurse zu entscheiden. Die rigide Befolgung des Stundenplans wird durch das Arrangement von individuellen Lerngelegenheiten mit entsprechenden Fachzimmern und Büchereien aufgebrochen.

Abbildung 19: Odenwaldschule

Dass die propagierte enge Beziehung und Nähe zwischen Lehrern und Schülern sowie eine daraus resultierende emotionale Abhängigkeit auch in krimineller Weise ausgenutzt werden kann, zeigen die schockierenden Beispiele sexueller Übergriffe, wie sie bereits innerhalb der *Freien Schulgemeinde Wickersdorf* (Wyneken, vgl. Kap. 5.1.2) und aktuell in der Odenwaldschule stattgefunden haben. Hier erlangte der jahrelang vertuschte sexuelle Missbrauch von Schülern unter anderem durch den Schulleiter der Odenwaldschule und engsten Freund Hartmut von Hentigs, Gerold Becker, öffentliche Aufmerksamkeit. Am 16. Juni 2015 wurde die Odenwaldschule, das ehemalige Vorzeigeprojekt der Reformpädagogik und seit 1963 UNESCO-Modellschule, geschlossen. Jürgen Oelkers hat in einem 2012 gehaltenen Vortrag vor dem Hintergrund dieser Ereignisse auf die „dunkle Seite" der deutschen Reformpädagogik hingewiesen.[2] Oelkers verweist in seinem Vortrag unter anderem auf die Gefahren einer „Pädagogik der Gemeinschaft", die auf emotionale Nähe und vertrauensvolle Beziehung setzt und dabei die „antike Denkfigur" des „platonischen Eros" bemüht. Platon hatte darunter die rein geistige Beziehung zwischen einem erwachsenen Mann und einem Jungen bezeichnet, die sexuellen Kontakt zumindest theoretisch ausschloss und bis heute auch als „platonische Liebe" bezeichnet wird. Der von Hartmut von Hentig immer wieder heraufbeschworene „pädagogische Ethos" sorgte angesichts der 132 dokumentierten Missbrauchsfälle in der Odenwaldschule für helles Entsetzen in der Öffentlichkeit und lässt auch die reformpädagogischen Schulgründungen in einem kritischeren Licht erscheinen (vgl. auch Oelkers 2016).

Gründung der Odenwaldschule 1910

Die „dunkle Seite" der deutschen Reformpädagogik

[2] Vgl. dazu auch den Vortrag von Jürgen Oelkers von 2012: Die Landerziehungsheime und die dunklen Seiten der deutschen Reformpädagogik; abrufbar unter: http://www.ife.uzh.ch/research/emeriti/oelkersjuergen/vortraegeprofoelkers/vortraege2012/ZugReformpaedagoogikVII.pdf [letzter Zugriff 29.08.2019].

!

Weiterführende Literatur zur Landerziehungsheimbewegung

Benner, Dietrich/Kemper, Herwart (2003): Theorie und Geschichte der Reformpädagogik. Teil 2: Die Pädagogische Bewegung von der Jahrhundertwende bis zum Ende der Weimarer Republik. Weinheim/Basel: Beltz, Kapitel 3.

Böhm, Winfried (2012): Die Reformpädagogik. München: Beck.

Oelkers, Jürgen (2011): Eros und Herrschaft. Die dunklen Seiten der Reformpädagogik. Weinheim: Beltz.

? Aufgabe

Reflexionsfragen

1. Welche Aspekte der damaligen Bildung kritisierten die Vertreter der Kunsterziehungsbewegung?
2. Was verstehen Kerschensteiner und Gaudig jeweils unter Arbeit als Bildungsmedium?
3. Wie stellen sich die Vertreter der Arbeitsschulbewegung den Unterrichtsalltag vor?
4. Warum sollten nach Meinung der Vertreter der Landerziehungsheimbewegung Schülerinnen und Schüler besser auf dem Land unterrichtet werden? Nennen und erläutern Sie zwei Aspekte!
5. Wie wird innerhalb der Landerziehungsheimbewegung die Schule als Lebensgemeinschaft begründet?
6. Wo sehen Sie Parallelen zwischen den hier dargestellten pädagogischen Bewegungen?
7. Diskutieren Sie, welche problematischen Aspekte pädagogischen Handelns in den Ausführungen zur Reformpädagogik deutlich werden! Sind diese nur ein Problem der Vergangenheit?

5.3 Drei Vertreter der internationalen Reformpädagogik

Im letzten Teil unseres Kapitels über die Reformpädagogik sollen nun mit Alexander Sutherland Neill, Maria Montessori und Janusz Korczak drei reformpädagogische Ansätze näher erläutert werden. Die Beispiele wurden so gewählt, dass an ihnen sowohl die Internationalität als auch die Heterogenität der Reformpädagogik sichtbar werden.

5.3.1 Alexander Sutherland Neill (1883–1973)

1921 Gründung der Internatsschule *Summerhill*

Im Jahre 1921 gründete der schottische Reformpädagoge Alexander Sutherland Neill in Lyme Regis (England) die Internatsschule *Summerhill* nach den Grundsätzen einer repressionsfreien Erziehung. 1927 wurde die Schule nach Leiston in der südenglischen Grafschaft Suffolk verlegt. Geprägt von den eigenen leidvollen Erfahrungen einer auf Zwang, Disziplin und Repression beruhenden Erziehung, entwirft Neill die Idee einer Schule, die durch Freiheit, Selbstbestimmung und gegenseitige Anerkennung geprägt ist. Die Internatsschule *Summerhill* stellt die pädagogisch-didaktische Umsetzung dieser Idee in die konkrete Erziehungspraxis dar, die mit der Radikalität ihres Ansatzes einer freien Erziehung mehr als jedes andere reformpädagogisch motivierte Schulprojekt die internationale Öffentlichkeit sowohl schockierte als auch in ihren Bann gezogen hat.

Alexander Sutherland Neill wird am 17. Oktober 1883 in Forfar (Schottland) als Sohn von George Neill (Leiter einer Dorfschule in Kingsmuir) und Mary Sutherland (Lehrerin in Leith) geboren. Bereits mit 14 Jahren beginnt Neill eine vierjährige Lehrerausbildung an der Schule seines Vaters und wirkt danach weitere zehn Jahre als Lehrer an unterschiedlichen schottischen Schulen. Von 1908 bis 1912 studiert Neill in Edinburgh Agrarwissenschaften, Anglistik und Literatur, bevor er sich ab 1914 als Leiter der *Gretna Public School* in Schottland erneut Fragen der Erziehung und des Unterrichts zuwendet und eigene pädagogische Gedanken entwickelt. Im Jahr 1915 erscheint Neills erstes schulkritisches Buch mit dem Titel *A Dominie's Log*. 1918 nimmt Neill seine Tätigkeit an der von John Russell geleiteten koedukativen Reformschule *King Alfred School* in London auf und gibt gemeinsam mit Beatrice Ensor die reformpädagogisch orientierte Zeitschrift *Education of the New Era* heraus. In seinen Beiträgen übt Neill nicht nur scharfe Kritik an dem durch Disziplinierungsmaßnahmen und autoritären Drill geprägten Schulsystem, sondern er setzt sich auch kritisch mit unterschiedlichen reformpädagogischen Schulversuchen auseinander. Im Jahre 1921 gründet Neill in Lyme Regis (Grafschaft Dorset in England) die bis heute bestehende Internatsschule *Summerhill*, die 1927 in Leiston (englische Ostküste) ihren endgültigen Ort findet. Weltweite Popularität erlangte Neill durch sein 1960 in den USA publiziertes Buch *Summerhill. A Radical Approach to Child Rearing*.

Idee einer repressionsfreien Erziehung

Dieses Buch wird geradezu zur Bibel aller freiheitlich gesinnten Pädagogen und konnte sowohl die Amerikanische *Free-School*-Bewegung als auch die Entwicklung der europäischen Alternativschulen maßgeblich beeinflussen. In deutscher Übersetzung erschien dieses Buch 1965 unter dem Titel *Erziehung in Summerhill. Das revolutionäre Beispiel einer freien Schule*.

Diese in Deutschland zunächst wenig beachtete Publikation avancierte erst unter dem abgeänderten und werbewirksameren Titel *Theorie und Praxis der antiautoritären Erziehung* zu einem pädagogischen Bestseller, wohl auch deshalb, weil es den revolutionären Geist der 68er Bewegung traf. Mit seinen dort formulierten Gedanken einer repressionsfreien Erziehung, die auf jede Form der Disziplinierung und moralischen Einflussnahme verzichtet, und mit seiner radikalen Forderung nach sexueller Enttabuisierung wird Neill zu einem wichtigen Bezugsautor der antiautoritären Erziehungsbewegung in Deutschland. 1972, ein Jahr vor seinem Tod, erscheint ebenfalls in den USA seine Autobiographie unter dem Titel *Neill! Neill! Orange Peel*. Nach seinem Tod übernahmen seine Frau Ena und ab 1985 seine Tochter Zoe Neill Readhead die Leitung der Schule *Summerhill*.

Einfluss der Psychoanalyse auf Neills Erziehungsverständnis

Beeinflusst durch die internationale Reformpädagogik und durch die intensive Lektüre der englischen Avantgarde-Literatur um die Jahrhundertwende (H.G. Wells, G.B. Shaw, G. Orwell, H. Ibsen u. a.) findet Neill schließlich in den tiefenpsychologischen Theorien Sigmund Freuds sowie in den Arbeiten der Psychoanalytiker Homer Lane (1875–1925) und Wilhelm Reich (1897–1957) die wissenschaftliche Grundlage für seine eigenen Vorstellungen von Erziehung. Mit Sigmund Freud hält Neill an dem nachweisbaren engen Zusammenhang zwischen neurotischen Fehlentwicklungen von Kindern und einem autoritären Erziehungsstil fest. Von Homer Lane, der in England das *Little Commonwealth*, eine Erziehungsanstalt für verhaltensauffällige und kriminelle Jugendliche leitete, übernimmt Neill u. a. die Ideen der Selbstverwaltung (*self-government*) und der „paradoxen Strafen".

Glück und Freiheit als Erziehungsziel

Neills Vorstellungen von einer liberalen Erziehung gründen auf seiner anthropologischen Grundthese von der natürlichen Gutheit des Kindes. Verhaltensauffällig wird ein Kind erst durch die lieblose und autoritäre Erziehung in Elternhaus und Schule, so dass die Ursache für kindliche Neurosen und Psychosen in der „elterlichen Zucht" zu suchen sind (vgl. Neill 2001, S. 163). Es gibt von daher kein problematisches Kind, sondern nur problematische Eltern, die ihre eigenen Schuldgefühle und Ängste auf das Kind projizieren und durch sexuelle Tabuisierung das Kind in seiner Entwicklung unterdrücken. Eine „schablonierte Formung" des Charakters sowie ein „aufgepfropftes Gewissen" (vgl. Neill 2001, S. 273) erzeugen im Kind Angstzustände und Selbsthass. Während die Angst das Interesse und die Neugierde der Kinder hemmt, erzeugt der Selbsthass, der sich schließlich auch gegen andere richtet, antisoziale Verhaltensformen wie Streitsucht, Jähzorn, Zerstörungswut und Gehässigkeit. Ein schwieriges bzw. verhaltensauffälliges Kind ist nach Neill zutiefst unglücklich, da es sich im Widerstreit mit sich selbst und der Welt befindet. Formen aggressiven Verhaltens gegen sich selbst oder andere, Hass und Verweigerung sind das Resultat dieses Unglücklichseins. Auf der Grundlage dieser Analysen postuliert Neill das Glück und die Freiheit des Kindes als oberstes Erziehungsziel, dem gegenüber der Erfolg schulischen Lernens als zweitrangig erscheint. Glück wird von Neill als ein Zustand „minimalster Unterdrückung" (vgl. Neill 2001, S. 321) definiert, der sowohl die ungestörte Selbstentfaltung als auch die freie Interessenfindung des Kindes ermöglicht: „Nach meiner Überzeugung besteht das Ziel des Lebens darin, glücklich zu werden, das heißt Interesse zu finden" (Neill 2001, S. 41).

Äußere und innere Freiheit

Glück ist ohne Freiheit nicht denkbar, so dass Neill das freie Kind, das nach eigenen Gesetzen leben darf und frei über sich selbst verfügt, in den Mittelpunkt seiner pädagogischen Überlegungen stellt. Wichtig sind dabei die Unterscheidungen zwischen äußerer und innerer Freiheit sowie zwischen Freiheit und Zügellosigkeit:

> *„In unserer Schule bedeutet Freiheit, dass man tun kann, was man möchte, solange man die Freiheit der andern nicht beeinträchtigt. Das ist das Äußere; in der tieferen Bedeutung trachten wir danach, dass die Kinder innerlich frei sind, frei von Angst, von Heuchelei, von Haß und von Intoleranz."*
>
> Neill 2001, S. 22

Erziehung als Kompensation und Therapie

Das vorrangige Ziel der pädagogischen Arbeit in *Summerhill* war primär kompensatorischer und therapeutischer Natur. Eine Atmosphäre der Freiheit und Selbstbestimmung, in der dem freien Spiel mehr Bedeutung beigemessen wird als dem disziplinierten Lernen, soll im Hinblick auf eine lieblose und repressive Erziehung und ihre Folgen ausgleichend wirken.

Interessant und irritierend zugleich war damals die Konzeption und Organisation des schulischen Alltags in *Summerhill*. In der Regel beherbergt die Schule etwa 100 Kinder und Jugendliche im Alter zwischen 6 und 17 Jahren, die in drei Altersgruppen (Fünf- bis Siebenjährige, Acht- bis Zehnjährige und Elf- bis Siebzehnjährige) unterteilt werden, entsprechend untergebracht sind und von einer Hausmutter betreut werden.

Prinzip demokratischer Selbstregulierung

Die Teilnahme am Unterricht ist den Schülern völlig freigestellt, einen Stundenplan gibt es allenfalls für die Lehrer. Innerhalb des Unterrichts wird auf jede Form der Lenkung, der suggestiven Beeinflussung sowie ethischer und religiöser Unterweisung verzichtet. *Summerhill* folgt konsequent dem Prinzip demokratischer Selbstregulierung, so dass alle Fragen und Probleme, die die Gemeinschaft betreffen, in der wöchentlich stattfindenden Schulversammlung (*General Meeting*) diskutiert und entschieden werden. Jedes Mitglied des Lehrerkollegiums und jede/r Schüler/in hat eine Stimme, und es ist durchaus möglich, dass sich Schulkinder mit Mehrheitsbeschluss gegen ihre Erzieher und Lehrer durchsetzen. Lediglich im Hinblick auf Verwaltungs-,

Sicherheits- und Gesundheitsfragen behält sich die Schuldirektion das Recht auf alleinige Entscheidungshoheit vor. Die erzieherische Bedeutung der Selbstverwaltung sieht Neill in folgenden Punkten:

- Entwicklung von Gemeinschaftssinn (*sensus communis*)
- Praktische Staatsbürgerkunde
- Förderung rhetorischer und argumentativer Kompetenzen.

Psychotherapeutische Privatstunden

Kindern und Jugendlichen, die unter seelischen Störungen, Neurosen oder Komplexen leiden, bot Neill in Form von zwanglosen Unterhaltungen am Kamin eine individuelle psychotherapeutische Behandlung an. Diese Privatstunden sollten seelisch besonders gestörten Kindern die Anpassung an das freie Leben in *Summerhill* erleichtern.

Kritik an Neills Ansatz einer repressionsfreien Erziehung

Es ist kaum verwunderlich, dass Neills radikaler Ansatz einer repressionsfreien Erziehung und sein optimistisches Vertrauen in die spontane Entwicklung und Selbstregulation des Kindes auf Kritik stoßen mussten. So wandte schon sehr früh u. a. Erich Weber ein, dass Erziehung weit mehr sei als ein möglichst ungestörtes Wachsenlassen. Vielmehr habe Erziehung unter Vermeidung einer überfordernden Verfrühung den jungen Menschen zu fördern und vor Aufgaben zu stellen (vgl. Weber 1974, S. 54). Auch Neills einseitig kind- und lustorientierte Gestaltung des Unterrichts und seine Vernachlässigung wissenschaftlicher Unterrichtsfächer führte schnell zu der Befürchtung, dass ein Leistungsrückgang unvermeidbar sei. Ein durch das englische Unterrichtsministerium 1949 erstellter Bericht über *Summerhill* kommt zu folgender Einschätzung:

> *„Im großen und ganzen sind die Ergebnisse dieser Methode nicht gerade eindrucksvoll. Die Kinder arbeiten zwar willig und mit sehr erfreulichem Interesse, ihre tatsächlichen Leistungen sind aber doch recht schwach. [...] Es ist eine Leistung, eine Atmosphäre geschaffen zu haben, in der geistige Bildung gedeihen könnte; nur gedeiht sie leider nicht, und so wird eine gute Möglichkeit vertan."*
>
> Englisches Unterrichtsministerium 1949, zit. nach Neill 1969, S. 92f.

!

Weiterführende Literatur zu Alexander Sutherland Neill

Hart, Harold H. (1971): Summerhill – pro und contra. 15 Ansichten zu A. S. Neills Theorie und Praxis. Reinbek: Rowohlt.

Kamp, Johannes-Martin (1995): Kinderrepubliken. Opladen. Leske+Budrich.

Ludwig, Peter H. (Hrsg.) (1997): Summerhill, antiautoritäre Erziehung heute. Ist die freie Erziehung wirklich gescheitert? Weinheim: Beltz.

5.3.2 Maria Montessori (1870–1952)

Ansätze in der Sonder- und Heilpädagogik

Die italienische Ärztin und Sozialreformerin Maria Montessori ist sicherlich eine der interessantesten Persönlichkeiten der internationalen Reformpädagogik, die den Kampf um die Rechte und die Würde des Kindes aufnahm und mit ihrer spezifischen, an der natürlichen Selbstentfaltung des Kindes orientierten Erziehungsmethode weltweit Beachtung und Anerkennung fand.

Nach ihrem Studium der Medizin an der Universität Rom konnte Montessori in der Arbeit mit geistig zurückgebliebenen Kindern erste pädagogische Erfolge erzielen. Dabei orientierte sie sich an den sonder- und heilpädagogischen Pionierarbeiten der französischen Ärzte *Jean-Marc Itard* (1774–1838) und *Edouard Sèguin* (1812–1880). Itard und Seguin war es mit Hilfe eines Systems sinnesaktivierender und bewegungsfördernder Übungen gelungen, geistig behinderte Kinder in ihrer intellektuellen Entwicklung deutlich voranzubringen. Montessori knüpfte an diese wissenschaftlichen Vorleistungen an und förderte zurückgebliebene Kinder so weit, dass sie an öffentlichen Schulen reguläre Prüfungen bestehen konnten. Aus dieser Erfahrung erwuchs ihre vernichtende Schulkritik: Konzentrationsschwäche, Interessenarmut, unstete Aufmerksamkeit und schnelles Ermüden liegen nach Montessori nicht in der Psyche des Kindes begründet, sondern werden durch die mangelnde Orientierung des schulischen Unterrichts an der „wahren Psychologie" des Kindes hervorgerufen (Montessori 2001, S. 23). Das Problem der fehlenden Lernmotivation und Konzentration löst sich, so die Grundthese Montessoris, von ganz alleine, sobald sich der Unterricht an den natürlichen Entwicklungs- und Organisationsprozessen des kindlichen Geistes orientiert, anstatt einer durch die Fächer diktierten äußeren Systematik zu folgen. Nach einem weiteren Studium der Experimentalpsychologie, Pädagogik und Anthropologie erwarb Montessori 1904 die Lehrbefugnis (*libera docenza*) für das Fach Pädagogische Anthropologie an der Universität Rom.

Die Polarisation der kindlichen Aufmerksamkeit

Im Jahre 1907 kam es im römischen Stadtteil San Lorenzo zur Gründung des ersten Kinderhauses (Casa dei Bambini) unter der Leitung von Maria Montessori. Hier bot sich ihr die Gelegenheit, ihre Erziehungsmethode auf normal entwickelte Kinder anzuwenden und deren Reaktionen auf die eingesetzten Sinnesmaterialien zu erforschen. Im Rahmen ihrer Beobachtungen des Spiel- und Lernverhaltens der Kinder kam es zur ‚Entdeckung' der Polarisation der kindlichen Aufmerksamkeit und ihrer normalisierenden Wirkung auf die Kinder. Montessori beobachtete ein etwa dreijähriges Mädchen, das im Zustand tiefer Konzentration die Übungen mit einem Einsatzzylinderblock rund vierzigmal wiederholte, ohne sich dabei von seiner

Umgebung ablenken zu lassen. Diese Beobachtung, die als das sogenannte Montessori-Phänomen in die Literatur Eingang gefunden hat, beschreibt Montessori selbst folgendermaßen:

> *„Der Ausdruck des Mädchens zeugte von so intensiver Aufmerksamkeit, dass er für mich eine außerordentliche Offenbarung war. Die Kinder hatten bisher noch nicht eine solche auf einen Gegenstand fixierte Aufmerksamkeit gezeigt. Und da ich von der charakteristischen Unstetigkeit der Aufmerksamkeit des kleinen Kindes überzeugt war, die rastlos von einem Ding zum andern wandert, wurde ich empfindlicher für dieses Phänomen. [...] Ich hatte 44 Übungen gezählt; und als es endlich aufhörte, tat es dies unabhängig von den Anreizen der Umgebung, die es hätte stören können; und das Mädchen schaute zufrieden um sich, als erwachte es aus einem erholsamen Schlaf."*
>
> Montessori 1916:1996, S. 69f.

Die Normalisation des Kindes

Montessori staunte nicht nur über die unerwarteten Konzentrationsleistungen selbst kleiner Kinder, sondern sie erkannte, dass sich über den Prozess der konzentrierten Tätigkeit eine innere Ordnung im Kind bildet, die sich in einer feststellbaren Veränderung sowohl des Arbeits- und Lernverhaltens als auch des sozialen und moralischen Verhaltens zeigt. Die beobachtbaren Verhaltensänderungen der Kinder deutet Montessori als äußeren Ausdruck einer inneren Selbstorganisation durch eine Tätigkeit, welche die intellektuellen und motorischen Energien des Kindes auf ein Ziel hin koordiniert. Die Polarisation der Aufmerksamkeit wird zum therapeutischen Mittel bei der Reorganisation bzw. Normalisation einer deviaten Entwicklung, die Montessori auch als „innere Selbstorganisation des geistigen Lebens" bezeichnet (vgl. Montessori 1949:1994, S. 183). Montessori konzentrierte ihre weitere Forschungsarbeit von nun an auf die Feststellung der Bedingungen, unter denen sich das Phänomen kindlicher Konzentration einstellt, und nennt neben der Orientierung von Erziehung und Unterricht an sensiblen Entwicklungs- und Lernphasen sowie der Gestaltung einer pädagogisch vorbereiteten Lernumgebung vor allem die freie Wahl der Tätigkeit und die Freiheit der Kinder, selbst über Intensität und Dauer der Tätigkeit entscheiden zu können.

Im Jahre 1909 erschien ihre erste wissenschaftliche Publikation *Il metodo della pedagogia scientifica applicato all' educazione infantile nelle Case dei Bambini* (dt.: *Die Methode der wissenschaftlichen Pädagogik, angewandt auf die Erziehung der Kinder in den Kinderhäusern*), die innerhalb weniger Jahre in über 20 Sprachen übersetzt wurde und so die weltweite Verbreitung und Rezeption der Montessori-Pädagogik begründete.

Endogenistisches Entwicklungsmodell

Montessoris endogenistisches Entwicklungsmodell, das sich stark an biologischen und neurobiologischen Denkmustern orientiert, geht von der Annahme aus, dass das Kind von Natur aus zu einer spontanen Entwicklung seiner kognitiven, motorischen und sozialen Funktionen fähig ist und über einen immanenten Bauplan seiner Entwicklung verfügt.

Theorie sensibler Phasen

Ergänzt wird dieses Verständnis kindlicher Entwicklung durch die Theorie der selektiven Wahrnehmung, das heißt durch die Vorstellung, dass sich der kindliche Verstand durch die selektive Aufnahme und Verarbeitung äußerer Reize selbst aufbaut und strukturiert. Geleitet von inneren, im Bauplan festgelegten Sensitivitäten (sensible Phasen) lenkt das Kind seine Aufmerksamkeit auf ganz bestimmte Ausschnitte seiner Umgebung, während andere Bereiche oder Gegenstände völlig unbeachtet bleiben. Die Entwicklung erscheint so als der Prozess der selbstschöpferischen Hervorbringung des Kindes, der zwar mit Hilfe äußerer Mittel (Entwicklungsmaterialien) von außen unterstützt, nicht aber direkt organisiert werden kann. Die dem Kind in Kinderhaus und Schule angebotenen *didaktischen Materialien* verfolgen nicht primär ein didaktisches Ziel, sondern sie dienen der peripherischen Förderung der Entwicklung und Selbstorganisation der kindlichen Persönlichkeit:

> *„Mit äußeren Gegenständen die den inneren Bedürfnissen entsprechende Nahrung zu geben und in vollkommener Weise die Freiheit der Entwicklung respektieren zu lernen, das sind die Fundamente, die logischerweise für eine neue Pädagogik gelegt werden müssen. […] Eine Wissenschaft muss auf Versuchswegen festlegen, was für die anfänglich psychischen Bedürfnisse des Kindes notwendig ist.“*
>
> Montessori 1916:1996, S. 153

Bedeutung der Sinneserziehung

Im Mittelpunkt der Entwicklungsförderung im Kinderhausbereich steht die Sinneserziehung. Die systematische Schulung der Sinne sowie eine zunehmende Differenzierung der sinnlichen Wahrnehmung bildet nach Montessoris sensualistischer Erkenntnistheorie die Grundlage der intellektuellen Bildung. Durch Vergleichen, Unterscheiden und Urteilen erarbeitet sich das Kind nach dem Prinzip der materialisierten Abstraktion eine Klassifikation der Eigenschaften als Grundlage einer geistigen Ordnung:

> *„Abstrakte Ideen sind synthetische Begriffe des Geistes, der, unabhängig von den wirklichen Dingen, daraus einige gemeinsame Eigenschaften absondert, die gerade nicht für sich existieren, sondern nur in wirklichen Gegenständen. So ist z. B. das Gewicht eine Abstraktion, weil es nicht an sich existiert. Nur Gegenstände, die ein Gewicht haben, existieren. […] Unter*

diesem Gesichtspunkt ist das Sinnesmaterial sicherlich als materialisierte Abstraktion zu betrachten. Es zeigt Farbe, Dimension, Form, Duft, Geräusch greifbar, unterschieden und in Abstufungen geordnet; dies ermöglicht eine Klassifizierung und Analyse der Eigenschaften.“

Montessori 1913:1994, S. 197

Darüber hinaus dient die Sinnesschulung der indirekten Vorbereitung auf das Schreiben, das Lesen und die Arithmetik. Aus einer Reihe von Sinnesübungen zur Einschätzung von Dimensionen und zur Bestimmung quantitativer Beziehungen unter den Gegenständen entwickelt sich das mathematische Verständnis. Differenzierende Übungen zur Beurteilung von Formen und Farben und die gezielte Vorbereitung der Hand durch das Nachzeichnen geometrischer Figuren stehen im Zusammenhang mit der indirekten Vorbereitung auf das Schreiben. Mit Materialien wie etwa metallenen Einsätzen oder Sandpapierbuchstaben wird durch das gleichzeitige Affizieren mehrerer Sinne die Auge-Hand-Koordination geübt und die haptische Differenzierungsfähigkeit gefördert.

Einheit von Kinderhaus und Grundschule

Montessori entwickelte zunächst für die Drei- bis Zwölfjährigen einen umfassenden Bildungsplan, in dem Kinderhaus und Grundschule als Einheit gesehen werden. Die von Montessori entschieden geforderte „curriculare Kontinuität“ (vgl. Ludwig 2004, S. 35) zeigt sich schon daran, dass den Kindern bereits im Kinderhaus gemäß sensibler Lernphasen die Möglichkeit zum Erlernen von Schreiben, Lesen und Rechnen geboten wird. Die Ergänzung der Entwicklungsmaterialien (Übungen des täglichen Lebens, Sinnesmaterialien) im Kinderhausbereich durch didaktische Materialien, die Montessori in die Bereiche Sprache, Mathematik und kosmische Erziehung (naturwissenschaftliche Bildung) unterteilt, konfrontieren das Kind mit klaren und überschaubaren Aufgaben und ermöglichen durch Wiederholung die Einübung von Handlungs- und Denkschritten. Der Aufbau und die zunehmende Strukturierung des kindlichen Geistes wird durch eine dem Material immanente Systematik gefördert und unterstützt.

Kosmische Erzählungen

Für die Entwicklungsphase von sechs bis zwölf Jahren ist nach Montessori die wachsende Fähigkeit zur Abstraktion, die Entwicklung der Vorstellungskraft, eine starke Sensibilität für kausalanalytische Erklärungen von Naturphänomenen und das Erfassen großer Zusammenhänge von pädagogisch-didaktischer Bedeutung. Offene Unterrichtsformen (Freiarbeit) werden vom Lehrervortrag im Sinne „großer kosmischer Erzählungen“ und „panoramaartiger Überblicke“ ergänzt, welche die kindliche Vorstellungskraft anzuregen suchen. Maria Montessori und ihr Sohn Mario haben im Rahmen der kosmischen Erziehung selbst eine Reihe von Erzählungen etwa über die Entstehung des Universums, die Entwicklung des Lebens und die

Entstehung von Schrift und Zahl für den Grundschulunterricht entworfen (Eckert 2001, S. 65f.).

Die Bedeutung der Freiarbeit

Neben gebundenen und lehrerzentrierten Unterrichtseinheiten steht die Freiarbeit in altersgemischten Lerngruppen im Zentrum der Montessori-Schulen. Freiarbeit im Sinne Montessoris respektiert nicht nur die individuellen Lerninteressen der Schüler, sondern ermöglicht durch die Individualisierung von Lernprozessen die Berücksichtigung heterogener Lerndispositionen. Jeder Schüler hat die Freiheit, gemäß seinem individuellen Lernrhythmus das Verhältnis von Phasen konzentrierter Arbeit, meditativer Verarbeitung und Ruhe selbst zu bestimmen. Maßnahmen der inneren Differenzierung hinsichtlich der Aufgabenstellung, der Sozialform und Intensität der Hilfestellung durch den Lehrer ermöglichen die unterstützende Begleitung lernschwächerer Kinder ebenso wie die gezielte Förderung hochbegabter Schüler, ohne dabei die soziale Integration in eine Lerngruppe zu gefährden (vgl. Steenberg 2003, S. 96). Die Förderung sozialer Kompetenzen wird durch kooperative Lernformen und das Prinzip der Altersmischung (bzw. Jahrgangsmischung) erreicht. Die Aufgaben des Lehrers in den Freiarbeitsphasen erstrecken sich von der Vorbereitung, Organisation und beratenden Begleitung kindlicher Lernprozesse über die Beobachtung individuellen Arbeitsverhaltens bis zur Förderung lernschwacher Schüler. Die Lernentwicklung jedes einzelnen Schülers wird in Lernentwicklungsberichten dokumentiert.

Weiterführende Literatur zu Maria Montessori

!

Böhm, Winfried (Hrsg.) (1996): Maria Montessori. Texte und Gegenwartsdiskussion. 5. Auflage. Bad Heilbrunn: Klinkhardt.

Fuchs, Birgitta (2003): Maria Montessori. Ein pädagogisches Porträt. Weinheim/Basel: Beltz.

Holtstiege, Hildegard (1994): Modell Montessori – Grundsätze und aktuelle Geltung der Montessori-Pädagogik. 7. Auflage. Freiburg: Herder.

Ludwig, Harald (2004): Montessori-Schulen und ihre Didaktik. Baltmannsweiler: Schneider-Verlag Hohengehren.

5.3.3 Janusz Korczak (1878–1942, ermordet in Treblinka)

Mit dem polnischen Arzt und Pädagogen Janusz Korczak wenden wir uns insofern einem hoch interessanten Vertreter der internationalen Reformpädagogik zu, als er sich nicht nur entschieden für eine demokratische Erziehung sowie für die konsequente Befreiung des Kindes von Tyrannei und

Abbildung 20: Janusz Korczak (um 1930)

Despotismus einsetzte, sondern weil er auch eine Philosophie der Erziehung und Bildung entwickelte, die noch heute zum Nachdenken herausfordert.

Janusz Korczak, der eigentlich Henryk Goldszmit hieß, wurde am 22. Juli 1878 als Sohn einer jüdischen Anwaltsfamilie in Warschau geboren. Nach dem Besuch des Humanistischen Gymnasiums in Warschau studierte er von 1898 bis 1904 Medizin an der Universität Warschau und entwickelte bereits neben dem Studium eine intensive schriftstellerische Tätigkeit. Unter dem Pseudonym Janusz Korczak konnte er 1899 einen literarischen Wettbewerb gewinnen und mit seiner 1901 erschienenen Erzählung *Kinder der Straße – Schicksal der Straßenkinder* auf die Situation armer und verwahrloster Kinder aufmerksam machen.

Die Bedeutung Korczaks für die Waisenhauserziehung

Im Jahre 1912 wurde ihm die Leitung des jüdischen Waisenhauses *Dom Sierot* in Warschau übertragen, was seinem medizinischen Forschungsinteresse entgegenkam. Korczak betreute dort als Arzt und Pädagoge jüdische Kinder bis zum 14. Lebensjahr, und zwar nach seinen eigenen pädagogischen Vorstellungen. Unterbrochen wurde seine Tätigkeit durch den Ausbruch des Ersten Weltkrieges, der für ihn die Einberufung als Divisionsarzt der russischen Armee bedeutete. 1919 übernahm er gemeinsam mit Maryna Falska die Leitung des Waisenhauses *Nasz Dom* in Warschau. Berühmt wurde Korczak nicht nur durch sein wissenschaftliches und soziales Engagement und die Veröffentlichung zahlreicher Erzählungen, Romane und Kinderbücher, sondern auch durch eine Sendung im polnischen Rundfunk, in der er als der *Alte Doktor* mit Kindern über deren Sorgen und Probleme redete. Im Oktober 1940 musste das Waisenhaus *Dom Sierot* unter dem Druck der Nationalsozialisten in das Warschauer Ghetto umziehen. Im August 1942 wurden die Kinder des Waisenhauses von der SS in das Vernichtungslager Treblinka deportiert. Da sich sowohl Korczak als auch seine enge Mitarbeiterin Stefanie Wilczynska weigerten, die Kinder im Stich zu lassen, wurden beide mit den Kindern 1942 in Treblinka vergast.

Seelische Gesundheit als Erziehungsziel

In seinem praktischen und literarischen Einsatz für die Rechte und die Belange des Kindes zeigen sich auf den ersten Blick deutliche Parallelen zu Maria Montessori. Wie Montessori war auch Korczak promovierter Arzt und von 1904 bis 1911 innerhalb der Pädiatrie der Warschauer Kinderklinik tätig. Sowohl Montessori als auch Korczak wandten sich aus einer medizinisch-naturwissenschaftlichen Perspektive den Fragen der Erziehung und Bildung zu. Beide sahen in der seelischen Gesundheit des Kindes ein zentrales Erziehungsziel, das durch die Respektierung der natürlichen

Selbstentfaltung des Kindes zu erreichen ist. Beide forderten die empirische Erforschung der bislang unbekannten Natur des Kindes durch Beobachtung in einem Raum, der die freie Selbstentfaltung des Kindes ermöglicht. Umso erstaunlicher ist die Tatsache, dass die Pädagogik Korczaks im Vergleich mit der Montessori-Pädagogik sowohl innerhalb der Reformpädagogik als auch innerhalb der Erziehungswissenschaft eine nur geringe Beachtung gefunden hat.

Möglicherweise liegt dies daran, dass sich Korczak zeit seines Lebens sowohl gegenüber einer Idealisierung des Kindes als messianischem Heilsboten als auch gegenüber naiven pädagogischen Heilsversprechungen überaus skeptisch verhielt.

Antinomische Grundstruktur erzieherischen Handelns

Bei Korczaks pädagogischen Überlegungen handelt es sich nämlich in dem Sinne um eine Bildungsphilosophie, als sie nicht nur die Widersprüchlichkeit pädagogischer Praxis reflektieren, sondern wiederholt auf die antinomische Grundstruktur erzieherischen Handelns verweisen. So thematisiert Korczak u.a. die Antinomie von Individuation und Sozialisation, von Freiheit und Disziplin, von Allmachtswahn und Ohnmachtserfahrung der Erziehung, von Gegenwart und Zukunft, von Theorie und Praxis, von Anpassung und Kritik, Nähe und Distanz. Die ambivalenten Ansprüche an die Erziehung zeigen sich nach Korczak besonders deutlich in der Antinomie von Sozialisation und Individuation:

> *„Du willst den Kindern die Freiheit sichern, alle ihre geistig-seelischen Kräfte harmonisch entwickeln zu können, ihre verborgenen Fähigkeiten voll auszuschöpfen und du möchtest sie in Ehrfurcht vor dem Guten und Schönen und vor der Freiheit erziehen. […] Die Gesellschaft hat dir den kleinen Wildfang anvertraut, damit du ihn zurechtbiegst und dressierst, ihn für die Umwelt genießbar machst, und nun wartet sie ab; der Staat verlangt staatszugewandten Patriotismus, die Kirche Kirchengläubigkeit, der Arbeitgeber Redlichkeit, und alle wollen sie Mittelmäßigkeit und ein demütiges Wesen.“*
>
> Korczak 1919:2014, S. 158

Erforschung der kindlichen Entwicklung

Korczak möchte vor allem für die Entwicklungsbedürfnisse und für die erstaunlichen Entwicklungsleistungen der Kinder sensibilisieren und zu einer differenzierten Betrachtung der intellektuellen Entwicklung des Kindes anleiten. Ähnlich wie Montessori ist auch Korczak davon überzeugt, dass das Spiel nicht das „eigentliche Lebenselement“ (vgl. Korczak 1919:2014, S. 88) der Kinder darstellt, sondern die Arbeit, d.h. der durch Willensanstrengung und anhaltende Konzentration geprägte Versuch des Kindes, einzelne Erscheinungen zu verallgemeinern, Kausalzusammenhänge zwischen aufeinanderfolgenden

Phänomenen zu konstruieren, Fehler selbst zu korrigieren, Schwierigkeiten zu überwinden, Unbekanntes zu entdecken und seine Umwelt zu beherrschen. Mit schonungsloser Radikalität zeigt Korczak an zahlreichen Beispielen, dass die Erwachsenen mit ihrer egozentrischen und bornierten Haltung das größte Hindernis für die physische und moralische Gesundheit des Kindes darstellen.

Die Freiheitsrechte des Kindes

Die von Korczak in der *Magna Charta Libertatis* eingeforderten Freiheitsrechte des Kindes: Das Recht auf seinen Tod, das Recht auf den heutigen Tag und das Recht des Kindes, so zu sein, wie es ist, fordern nicht nur die Emanzipation der Kinder aus sozialer Ungerechtigkeit und Repression, sondern sie zeichnen zugleich Zerrbilder von Erziehung.

Die von Korczak formulierten Rechte des Kindes:
Das Recht auf seinen Tod.
Das Recht auf den heutigen Tag.
Das Recht des Kindes, so zu sein, wie es ist.

Das Recht des Kindes auf seinen Tod

Mit dem bewusst provokativ formulierten Recht des Kindes auf seinen eigenen Tod entlarvt Korczak den Egoismus der Erwachsenen, die aus selbstbezüglichen Verlustängsten heraus die elterliche Fürsorge in eine lückenlose Überwachung des Kindes pervertieren und damit eine „monströse Maschinerie" in Gang setzen, welche den kindlichen Willen unterdrückt, die auf aktive Auseinandersetzung mit der Umwelt ausgerichteten Lebensenergien schwächt und damit eine natürliche und gesunde Entwicklung des Kindes nahezu unmöglich macht (vgl. Korczak 1919:2014, S. 45). Entschieden setzt sich Korczak daher für die Entwicklungsfreiheit des Kindes ein und fordert aktivitätsfördernde Räume, in denen Kinder ihre motorischen, intellektuellen und sozialen Fähigkeiten entwickeln können, auch wenn dieses bewusste Zulassen von Risiken Eltern und ErzieherInnen den Mut abverlangt, ein bisschen Angst um die Gesundheit und das Leben des Kindes auf sich zu nehmen. Achten wir also sorgsam darauf, so Korczak, das Kind „in dem Bestreben, es vor Diphteriebakterien zu schützen, nicht in die muffige Atmosphäre von Langeweile und Willenlosigkeit zu versetzen" (vgl. Korczak, a. a. O., S. 42).

Das Recht des Kindes auf den heutigen Tag

Das Recht des Kindes auf den heutigen Tag verweist auf eine weitere Grundantinomie erzieherischen Handelns, die man auch unter dem Gegensatz von Gegenwart und Zukunft fassen kann. Die Erziehung, die ihrer Natur nach immer auf ein in der Zukunft liegendes Ziel gerichtet ist, sieht sich mit der Aufgabe konfrontiert, bei aller Zukunftsorientierung die Grundbedürfnisse des Kindes, das ganz in der Gegenwart lebt, zu respektieren. Der Erzieher ist nach Korczak nicht verpflichtet, die Verantwortung für eine ferne und nicht vorhersehbare Zukunft des Kindes zu übernehmen, wohl aber ist er verantwortlich für die pädagogische Gestaltung der Gegenwart.

Das dritte von Korczak formulierte Recht des Kindes, so zu sein, wie es ist, bzw. sein Recht auf eine eigentümliche Individualität, berührt einen allgemeinen Topos reformpädagogischen Denkens und richtet sich in kritischer Absicht gegen eine Vorstellung von Erziehung als Formung des Kindes nach zuvor konstruierten Idealvorstellungen. Alle Versuche, das Kind in eine bestimmte Lebensform zu zwängen, sind nach Korczak ohnehin zum Scheitern verurteilt, da sich Kinder nur scheinbar dem äußeren Druck beugen oder nur vorläufig dem Einfluss der Eltern oder ErzieherInnen erliegen. Von daher ergeht auch hier ein dringender Appell an die Erwachsenen, ihren als Sorge um das Kind getarnten Egoismus zu überwinden und das Kind in seiner Individualität zu respektieren.

Das Recht des Kindes, so zu sein, wie es ist

Weiterführende Literatur zu Janusz Korczak

!

Bartosch, Ulrich/Maluga, Agnieszka/Bartosch, Christiane/Schieder, Michael (Hrsg.) (2015): Konstitutionelle Pädagogik als Grundlage demokratischer Erziehung. Bad Heilbrunn. Klinkhardt.

Hermeier, Phillipp (2006): Die politische Relevanz der Erziehung bei Janusz Korczak. Göttingen. Cuvillier.

Stenger, Ursula (2009): Korczak, Janusz: Wie ein Kind lieben? In: Böhm, Winfried/Fuchs, Birgitta/Seichter, Sabine (Hrsg.): Hauptwerke der Pädagogik. Paderborn u. a.: Schöningh, S. 234–236.

Reflexionsfragen

Aufgabe ?

1. Wie begründet A.S. Neill sein Konzept einer „repressionsfreien" Erziehung? Inwieweit konnte Neill die Entwicklung der europäischen Alternativschulbewegung beeinflussen?
2. Wie hat Maria Montessori ihre Erziehungstheorie und Didaktik anthropologisch begründet? Worin sehen Sie die Unterschiede und Gemeinsamkeiten der drei hier vorgestellten reformpädagogischen Konzepte?
3. Inwiefern handelt es sich bei den Überlegungen Janusz Korzcaks tatsächlich um eine Bildungsphilosophie? Welche Intention verfolgte Korczak mit der Formulierung der Freiheitsrechte des Kindes?
4. Erläutern Sie ausführlich, wie sich die pädagogischen Konzepte von Neill, Montessori und Korczak voneinander unterscheiden! Achten Sie dabei auf deren jeweilige Vorstellungen vom Kind, deren Erziehungsmittel und Erziehungsziele!

Es wäre sicherlich falsch, die Reformpädagogik als eine Anbahnung oder gar Vorbereitung des Nationalsozialismus abzustempeln. Dagegen spricht schon die Tatsache, dass die Reformpädagogik als eine internationale Bewegung auch überzeugte Demokraten wie etwa John Dewey in Amerika und Janusz Korczak in Polen hervorgebracht hat. Darüber hinaus gilt es zu bedenken, dass sich innerhalb der deutschen Reformpädagogik neben einer nicht zu leugnenden völkisch-nationalen und antisemitischen Tendenz auch ein politisch eher linkssozialistisch orientierter Flügel finden lässt, für den u. a. der „Bund Entschiedener Schulreformer" um Fritz Karsen und Paul Oesterreich steht. Beide, Oesterreich und Karsen, mussten in der NS-Zeit emigrieren (Ortmeyer 2009, S. 8).

Diese Überlegungen können aber nicht darüber hinwegtäuschen, dass sich sowohl innerhalb der deutschen Reformpädagogik selbst als auch in der sie inspirierenden Gesellschafts- und Kulturkritik deutsch-nationales, antisemitisches und rassistisches Gedankengut findet, an das die Nationalsozialisten mühelos anknüpfen konnten.

Das Unbehagen an der modernen Zivilisation und ihren Folgen, die als tiefgreifende Entfremdung, als Identitätsverlust und Verunsicherung erlebt wurden, führte zu einer Ablehnung derjenigen Momente, die vermeintlich die gefühlte Krise verursacht hatten. Das Ressentiment richtete sich nicht nur gegen eine zunehmende Verwissenschaftlichung und Technisierung der Lebenswelt, sondern auch gegen die Aufklärung und das rationale Denken (Skiera 2003, S. 47). „Der alte Mensch des Intellekts", so die Analyse von Christa Berg und Ulrich Herrmann, „wird zum Feindbild; der neue Mensch des Willens, des Gefühls, der heroischen befreienden Tat, der geniale Lebensgestalter und Künstler wird zum Leitbild" (Berg/Herrmann 1991, S. 21f.). Zivilisationskritik, Kulturpessimismus und Politikverdrossenheit mündeten, so Skiera, in eine politisch gefährliche Distanz zur west-europäischen Aufklärung und bereiteten den Boden für „mythologische, spirituelle und pseudowissenschaftliche Heilsversprechen" und „rhetorische Einigungsformeln" wie „Deutsches Volk" und „Deutsche Nation" (Skiera 2003, S. 48). Die verfremdende und sterile moderne Gesellschaft sollte durch eine organische Volksgemeinschaft und den Kult des Natürlichen ersetzt werden. In diese mythisch-antirationalen und kulturkritischen Stimmen mischten sich immer deutlicher auch völkisch-germanische und rassistische Töne, die von den Nationalsozialisten nur noch aufgegriffen werden mussten. Es ist jenes konfuse Krisenbewusstsein gepaart mit der Sehnsucht nach einer neuen nationalen Identität, an die Ernst Krieck (vgl. Kap. 6.4.1) appellieren konnte, als er 1934 in Aussicht stellte, dass der feste Glaube an das Dritte Reich ein „neues Nationalbewußtsein", eine „neue Menschenwürde" und eine „Neue Humanität" begründen würde (Krieck 1934, S. 25).

Auch von der Jugendbewegung aus lassen sich mühelos historische und ideologische Linien zum Nationalsozialismus ziehen. Nicht nur das Führer-Prinzip, sondern auch die Idee der Gemeinschaftserziehung und die antirationalen Momente von Erlebnis und Vorbild konnten im Kontext der Hitlerjugend nahezu eins zu eins übernommen werden. Nicht umsonst konnte Herman Nohl (vgl. auch den Band von Heinz-Hermann Krüger in dieser Reihe: Krüger 2019, Kap. 4.2) 1935 an der „neuen Jugend" ihren „militärischen Gehorsam" loben, mit dem sie bedingungslos ihrem Führer folgt (Nohl 1935, S. 278). Wiederum ist es Ernst Krieck, der hier ansetzt und die nationalsozialistische Bewegung zur „letzten Phase" der Jugendbewegung hochstilisiert (Krieck 1934, S. 48).

6 Pädagogik im Nationalsozialismus

Das letzte Kapitel dieser Einführung in die Geschichte des pädagogischen Denkens befasst sich mit der Pädagogik des Nationalsozialismus, sofern in diesem Zusammenhang der Begriff ‚Pädagogik' überhaupt begründet verwendet werden kann. Der „totale Zugriff des NS-Staates auf den Menschen" hatte, so Blankertz, „keinen Raum für eine noch so begrenzte pädagogische Autonomie" gelassen (Blankertz 1982, S. 272). Die Erziehung sollte zum Zweck der ideologischen Gleichschaltung sowie der Machtsicherung des NS-Regimes vollständig instrumentalisiert werden. Dieser dunkle Abschnitt deutscher Vergangenheit könne von daher nur als eine „Art Un-Pädagogik" (vgl. auch den Band von Peter Vogel in dieser Reihe: Vogel 2019, Kap. 2.1.4) bzw. als ein „Absturz in die Barbarei" (Blankertz 1982, S. 273) gedeutet werden. Deshalb stellt die Pädagogik des deutschen Faschismus für die erziehungswissenschaftliche Reflexion eine anhaltende Provokation dar und führt zu einer „nachhaltigen Verunsicherung" (Menck 1989, S. 41; auch Grunert 2019, S. XXIVff.), zumal wenn man bedenkt, dass die Theoreme, deren sich der Nationalsozialismus bediente, keineswegs „originell" und vom Faschismus selbst hervorgebracht wurden, sondern einer zumindest latenten pädagogischen Tradition entstammten (Blankertz, ebd., S. 274). So konnten die Nationalsozialisten, wie wir gesehen haben, mühelos auf völkisch-nationales und anti-semitisches Gedankengut der Reformpädagogik zurückgreifen. Zu ebenso irritierenden Ergebnissen führt die Frage nach der NS-Vergangenheit von theoriegeschichtlich bedeutenden Erziehungswissenschaftlern, die personell für eine Kontinuität zwischen der Weimarer Republik, der NS-Zeit und der BRD stehen (Ortmeyer 2008, S. 7). Für das Fach Erziehungswissenschaft entscheidend ist nach Micha Brumlik die Frage, ob die „Altvorderen" dieses Faches einer „Dialektik seiner Grundbegriffe" erlegen sind oder ob sie „wissentlich und botmäßig" eine in Aufklärung und Neuhumanismus entstandene „human-emanzipatorische" Tradition an die nationalsozialistische Ideologie verraten haben (Brumlik in seinem Vorwort zu Ortmeyer 2008, S. 3). Um die Beantwortung dieser Frage und generell die Auseinandersetzung der Erziehungswissenschaft mit ihrer eigenen nationalsozialistischen Vergangenheit auf eine solide Grundlage zu stellen und um eine Urteilsfindung jenseits „objektivistischer Abwiegelung" und „unhistorischer Verkennung" (ebd.) zu ermöglichen, wurde von Benjamin Ortmeyer unter dem Titel *ad fontes* an der Goethe Universität in Frankfurt am Main ein großangelegtes Forschungsprojekt zur Pädagogik des Nationalsozialismus durchgeführt, das unter anderem mit Eduard Spranger, Herman

Nohl, Erich Weniger und Peter Petersen vier Erziehungswissenschaftler in den Blick nimmt, die ihre pädagogischen Theorien in der Weimarer Zeit entwickelt haben und nach 1945 nahezu bruchlos ihre wissenschaftliche Tätigkeit fortsetzen konnten (vgl. auch den Band von Heinz-Hermann Krüger in dieser Reihe: Krüger 2019; Grunert 2019, S. XXIVff.). Die Zusammenstellung und kritische Analyse der Publikationen der genannten Erziehungswissenschaftler während der NS-Zeit sollen zur Klärung der Frage nach Kontinuität und Diskontinuität in „Werk und Biographie" dieser Pädagogen sowie ihrer Stellung zum Nationalsozialismus beitragen. Wir werden nach der Darstellung der NS-Pädagogik unter 6.4 nochmals auf diesen Punkt zurückkommen.

Stellt man sich die Frage, warum man sich überhaupt mit dieser Form einer inhumanen Un-Pädagogik beschäftigen soll, so sieht man sich auf die deutliche Aussage von Theodor W. Adorno aus seinem Buch *Erziehung zur Mündigkeit* (1970) verwiesen:

> *„Die Forderung, dass Auschwitz nicht noch einmal sei, ist die allererste an Erziehung. Sie geht so sehr jeglicher anderen voran, dass ich weder glaube, sie begründen zu müssen noch zu sollen. Ich kann nicht verstehen, dass man mit ihr bis heute so wenig sich abgegeben hat […]. Jede Debatte über Erziehungsideale ist nichtig und gleichgültig diesem einen gegenüber, dass Auschwitz nicht sich wiederhole […] Spreche ich von der Erziehung nach Auschwitz, so meine ich zwei Bereiche: einmal Erziehung in der Kindheit, zumal der frühen; dann allgemeine Aufklärung, die ein geistiges, kulturelles und gesellschaftliches Klima schafft, das eine Wiederholung nicht zulässt, ein Klima also, in dem die Motive, die zu dem Grauen geführt haben, einigermaßen bewusst werden."*
>
> Adorno 1971, S. 88

Kritik am Individualismus der Bildung

Wenngleich die Frage nach Kontinuität und Diskontinuität zwischen der Reformpädagogik sowie der Universitätspädagogik der Weimarer Zeit und der nationalsozialistischen Pädagogik nach wie vor der bildungshistorischen Forschung zur Beantwortung aufgegeben ist, so werden die folgenden Ausführungen doch zeigen können, dass Hitlers Vorstellungen über Erziehung sowie deren eilfertige Umsetzung in pädagogische Konzepte und schulpolitische Maßnahmen zumindest einen radikalen Bruch sowohl mit der Aufklärung als auch mit der neuhumanistischen Bildungsidee markieren. Bezeichnenderweise hatte der Innenminister Frick in einer Rede vom 9. Mai 1933 bereits explizit darauf hingewiesen, dass der „Individualismus der Bildung" in Zukunft nicht mehr die „Richtschnur der deutschen Bildung" abgeben könne (Frick 1933, zit. nach Wilhelm 1977, S. 125). Frick erteilt in dieser Rede nicht nur den Ideen von individueller Bildung und subjektiver Selbstbestimmung, sondern auch der reformpädagogisch motivierten Forderung nach freier Selbstentfaltung des Kindes eine deutliche Absage. Die nationalsozialistische Ideologie fordert die totale Unterordnung des Individuums unter den Staatszweck, ersetzt Selbstbestimmung durch Prägung, Aufklärung durch Indoktrination und reduziert die Idee allgemeiner und formaler Bildung durch eine an den politischen und ökonomischen Zwecken des totalitären Staates orientierte berufliche Qualifikation.

6.1 Hitlers Vorstellungen von Erziehung

Hitlers Vorstellungen von Erziehung in *Mein Kampf*

Wir beginnen unsere Darstellung der Pädagogik des Nationalsozialismus mit Hitlers Vorstellungen über Erziehung, die er in programmatischer Absicht in seiner zweibändigen politisch-ideologischen Programmschrift *Mein Kampf* dargelegt hat. Nach dem gescheiterten Putschversuch im November 1923 hatte Hitler mit der Niederschrift begonnen und konnte am 18. Juli 1925 den ersten Band mit dem Untertitel *Eine Abrechnung* und am 10. Dezember 1926 den zweiten Band mit dem Untertitel *Die nationalsozialistische Bewegung* publizieren. Wir beschränken uns im Folgenden auf jene Passagen, in denen sich Hinweise auf Hitlers Vorstellungen über Ziele und Methoden nationalsozialistischer Erziehung sowie ihrer weltanschaulichen und anthropologischen Begründung finden lassen. Für das pädagogische Thema sind vor allem zwei Kapitel aus *Mein Kampf* von besonderem Interesse: *erstens* das Kapitel über *Volk und Rasse* im ersten Band, in dem Hitler mit seiner Rassenideologie und seinen sozialdarwinistischen Einwürfen das Fundament für das Erziehungs- und Bildungsverständnis des NS-Regimes legt und *zweitens* das Kapitel *Der Staat* im zweiten Band, das explizit Hitlers Vorstellungen über Erziehung und Schule im künftigen „völkischen Staat" enthält. Die folgenden Zitate sind der 2016 im Auftrag des *Instituts für Zeitgeschichte* in München erschienenen kritischen Edition von Hitlers *Mein Kampf* in zwei Bänden entnommen.

Hitler hatte in *Mein Kampf* nicht nur die unumstößlichen Dogmen nationalsozialistischer Pädagogik formuliert (Gamm 1984, S. 45), sondern auch eine „Sprachregelung" getroffen, die nach 1933 für nahezu alle Verfasser linientreuer pädagogischer Schriften verbindlich wurde. Dazu gehören nach Flessau (1979, S. 38) auch die „berüchtigten Anti-Ismen" wie Antiliberalismus, Antiindividualismus, Antihumanismus und Antisemitismus, „Ideologeme", die für die nationalsozialistische Weltanschauung konstitutiv wurden und die in Form von staatlichen Erlassen und Richtlinien die Umgestaltung und ideologische Gleichschaltung des öffentlichen Bildungssystems bestimmten.

6.1.1 Rassenideologie und Sozialdarwinismus als Grundlage der Erziehung

Rassenideologie und völkische Weltanschauung

Nicht nur die unmissverständlichen Äußerungen Hitlers in *Mein Kampf*, sondern auch die pädagogischen Ausführungen führender nationalsozialistischer Pädagogen und Bildungspolitiker lassen erkennen, dass sowohl das Welt- und Menschenbild der Nationalsozialisten als auch die Vorstellungen von Erziehung durchgängig von Hitlers Rassenideologie bestimmt sind. Der zukünftige „völkische Staat" habe nach Hitler die „Rasse in den Mittelpunkt des allgemeinen Lebens zu setzen" und für deren „Reinerhaltung zu sorgen" (*Mein Kampf*, Band I, S. 36f.). Die neue „völkische Weltanschauung" erkenne nämlich die Bedeutung der „rassischen Urelemente" der Menschheit und bestimme als obersten Staatszweck die „Erhaltung des rassischen Daseins des Menschen" (ebd., Band II, S. 981). Die vorrangigen Aufgaben einer im Sinne dieser Ideologie gleichgeschalteten Erziehung in Familie, Schule und außerschulischer Jugendarbeit sind die Reinerhaltung und Höherentwicklung der arischen Rasse sowie die konsequente Abwehr artfremder Einflüsse, die in der barbarischen Vernichtungsmaschinerie der Konzentrationslager ihren Höhepunkt erreichte. Im Nachblick kann kein Zweifel mehr daran bestehen, dass Hitlers Rassenideologie und seinem daraus resultierenden fanatischen Antisemitismus in den Jahren nach der sogenannten. „Machtergreifung" Erziehung und Bildung systematisch unterworfen wurden, so dass die nationalsozialistische Pädagogik sich mehr und mehr als eine „vollkommen politisierte Pädagogik" zu erkennen gibt, die ihren „militanten Charakter" ebenso wenig verbergen kann, wie ihre in „Rassismus und Antisemitismus gründende Ideologie" (Flessau 1979, S. 36).

Sozialdarwinismus und die Forderung nach Blutreinheit

Hitlers Rassendoktrin führte nicht nur zu einer rassenideologischen Diffamierung der Juden als „Weltfeind" und „Welthydra", die mit allen Mitteln zu besiegen seien (ebd., Band I, S. 297f.), sondern auch zu einem unverhohlenen Sozialdarwinismus, den sowohl Hitler als auch seine Anhänger zynisch als einen neuen Humanismus bezeichneten. Die gnadenlose Unterdrückung des Schwächeren durch den Stärkeren wird dabei durch die Übertragung von Naturgesetzen auf die soziale und politische Welt des Menschen legitimiert. Die Natur treffe nämlich, so Hitler, „eine rücksichtslose Auswahl nach Kraft und Gesundheit" und folge damit einer „eisernen Logik", der auch der Mensch in seinem Dasein unterworfen sei (ebd., Band I, S. 743f.). Mit dem Hinweis auf die in der „Natur allgemein gültige Rassenreinheit" begründet Hitler seine Forderung nach einer strikten Abgrenzung der Rassen (ebd., Band I, S. 741). Eine unkontrollierte „Blutsvermischung" führe nicht nur zu einem bedenklichen „Absinken des Rassenniveaus", sondern auch zu einem unvermeidlichen kulturellen Verfall der Völker, da man nach Hitler – gestützt auf eine vulgärwissenschaftliche Rassenlehre – nicht von einer Gleichwertigkeit der Rassen ausgehen könne. Die nationalsozialistische Weltanschauung fühle sich ausdrücklich dazu berufen, „den Sieg des Besseren, Stärkeren zu fördern, die Unterordnung des Schlechteren und Schwächeren zu verlangen" (ebd., Band II, S. 981). Das ‚Bessere' und ‚Stärkere' ist natürlich die nordisch-arische Rasse, deren schöpferischer Produktivität sich alle Errungenschaft in Kunst, Wissenschaft und Technik verdanke.

Mit dem vermeintlichen „Willen der Natur" zur „Höherzüchtung des Lebens" legitimiert Hitler auch seine menschenverachtenden eugenischen Forderungen an den Staat. Es sei nach Hitler eine „Forderung klarster Vernunft" und bedeute in ihrer Durchführung „die humanste Tat der Menschheit", wenn der nationalsozialistische Staat erblich vorbelastete und körperlich oder geistig beeinträchtigte Menschen für zeugungsunfähig erkläre und dies auch praktisch umsetze (ebd., Band I, S. 36f.). Eine folgenschwere Konsequenz war das zum 1. Januar 1934 in Kraft getretene *Gesetz zur Verhütung erbkranken Nachwuchses*, auf dessen Grundlage bis 1945 etwa 400.000 Menschen zwangssterilisiert wurden. Unter dem Primat von „Volk und Rasse" und durch die von Anfang an intendierte Ausgrenzung des „Artfremden" wurden die Pädagogik wie auch die Bildungspolitik zu „Erfüllungsgehilfen der nationalsozialistischen Rassenhygiene" bzw. der „erbpflegerischen Maßnahmen des Staates" (Schneider 2000, S. 120). Eng mit dem Züchtungsgedanken verbunden sind auch Hitlers Bemerkungen über die Ehe, die nicht länger als Selbstzweck zu verstehen sei, sondern ausschließlich der „Vermehrung und Erhaltung der Art und Rasse" zu dienen habe (ebd., Band I, S. 266). Die Auswahl eines geeigneten Ehegatten nach rasse-biologischen Kriterien wurde zu einem zentralen Thema des Biologieunterrichts in allen Schulformen.

Eugenik als „erbpflegerische Maßnahme des Staates"

6.1.2 Pädagogische Konsequenzen aus der Rassenideologie

Die pädagogischen und bildungspolitischen Konsequenzen aus seiner Rassenideologie zieht Hitler im Kapitel *Der Staat* im zweiten Band von *Mein Kampf*:

Rassenideologie als Grundlage von Erziehung und Bildung

> *„Wenn wir als erste Aufgabe des Staates im Dienste und zum Wohle seines Volkstums die Erhaltung, Pflege und Entwicklung der besten rassischen Elemente erkennen, so ist es natürlich, daß sich diese Sorgfalt nicht nur bis zur Geburt des jeweiligen kleinen jungen Volks- und Rassegenossen zu erstrecken hat, sondern daß sie aus dem jungen Sprößling auch ein wertvolles Glied für eine spätere Weitervermehrung erziehen muß. Und so wie im allgemeinen die Voraussetzung geistiger Leistungsfähigkeit in der rassischen Qualität des gegebenen Menschenmaterials liegt, so muß*

auch im einzelnen die Erziehung zuallererst die körperliche Gesundheit ins Auge fassen und fördern; denn in der Masse genommen wird sich ein gesunder kraftvoller Geist auch nur in einem gesunden und kraftvollen Körper finden. Die Tatsache, daß Genies manches Mal körperlich wenig gutgebildete, ja sogar kranke Wesen sind, hat nichts dagegen zu sagen. [...] Der völkische Staat hat in dieser Erkenntnis seine gesamte Erziehungsarbeit in erster Linie nicht auf das Einpumpen bloßen Wissens einzustellen, sondern auf das Heranzüchten kerngesunder Körper. Erst in zweiter Linie kommt dann die Ausbildung der geistigen Fähigkeiten. Hier aber wieder an der Spitze die Entwicklung des Charakters, besonders die Förderung der Willens- und Entschlußkraft, verbunden mit der Erziehung zur Verantwortungsfreudigkeit, und erst als letztes die wissenschaftliche Schulung.“

Hitler 1926, S. 1041f.

Totaler Erziehungsanspruch des Staates

Diese Textstelle ist für das Erziehungsverständnis des Nationalsozialismus in mehreren Hinsichten von zentraler Bedeutung. Die erneute Festlegung des obersten Staatszweckes auf die „Erhaltung, Pflege und Entwicklung“ der „besten rassischen Elemente“ legitimiert den totalen Erziehungsanspruch des Staates, wobei sich Erziehung auf die Bearbeitung und Formung eines gegebenen und rassisch determinierten „Menschenmaterials“ reduziert. Mit dem sich daraus ergebenden Problem der Vermittlung zwischen der anthropologischen Annahme einer rassischen Determiniertheit und dem pädagogischen Begriff der Bildsamkeit wird sich mit Alfred Baeumler einer der führenden Pädagogen des Nationalsozialismus auseinandersetzen (Baeumler 1942, S. 62ff.).

Hierarchie der Erziehungsziele

Hitlers Rassenideologie und der aus ihr resultierende Züchtungsgedanke führen nicht nur zu einer starken Betonung von „körperlicher Gesundheit“ und Vitalität sowie zu der Forderung nach strenger staatlicher Auslese rassisch wertvollen Menschenmaterials, sondern auch zu Hitlers Antiintellektualismus und einer offenkundigen Bildungsfeindlichkeit, die in den immer wieder zitierten Worten Hitlers zum Ausdruck kommt, dass es in der Erziehung nicht vorrangig um das „Einpumpen bloßen Wissens“, sondern um das „Heranzüchten kerngesunder Körper“ gehen müsse. Die hier von Hitler festgelegte Hierarchie der Erziehungsziele, die den eindeutigen Vorrang der körperlichen und charakterlichen Erziehung vor der intellektuellen Bildung vorsieht, wird auch die curricularen und schuladministrativen Maßnahmen zur Umgestaltung des öffentlichen Bildungssystems bestimmen.

Annahme einer „ungleichen Wertigkeit der Rassen“

War in der oben aufgeführten Textstelle bereits die Vorstellung implizit enthalten, dass das Moment der Bildsamkeit nur den kulturbildenden bzw. den „Intelligenzrassen“ zukommt, so gewinnt diese Vorstellung im folgenden

Zitat noch schärfere Konturen. Hier wendet sich Hitler nicht nur gegen die vermeintlich jüdische Theorie von der Gleichheit der Menschen, sondern er spricht den dunkelhäutigen „Rassen" ihre Bildsamkeit völlig ab und entwertet ihre Bildungsleistungen als Ergebnis von Dressurakten, die der Abrichtung von Tieren entsprechen. Die Annahme einer „ungleichen Wertigkeit der Rassen" wird in der Folgezeit zu einem anthropologischen Topos nationalsozialistischer Pädagogik und legitimiert den Erhalt der Rasse sowie der Rassensteigerung als letzten Zweck von Erziehung (Schneider 2000, S. 119).

> *„Ohne Zweifel kann man bestimmte mechanische Fertigkeiten dem Menschen anerziehen, so wie es einer geschickten Dressur möglich ist, einem gelehrigen Pudel die unglaublichsten Kunststücke beizubringen. Allein, wie bei dieser Tierdressur nicht das Verständnis des Tieres aus sich selbst heraus zu solchen Übungen führt, so auch beim Menschen. [...] Wie grenzenlos die heutige Menschheit in dieser Richtung sündigt, mag noch ein Beispiel zeigen. Von Zeit zu Zeit wird in illustrierten Blättern dem deutschen Spießer vor Augen geführt, daß da oder dort zum erstenmal ein Neger Advokat, Lehrer, gar Pastor, ja Heldentenor oder dergleichen geworden ist. Während das blödsinnige Bürgertum eine solche Wunderdressur staunend zur Kenntnis nimmt, voll von Respekt für dieses fabelhafte Resultat heutiger Erziehungskunst, versteht der Jude sehr schlau, daraus einen neuen Beweis für die Richtigkeit seiner den Völkern einzutrichternden Theorie von der Gleichheit der Menschen zu konstruieren. Es dämmert dieser verkommenen bürgerlichen Welt nicht auf, daß es sich hier wahrhaftig um eine Sünde an jeder Vernunft handelt; daß es ein verbrecherischer Wahnwitz ist, einen geborenen Halbaffen so lange zu dressieren, bis man glaubt, aus ihm einen Advokaten gemacht zu haben, während Millionen Angehörige der höchsten Kulturrasse in vollkommen unwürdigen Stellungen verbleiben müssen."*
>
> Hitler 1926, S. 1093

Hitlers Vorstellung von einem „totalen Erziehungsstaat"

In einer vielzitierten Rede Hitlers vom 2. Dezember 1938 wird die Vorstellung eines „totalen Erziehungsstaates" ungeschminkt zum Ausdruck gebracht. Über die Schule hinaus gehe es in Zukunft um eine lückenlose Erfassung der nachwachsenden Generation, um sie durch ideologische Indoktrination zu „ganzen Nationalsozialisten" zu formen. Sollte sich der ein oder andere Jugendliche einer solchen Prägung entziehen oder „rückfällig" werden, so wird er durch Arbeitsdienste „geschliffen" oder einer weiteren „Behandlung" unterzogen. Erziehung reduziert sich im Kern auf Formierung und militärischen Drill und verfolgt explizit das Ziel, jede Form individueller Selbstbestimmung im Keim zu ersticken:

„Diese Jugend, die lernt ja nichts anderes als deutsch denken, deutsch handeln, und wenn diese Knaben mit zehn Jahren in unsere Organisation hineinkommen und dort oft zum ersten Male überhaupt eine frische Luft bekommen und fühlen, dann kommen sie vier Jahre später vom Jungvolk in die Hitlerjugend und dort behalten wir sie wieder vier Jahre.

Und geben wir sie erst recht nicht zurück in die Hände unserer alten Klasse und Standeserzeuger, sondern dann nehmen wir sie sofort in die Partei, in die Arbeitsfront, in die SA oder in das NSKK und so weiter. Und wenn sie dort zwei Jahre oder anderthalb Jahre sind, und noch nicht ganze Nationalsozialisten geworden sein sollten, dann kommen sie in den Arbeitsdienst und werden dort wieder sechs Monate geschliffen [...] und was dann nach sechs oder sieben Monaten noch an Klassen- und Standesdünkel da oder dort vorhanden sein sollte, das übernimmt die Wehrmacht zur weiteren Behandlung auf zwei Jahre. Und wenn sie nach zwei, drei oder vier Jahren zurückkehren, dann nehmen wir sie, damit sie auf keinen Fall rückfällig werden, sofort wieder in die SA, SS und so weiter, und sie werden nicht mehr frei ihr ganzes Leben."

Hitler 1938, zit. nach Flessau 1979, S.36.

? Aufgabe

Reflexionsfragen

1. Inwiefern markieren Hitlers Vorstellungen über Erziehung einen radikalen Bruch mit der Aufklärung und den Bildungsvorstellungen des Neuhumanismus?
2. Welche Konsequenzen ergeben sich aus Hitlers Rassenideologie für die Erziehung?
3. Wie lässt sich die Idee einer ‚vollkommen politisierten Pädagogik' verstehen? Ließe sich Pädagogik nicht-politisiert denken?

!

Weiterführende Literatur

Schneider, Barbara (2000): Die Höhere Schule im Nationalsozialismus. Zur Ideologisierung von Erziehung und Bildung. Köln: Böhlau.

Steinhaus, Hubert (1981): Hitlers pädagogische Maximen. „Mein Kampf" und die Destruktion der Erziehung im Nationalsozialismus. Frankfurt a. Main: Peter Lang.

6.2 Die ideologische Umgestaltung des öffentlichen Bildungswesens

Vereinheitlichung und ideologische Gleichschaltung

Ein zentrales Ziel nationalsozialistischer Agitation war der Zugriff auf das öffentliche Bildungswesen, das vereinheitlicht und ideologisch gleichgeschaltet wurde. Von Grund auf war die nationalsozialistische Schul- und Bildungspolitik durch eine „antipluralistische, staatszentrierte, autoritäre, antisemitische und antifeministische Ideologie“ getragen, die mit vagen Begriffen wie „Ganzheit“, „Volk“ und „Rasse“ operierte (Chroust 2011, S. 207). Ein führender Funktionär innerhalb des Presse- und Propagandawesens der NSDAP, Henrich Hansen (1895–1976), brachte die Intention nationalsozialistischer Schulpolitik auf den Punkt, wenn er darauf hinwies, dass die Weltanschauung des Nationalsozialismus mit einem „totalen Anspruch auf Geltung“ auftritt, den es auch und vor allem durch öffentliche Erziehung durchzusetzen gilt. Der Schule stelle sich vor diesem Hintergrund die Aufgabe, die Jugend nach den Grundsätzen der nationalsozialistischen Weltanschauung „bewußt zu formen“, eine Aufgabe, die neben curricularen Eingriffen besonders des neuen und fest im nationalsozialistischen Geist verwurzelten Erziehers und Lehrers bedürfe (Hansen 1937, zit. nach Eilers 1963, S. 3). Die Forderung einer sich in allen Schulformen realisierenden „Formationserziehung“, die durch ideologische Bearbeitung den „neuen Menschen“ hervorbringt und damit das NS-Regime auf Dauer stellt, findet sich ebenso bei dem Reichserziehungsminister Bernhard Rust:

> *„Die Eroberung des Staates allein ist keine geschichtliche Sicherung für das Regiment. Unsere Flagge muß auch von der nächsten Generation noch verteidigt werden, und darum kommt es darauf an, daß diese aus vollkommen erwachten Deutschen besteht. Es ist die allererste Aufgabe, neue Menschen zu schaffen. Neue Menschen schafft aber nur ein neuer Erzieher. Wenn ich Blut und Boden, d. h. Volk und Heimat, als Grundkraftquelle habe, dann muß auch die Erziehung und Bildung aus ihr heraus entwickelt werden.“*
>
> Rust in Kluger 1940, S. 80

Der totale Anspruch der Nationalsozialisten, der in dem Zitat von Bernhard Rust stark verharmlosend als „Erweckung“ bezeichnet wird, kann jedoch im Rückblick nicht darüber hinwegtäuschen, dass das NS-Regime zunächst weder über einheitliche Vorstellungen noch über ein ausgearbeitetes und durchdachtes Konzept zur Umgestaltung des Schulsystems verfügte (Link 2011, S. 80). So orientierten sich die Schulen in der Anfangsphase noch an den Lehrplänen und Unterrichtsmaterialien der Weimarer Zeit. Die 1933 einsetzenden ersten curricularen und schulorganisatorischen Eingriffe in das bestehende

Abbildung 21: Wilhelm Frick als Angeklagter bei den Nürnberger Prozessen (1946)

Schulsystem erfolgten auf der Grundlage einzelner Erlasse und Richtlinien des Reichsinnenministeriums, die jedoch schon in aller Deutlichkeit zeigten, dass die Nationalsozialisten einen „raschen und totalen Zugriff auf die Schule" intendierten (Kemnitz/Tosch 2011, S. 113).

Gesetz zur Neuordnung des Reiches vom 30.1.1934

Die rechtliche Grundlage für die konsequent in Angriff genommene Vereinheitlichung und Zentralisierung des öffentlichen Schulwesens wurde durch das Gesetz zur Neuordnung des Reiches vom 30. Januar 1934 geschaffen. Dieses Gesetz erteilte mit seiner staatszentralistischen Ausrichtung dem aus der Weimarer Zeit übernommenen „Föderalismus in Bildungsfragen" eine „radikale Absage" (Klöcker 2013, S. 384). Durch die Übertragung der Kulturhoheit der Länder auf das Reichsinnenministerium verloren die bislang für die Schulverwaltung zuständigen Länderministerien weitgehend ihre Rechte (Eilers 1963, S. 54). Mit den beiden Richtlinien für die zukünftige Erteilung des Geschichtsunterrichts an Volksschulen (22.07.1933) sowie zur Vererbungs- und Rassenkunde als „Kernstoff" aller Unterrichtsfächer (13.09.1933) hatte der Reichsminister des Innern Wilhelm Frick (1877–1946) bereits eindeutig in die Kompetenzen der Länderkultusverwaltungen eingegriffen. Zu den Zielen seiner Schulpolitik hatte sich Frick in seiner bereits erwähnten Rede vom 9. Mai 1933 geäußert. Der „organische Staatsgedanke", so Frick, verlange besonders auf dem Gebiet der Erziehung einen „klaren Blick, eine ruhige Hand und einen auf lange Dauer wirkenden stahlharten Willen". Oberstes Ziel aller erzieherischen Einflussnahmen muss von nun an die „Wehrhaftigkeit" der jungen Menschen sein, die in ihrem Denken und Handeln „dienend und aufopfernd" in ihrem Volke wurzeln und sich sowohl der Geschichte als auch dem Schicksal ihres Staates „ganz untrennbar und innerst verbunden" fühlen (Frick, 1933 zit. nach Fricke-Finkelnburg 1989, S. 12).

Reichsministerium für Wissenschaft, Erziehung und Volksbildung

Am 1. Mai 1934 wurde in Berlin das *Reichsministerium für Wissenschaft, Erziehung und Volksbildung (REM)* gegründet, dessen Leitung der damalige preußische Kultusminister Bernhard Rust in Personalunion mit seinem preußischen Ministeramt übernahm. Eine Zusammenführung der beiden Ministerien erfolgte erst im Mai 1934 (Eilers 1963, S. 54f.). Das *Gesetz zur Neuordnung des Reiches* hatte die rechtlichen Voraussetzungen dafür geschaffen, dass das Reichserziehungsministerium nun in seiner Funktion als oberste Schulbehörde die geplanten organisatorischen und inhaltlichen Umstrukturierungen im Sinne der nationalsozialistischen Ideologie umsetzen konnte. Mit Wirkung vom 1. Mai 1934 musste Wilhelm Frick seine schulpolitischen und -administrativen Zuständigkeiten widerstrebend an das neu errichtete Reichsministerium abtreten, von dem aus in den Jahren von 1938 bis 1942 die entscheidende Phase der Umgestaltung des öffentlichen Schulwesens eingeleitet wurde. In diesem Zeitraum wurden auf der Grundlage zentralstaatlicher Vorgaben für alle Schulen reichseinheitliche Richtlinien erlassen, überarbeitete Lehrpläne und neue ideologisch ausgerichtete Lehrbücher verfasst sowie die Lehrerbildung neu geregelt. Zu den wichtigsten schulpolitischen und administrativen Verordnungen des REM gehörten die *Richtlinien für die Volksschule* von 1937 und 1939, der *Einführungserlaß zur Vereinheitlichung und Neuordnung des mittleren Schulwesens* von 1939 und der *Erlaß zur Neuordnung des höheren Schulwesens* von 1938. Der Ausbruch des Krieges führte zu einer deutlichen Stagnation des Reformprozesses, da es vielen Schulen in den folgenden Jahren immer schwerer fiel, unter Kriegsbedingungen einen einigermaßen geregelten Schulbetrieb aufrechtzuerhalten. In chronologischer Reihenfolge sollen im Folgenden jene durch das REM initiierten schuladministrativen und curricularen Maßnahmen aus den Jahren 1933 und 1934 genannt werden, die zu ersten gravierenden Einschnitten im Schulsystem führten.

Gesetz zur Wiederherstellung des Berufsbeamtentums

Eine auf Gleichschaltung des öffentlichen Dienstes gerichtete nationalsozialistische Personalpolitik setzte mit dem am 7. April 1933 erlassenen *Gesetz zur Wiederherstellung des Berufsbeamtentums* ein. Unter „Ausschluss des Rechtsweges" (Eilers 1963, S. 70) wurden nichtarische sowie politisch unerwünschte oder regimekritische Beamte aus dem Dienst entlassen, vorzeitig pensioniert, versetzt oder degradiert. Mit schwammigen Formulierungen wie etwa „Vereinfachung der Verwaltung", „Gewähr für rückhaltloses Eintreten für den nationalen Staat" und „dienstliches Bedürfnis" wurden die Säuberungsmaßnahmen fadenscheinig begründet (ebd.). Man kann davon ausgehen, dass nach Inkrafttreten des Gesetzes etwa 3.000 Lehrerinnen und Lehrer aus politischen oder rassistischen Gründen aus dem Schuldienst entfernt wurden (Kemnitz/Tosch 2011, S. 114). Von den Säuberungsmaßnahmen waren nicht nur Lehrer, sondern auch Schulverwaltungsbeamte und Professoren an Hochschulen und Universitäten betroffen, in Preußen mehr als ein Drittel der Beschäftigten im Bildungsbereich (Klöcker 2013, S. 384).

Gründung des nationalsozialistischen Lehrerbundes 1929

Lehrer, die von den politisch-ideologischen Säuberungsaktionen verschont geblieben waren, wurden in der Folgezeit ideologischen Umschulungsmaßnahmen unterzogen und permanent auf ihre Linientreue hin überprüft. Die weltanschauliche Schulung der Lehrer übernahmen das *Zentralinstitut für Erziehung* in Leipzig sowie der *Nationalsozialistische Lehrerbund* (NSLB). Der spätere bayerische Kultusminister Hans Schemm (1891–1935) hatte den NSLB 1929 mit Sitz in Bayreuth gegründet. Unter seiner Leitung entwickelte sich der NSLB zur einzigen staatlich anerkannten Berufsorganisation für Lehrer aller Schularten, in die nach und nach alle anderen Lehrerverbände integriert wurden. Dem NSLB ging es besonders um die ideologische Gleichschaltung der Lehrer. Diesem Zweck diente neben der Publikation einschlägiger Zeitschriften wie etwa die *Nationalsozialistische Lehrerzeitung* und die Monatsschrift *Deutsches Bildungswesen* vor allem die im Nationalsozialismus bevorzugte Form der „Lagerschulung".

Das Lager als Erziehungsform

Hatte die Jugendbewegung für sich das (Zelt-) Lager als alternative Lebensform entdeckt, so griffen die Nationalsozialisten bewusst auf die bereits erprobten Elemente zurück, um durch Gemeinschaftserziehung und arrangierte Erlebnisse die ideologische Gleichschaltung zu erreichen (Kraas 2011, S. 296). Die Lager waren nicht nur für Kinder und Jugendliche, sondern auch für die ideologische Schulung von Erwachsenen vorgesehen. Ohne Übertreibung kann man davon ausgehen, dass das „Lager als Erziehungsform" die wichtigste Organisationsform nationalsozialistischer Erziehung darstellte (Kraas 2011, S. 297; Scholtz 1985, S. 119). Ungeachtet der Teilnehmer war der Ablauf in den Lagern nahezu identisch organisiert: Wecken, Frühsport, Flaggenhissen, Gelände- und Wehrsport, gemeinsame Freizeitgestaltung und inhaltliche Schulung im Rahmen von Vorträgen und Arbeitsgruppen.

Emotionale Formierung in den Schulen

Die weltanschauliche Beeinflussung in Form einer „emotionalen Formierung" (Keim 1995, S. 88) von Lehrern und Schülern versprach man sich durch die Implementierung fester Rituale und nationalsozialistischer Symbole (Hakenkreuz und Fahnen) in den Schulalltag. Den Schulen wurden verbindliche Schulfeiern und Gedenktage verordnet, wie etwa der 30. Januar als „Tag der Machtübernahme und Gründungstag des Dritten Reichs", der Geburtstag des Führers am 20. April sowie der Muttertag am 12. Mai. Durch diese „formierten Gemeinschaftserlebnisse" (Link 2011, S. 82) sollten sich die Schülerinnen und Schüler als integrierte Teile einer großen Volksgemeinschaft fühlen und sich emotional mit der nationalsozialistischen Ideologie identifizieren. Durch den gezielten Einsatz von Medien in Form von „Führer"-Reden im Rundfunk oder von Vorführungen ausgewählter Propagandafilme sollte die ideologische Gleichschaltung vorangetrieben werden (Kemnitz/Tosch 2011, S. 119). Ein äußeres Zeichen für innere Veränderungsprozesse war die Einführung des Hitler-Grußes am 22. Juli 1933.

Gesetz gegen die Überfüllung der Schulen und Hochschulen

Das *Gesetz gegen die Überfüllung der Schulen und Hochschulen* vom 25. April 1933 belegt nicht nur die antiintellektualistische und antisemitische Ausrichtung nationalsozialistischer Schulpolitik, sondern es lässt auch die nationalsozialistische „Geschlechterphilosophie" (Klöcker 2013, S. 382) deutlich werden. Zur Vermeidung einer vermeintlichen Überfüllung höherer Schulen und Hochschulen sollte durch Bildungsbegrenzung die Zahl der Studenten so weit gesenkt werden, dass der Bedarf an Berufseinsteigern gerade gedeckt werden konnte. Der Zugang zu den Universitäten war von nun an vor allem für jüdische Abiturienten mit strengen Restriktionen verbunden und führte den Prozess einer massiven Entrechtung und Diskriminierung der Juden weiter. War man in schulpolitischer Hinsicht zunächst bemüht, die jüdischen von den deutschen Schülern zu separieren, so wurde nach dem Judenprogrom mit einem Erlass vom 17.12.1938 den jüdischen Kindern der Besuch „deutscher Schulen" völlig untersagt (Kemnitz/Tosch 2011, S. 115). Zusätzlich zu den antijüdischen Maßnahmen wurde ein „geschlechtsspezifischer Numerus Clausus" (ebd. S. 116) eingeführt. Von den im Abiturjahrgang 1934 zu erwartenden Abiturienten sollten lediglich 15.000 ein Hochschulstudium beginnen, wobei höchstens 10% davon Mädchen sein durften. Das bedeutet, dass nur etwa jede siebte Abiturientin ein Studium aufnehmen konnte (ebd., S. 117).

Vererbungslehre und Rassenkunde in den Schulen

Der erste und folgenreichste ideologische Zugriff auf die Unterrichtsinhalte der Schulen erfolgte mit dem am 13.September 1933 zunächst für Preußen verfassten *Ministerialerlaß zur Vererbungslehre und Rassenkunde in den Schulen*. Damit hatte ein „Kernstück nationalsozialistischer Ideologie seinen Platz in der Schule gefunden" (Fricke-Finkelnburg 1989, S. 212). „Biologisches Denken" in Form von Vererbungslehre, Rassenkunde, Rassenhygiene, Familienkunde und Bevölkerungspolitik wurde jetzt als „Unterrichtsgrundsatz" für alle Fächer benannt und für alle Schulabschlussprüfungen als verbindliches Prüfungsthema festgelegt.

Rassenkunde als fächerübergreifender „Unterrichtsgrundsatz"

Im Januar 1935 wurde dieser *Erlaß* in erweiterter Form auf das gesamte Reichsgebiet ausgedehnt. In allen Schulformen sollte nun in der Jugend der Stolz auf die Zugehörigkeit zum deutschen Volk als einem „Hauptträger des nordischen Erbgutes" geweckt und die Schüler zu einer bewussten Mitarbeit „an der rassischen Aufartung des deutschen Volkstums" motiviert werden (Erlaß 1935, zit. nach Fricke-Finkelnburg 1989, S. 216). Rassen-biologisches Denken sollte in den höheren und mittleren Schulen bereits auf der Unterstufe und in den Volksschulen mit dem fünften Schuljahr beginnen. Die Vererbungslehre als Grundlage für Rassen- und Familienkunde, Rassenpflege und Bevölkerungspolitik wurde dem Biologieunterricht zugeteilt, der dadurch innerhalb des Fächerkanons eine enorme Aufwertung erfuhr. Als vorbeugende Maßnahme gegen „Volksentartung" sollte im Unterricht das *Gesetz zur Verhütung erbkranken Nachwuchses* vom 14. Juli 1933 besprochen und auf dessen „sittliche Seite" hingewiesen werden. Durch die „Unfruchtbarmachung" werde nämlich, so die an Zynismus kaum zu überbietende Bemerkung, die „Fürsorge vom einzelnen fort" auf den „Erbstrom des ganzen Volkes" ausgedehnt und die Befolgung der „natürlichen Lebensgesetze" auf eine humane Weise ermöglicht (ebd., S. 217). Die Gattenwahl sollte in diesem Zusammenhang ebenso thematisiert werden wie die Gefahren der Rassenmischung, die für jedes Volk „Verrat an der eigenen Aufgabe und damit am Ende Untergang" bedeute (ebd., S. 218).

Ideologisierung des Geschichtsunterrichts

Unter rasse-biologischen Gesichtspunkten wurde dem Geschichtsunterricht die Aufgabe übertragen, die „biologischen Wurzeln" des deutschen Wesens sowie der politischen und kulturellen Entwicklung der arischen Rasse in der germanischen Frühgeschichte zu verorten und den Schülern die deutsche Geschichte als einen „steten, auf und ab wogenden Kampf um die Erhaltung und Gestaltung germanisch-deutschen Wesens" zu präsentieren, das sich gegen fremde Einflüsse zu behaupten hat und beständig um neuen Lebensraum ringt (ebd., S. 220). Die Leibeserziehung, der nach dem Erlass eine „überragende Bedeutung" zukommt, dient nicht nur der Herausbildung eines „nordrassisch schönen und gesunden Körpers", sondern auch der Bildung eines „gestählten Willens".

Politische Bildung als Ideologisierung

Ausdrücklich wird unter didaktischer Perspektive darauf hingewiesen, dass die Behandlung „vererbungs- und rassenkundlicher Inhalte" im Unterricht ihren Zweck verfehlt, wenn sie sich an den Verstand der Schüler wendet, anstatt sie emotional zu ergreifen und anzusprechen. Bereits in diesem Erlass wird deutlich, dass eine im Geschichtsunterricht vermittelte politische Bildung nicht den mündigen Bürger vor Augen hat, der auf der Grundlage einer entfalteten politischen Urteilskraft an den Belangen des Staates partizipiert, sondern dass der Unterricht ganz im Gegenteil, unter Vermeidung einer kritischen Auseinandersetzung mit der nationalsozialistischen Weltanschauung, auf eine Ideologisierung der Kinder und Jugendlichen zielt. Darauf weist auch die Bemerkung hin, dass der Lehrer nur dann erfolgreich auf „Gemüt" und „Willen" seiner Schüler einwirken kann, wenn er selbst die völkische Weltanschauung durch sein eigenes lebendiges Vorbild überzeugend repräsentiert (ebd., S. 220).

Rassenkunde als Unterrichtsgrundsatz für alle Fächer

Die *Nürnberger Gesetze* 1935

Der repressive Charakter dieser Rassenideologie fand seinen Ausdruck in den *Nürnberger Gesetzen,* auch *Ariergesetze* genannt, mit denen die Nationalsozialisten ihre rassistische und antisemitische Ideologie auf eine rechtliche Grundlage zu stellen suchten. Die *Nürnberger Gesetze,* die anlässlich des 7. Reichsparteitags der NSDAP am 15. September 1935 einstimmig vom Reichstag angenommen wurden, umfassten das *Gesetz zum Schutz des deutschen Blutes und der deutschen Ehre* sowie das *Reichsbürgergesetz.* Durch diese Gesetze wurden nicht nur die Eheschließung sowie jede Form sexuellen Kontakts zwischen Juden und Nichtjuden verboten, sondern man entzog den Juden grundsätzlich ihren Status als Rechtssubjekte mit verheerenden Konsequenzen. Ab dem 19. September 1941 wurden die Juden dazu verpflichtet, den Judenstern zu tragen und sich dadurch einer öffentlichen Stigmatisierung auszusetzen. Die problematische „Entäußerung pädagogischer Grundsätze an rassenideologische Vorgaben" (Schneider 2000, S. 132) erfolgte von der öffentlichen Stigmatisierung und den gesetzlichen Regelungen der Rassentrennung in der Schule bis hin zur völligen Aufhebung schulischer

Bildungsmöglichkeiten jüdischer Kinder und Jugendlicher. Auch wenn die gesetzlichen Vorgaben sicherlich als restriktive Erwartungen an die pädagogische Praxis gelesen werden können, lässt sich die pädagogische Praxis selbst nicht lediglich als passiv verstehen. Vielmehr wirft der Blick auf pädagogische Akteure in der Praxis die Frage auf, inwiefern diese ideologischen und gesetzlich verbürgten Vorgaben auch an eigene Überzeugungen anschlussfähig waren. Als ein Beispiel für den Umgang der Schulverwaltung mit „nichtarischen" Schülern kann das folgende Schreiben des Direktors einer Oberschule für Jungen in Stettin dienen:

> *Sehr geehrter Herr Grawe!*
>
> *Auf Ihr Schreiben vom 12.12.1942 habe ich Ihnen folgendes zu erwidern:*
>
> *Nach Anhörung der Reifeprüfungskonferenz am 10.12.1942 habe ich die Überzeugung gewonnen, daß ein auf Grund eines Reifezeugnisses erleichtertes Aufsteigen Ihres Sohnes in eine führende Stellung den Belangen der deutschen Volksgemeinschaft widerstreitet. Ich habe ihn daher nicht zur Reifeprüfung zugelassen.*
>
> *Da ferner ein weiteres Verbleiben Ihres Sohnes in der Schule nach meiner Ansicht eine rassenbewußte Erziehung in der Klasse behindert, so habe ich nach Anhören der Gesamtkonferenz am 15.12.1942 auf Grund der Auslesebestimmungen IV die Entlassung Ihres Sohnes aus der Schule ausgesprochen.*
>
> *Das Abgangszeugnis liegt an*
>
> *Heil Hitler!*
> *gez. Unterschrift*
> *Oberstudiendirektor*
>
> Brief vom 15.12.1942, zit. nach Gamm 1984, S. 145

6.2.1 Die Umgestaltung der Volksschule

Erziehung und Unterricht in der Volksschule

Am 10. April 1937 erschienen zunächst die stark an den Anforderungen der höheren Schulen orientierten *Richtlinien für den Unterricht in den vier unteren Jahrgängen der Volksschule* und am 15. Dezember 1939 unter dem Titel *Erziehung und Unterricht in der Volksschule* die durch das REM erlassenen reichseinheitlichen Richtlinien für die gesamte Volksschule. Dieses 32 Seiten umfassende Schriftstück beinhaltete neben den *Allgemeinen Richtlinien* auch besondere inhaltliche und didaktische Vorgaben für die Unterrichtsfächer Leibeserziehung, Deutsch, Heimatkunde, Geschichte, Erdkunde, Naturkunde, Musik, Zeichnen, Werken, Hauswirtschaft, Rechnen und Raumlehre (Link 2011, S. 87). Besonders aufschlussreich ist die Festlegung der Aufgabe und des Erziehungszieles der deutschen Schule:

> *„Die Aufgabe der deutschen Schule ist es, gemeinsam mit den anderen nationalsozialistischen Erziehungsmächten, aber mit den ihr gemäßen Mitteln die Jugend unseres Volkes zu körperlich, seelisch und geistig gesunden und starken deutschen Männern und Frauen zu erziehen, die, in Heimat und Volkstum fest verwurzelt, ein jeder an seiner Stelle zum vollen Einsatz für Führer und Volk bereit sind. [...] Die Volksschule hat nicht die Aufgabe, vielerlei Kenntnisse zum Nutzen des einzelnen zu vermitteln. Sie hat alle Kräfte der Jugend für den Dienst an Volk und Staat zu entwickeln und nutzbar zu machen. In ihrem Unterricht hat daher nur der Stoff Raum, der zur Erreichung dieses Ziels erforderlich ist. Sie muß sich daher von all den Stoffen frei machen, die auf Grund überwundener Bildungsvorstellungen in sie eingedrungen sind. [...] Der Unterricht der Mädchen hat sich in beiden letzten Schuljahren, in denen die Entwicklung der Mädchen bereits ihre Eigenart gewinnt, in stärkerem Maße auf ihre spätere Aufgabe als Hausfrau und Mutter zu auszurichten, zumal in diesen Jahren auch in ihrer Freizeit häufig schon Aufgaben hauswirtschaftlicher Art an sie herangetragen werden. [...]*
>
> *Bei den im engeren Sinne erziehlich wirkenden, insbesondere den nationalpolitischen Stoffen hat sich der Lehrer davor zu hüten, ihre Gesinnung und Willen bildende Wirkung durch Zerreden, Zerfragen, abstrakte Lehre oder gedächtnismäßigen Drill abzuschwächen oder zu vernichten. Die freudige Bejahung der nationalsozialistischen Weltanschauung durch den Lehrer und sein überzeugendes Vorbild sind für die erfolgreiche Vermittlung der nationalpolitischen Stoffe entscheidend. Das klare, begeisternde Lehrerwort wird als schlicht-anschauliche Erzählung und Darstellung von besonderer Wirkung sein. [...]*
>
> *Dem natürlichen Drängen der kindlichen Kräfte nach selbsttätiger und selbständiger Arbeit ist entsprechend den Erfordernissen der einzelnen Wachstumsstufen Rechnung zu tragen. Der Erziehung zu selbständiger Leistung und verantwortlichem Einsatz können neben der Pflege der Eigentätigkeit im Klassenunterricht Gruppen- und Einzelarbeit dienen.“*
>
> Erziehung und Unterricht in der Volksschule (1939),
> zit. nach Fricke-Finkelnburg 1989, S. 31ff.

Als oberstes Erziehungsziel wird die Formung der Jugend zu linientreuen und überzeugten Nationalsozialisten bestimmt, die fest in Heimat und Volk verwurzelt zum „vollen Einsatz" für Führer und Volk bereit sind. Auch hier wird unverkennbar deutlich, dass nach nationalsozialistischen Vorstellungen nicht das aufgeklärte Subjekt, sondern der jederzeit einsatzbereite und entschlossene „Tatmensch" (Klöcker 2013, S. 390) aus den Schulen hervorgehen soll, dessen bedingungsloser Gefolgschaft man sich jederzeit sicher sein konnte. Unter dem Motto „Worte belehren, Beispiele überzeugen, reißen mit und lassen den Willen zur nacheifernden Tat reifen" (Richtlinien 1939:1989, S. 32) wurde der Unterricht „Gesinnungsunterricht" und die Schule zu einer „Erlebnisschule" (Klöcker, 2013, S. 390), in der die Schüler die völkischen und rassebiologischen „Werte" gefühlsmäßig erfassen und verinnerlichen sollten. Auch hier wird die „pflichtbewußte und aufrechte Lehrerpersönlichkeit", die unbeirrt an der nationalsozialistischen Weltanschauung festhält, zum Garanten einer gelingenden Formationserziehung.

Rezeption reformpädagogischer Momente?

Die ausdrücklich geforderten schülerzentrierten Lernformen sowie eine anschauliche und kindgemäße Unterrichtsgestaltung könnte man unkritisch als direkte Anknüpfung an reformpädagogische Ideen verstehen. Es lässt sich jedoch nicht übersehen, dass damit eine deutliche Verschiebung der pädagogisch-didaktischen Intention in Richtung der NS-Ideologie vorgenommen wurde, so dass man mit Wolfgang Keim allenfalls von einer „Mischung aus Weimarer Tradition mit spezifisch nationalsozialistischen Elementen" (Keim 1997, S. 46) sprechen kann. Zur Vorsicht sollte in diesem Zusammenhang auch der Hinweis mahnen, dass es nicht Aufgabe der Volksschule sei, „vielerlei Kenntnisse zum Nutzen des Einzelnen zu vermitteln". Es geht also keinesfalls um die individuelle und freie Selbstentfaltung des Kindes. Die zu entfaltenden „Kräfte der Jugend" sollen allein für den „Dienst an Volk und Vaterland" entwickelt und unter Nützlichkeitsaspekten an den politisch-ideologischen und ökonomischen Zwecken des Staates orientiert sein.

Kritik am Individualismus der Reformpädagogik

Symptomatisch für die didaktische Abwendung von der Reformpädagogik ist auch die scharfe Kritik am Individualismus und Subjektivismus der Reformpädagogik durch Ernst Krieck, die er mit seiner Stellungnahme zum „freien Unterrichtsgespräch" geübt hat. In seinem 1932 erschienenen Buch *Nationalpolitische Erziehung* heißt es:

> *„Das freie Unterrichtsgespräch wird gekennzeichnet mit dem stets wiederkehrenden Wort des Schülers: ich meine. Nach dem Vorbild des Lehrers pflanzt der Schüler großspurig sein Ich und sein zufälliges Meinen, das in der nächsten Stunde ganz anders sein kann, vor dem Werk auf und sieht seine Aufgabe nicht in Hingebung, nicht im Aneignen und Durchdringen eines Notwendigen, nicht im wirklichen Erarbeiten eines autoritativen*

Gehaltes, sondern in einem höchst privaten Richtertum über alles und jedes. Das kleine Ich könnte vielleicht verloren gehen, wenn es sich nicht von vornherein vor jedem Problem, jedem Gut wie ein Stehaufmännchen aufrichtet und gegen jede objektive Forderung zur Wehr setzt. Zur Persönlichkeit entfaltet der Mensch aber seine Anlagen nur in Hingebung an ein Höheres, im Einfügen unter eine Autorität, in Arbeit, Kampf, Bewährung vor der vorgefundenen Wirklichkeit, im Wachsen an der schicksalhaft auferlegten Aufgabe."

Krieck 1932, S. 135f.

Ideologische Neuausrichtung der Unterrichtsfächer

Im Hinblick auf die ideologische Neuausrichtung der einzelnen Unterrichtsfächer ist es erschreckend zu sehen, mit welcher „fachlichen Beflissenheit" (Gamm 1984, S. 243) LehrerInnen zum Teil die Umsetzung der nationalsozialistischen Ideologie in Angriff nahmen. Der folgende Textausschnitt stammt von dem Geographen Jörgen Hansen, der 1937 die neue Zielsetzung eines nationalpolitischen Erdkundeunterrichts formulierte, Ausführungen, die für sich selbst sprechen:

„Die neue Zielsetzung ergab sich aus dem völkischen Ideengut ganz von selbst. Wie in der gesamten Erziehung, so ist auch im Erdkundeunterricht das nationalsozialistische Ziel bestimmend, wie es Adolf Hitler in seinem Buch ‚Mein Kampf' aufgezeigt hat, nämlich die Erziehung des Kindes zum deutschbewußten, politischen Menschen, der mit Volkstum und Boden untrennbar verwachsen ist und in all seinem Denken und Tun dienend und opfernd sich für die Erhaltung und Förderung seines Volkes und Vaterlandes einsetzt, ohne an sich selbst zu denken [...] Aufgabe der Schule ist die Pflege des Gefühls der Verbundenheit mit der Heimatscholle, mit Volk und Vaterland. So werden der Glaube an die deutsche Volkskraft, das Gefühl der Volksgemeinschaft und die Liebe zur Heimat und zum Vaterland gefördert und vertieft. Aus dieser Gesinnung heraus entsteht die verantwortliche Verbundenheit mit dem Schicksal des Staates und die sittliche Pflicht, sich zu jeder Zeit mit Gut und Leben für Vaterland und Volk einzusetzen. Die Grundlage dafür ist die Wehrhaftigkeit. Die wissenschaftliche Geographie hatte vor der Machtübernahme ihre Stellung nicht richtig erkannt; sie berücksichtigte zuwenig den eigenen deutschen Volksraum. In den Hörsälen wurde meist über fremdländische Räume gelesen [...].

Jörgen Hansen 1937: Zehn Thesen für einen nationalpolitischen Erdkundeunterricht, S. 3ff., zit. nach Gamm 1984, S. 243f.

Wehrwissen als Unterrichtsprinzip

Neben der Rassenkunde sollte nun auch die „Wehrerziehung" als ein weiteres Unterrichtsprinzip Eingang in die einzelnen Fächer finden und neben der

Vermittlung von „Wehrwissen" die Einübung einer „soldatischen Haltung" leisten. Alle Unterrichtsfächer standen nun vor der Aufgabe, militärisch relevante Themen aufzugreifen und praktisch umsetzbares „Wehrwissen" zu vermitteln. So wurde im Fach Erdkunde das Lesen und Zeichnen von Karten nach militärischen Gesichtspunkten geübt und im Mathematikunterricht die Flugbahnen von Raketen und Kugeln berechnet. Besondere Bedeutung für die Wehrerziehung erlangten die Fächer Physik und Chemie. In Physik wurde der Umgang mit optischen Beobachtungsmittel (Fernrohr, Entfernungsmesser), Fernsprech- und Funktechnik gelehrt und Kenntnisse über die von Artillerie und Infanterie verwendeten Munition vermittelt. Im Fach Chemie konzentrierte sich der Unterricht auf die Zusammensetzung und vorsichtige Handhabung von Sprengstoffen aller Art (Gamm 1984, S. 237f.).

Neustrukturierung der Mittelschule

Für die Neustrukturierung des Mittelschulsystems war der Ministerialerlass vom 1. Juli 1938 richtungsweisend. In diesem Erlass führte Bernhard Rust die in Preußen bestehende sechsklassige Mittelschule reichseinheitlich ein. Als diese Regelung allmählich zu greifen begann, wurde 1941 auf ausdrücklichen Wunsch Hitlers die vierjährige Hauptschule nach österreichischem Vorbild favorisiert. In der Praxis führte dies zu einer erheblichen „Verwirrung" (Eilers 1969, S. 58), da das Verhältnis von Mittelschulen und Hauptschulen nicht geklärt war. Nachdem Hitler seine Anordnung aus schulorganisatorischen Gründen korrigierte hatte, wurde die Einführung der Hauptschule ausgesetzt, so dass bis Ende des Dritten Reiches Mittelschulen und Hauptschulen nebeneinander bestanden (ebd.).

6.2.2 Höhere Schulbildung

Reform der Oberschule als „Kernstück" nationalsozialistischer Schulpolitik

Während die Volksschule in der NS Zeit weniger einer strukturellen als vielmehr einer curricularen und didaktischen Neuordnung unterzogen wurde (Link 2011, S. 80), waren die Oberschulen massiv von den Vereinheitlichungs- und Gleichschaltungsmaßnahmen betroffen. Das lag daran, dass die Reform der Oberschule das „Kernstück der nationalsozialistischen Umgestaltung des allgemeinbildenden Schulwesens" bildete (Fricke-Finkelnburg 1989, S. 90), die auch als erstes in Angriff genommen wurde. Bei allen offenkundigen Ressentiments Hitlers gegen die intellektuelle Bildung nahm die Höhere Schule im „Spannungsfeld von Qualifizierung, Leistungsauslese, Indoktrination und Kaderrekrutierung" (Keim 1997, S. 34) eine zentrale Stellung ein. Die Reform der Höheren Schulen wurde durch das im August 1933 verfasste Konzept *Notwendige Reformen im höheren Schulwesen* initiiert und durch den Grundsatzerlass *Neuordnung des höheren Schulwesens* von 29. Januar 1938 (zit. nach Fricke-Finkelnburg 1989, S. 102ff.) sowie durch den Erlass *Erziehung und Unterricht in den Höheren Schulen* (1938/39, zit. nach ebd. S. 105ff.) abgeschlossen. Neben Bernhard Rust waren vor allem die Berliner Ministerialbeamten Rudolf Benze und Wilhelm Stuckart, beide überzeugte und linientreue Nationalsozialisten der ersten Stunde, für die Umstrukturierungsmaßnahmen verantwortlich.

Der Jurist und SS-Obergruppenführer Wilhelm Stuckart (1902–1953) war bereits 1922 der NSDAP beigetreten. Nach seinem Studium der Rechtswissenschaft an den Universitäten München und Frankfurt avancierte Stuckart zum Rechtsberater der NSDAP. Im Mai 1933 berief ihn Hermann Göring in das von Bernhard Rust geleitete Preußische Kultusministerium und zwar zunächst als Ministerialdirektor und ein Jahr darauf als Staatssekretär (Juni 1934). Kurze Zeit später wechselte Stuckart in das Reichsministerium für Wissenschaft, Erziehung und Volksbildung (REM). Stuckart war nicht nur an der Ausarbeitung der *Nürnberger Gesetze* beteiligt, sondern er lieferte den Nationalsozialisten auch die juristische Legitimation ihrer Expansionspolitik.

Rassenideologie als Grundlage der Schulreform

Rudolf Benze (1888–1966), Pädagoge, Ministerialbeamter und NS-Funktionär, absolvierte ein Studium der Klassischen Philologie und Geschichte, das er 1928 mit der Promotion an der Universität Halle abschloss. 1934 übernahm Benze als Ministerialrat im Reichserziehungsministerium die Abteilung *Höhere Schulen.* Als überzeugter Nationalsozialist war es sein erklärtes Ziel, eine Schulreform auf der Grundlage von Hitlers Rassenideologie zu realisieren. Zu diesem Zweck gab Benze die Zeitschrift des nationalsozialistischen Lehrerbundes *Die Deutsche Höhere Schule* heraus und übernahm 1938 die Leitung des *Zentralinstituts für Erziehung und Unterricht* innerhalb des Reichserziehungsministeriums. In seinen Zuständigkeitsbereich fielen auch die Planung und Organisation von Lehrerfortbildungen, die der politischen Indoktrination und Gleichschaltung der LehrerInnen dienten. Rudolf Benze war auch Mitherausgeber des Sammelbandes *Rassische Erziehung als Unterrichtsgrundsatz der Fachgebiete* (1937). Neben seiner *Erziehung im Großdeutschen Reich* (1939) stellte sein Buch *Rasse und Schule* (1934) ein Manifest totalitärer Erziehung dar, in dem Benze den totalen Erziehungsanspruch des Staates rechtfertigt.

Notwendige Reformen im höheren Schulwesen, 1933

Die erste offizielle Stellungnahme des Ministeriums unter dem Titel *Notwendige Reformen im höheren Schulwesen* (1933) setzt mit einer Analyse des aktuellen Zustandes des Schulwesens ein. Individualismus und politischer Liberalismus werden für die „völkische Zersetzung" in der Weimarer Zeit verantwortlich gemacht, so wie die Orientierung an der Idee allgemeiner und formaler Bildung die „theoretisierende Lebensfremdheit" und die „äußere Zerrissenheit" der Schule verursacht habe. Mit direktem Bezug auf Hitlers Äußerungen in *Mein Kampf* wird auch im Hinblick auf das Höhere

Schulwesen an der Hierarchisierung der Erziehungsziele mit einer deutlichen Abwertung der geistigen Bildung festgehalten:

> *„Demgegenüber verkündet die völkische Weltanschauung im Sinne der von ihrem Führer in seinem Kampfbuch ausgesprochenen Grundsätze, daß auch auf dem Gebiet der Erziehung biologisch-organisches Denken und Handeln die Grundlage bilden müssen. [...] Weder Einzelmensch noch Menschheit können danach den Maßstab für die Erziehung abgeben, sondern nur die rassen-biologisch gesehene Volksgemeinschaft. Ihr hat alle Erziehungsarbeit zu dienen. Alle Erziehung muß daher über die Ausbildung des Einzelnen hinaus stets den Blick auf die Volksgemeinschaft richten. Wer dieser dient, frommt auch dem Einzelnen. Ein Volk aber kann nur bestehen, wenn seine Glieder gleich gesund an Körper, Seele und Geist sind, und wenn nicht durch Einpumpen bloßen Wissens und durch formale Geistesschulung die beiden anderen, für die Erziehung des Volkes wichtigeren Seiten seiner Glieder verkümmert werden."*
>
> Notwendige Reformen (REM) 1933, S. 15,
> zit. nach Scholtz 1989, S. 15ff.

Strukturelle, organisatorische und inhaltliche Eingriffe in das Höhere Schulwesen

Dieses nur wenige Seiten umfassende Konzeptpapier von 1933 führte bereits zu „gravierenden strukturellen, organisatorischen und inhaltlichen Veränderungen" (Schneider 2000, S. 338). Die Forderung, „nur die Kulturen und Sprachen der uns rassisch verwandten Völker als Bildungsstoffe" zuzulassen (Konzeptpapier 1933, zitiert nach Scholtz 1989, S. 16) und Unterrichtsstoffe nach dem Kriterium der „Verwandtschaft" auszuwählen, lässt erkennen, welche erheblichen inhaltliche Eingriffe in den einzelnen Fächern vorgesehen waren. Im Hinblick auf den Fremdsprachenunterricht sollte nur das Englische als die Sprache des „uns rassisch und kulturlich am nächsten stehenden Welt-Volkes" berücksichtigt werden (ebd.). Der Geschichtsunterricht sollte im Sinne der nationalsozialistischen Weltanschauung erfolgen, „die Verbindung zur unmittelbaren Gegenwart" herstellen, den „Stolz auf die Zugehörigkeit" zum deutschen Volks wecken und „zur Mitarbeit an dem Aufbau des Völkischen Staates" motivieren (ebd., S. 18f.). Der Anspruch der Höheren Schulen auf allgemeine und formale Bildung wurde zugunsten einer an den politischen und ökonomischen Zwecken des völkischen Staates orientierten Berufsqualifikation zurückgedrängt.

Absage an die Idee individueller Bildung

Die amtlichen Verlautbarungen aus dem Jahre 1938 knüpften direkt an das Konzeptpapier von 1933 an. Erneut wird dem „Bildungsidealismus des beginnenden 19. Jahrhunderts" eine deutliche Absage erteilt und die Idee individueller Bildung durch eine „deutsche Nationalerziehung" ersetzt, die ihre vorrangige Aufgabe darin sieht, „den nationalpolitischen Menschen zu formen" (Erlass 1938, zitiert nach Scholtz 1989, S. 105). Die Idee individueller Bildung wird als „Trugbild der gebildeten Persönlichkeit" diskreditiert und jede Vorstellung von Bildung als abstrakt und „volksfremd" entwertet, die „abseits von dieser nationalsozialistischen Erziehungswirklichkeit" erfolgt (ebd., S. 107). Der massive Eingriff in die Höhere Schulbildung lässt sich an folgenden drei Momenten exemplarisch festmachen:

Verkürzung der Schulzeit auf acht Jahre

Erstens wurde nicht aus pädagogischen, sondern aus „wichtigen bevölkerungspolitischen Gründen" (Neuordnung 1938, zitiert nach Scholtz 1989, S. 102) die neunjährige Schulzeit der Höheren Schule auf acht Jahre verkürzt.

Abschaffung der Koedukation

Zweitens wurde die Koedukation abgeschafft, eine gravierende Maßnahme, die nach Barbara Schneider mit der Aufkündigung der lange erstrittenen „Angleichung des höheren Mädchenschulwesens an das Knabenschulwesen" gleichzusetzen war (Schneider 2000, S. 342). Die strikte Geschlechtertrennung, die inhaltlich und strukturell zum Tragen kam, wurde durch eine angeblich naturgegebene Rollenverteilung legitimiert und führte zu einer Erziehung, die für den Mann das Leitbild des heldenhaften Soldaten und für die Frau die Rolle der treusorgenden Hausfrau und Mutter vorsah.

Vereinheitlichung der Höheren Schulbildung

Drittens wurde die erheblich ausdifferenzierte Oberschule der Weimarer Zeit für Jungen auf das humanistische Gymnasium sowie auf die naturwissenschaftliche und neusprachliche Oberschule reduziert. Die Oberschule für Mädchen sollte einen neusprachlichen und einen hauswirtschaftlichen Zweig anbieten. Durch die „Typenvereinheitlichung" wurde die gymnasiale Mädchenbildung faktisch abgeschafft (Eilers 1963, S. 20). Für die wenigen Mädchen, die noch an Jungenschulen eine gymnasiale Bildung erhielten, wurde ein Zusatzunterricht in Handarbeit, Biologie und Turnen verordnet, um so für die „elementaren Bedürfnisse einer weiblichen Bildung" zu sorgen (ebd.). Die nationalsozialistische Konstruktion einer spezifisch weiblichen Bildung führte wohl auch dazu, dass der hauswirtschaftliche Zweig stark propagiert und durch die Verleihung der Berechtigung zum Hochschulstudium ohne Zusatzprüfung in den wissenschaftlichen Fächern gefördert wurde. In die gleiche Richtung wies auch eine Verordnung, nach der alle Schülerinnen nach dem Abitur ein hauswirtschaftliches Jahr ableisten mussten.

Selektionskriterien für die Höheren Schulen

Flankiert wurden die Ministerialerlasse durch eine Reihe von „Sofortmaßnahmen", von denen zwei der wichtigsten im Folgenden genannt werden sollen: In dem *Erlass zur Schülerauslese an den höheren Schulen* vom 27. März 1935 werden mit der körperlichen, charakterlichen, geistigen und völkischen Auslese die Selektionskriterien für die Höheren Schulen festgelegt (Erlass 1935, zitiert nach Scholtz 1989, S. 93f.). Körperliche Leistungsfähigkeit und charakterliche Eigenschaften wie Kameradschafts- und Gemeinschaftssinn rangierten vor der intellektuellen Eignung. SchülerInnen mit körperlicher Beeinträchtigung und nichtarischer Abstammung wurde der Zugang zu den Höheren Schulen von vornherein verwehrt. Deutlich erkennbare Führerqualitäten, herausragende sportliche Leistungen und Linientreue wurden nicht nur im Hinblick auf die Aufnahme in die Schule, sondern auch in Bezug auf möglicherweise gefährdete Versetzungen höher gewertet als intellektuelle Begabung.

Politisierung des Sports

Der im September 1937 verfasste *Erlass zur Leibeserziehung in Jungenschulen*, dem 1941 die entsprechenden Richtlinien für Mädchenschulen folgten, lässt nicht verkennen, dass der Sport in der Schule in erster Linie politischen Zwecken dient. Die „Politisierung des Sports" (Schneider 2000, S. 366) erscheint dabei nicht nur als die konsequente Fortsetzung der rassenzüchterischen Absichten des NS-Regimes, sondern sie liefert darüber hinaus auch die Grundlagen für die künftige Wehrfähigkeit der jungen Männer. Alfred Baeumler hatte in seinem Buch *Bildung und Gemeinschaft* (1937) ausdrücklich von „politischer Leibeserziehung" und vom Leib als „Politicum" gesprochen (Baeumler 1937, S. 156). Auf der Grundlage solider Kenntnisse über das körperliche und seelische Wachstum der Jugendlichen und unter Berücksichtigung der jeweiligen „Körperreife" sollte der Sportlehrer seine Schüler zur „Wehrreife" zu führen (Erlass 1937, zit. nach Schneider 2000, S. 368). Zu Beginn und am Ende jeder Sportstunde wurden das geschlossene Antreten und der Hitler-Gruß als äußere Zeichen einer inneren soldatischen Haltung gefordert.

Weiterführende Literatur zur Schulpolitik des Nationalsozialismus

!

Flessau, Kurt-Ingo (1979): Schule der Diktatur. Lehrpläne und Schulbücher des Nationalsozialismus. Frankfurt a. M.: Fischer.

Götz, Margarete (1997): Die Grundschule in der Zeit des Nationalsozialismus. Bad Heilbrunn: Klinkhardt.

Horn, Klaus-Peter/Link, Jörg-W. (Hrsg.) (2011): Erziehungsverhältnisse im Nationalsozialismus. Totaler Anspruch und Erziehungswirklichkeit. Bad Heilbrunn: Klinkhardt.

Schneider, Barbara (2000): Die Höhere Schule im Nationalsozialismus. Zur Ideologisierung von Bildung und Erziehung. Köln/Weimar/Wien: Böhlau.

6.2.3 Die Neuordnung und ideologische Ausrichtung der Lehrerbildung

Die Organisation der Lehrerbildung in der Weimarer Republik

Die von den Nationalsozialisten vollzogene Neuordnung der Lehrerbildung markiert ebenfalls einen deutlichen Bruch mit der Weimarer Schul- und Bildungspolitik, deren Ziel es gewesen war, die Ausbildung der Lehrer, vor allem auch der Volksschullehrer, auf eine akademische Grundlage zu stellen (Ottweiler 1985, S. 242). In der Weimarer Zeit war die Akademisierung der Lehrerbildung in den einzelnen Reichsländern durchaus unterschiedlich realisiert worden. Hielten etwa Bayern und Württemberg an der alten seminaristischen Lehrerausbildung fest (ebd., S. 250), so wurden in Preußen 1922 die sog. *Präparandenanstalten* und 1925 die *Lehrerseminare für Volksschullehrer* geschlossen und an deren Stelle die Pädagogischen Akademien gegründet, die das Abitur voraussetzten und ein zweijähriges Studium vorsahen (Giesecke 1993, S. 145). Die künftigen Gymnasiallehrer (Philologen) mussten nach dem Abitur ein achtsemestriges Studium in drei Fächern an einer Universität absolvieren, dem eine zweijährige Referendarausbildung folgte (Eilers 1963, S. 53).

Einrichtung von Lehrerbildungsanstalten 1941

Mit dem Erlass vom 6. Mai 1933 hatte der preußische Kultusminister Bernhard Rust zunächst die preußischen Akademien in *Hochschulen für Lehrerbildung* (HfL) umgewandelt und später in seiner Funktion als Reichserziehungsminister dafür gesorgt, dass diese Form einer hochschulmäßigen Ausbildung reichseinheitlich übernommen wurde. Die Tatsache, dass die Hochschulen für Lehrerbildung 1938 nur etwa die Hälfte des Bedarfs an Lehrern decken konnten, sowie die Ablehnung der HfL durch führende Kreise der NSDAP (Ottweiler 1985, S. 244) führten zu einem deutlichen Abbau der akademischen Lehrerausbildung. Hitler selbst verfügte 1940 die Auflösung der *Hochschulen für Lehrerbildung* und die Einrichtung von *Lehrerbildungsanstalten*, die nun für Volks- und Hauptschulabsolventen offen standen. Die Auslese der Schüler, die nun ohne Abitur ihre Ausbildung zum Volksschullehrer beginnen konnten, erfolgte in enger Zusammenarbeit mit der Hitler-Jugend, die für sich ein Mitspracherecht einforderte.

Die Auflösung der Hochschulen für Lehrerbildung zugunsten von Lehrerbildungsanstalten war nach der Einschätzung von Ottweiler ohne Zweifel ein „qualitativer Rückschritt". Durch diese Maßnahme wurde nicht nur die Bildungsfeindlichkeit des Nationalsozialismus erneut deutlich, sondern sie beendete auch ein „Kapitel deutscher Schulgeschichte", indem eine Lehrerausbildung, die von einem „wissenschaftlichen, demokratischen und liberalen Geist getragen und durchdrungen war", durch das Bild eines Lehrers ersetzt wurde, der fest verwurzelt in der nationalsozialistischen Weltanschauung, eine „indoktrinäre Erziehung" der Schüler in der Volksschule garantierte (Ottweiler 1985, S. 242f.).

Weiterführende Literatur zur Lehrerbildung in der NS Zeit

!

Eilers, Rolf (1963): Die nationalsozialistische Schulpolitik. Eine Studie zur Funktion der Erziehung im totalitären Staat. Köln/Opladen: Westdeutscher Verlag.

König, Karlheinz (2000): „Erziehung unseres Standes zu einem Werkzeug unseres Führers". Lehrerschulung im Nationalsozialistischen Lehrerbund zwischen 1926/27 und 1943/44. In: Jahrbuch für Historische Bildungsforschung 6, S. 143–169.

Kraas, Andreas (1999): Die „Überholung" der Lehrer 1933–1936. Die Herausbildung der nationalsozialistischen Lagerpädagogik für Lehrer. In: Jahrbuch für Historische Bildungsforschung 6, S. 117–142.

6.2.4 Die Gründung neuer „politischer" Schulen

Nationalsozialistische Eliteschulen

Die Umstrukturierung und ideologische Neugestaltung des Höheren Schulwesens wurde durch die Gründung nationalsozialistischer Ausleseschulen in Form von Internatsoberschulen begleitet, zu denen die *Nationalpolitischen Erziehungsanstalten* (NPEA), auch als *Napola* bezeichnet, die *Adolf-Hitler-Schulen* (AHS) sowie die *Reichsschule der NSDAP Feldafing* gerechnet werden. Die NS-Ordensburgen sowie SS-Junkerschulen unterschieden sich von den erstgenannten dadurch, dass sie nicht zur Hochschulreife führten, sondern eher einer „berufsqualifizierenden Auslese des Führernachwuchses für SS und Staat dienten" (Klare 2011, S. 137). Die Sonderstellung dieser nationalsozialistischen Eliteschulen innerhalb des Schulsystems war schon allein darin begründet, dass sie als Internatsschulen eine „umfassende Kontrolle der Sozialisationsprozesse der Jugend" und deren politische Beeinflussung ermöglichten (ebd.).

Nationalpolitische Erziehungsanstalten

Am 20. April 1933 wurden die ersten *Nationalpolitischen Erziehungsanstalten* in Plön (Schleswig-Holstein), Köslin (Pommern) und Potsdam (Brandenburg) als Geschenk der Partei an den Führer gegründet und dem Reichserziehungsminister Bernhard Rust direkt unterstellt. 1936 wurde der SS-Obergruppenführer August Heißmeyer zum Inspekteur der Nationalpolitischen Erziehungsanstalten berufen, wodurch auch der Einfluss der SS auf diese Schulen zunahm (Flessau 1979, S. 22). Die *Napolas* wollten natürlich in erster Linie eine nationalsozialistische Führungselite heranbilden, die sich „aus den besten rassischen Teilen" der „Volksgemeinschaft" zusammensetzte (Klare 2011, S. 141). Die Aufnahme in eine *Napola* war von daher an rassisch-biologische Kriterien wie arische Abstammung und Erbgesundheit sowie uneingeschränkte körperliche Leistungsfähigkeit gebunden. An zweiter

Stelle rangierten charakterliche Eigenschaften wie Mut, Durchhaltevermögen, Tapferkeit und Willensstärke, während die intellektuelle Eignung auch hier nachrangig berücksichtigt wurde (Keim 1997, S. 108).

Hierarchische Struktur und militärischer Lebensstil

Die innere Schulstruktur war nach dem „Führer-Gefolgschaftsprinzip" streng hierarchisch aufgebaut und forderte von den Schülern einen militärischen Lebensstil. Die Schüler wurden von daher auch nicht in Klassen, sondern in Hundertschaften, Züge und Stuben unterteilt und zur Ableistung von „Diensten" (Schlafsaal-, Stuben-, Flur-, oder Tischdienst) verpflichtet. Fahnenappelle und Antreten am Morgen, Lager, Sportwettkämpfe und Schulfeiern sollten der Gemeinschaftserziehung dienen und die Schüler auf die nationalsozialistische Weltanschauung einschwören. Auch wenn sportliche Leistung, Charaktererziehung und politisch- weltanschauliche Schulung eindeutig im Vordergrund standen, wurde dennoch großer Wert auf Wissensvermittlung gelegt, was schon daran ersichtlich wird, dass sich der Lehrplan kaum von dem anderer Oberschulen unterschied (ebd., S. 145). Bei der Einrichtung nationalsozialistischer Eliteschulen wurden die Mädchen kaum berücksichtigt. Unter den 1939 bestehenden 39 *Napolas* waren nur zwei als Mädchenschulen konzipiert. Die Reichsreferentin des BDM (Bund Deutscher Mädchen) Trude Bürckner blieb mit ihrer Forderung nach einer stärkeren Berücksichtigung der Mädchen bei der Planung und Gründung neuer Einrichtungen ungehört (Eilers 1963, S. 20).

Abbildung 22: Physikunterricht in einer Napola

Adolf-Hitler Schulen

Während die *Napolas* wenigstens zu Beginn dem *Reichsministerium für Wissenschaft, Erziehung und Volksbildung* zugeordnet waren, unterstanden die *Adolf-Hitler-Schulen* (AHS) von Anfang an der Hitler-Jugend unter Baldur von Schirach sowie der *Deutschen Arbeitsfront* unter Robert Ley. Mit ausdrücklicher Billigung durch Hitler konnten Ley und Schirach ein Schulsystem aufbauen, das nicht mehr ausschließlich der staatlichen Schulaufsicht unterstand (Flessau 1979, S. 23). Mit einer Verfügung vom 15. Januar 1937 stimmte Hitler der Gründung von *Adolf-Hitler-Schulen* (AHS) zu, von denen die erste am 19. April 1937 in der NS-Ordensburg Krössinsee (Hinterpommern) den Schulbetrieb aufnahm. Körperliche Ertüchtigung, Charaktererziehung und weltanschauliche Formung bestimmten auch hier den Schulalltag und drohten nicht selten die intellektuelle Ausbildung zu dominieren. Nach einer fünfjährigen Schulzeit wurde das Diplom der Adolf-Hitler-Schulen verliehen, das dem staatlichen Abitur gleichgestellt war und zumindest theoretisch den Schulabgängern jede Partei- und Staatslaufbahn eröffnete.

Reichsschule der NSDAP Feldafing

Die 1934 gegründete Reichsschule der NSDAP Feldafing war eine Einrichtung der SA und der Reichswehr sowie des NS-Lehrerbundes und sah sich der Tradition des ehemaligen bayerischen Kadettenkorps verpflichtet (Klare 2011, S. 140).

Phänomen nationalsozialistischer Schulpolitik

An allen drei Formen politischer Eliteschulen lässt sich nach Anke Klare ein Phänomen nationalsozialistischer Schulpolitik studieren: Die jeweiligen Schulgründungen verfolgten vorrangig das Ziel, erziehungspolitische Ideen zu realisieren oder persönliche Interessen und Machtansprüche durchzusetzen. Diese nationalsozialistischen Eliteschulen sind von daher ein anschauliches Beispiel für den „internen Machtpluralismus des Dritten Reiches, der willkürlichen Aktionen einzelner Machtträger einen breiten Spielraum ließ" (Klare 2011, S. 137). Mit ihren Interventionen verfolgten HJ, SS und SA nicht nur das Ziel, ihren Einfluss auf Partei, Führer und Staat auszubauen, sondern sie nutzen diese Schule auch ganz bewusst, um künftige Führungskräfte auszuwählen und in ihrem Sinne zu schulen.

Weiterführende Literatur zu den Schulen

!

Feller, Barbara/Feller, Wolfgang (2001): Die Adolf-Hitler-Schulen. Pädagogische Provinz versus ideologische Zuchtanstalt. Weinheim/München: Beltz.

Gelhaus, Dirk/Hülter, Jörn-Peter (2003): Die Ausleseschulen als Grundpfeiler des NS-Regimes. Würzburg: Königshausen & Neumann.

Leeb, Johannes (2001) (Hrsg.): „Wir waren Hitlers Elite-Schüler". Ehemalige Zöglinge der NS-Ausleseschulen brechen ihr Schweigen. München: Heyne.

Am Ende dieses Überblicks über schulpolitische- und administrative Maßnahmen der Nationalsozialisten auf der Grundlage von Erlassen und Richtlinien durch das REM darf der Hinweis nicht fehlen, dass diese Richtlinien und Ministerialerlasse „politische Willenserklärungen" (Giesecke 1993, S. 133) darstellen, von denen aus nicht automatisch auf die konkrete Schulwirklichkeit geschlossen werden kann. Mit dem inneren Widerstand vieler Lehrerinnen und Lehrer war dabei ebenso zu rechnen, wie mit einer gewissen „Hartnäckigkeit", mit der sich die Institution Schule dem ideologischen Zugriff und einer immer stärkeren „Politisierung aller Erziehungsinstitutionen" zu entziehen versuchte (Wilhelm 1977, S. 133). Gleichzeitig konnte das nationalsozialistische Erziehungsprogramm, wie deutlich wurde, aber auch nur durch die Mitwirkung vieler Pädagoginnen und Pädagogen wirksam werden, die die völkisch-rassistische Ideologie durchaus unterstützten.

Reflexionsfragen

? Aufgabe

1. Inwieweit finden Hitlers Vorstellungen von Erziehung Eingang in die Erlasse und Richtlinien zur Neugestaltung des öffentlichen Schulwesens? Inwieweit war auch die höhere Schulbildung von den Neustrukturierungsmaßnahmen betroffen?
2. Wie sollte durch die Gestaltung des Schulalltags eine „emotionale Formierung" der Schüler gelingen?
3. Durch welche anthropologischen und gesellschaftspolitischen Annahmen versuchte man die Abschaffung der Koedukation zu legitimieren?

6.3 Die Hitlerjugend als außerschulische Formationserziehung

Der totale Erziehungsanspruch des NS-Regimes ließ vor allem die außerschulische Jugendarbeit, neben Elternhaus und Schule, als zentrale Erziehungs- bzw. Formationsinstanz erscheinen, zumal sich in diesem Bereich der ideologische Zugriff leichter realisieren ließ als im öffentlichen Schulsystem. Durch paramilitärische Ausbildung sollte die Jugend auf den Wehrdienst vorbereitet und durch weltanschauliche Schulung zur kritiklosen Annahme der nationalistischen Ideologie „erzogen" werden.

Gründung der Hitlerjugend, Bund Deutscher Arbeiterjugend (HJ) 1926

Nationalsozialistische Jugendgruppen hatte es bereits vor der Machtergreifung Hitlers gegeben. Sie bestanden neben den Jugendverbänden der Weimarer Zeit, in denen die lebensreformerischen und erlebnispädagogischen Momente der *Wandervogelbewegung* (vgl. Kap. 5.1.2) weiterlebten (Gamm 1984, S. 301). Die *Hitler-Jugend, Bund Deutscher Arbeiterjugend* (HJ) wurde auf dem zweiten Reichsparteitag der NSDAP am 3./4. Juli 1926 in Weimar als eine der SA-Führung direkt unterstellte Jugendorganisation gegründet. Bereits der Titel bringt Hitlers Anspruch auf Verfügungsgewalt über „seine" Jugend unmissverständlich zum Ausdruck (ebd., S. 302). Unter der Leitung ihres ersten *Reichsführers* Kurt Gruber (1904–1943), stiegen die Mitgliederzahlen der HJ jedoch nur mäßig an, was vermutlich auf ihre randständige Position im Bereich der anderen Jugendorganisationen zurückzuführen ist. Ein Antrag auf Mitgliedschaft der HJ im *Reichsverband der deutschen Jugendverbände* war 1929 entschieden abgelehnt worden. An dieser für die Nationalsozialisten unbefriedigenden Situation konnte auch der Reichsführer des NS-Schülerbundes Adrian Theodor von Renteln (1897–1946), der 1931 das Amt Grubers übernahm, nichts ändern. Erst unter der Leitung Baldur von Schirachs (1907–1974) konnte sich die Hitlerjugend erstaunlich schnell zur „monopolisierten Organisation einer deutschen Staatsjugend" entwickeln (Wilhelm 1977, S. 141), die bis zum Kriegsende über acht Millionen Kinder und Jugendliche erfasste.

Baldur von Schirach wurde am 9. Mai 1907 in Berlin geboren, verlebte seine Kindheit und Jugend aber in Weimar, wo sein Vater als Intendant des Hoftheaters beschäftigt war. Einige Jahre seiner Schulzeit verbrachte von Schirach im *Waldpädagogium* in Bad Berka (Thüringen), eine durch die pädagogischen Ideen von Hermann Lietz inspirierte Reformschule. Ab dem Sommersemester 1927 studierte er Anglistik, Germanistik und Kunstgeschichte an der Universität München. Bereits im Jahre 1925 trat von Schirach in die NSDAP ein, nachdem er *Mein Kampf* studiert und Hitler persönlich in Weimar erlebt hatte. Als engagiertes Mitglied des *Nationalsozialistischen Deutschen Studentenbundes* versuchte Schirach zunächst die Studenten für die nationalsozialistischen Ideen zu gewinnen (Giesecke 1993, S. 164).

Am 30. Oktober 1931 ernannte Hitler Schirach zum *Reichsjugendführer der NSDAP* und erhob ihn gleichzeitig in den Rang eines Gruppenführers der SA. Ein Jahr später übernahm Schirach die Leitung der HJ und gliederte ihr auch den NS-Schülerbund ein. Nach der erfolgreichen Gleichschaltung aller Jugendverbände durch Auflösung oder Integration in die HJ wurde Schirach am 17. Juni 1933 *Jugendführer des Deutschen Reiches*. Mit dieser Ernennung stand Schirach im Alter von 26 Jahren an der Spitze aller Jugendverbände in Deutschland (ebd., S. 165). Im Frühjahr 1940, nach einem kurzen Einsatz an der Front, wurde Schirach durch Hitler zum Gauleiter und Reichsstatthalter in Wien ernannt. Sein Amt als Reichsjugendführer übernahm Artur Axmann, der bis dahin das Sozialreferat der HJ geführt hatte.

Unter Baldur von Schirach entwickelte sich die HJ zu einer straff organisierten und durchstrukturierten Erziehungsinstitution. Die männliche HJ gliederte sich in das Jungvolk, auch *Pimpfe* genannt (10–14 Jahre) und in die eigentliche *Hitlerjugend* (14–18 Jahre). Die Mädchen wurden in die Jungmädel (10–14 Jahre) und in den *Bund Deutscher Mädel* (14–18 Jahre) unterteilt. 1938 kam das BDM-Werk *Glaube und Schönheit* hinzu, in der unverheiratete junge Frauen bis zu ihrem Beitritt in die NS-Frauenschaft im Alter von 21 Jahren organisiert waren. In wöchentlich stattfindenden Veranstaltungen wurden die jungen Frauen sowohl auf ihre künftige Rolle als Hausfrau und Mutter als auch auf soziale Tätigkeiten oder eventuell zu leistende Kriegsdienste vorbereitet. Innerhalb der *Reichsjugendführung* in Berlin war die BDM-Reichsreferentin für die „Mädelarbeit" zuständig, in ihrer Arbeit allerdings dem Reichsjugendführer unterstellt. Das Amt der BDM-Reichsreferentin hatte von 1934–1937 Trude Bürckner (1902–1989) und von 1937–1945 Jutta Rüdiger (1910–2001) inne.

Reichsgesetz über die Hitlerjugend vom 1.12.1936

Am 1. Dezember 1936 wurde das *Reichsgesetz über die Hitlerjugend* erlassen. Dieses Gesetz lieferte nicht nur die rechtliche Grundlage für die Monopolstellung der HJ, sondern es legitimierte auch den klar formulierten staatlichen Erziehungsauftrag der Hitlerjugend neben Elternhaus und Schule. Die gesamte deutsche Jugend gilt es „körperlich, geistig und sittlich im Geiste des Nationalsozialismus zum Dienst am Volk und zur Volksgemeinschaft" zu erziehen (vgl. Gamm 1984, S. 304).

Jugenddienstverordnung vom 25.3.1939

Sieht man davon ab, dass sich der Beitritt zur HJ für viele Jugendliche als überaus förderlich im Hinblick auf berufliche Karrieren oder Zulassungen zur Universität erwies, war die Mitgliedschaft in der HJ zunächst freiwillig. Dies änderte sich gravierend mit der am 25. März 1939 erschienenen *Durchführungsverordnung zum Gesetz über die Hitler-Jugend (Jugend-Dienstverordnung).* Mit dieser Verordnung wurde die Zwangsmitgliedschaft eingeführt und der HJ-Dienst für alle Jungen und Mädchen zwischen 10 und 18 Jahren verpflichtend. Rein rechtlich war es nun möglich, Jugendliche mit Polizeigewalt zum HJ-Dienst zu zwingen (Wilhelm 1977, S. 141). Mit einer Verfügung des Reichsjugendführers wurde am 7. Juni 1934 der sog. *Staatsjugendtag* eingeführt. Ab sofort sollten die Samstage für die Hitlerjugend schulfrei sein und ausschließlich der Erziehungsarbeit der Reichsjugendführung zur Verfügung stehen. Dazu kamen die jeweils am Mittwoch stattfindenden *Heimabende*, die von der Reichsjugendführung zentral gestaltet wurden. Durch diese Verfügungen konnte sich der Staat auf zweifache Weise der jungen Generation versichern: durch eine quasi vormilitärische Ausbildung am *Staatsjugendtag* und durch ideologische Schulung im Rahmen der *Heimabende* (Gamm 1984, S. 309).

Überaus aufschlussreich im Hinblick auf die politischen und pädagogischen Motive der HJ ist die offizielle Stellungnahme Baldur von Schirachs zum *Hitler-Jugend-Gesetz* vom 1. Dezember 1936:

> *„Die Jugend, die nunmehr durch Gesetz und Unterschrift des Führers und Reichskanzlers in der Hitlerjugend Dienst tun soll, ist zum weitaus größten Teil bereits hinter unseren Fahnen angetreten. Nicht dieses noch irgendein anderes früheres Gesetz hat die Jugend für die nationalsozialistische Staatsidee mobilisiert; sie ist aus freiwilligem Entschluß, aus Begeisterung und echtem sozialistischen Gefühl zur HJ gestoßen. [...] Das große und weise Wort: Jugend muß von Jugend geführt werden, das der Führer mir einst in der schwersten Zeit des Kampfes auf meinen Weg mitgab, als er mir den Sektor Jugend der Nationalsozialistischen Arbeiterpartei anvertraute, wird auch in Zukunft Richtlinie unserer Arbeit bleiben [...] Die Führung jeder Einheit der Jugend muß dem Geiste der Jugend entsprechen! Nicht unreife Nichtkönner, sondern junge Aktivisten, die in unseren Führerschulen und Akademien hart angefaßt worden sind, werden auch in Zukunft der Jugend vorangestellt werden. [...] Der Kampf um die Einigung der deutschen Jugend ist beendet. Ich habe es für meine Pflicht angesehen, ihn hart und kompromißlos durchzuführen.*

Viele mögen es nicht verstanden haben, daß hierbei um die Jugend soviel Aufhebens gemacht wurde. Und doch. Die Nationalsozialistische Deutsche Arbeiterpartei, als deren Treuhänder ich mich stets gefühlt habe und stets fühlen werde, diese Partei hat im Kampf ihrer Jugend die Entscheidung über die Zukunft des deutschen Volkes gesehen. Daß der Nationalsozialismus diesen Kampf siegreich bestand, die Herzen der jungen Generation unseres Volkes eroberte und die Jugend froh und glücklich machte, sichert ihm auch in kommenden Jahrzehnten und Jahrhunderten seine entschlossene und kompromißlose Gefolgschaft. [...] Und ich gebe der deutschen Öffentlichkeit das Versprechen ab, daß die Jugend des Deutschen Reiches, die Jugend Adolf Hitlers, im Sinne des Mannes, dem allein ihr Leben gehört, ihre Pflicht erfüllen wird.“

Baldur von Schirach 1936, zit. nach Gamm 1984, S. 306f.

Wenn Schirach die geschichtliche „Einzigartigkeit“ und „Einmaligkeit“ des Gesetzes zur HJ hervorhebt, so trifft dies insofern tatsächlich zu, als die Jugendarbeit der HJ nach Giesecke gleich mit zwei „Traditionen“ der bisherigen Jugendarbeit in Deutschland bricht, nämlich mit der „pluralistischen Angebotsstruktur“ und mit dem „Prinzip der Freiwilligkeit der Mitgliedschaft“ (Giesecke 1993, S. 229). Auch der von der HJ verbindlich eingeforderte Dienst ist ein absolutes „Novum in der deutschen Jugendgeschichte“ (ebd., S. 224). Zwar konnten sich Jugendliche schon in der Weimarer Zeit für soziale Hilfsprojekte engagieren und öffentliche Aufgaben übernehmen, aber alle diese Aktivitäten erfolgten auf freiwilliger Basis.

Die HJ als Instanz der Jugendpflege

Auch die Behauptung Schirachs, dass die Jugend nicht aus formalisiertem Zwang, sondern aus freiwilligem Entschluss, aus Begeisterung und „echtem sozialen Gefühl“ in die HJ eingetreten sei, erscheint nach den Ausführungen von Giesecke zumindest für die Anfangsphase und die breite Masse an Kindern und Jugendlichen plausibel. Darüber darf jedoch nicht vergessen werden, dass auch informelle Erwartungen etwa im Kontext von Schule, Gleichaltrigen oder der Familie eine Rolle gespielt haben und dass es unter Jugendlichen auch unterschiedliche Formen der Ablehnung und des Widerstands gab (Klönne 2014). Die HJ war nicht nur eine „Einheitsjugendorganisation“ mit einem klaren Erziehungsauftrag im Sinne der nationalsozialistischen Ideologie, sondern auch eine „Instanz der Jugendpflege“ (Giesecke 1985, S. 178), die die sozialpolitischen Aktivitäten des *Reichsausschusses der deutschen Jugendverbände* aufgriff und weiterführte. Von der Weltwirtschaftskrise 1929, die zu einer zunehmenden Verarmung und Verelendung breiter Bevölkerungsschichten führte, waren auch viele Kinder und Jugendliche unmittelbar betroffen. Unter der Leitung von Artur Axmann hatte sich innerhalb der HJ ein *soziales Amt* gebildet, das durch eine vorbeugende Gesundheitsfürsorge und durch die Organisation von Erholungs- und Kuraufenthalten auf dem Land im großen Stil sozial tätig wurde (Giesecke 1993, 185). Angesichts der angespannten sozial-ökonomischen Lage boten die durch die HJ subventionierten Ferienangebote für viele Jugendliche die einzige Möglichkeit, ihre Freizeit gemeinsam mit anderen Jugendlichen außerhalb der gewohnten Umgebung zu verbringen (ebd., S. 189). Darüber hinaus initiierte und organisierte die HJ „jugendpolitische Maßnahmen", die von der Vertretung der Interessen jugendlicher Arbeiter und Lehrlinge in den Betrieben über die Kontrolle der Einhaltung des Jugendschutzgesetzes (1938) und sozialen Hilfsaktionen bis zu Angeboten der Jugend- und Berufsberatung reichten. Vermutlich ist das öffentliche Ansehen der HJ in den ersten Jahren auf das soziale Engagement und auf die zahlreichen sozialpädagogischen Initiativen und Leistungen zurückzuführen (Giesecke 1985, S. 178).

Anknüpfung an die Wandervogelbewegung

Zweifellos bestand die Attraktivität der HJ für viele Jugendliche auch in einem abwechslungsreichen Freizeitangebot, das von Heimabenden, sportlichen Aktivitäten und gemeinsamen Ausflügen bis zu kulturellen Veranstaltungen und Lagern reichte. Schließlich lebte zumindest äußerlich in der HJ zunächst der Geist der *Wandervogelbewegung* (vgl. Kap. 5.1.2) weiter, der die Gestaltung eines an den Interessen der Jugend orientierten Gemeinschaftslebens versprach. Die Vorstellung, dass die Kinder und Jugendlichen im Rahmen der HJ Aktivitäten pädagogisch betreut und sinnvoll beschäftigt werden, machte die HJ auch für viele Eltern interessant, zumal der ideologische Zugriff durch sozialpädagogische Maßnahmen verschleiert wurde. Vor diesem „populistischen Hintergrund" müssen die „pädagogischen Leitmotive" gesehen werden, die immer wieder aufgeführt wurden: „Erlebnis, Vorbild, Kameradschaft, Ehre, Dienst" (Giesecke 1993, S. 217f.).

Jugend muss von Jugend geführt werden

Der aus der Jugendbewegung (vgl. Kap. 5.1.2) stammende Grundsatz: *Jugend muss von Jugend geführt werden* wurde von der HJ zwar äußerlich übernommen, innerlich aber in sein Gegenteil verkehrt (Wilhelm 1977, S. 142). Der streng hierarchische Aufbau und die Orientierung an paramilitärischen Strukturen ließen nur ein Führungsmodell zu, in dem jedem HJ-Führer als Repräsentanten des Führerwillens, zumindest in einem eingeschränkten Bereich, „ungeteilte Befehlsgewalt" und absolute Autorität zukamen (ebd.). In eigens gegründeten Schulen sollten die künftigen HJ-Führer in dreiwöchigen Lehrgängen die erforderlichen Qualifikationen erwerben. Der für alle Führerschulen einheitliche Lehrplan umfasste Leibesübung und Geländesport, Dienstgestaltung, Schießübungen, Kulturarbeit und Anleitung zur Gestaltung der Heimabende (ebd.).

Gleichschaltung der Jugendarbeit

Die Bemerkung Schirachs, dass der „Kampf um die Einigung der deutschen Jugend" „hart und kompromißlos" geführt werden musste, verweist auf die konsequente Gleichschaltung der Jugendarbeit, die nicht ohne Ausübung von Zwang und Gewalt gelingen konnte. Am 5. April 1933 ließ Schirach den *Reichsausschuß der deutschen Jugendverbände,* in dem der überwiegende Teil der Jugendorganisationen der Weimarer Republik zusammengeschlossen waren, durch einen HJ-Trupp besetzen. Wenig später kam es zur formellen Auflösung des Verbandes (Wilhelm 1977, S. 141). Unter dem Schutz des Konkordats mit dem Vatikan (1933) konnte die Gleichschaltung der katholischen Verbände zumindest bis zum März 1939 verhindert werden. Reibungsloser verlief die Integration der evangelischen Jugendverbände: Durch die Unterstützung des 1933 in das neue Amt des evangelischen Reichsbischofs gewählten Ludwig Müller, eines engen Vertrauten Hitlers, konnte die Eingliederung der evangelischen Jugend gegen geringen Widerstand im Dezember 1933 abgeschlossen werden.

Ob die Behauptung Schirachs, dass die Tätigkeit in der HJ die Jugend „froh und glücklich" gemacht habe, zutrifft, kann mit guten Gründen angezweifelt werden. Die Jugendarbeit der HJ wurde zunehmend auf eine den Kriegseinsatz vorbereitende körperliche Ertüchtigung mit militärischem Drill und ideologischer Schulung reduziert. Das Programm einer Erziehung zur Härte und zur bedingungslosen Einsatzbereitschaft für Führer und Volk führte dazu, dass schon für *Pimpfe* Marschleistungen festgelegt und regelmäßige Schießübungen verlangt wurden (Wilhelm 1977, S. 143f.). Das Jugendleben wurde zunehmend einem „militärischen Dienst-Reglement" unterzogen, so dass man mit Giesecke von einer „Art Freizeitverbringung in der Sozialform des Militärs" sprechen kann (Giesecke 1985, S. 183).

Unter der ideologischen Setzung: Das Gefühl ist mehr als der Verstand (Schirach) sollte durch das Arrangement kollektiver Erlebnisse das Gemeinschaftsgefühl gestärkt und die emotionale Bindung an den Führer gestärkt werden. Die gewünschte Einstellung zur nationalsozialistischen Weltanschauung sollte nicht gelehrt, sondern vorbildhaft vorgelebt werden. Wie das „Erlebnis" so folgt auch das „Vorbild" einer anti-rationalen Logik. So bleibt zu bedenken, dass die HJ bei allem anfänglichen sozialen und jugendpolitischen Engagement als integrierter Teil einer Erziehungsdiktatur zu werten ist, die ihre „Monopolstellung" in einem demokratischen Staatswesen kaum hätte durchsetzen können (ebd., S. 226).

? Aufgabe

Reflexionsfragen

1. Nennen und begründen Sie zwei Aspekte: Inwiefern konnte die HJ unter der Leitung von Baldur von Schirach an die Jugendbewegung anknüpfen?
2. Nach Giesecke stellt die HJ ein „Novum" in der deutschen Jugendgeschichte dar. An welchen Momenten lässt sich dies festmachen? Nennen und begründen Sie zwei Aspekte!

!

Weiterführende Literatur

Giesecke, Hermann (1981): Vom Wandervogel bis zur Hitlerjugend. Jugendarbeit zwischen Politik und Pädagogik. München: Juventa.

Miller-Kipp, Gisela (2002) (Hrsg.): „Auch du gehörst dem Führer". Die Geschichte des Bundes Deutscher Mädel (BDM) in Quellen und Dokumenten. 2. Auflage. München/Weinheim: Beltz.

Niemeyer, Christian (2013): Die dunklen Seiten der Jugendbewegung. Vom Wandervogel zur Hitlerjugend. Tübingen: A. Francke.

6.4 Nationalsozialistische Pädagogik

Deinstitutionalisierung der Erziehungswissenschaft an den Universitäten

Hatten wir uns bislang mit Hitlers Vorstellungen über Erziehung und deren schulpolitische und schuladministrative Umsetzung sowie mit der nationalsozialistischen Jugendarbeit beschäftigt, so wollen wir uns in einem letzten Schritt der Situation der Erziehungswissenschaft im Nationalsozialismus zuwenden und mit Ernst Krieck und Alfred Baeumler exemplarisch zwei prominente Vertreter einer nationalsozialistischen Erziehungstheorie in den Blick nehmen. Wenn man bedenkt, dass sowohl Hitler als auch seine Gefolgsleute mit einem totalen Erziehungsanspruch aufgetreten sind, so könnte man vermuten, dass sich die Erziehungswissenschaft unter den neuen Machthabern zu einer „staatstragenden Wissenschaft" (Heinze/Horn 2011, S. 320) entwickeln konnte. Die Untersuchungen von Heinze und Horn haben jedoch gezeigt, dass die Erziehungswissenschaft im Nationalsozialismus gerade umgekehrt einem „Verfallsprozess" sowie einer sukzessiven „Deinstitutionalisierung" an den Universitäten unterworfen war, was sich schon daran zeigen lässt, dass die Anzahl der Professoren für Erziehungswissenschaft bis 1945 um die Hälfte reduziert wurde (ebd., S. 321). Für den ideologischen und institutionellen Verfall der Erziehungswissenschaft lassen sich folgende Gründe benennen.

Gleichschaltung der Universitäten

Erstens führte das bereits erwähnte *Gesetz zur Wiederherstellung des Berufsbeamtentums* zu Entlassungen von nichtarischen sowie politisch unerwünschten Hochschuldozenten und Professoren, so dass es im Rahmen der nationalsozialistischen Gleichschaltung der Universitäten zu einem Verlust von 27 Fachvertretern kam, dem ganze vier Neuberufungen gegenüberstanden (ebd., S. 322).

Marginalisierung der Erziehungswissenschaft in der Lehrerbildung

Kam es in der Weimarer Republik zu einer festen Etablierung und Expansion der Pädagogik an den Universitäten, wofür unter anderem die Verwissenschaftlichung der Lehrerbildung verantwortlich war (vgl. auch den Band von Heinz-Hermann Krüger in dieser Reihe: Krüger 2019, Kap. 2.2), so führte *zweitens* die nun einsetzende Entakademisierung zu einer deutlichen „Marginalisierung" der Erziehungswissenschaft innerhalb der Lehrerbildung (ebd., S. 321). Mit der Einrichtung der *Hochschule für Lehrerbildung* (HfL) wurde die Ausbildung der Volksschullehrer ganz von den Universitäten abgezogen, und selbst die Philologen erhielten ihre pädagogische Ausbildung ab Ende 1937 an der HfL (ebd., S. 325).

Die Umtriebe nationalsozialistischer Studenten an den Hochschulen

Drittens verstanden sich die nationalsozialistischen Studenten als die „wahren Revolutionäre" an den deutschen Hochschulen, die für sich nun das Recht in Anspruch nahmen, gegen reaktionäre oder auch „liberalistische" Professoren vorzugehen. Durch offene Provokationen, Denunzierungen und die Boykottierung von Lehrveranstaltungen suchten die Studenten Entlassungen zu erzwingen. Die Situation an deutschen Hochschulen beschreibt der Leipziger Professor für Philosophie und Pädagogik, Theodor Litt, sehr plastisch in einem Brief an seine Frau im Jahr 1933: „Einstweilen kommandieren in den Ministerien noch die Studenten, ein unsagbar entwürdigender Zustand" (Litt 1933, zit. nach Heinze/Horn 2011, S. 322). Zu dieser Zeit sah sich Theodor Litt bereits mit Rücktrittsforderungen als Prorektor, Vortragsverboten, öffentlichen Beleidigungen und Denunziationen konfrontiert, die ihn wohl dazu veranlassten, im Oktober 1936 einen Antrag auf vorzeitige Emeritierung einzureichen, der ohne Umstände bewilligt wurde (ebd., S. 323). Theodor Litt hatte wiederholt öffentlich vor der Bewegung „wider den Geist" mit ihrer immensen Suggestivkraft gewarnt (Heinze 2001, S. 161f.) und gehört damit zu den wenigen Vertretern der Erziehungswissenschaft, die sich von Anfang an couragiert gegen die nationalsozialistische Ideologie stellten. Ganz anders verhält es sich mit Blick auf Eduard Spranger, Herman Nohl, Erich Weniger und Peter Petersen (vgl. auch den Band von Heinz-Hermann Krüger in dieser Reihe: Krüger 2019). Ihre Positionierung gegenüber dem NS-Regime sowie der nationalsozialistischen Ideologie war Gegenstand des in der Einleitung bereits erwähnten Forschungsprojekts *ad fontes* an der Goethe Universität Frankfurt am Main unter der Leitung von Benjamin Ortmeyer. Das Forschungsinteresse richtete sich unter anderem auf die Einordnung und kritische Beurteilung der wissenschaftlichen Aktivität der vier genannten Erziehungswissenschaftler in der NS-Zeit sowie ihre Stellungnahmen nach 1945. Da Herman Nohl und Peter Petersen bereits in dem Kapitel zur Reformpädagogik genannt wurden, beschränken wir uns im Folgenden auf Spranger und Weniger und ihre pro-nazistischen Publikationen.

Eduard Sprangers Stellung zur NS-Ideologie

Eine besondere Brisanz erhält die Frage nach dem Verhältnis Eduard Sprangers (1882–1963) zur NS-Ideologie schon dadurch, dass er als der „zentrale Theoretiker" der Geisteswissenschaftlichen Pädagogik in der Nachfolge von Wilhelm Dilthey und Friedrich Paulsen zu gelten hat (Ortmeyer 2008, S. 9). Spranger promovierte 1905 bei Paulsen mit einer Arbeit über *Die Grundlagen der Geschichtswissenschaft* und habilitierte sich 1909 über *Wilhelm von Humboldt und die Humanitätsidee* bei Dilthey. Ab 1911 war Spranger ordentlicher Professor für Philosophie und Pädagogik, zunächst in Leipzig und dann in Berlin (1920–1946). Wissenschaftliche Popularität erlangte er durch die zwei Publikationen *Lebensreformen* (1914/21) und *Psychologie des Jugendalters* (1924) sowie durch seine Mitherausgeberschaft an der renommierten Zeitschrift *Die Erziehung*. Seit 1925 war er darüber hinaus Mitglied der *Preußischen Akademie der Wissenschaften*.

Nationalistische und militaristische Einstellung Sprangers

In seiner Habilitationsschrift unterstreicht Spranger seinen Anspruch, die Humanitätsidee in der Gegenwart weiterzuschreiben und betont, „dass Bildung in der Tat nur die innere Formung des Menschen bedeuten kann" (Spranger 1909, S. 492). Allerdings legt die von Spranger schon hier vorgenommene Akzentverschiebung von der Idee allgemeiner Humanität zu einer nationalen, deutschen Humanität nach Ortmeyer die politische Einordnung Sprangers in das Lager der Deutschnationalen nahe (Ortmeyer 2008, S.12). Für diese Einordnung spricht auch die Tatsache, dass Spranger 1933 dem *Stahlhelm, Bund der Frontsoldaten* beitrat, einem 1918 in Magdeburg gegründeten Wehrverband, welcher der demokratiefeindlichen Deutschnationalen Volkspartei (DNVP) nahe stand. Aufgrund seiner eindeutig nationalistischen und militaristischen Einstellungen konnte Spranger, ungeachtet einiger Vorbehalte, das NS-Regime begeistert begrüßen (ebd., S. 7).

Loyalität gegenüber der NS-Diktatur

Die kritische Sichtung der Veröffentlichungen Sprangers zur Zeit der NS-Diktatur lässt nach Ortmeyer eine „bis 1945 durchgehaltene Ambivalenz" deutlich werden (ebd., S. 31), die dadurch provoziert wurde, dass gewichtige Arbeiten zu wissenschaftstheoretischen Grundfragen der Geisteswissenschaften, philosophiegeschichtliche Studien und pädagogische Abhandlungen, die Sprangers Orientierung an Platon, Kant und Hegel, Humboldt, Pestalozzi und Fröbel erkennen lassen, mit Publikationen konfrontiert sind, die eine deutliche Sprache hinsichtlich seiner Loyalität gegenüber der NS-Diktatur bis hin zur Übernahme der NS-Diktion sprechen (ebd.). Zu diesen Publikationen gehört der 1933 erschienene Aufsatz *März 1933*, welcher nicht nur wichtige Hinweise über die politische Positionierung Sprangers enthält, sondern der auch eine große Bedeutung für die gesamte Erziehungswissenschaft erlangte. In diesem Aufsatz wurde nämlich die noch offene Frage nach der politisch-ideologischen Stellungnahme der führenden Erziehungswissenschaftler, die um die Zeitschrift *Die Erziehung* gruppiert waren, beantwortet (ebd., S. 33):

> *„Religiös und sittlich unterbaut ist auch der Wille zur Volkswerdung (denn ein Volk in diesem erstrebten höchsten Sinne waren wir noch nie!), der aus den Kriegserlebnissen zur Kraft geworden ist und der den großen positiven Kern der nationalsozialistischen Bewegung ausmacht, mag er heute auch für manche durch die bloß negative Seite eines übersteigerten Antisemitismus verdeckt werden. Auch der Sinn für den Adel des Blutes und für Gemeinsamkeit des Blutes ist etwas Positives. Bewusste Pflege der Volksgesundheit, Sorge für einen leiblich und sittlich hochwertigen Nachwuchs (Eugenik), bodenständige Heimattreue, Wetteifer der Stämme und Stände ohne unnötige Zentralisierung an verkehrter Stelle, gehören zu den Kräften, die neu belebt sind und die in eine bessere Zukunft weisen. Eine Fülle großer Erziehungsaufgaben ist damit angedeutet."*
>
> Spranger 1933, S. 403 (Hervorhebungen im Original)

Spranger ist offensichtlich nicht nur darum bemüht, einen erstarkten Nationalismus als „positiven Kern" der nationalsozialistischen Ideologie herauszuarbeiten, sondern er legitimiert ausdrücklich Antisemitismus sowie eugenische Maßnahmen und stellt die Erziehung in den Dienst der nationalsozialistischen Ideologie. In seiner Funktion als Vorstandsmitglied des *Verbandes der Deutschen Hochschulen* gab Spranger am 22.04.1933 gemeinsam mit sieben weiteren Vorstandsmitgliedern eine Erklärung heraus, die gegenüber dem „Führer" eine uneingeschränkte und „begeisterte" Gefolgschaft bekundet (Ortmeyer 2008, S. 38).

Aufenthalt in Japan 1936/37

Im Auftrag des NS-Regimes bereiste Spranger in den Jahren 1936/37 Japan, wo er als überzeugter Nationalsozialist in Erscheinung trat. In seinem in Japan gehaltenen Vortrag *Über Land und Volk Deutschlands* zieht Spranger eine gewagte Linie von Friedrich dem Großen als Sinnbild des „Ethos, des Dienstes und der Disziplin", über Kant als Philosophen der Pflicht, über eine Zeit der „Erschlaffung und der individualistischen Zersplitterung" nach dem Ersten Weltkrieg zum Nationalsozialismus, in dem die alten preußischen Werte endlich wieder zu neuer Kraft gelangen (Spranger 1937, zitiert nach Ortmeyer 2008, S. 54).

1936 hatte Spranger im kritischen Dialog mit Oswald Spenglers *Untergang des Abendlandes* einen wegweisenden Vortrag an der *Preußischen*

Akademie der Wissenschaften über *Probleme der Kulturmorphologie* gehalten (ebd., S. 52). Dort verknüpfte der Kulturpädagoge Spranger mit ausdrücklichem Bezug zur NS-Ideologie das kulturelle Thema mit „erbbiologisch gerichteter Forschung" und beantwortet die Frage nach dem „Eigenen und Ursprünglichen der deutschen kulturformenden Kräfte" mit dem Hinweis auf das „vorwaltende nordisch-rassische Erbgut in der Blutszusammensetzung des deutschen Volkes" (ebd.).

Versuch einer Rechtfertigung nach 1945

Zu seiner Rechtfertigung schrieb Spranger nach 1945 seine apologetisch gemeinte Stellungnahme *Mein Konflikt mit der nationalsozialistischen Regierung 1933*. Dort heißt es stark verharmlosend:

> *„Solang es noch möglich war, Hitlers Absichten mit einer sittlichen Wiedergeburt des deutschen Volkes zu verwechseln, konnte also von nationaler Seite gegen mich kein Vorwurf erhoben werden. Im Gegenteil: ich erhoffte eine Befreiung von bloßer Parteipädagogik, die sich in letzter Zeit an den Universitäten breitgemacht hatte."*
>
> Spranger 1955, S. 461, S. 79

Spranger formuliert, er habe sich möglicherweise zu einem Zeitpunkt, als Hitler sein wahres Gesicht noch nicht gezeigt habe, einer Verwechslung schuldig gemacht. Dass Spranger offensichtlich von selbstkritischen Überlegungen weit entfernt war, zeigen auch seine Rechtfertigungsversuche in der Schrift *Die Universität Berlin nach Kriegsende 1945*. Dort weist Spranger erneut jede Schuld mit dem Argument von sich, dass die Schuld in totalitären Systemen allein beim Staat und nicht bei den ohnehin ohnmächtigen Einzelnen liege (Ortmeyer 2008, S. 81).

Berufung auf den Lehrstuhl für Philosophie an der Universität Tübingen

Dass seine Verteidigung auf offene Ohren stieß, zeigt die Tatsache, dass Spranger 1951 die Festrede zum zweiten Jahrestag der Gründung der BRD im Bundestag hielt und darüber hinaus mit dem *Großen Verdienstkreuz* der Bundesrepublik Deutschland ausgezeichnet wurde. Seine Publikationen nach 1945, von denen die *Grundstile der Erziehung* (1951), *Der Geborene Erzieher* (1958) und *Das Gesetz der ungewollten Nebenwirkungen in der Erziehung* (1962) zu den wichtigsten Arbeiten der Geisteswissenschaftlichen Pädagogik gehören, finden sich keine Anklänge mehr an seine nationalsozialistische Vergangenheit. So konnte Spranger bereits im Mai 1945 kommissarisch Rektor der Berliner Universität werden, bevor er 1946 auf den Lehrstuhl für Philosophie an der Universität Tübingen berufen wurde.

Erich Weniger als Militärpädagoge

Auch Erich Weniger gilt in der pädagogischen Geschichtsschreibung als einer der maßgeblichen Vertreter der sog. Geisteswissenschaftlichen Pädagogik (vgl. auch den Band von Heinz-Hermann Krüger in dieser Reihe: Krüger 2019, Kap. 4.2) und als einer der bedeutendsten Geschichtsdidaktiker.

Weniger hatte sich 1926 mit einer Arbeit über *Die Grundlagen des Geschichtsunterrichts* habilitiert. Seine militärpädagogischen Forschungen während der NS-Zeit, denen Weniger selbst nach 1945 noch intensiv nachging, werden in der Regel nicht erwähnt oder verharmlost. Erst neuere Forschungen zu seinen militärpädagogischen Schriften konnten den „Mythos Weniger" (Beutler 1989) ins Wanken bringen. Die kritische Analyse der lange Zeit verdrängten militärpädagogischen Schriften zeigt nicht den geisteswissenschaftlichen Reformpädagogen, sondern einen Autor, dessen Gedanken zwar nicht nationalsozialistisch, aber doch stark nationalistisch, konservativ, autoritätsgläubig und unkritisch-mythisch geprägt sind (Siemens 1995, S. 129). Von daher ist es verständlich, dass Kurt Beutler mit Blick auf Wenigers militärpädagogisches Engagement explizit davor warnt, „Reformpädagogen per se als Repräsentanten von Liberalität und Fortschritt zu identifizieren" (Beutler 1991, S. 282).

Krieg als Bildungsereignis

Weniger hatte sich schon lange vor der Machtübernahme durch die Nationalsozialisten auf dem Gebiet der Militärpädagogik zu profilieren gewusst. 1937 trat er offiziell der *Deutschen Gesellschaft für Wehrpolitik und Wehrwissenschaften* bei und bekleidete ab 1944 das Amt eines NS-Führungsoffiziers. Zu seinen ebenso programmatischen wie einflussreichen Schriften zur Militärpädagogik gehören *Wehrmachtserziehung und Kriegserfahrung* (1938), *Goethe und die Generale* (1942) sowie die Abhandlung *Das Bild des Krieges* (1930). In ihr wird der Krieg zum Anlass für bildungstheoretische Betrachtungen. Mit den Worten Wenigers geht es dabei um die „Entbindung der im Kriegserlebnis bildenden Kräfte" (Weniger 1930, S. 17). Damit stilisiert Weniger den Krieg völlig kritiklos zu einem Bildungsereignis (Beutler 1994, S. 292) und bezeichnet es am Vorabend des Zweiten Weltkrieges als „tröstliche pädagogische Grunderfahrung", dass „man zum Soldaten erzogen werden kann" (Weniger 1938, S. 4).

Militärpädagogische Forschungen nach 1945

Selbst nach 1945 nahm Weniger seine militärpädagogischen Forschungen wieder auf und publizierte im Jahr 1950 einen Aufsatz mit dem Titel *Philosophie und Bildung im Denken von Clausewitz.* Clausewitz war ein von Weniger aufgrund seiner soldatischen Tugenden und heldenhaften Tapferkeit im Ersten Weltkrieg hoch verehrter preußischer General. Trotz der schrecklichen Erfahrungen des Zweiten Weltkrieges trat Weniger in diesem Aufsatz erneut mit dem Thema Krieg und Soldatentum an die Öffentlichkeit und forderte dazu auf, endlich die „Diffamierung des deutschen Soldaten" zu beenden (Siemens 1995, S. 130). Ab 1952 gehörte Weniger zum militärischen Beraterstab der „Dienststelle Blank", aus der 1955 das Bundesverteidigungsministerium hervorging. Nach kurzer amerikanischer Gefangenschaft wird Weniger im Oktober 1945 Gründungsrektor der Pädagogischen Hochschule in Göttingen und 1948 zum Nachfolger auf den Lehrstuhl von Herman Nohl berufen (ebd.).

Ideologisierung pädagogischen Denkens

Erfordert die Beschäftigung mit Spranger und Weniger einen differenzierenden Blick, so ist die Ideologisierung pädagogischen Denkens durch die kritiklose Akzeptanz und Bejahung der nationalsozialistischen Ideologie bei Ernst Krieck und Alfred Baeumler von Anfang an greifbar. Nach Gamm markiert Ernst Krieck insofern einen „Markstein" in der Geschichte der Pädagogik, als an ihm deutlich gezeigt werden kann, wie das pädagogische Denken eines durchaus ernst zu nehmenden Erziehungswissenschaftlers durch „Zeitumstände radikalisiert" und von dem „Ideologiebetrieb" eines totalitären Staates vollständig absorbiert werden konnte (Gamm 1984, S. 95).

6.4.1 Ernst Krieck (1882–1947) und seine Theorie der funktionalen Erziehung

Abbildung 23: Ernst Krieck (1882–1947)

Ernst Krieck wurde am 6. Juni 1882 im badisch württembergischen Vögisheim bei Müllheim als Sohn einer Handwerksfamilie geboren und in pietistischem Geiste erzogen. Nach dem Besuch des Lehrerseminars war Krieck als Volksschullehrer tätig. Unser Interesse verdient Krieck schon allein aufgrund seiner ungewöhnlichen akademischen Karriere. Als reiner Autodidakt arbeitet er sich ohne Abitur, ohne Promotion und ohne Habilitation vom Dorfschullehrer über Dozenturen an den Pädagogischen Akademien in Frankfurt und in Dortmund zum Universitätsprofessor hoch, wird nach seinem Eintritt in die NSDAP und den nationalsozialistischen Lehrerbund 1932 für ein Jahr sogar Rektor der Universität in Frankfurt am Main und im Mai 1934 Lehrstuhlinhaber für Philosophie und Pädagogik an der Universität Heidelberg.

Als Professor für Erziehungswissenschaft an den Universitäten Frankfurt und Heidelberg galt Krieck als einer der einflussreichsten und meistgelesenen Pädagogen des Nationalsozialismus, zu dem er sich bereits vor der Machtübernahme Hitlers öffentlich bekannt hatte. Autodidaktisch hatte sich Krieck ausführlich mit dem deutschen Idealismus auseinandergesetzt und in seinem 1910 erschienenen Buch *Persönlichkeit und Kultur* im Anschluss an Platon, Fichte und Hegel die Leitidee eines „organisch gegliederten Volks- und Erziehungsstaates" entwickelt (Gamm 1984, S. 97). Die Realisierung dieser Idee sah Krieck durch den Liberalismus und Sozialismus der Weimarer Republik gefährdet, so dass er sich bereits 1917 in seiner Abhandlung *Die deutsche Staatsidee* (1917:1934) für das ‚Dritte Reich' einsetzte.

Ein Zerwürfnis mit Alfred Baeumler, seinem ernsthaftesten Rivalen um die geistige Führerschaft in der nationalsozialistischen Pädagogik, führte 1932 zu Kriecks Austritt aus der SS im Range eines Obersturmbannführers „in allen Ehren“. Dennoch nahm Krieck im NS-Dozentenbund bis 1945 hohe Funktionen wahr. Sein Buch *Nationalpolitische Erziehung* (Leipzig 1932) wurde bis zum Ende des NS-Regimes in einer Auflage von über 80.000 Exemplaren verkauft und gehörte zum zentralen Schulungsmaterial im *Nationalsozialistischen Lehrerbund*. Eine beachtliche Breitenwirkung konnte auch die von Krieck herausgegebene Zeitschrift *Volk im Werden* entwickeln.

Funktionale und intentionale Erziehung

Im Jahre 1922 erschien mit der *Philosophie der Erziehung* sein pädagogisches Hauptwerk, für das er mit der Ehrendoktorwürde der Universität Heidelberg ausgezeichnet wurde. Mit der in dieser Publikation getroffenen kategorialen Unterscheidung von *intentionaler* (absichtsvoll-bewusster) und *funktionaler* (unabsichtlicher) Erziehung greift Krieck eine wesentliche Differenzierung des Erziehungsbegriffs auf. Hatte man nach seiner Einschätzung die Erziehung immer nur von ihrer Absicht her definiert und die normative Frage nach dem, was Erziehung sein *soll*, in das Zentrum gestellt, so verfolge er mit seiner zentralen Frage: „Wie vollzieht sich tatsächlich und zu jeder Zeit Erziehung?“ (Krieck 1922, S. 3) ein deskriptives Forschungsinteresse. Dabei kommt er zu dem Ergebnis, dass Erziehung „eine überall und jederzeit in der Menschheit sich vollziehende geistige Grundfunktion“ von Gesellschaften darstellt (ebd., S. 3). Entscheidend sei aber nicht das absichtsvolle Einwirken einzelner Personen auf Kinder und Jugendliche, sondern das Aufwachsen in sozialen Gemeinschaften (Familie, Gemeinde, Volk und Kirche) mit ihrer funktionalen Erziehungswirkung auf die Individuen. Auf der Grundlage dieser Unterscheidung wendet sich Krieck einer „reinen“ Erziehungswissenschaft zu, die sich beschreibend der Erziehungstatsache nähert und die Bedeutung des „sozialen Milieus“ für die Entwicklung des Individuums herausstellt (Lingelbach 1989, S. 121):

> *„Die Summe der erzieherischen Einwirkungen ist auf jeden Fall eine gewaltige Macht in der Entwicklung. Was der Durchschnittsmensch ist und wird, verdankt er ihr. Es könnte einer bei derselben Veranlagung, in ein anderes Volk und einen anderen Kulturkreis hineingeboren, ein wesentlich anderer werden, und es ist kaum fraglich, ob die individuelle Veranlagung in solchem Fall bestimmend genug wäre, die Einkleidung so zu durchdringen, daß die Individualität der Anlage über die Umwelt siegte. Selbst die Zugehörigkeit zu verschiedenen Gesellschaftsschichten ist zumeist eine größere Macht für das geistige Werden als die Individualität der Anlage.“*
>
> Krieck 1922, S. 28

Zucht und Typus als Grundbegriffe der „reinen" Erziehungswissenschaft

Die Grundbegriffe der „reinen Erziehungswissenschaft" sind nach Krieck „Zucht" und „Typus". Nach der Einschätzung Lingelbachs ist der von Krieck zumindest vor 1933 entwickelte Zuchtbegriff geistig und nicht biologisch begründet, so dass er auch nicht mit dem nationalsozialistischen Begriff der „Rasse-Zucht" identifiziert werden kann (Lingelbach 1989, S. 120). In seiner *Philosophie der Erziehung* hatte sich Krieck noch entschieden von der nationalsozialistischen Rassenzuchtidee und ihren sozialdarwinistischen Vorstellungen abgegrenzt. Die Vorschläge „zur negativen Auslese durch Ausmerzung angeblich Entarteter ruhen, da über Vererbung, zumal auf dem Gebiet des Seelischen und Geistigen, so gut wie nichts feststeht, auf einem bodenlosen Dilettantismus" (Krieck 1922, S. 121). Zucht bedeutet nach Krieck vielmehr die Formung des Menschen durch die Sitten, Werte und Normen einer Gemeinschaft, in die der einzelne hineinwächst, indem er die für diese „typischen Züge" annimmt (Krieck 1922, S. 27). Krieck schien dabei von der Annahme auszugehen, dass von allen Gemeinschaften immer eine „typisierende Wirkung" ausgeht (Lingelbach a. a. O., S. 122). Allerdings enthält dieser auf den ersten Blick harmlos erscheinende Theorieansatz einer „funktionalen Erziehungsvorstellung" eine überaus problematische Seite, die im folgenden Zitat deutlich hervortritt:

> *„Was aber immer den Grundgesetzen und Existenzbedingungen einer solchen Gemeinschaft zuwiderläuft, wird erbarmungslos unterdrückt, auch wenn es an sich, rein menschlich genommen, noch so wertvoll wäre. Setzen sich dann solche Menschen und Werte trotzdem durch, hat die Gemeinschaft nicht mehr Gewissen und Kraft zur Normierung des Nachwuchses, dann ist eben sie ihrerseits vor die revolutionäre Probe auf Existenzrecht und Lebenskraft gestellt."*
>
> Krieck 1922, S. 19

Dieses Zitat lässt erkennen, dass Krieck mit seiner sozialen und politischen Hochschätzung der funktionalen Erziehung im Grunde den geistigen Boden für einen totalen Erziehungsstaat geschaffen hat: Alle erziehen alle jederzeit. Die Nationalsozialisten haben, wann immer sie Argumente für eine totale Erziehung und für einen totalen Erziehungsstaat gesucht haben, ihre theoretischen Anleihen bei Krieck genommen.

Biologisch-rassische Umdeutung des Begriffs der Zucht

Mit der zunehmenden Identifizierung Kriecks mit der nationalsozialistischen Ideologie erfuhr umgekehrt auch sein Begriff der Zucht eine biologisch-rassische Umdeutung. Eine durch strenge Rassenauslese gewonnene „staatstragende Schicht" sollte nun für die Wertmaßstäbe und Normen des Volksganzen „maßgebend" sein, den Deutschen zu seiner Deutschheit erziehen und schließlich den „Endsieg" der „nordisch-deutschen" höheren

Rasse garantieren (Krieck 1932, S. 24f.). Durch die von Krieck konsequent geforderte Aufhebung der personalen Individualität durch den generalisierten „Typ“, wurde die Erziehung „zu einem willfährigen Instrument des Totalitarismus“ (Gamm 1984, S. 97):

> *„Schöpfung und Erziehung können ihr Werk der Steigerung, des Hinaufführens zum Höchst- und Bestmaß nur vollbringen, wenn durch geeignete Rassezucht, Rassepflege, Rasseauslese, Rassehygiene der natürliche Boden des Aufstiegs bereitet ist. Jedes Volk besitzt notwendig als Rückgrat eine führende Rasse, deren Lebensart, Lebensrichtung und Lebensgesetz bestimmend und maßgebend für das Volksganze, sein Werden und seinen Weg ist […] Rassezucht und Rasseauslese bereitet dafür den Boden. Durch Zucht, Auslese und Hygiene kann die Rasse zwar in sich selbst keine Steigerung erfahren: man kann durch planmäßige Maßnahmen die Rasse nicht in sich selbst, in ihrem Sinn verwandeln und verbessern, man kann sie nicht steigern, nicht auf andere Ziele und Gestaltungsgesetze umbiegen.“*
>
> Krieck 1938, zit. nach Gamm 1984, S. 97f.

Schon 1932 hatte Krieck sein Buch *Nationalpolitische Erziehung* veröffentlicht, in dem er den politischen und bildungstheoretischen Ideen der Aufklärung und des Neuhumanismus eine deutliche Absage erteilt. Ihnen stellte Krieck den Nationalsozialismus als eine „allgemeine Zuchtform“ gegenüber, der mit dem „Elementarmittel“ der Massenerregung ein „Übungssystem“ schaffte, durch das aus „Masse“ Volk und „aus Volk rassebewußte Nation mit geschlossener Macht, mit einheitlicher politischer Haltung und Willensrichtung“ werden sollte (Krieck 1932, S. 11).

1935 veröffentlichte der spätere Amtschef in REM Albert Holfelder eine Arbeit, die den gewandelten Stellenwert von Erziehung und Pädagogik unter der NS-Herrschaft dokumentiert. Erziehung sollte fortan politischen Vorgaben folgen und der Machtsicherung des Regimes dienen:

> *„Nicht darin besteht allein die Wandlung des Erziehungsdenkens durch den Nationalsozialismus, daß an die Stelle der individualistischen Bildung eine Gemeinschaftserziehung tritt, auch nicht allein darin, daß sie sich mehr an den Willen und an das Gefühl als an den Verstand wendet, oder daß das liberalistische Bildungsgut durch ein völkisches Bildungsgut ersetzt wird, sondern darin, daß der Nationalsozialismus existentiell mit dem Vorrang der Politik vor der Pädagogik ernst gemacht hat.“*
>
> Holfelder 1935, S. 10

6.4.2 Alfred Baeumler (1887–1968) und das Problem der Bildsamkeit

Alfred Baeumler wurde 1887 in Neustadt (Sudetenland) geboren. Nach dem Abitur 1908 in Nürnberg studierte Baeumler Kunstgeschichte, Philosophie und Ästhetik an den Universitäten München, Bonn und Berlin und schloss sein Studium 1914 mit einer Promotion zu Kants Ästhetik ab. Mit seinen Arbeiten über Kants *Kritik der Urteilskraft* und Nietzsches politische Philosophie erlangte Baeumler innerhalb der Philosophie eine beachtliche wissenschaftliche Reputation. Nach seiner Habilitation an der Technischen Hochschule Dresden im Jahre 1924 war Baeumler dort zunächst als außerordentlicher und ein Jahr später als ordentlicher Professor für Philosophie und Pädagogik tätig. Nach der Machtübernahme durch die Nationalsozialisten wurde Baeumler durch den Kultusminister Bernhard Rust auf den Lehrstuhl für *Politische Pädagogik* an die Berliner Universität berufen und zum Direktor des dort neu errichteten *Instituts für Politische Pädagogik* ernannt. Unter Alfred Rosenberg (1892–1946), dem *Beauftragten des Führers für die gesamte geistige und weltanschauliche Erziehung der NSDAP,* bekleidete Baeumler das Amt eines Hauptstellenleiters.

Die Vorstellung einer „Politischen Pädagogik"

Baeumler hat wohl am entschiedensten den Primat der Politik vor der Pädagogik vertreten und der Erziehung lediglich eine Hilfsfunktion zugewiesen. In seinem Aufsatz *Die Grenzen der formalen Bildung* (1937) distanzierte sich Baeumler von einer autonomen und „normativen" Erziehungswissenschaft, deren reinen „Formalismus" er durch eine „Politische Pädagogik" zu überwinden sucht, die sich nahtlos in den „umfänglichen Kreis der politischen Wissenschaften" einordnet (Baeumler 1937, S. 70).

Neubestimmung des Begriffs der Bildsamkeit

Schon in seiner unrühmlichen Antrittsvorlesung am 27.2.1933 an der Berliner Universität grenzt sich Baeumler mit seiner Kritik an dem vermeintlich unpolitischen „Denksystem des bildlosen Idealismus" von der neuhumanistischen Universitätsidee ab (Baeumler 1933, zitiert nach Giesecke 1993, S. 88). Unpolitisch sei eine jede Hochschule, die nur von der „Führung durch Geist und Idee" und nicht von der „Führung durch Adolf Hitler und Horst Wessel" redet (Baeumler 1934, S. 126). Nationalsozialismus bedeute in „geistiger" Hinsicht die Ablösung der Idee des Gebildeten durch den „Typus des Soldaten" (ebd.). Typus meint in diesem ideologischen Kontext eine kollektive Haltung und Gesinnung, so dass Bildung auf die Prägung schablonierter, d. h. im Grunde entpersonalisierter Typen reduziert wird.

In seinem für sein Denken fundamentalen Aufsatz *Rasse als Grundbegriff der Erziehungswissenschaft* (1939/42) geht es Baeumler im Kern um die Frage nach der menschlichen Bildsamkeit, die es vor dem Hintergrund der nationalsozialistischen Rasse- und Vererbungsideologie neu zu bestimmen gilt. Im Rahmen der nationalsozialistischen Anthropologie, die von der rassischen Determiniertheit der Menschen ausging, stellte sich zwangsläufig die Frage, welche Bedeutung der Erziehung dann überhaupt noch zukommt und wie weit ihre Möglichkeiten reichen. Zudem musste das Verhältnis von Anlage und Umwelt neu überdacht werden. Baeumler versucht nun die Bedeutung der Erziehung herauszuarbeiten, indem er mit dem Begriff der Bildsamkeit einen pädagogischen Topos aufgreift und ihn im Sinne der NS-Ideologie neu interpretiert:

> *„Der Intellektualismus nimmt an: 1. daß der Mensch als reine, d. h. unbestimmte Anlage (tabula rasa) zur Welt komme, 2. daß die Umwelt die Macht habe, auf diese Tafel zu schreiben, was sie wolle, 3. daß das Organ, mit dem der Mensch sich auf die Welt beziehe, der Intellekt sei, 4. daß das Handeln des Menschen durch den Intellekt geleitet werde und daher durch Beeinflussung des Intellekts entscheidend zu beeinflussen sei […]*
> *„Das rassenkundliche Denken setzt nicht einem Prinzip der unbeschränkten Bildsamkeit das Prinzip der beschränkten Bildsamkeit entgegen, sondern es entdeckt erst das wahre Prinzip der Bildsamkeit. Ohne Einheit gibt es keine menschliche Existenz. Die Einheit des Charakters ist aber nicht statisch ruhend, sondern dynamisch bewegt. Sie ist eine Einheit der Richtung. Bildung vermag sich an diese vorgegebene Einheit immer nur anzuschließen, niemals vermag sie diese Einheit auf dem Wege über Intellekt und Umwelt hervorzubringen. Da es sich aber nicht um eine starre, unbewegliche Einheit handelt, sondern um eine relativ unbestimmte Einheit der Richtung, so entspringt hier die große Aufgabe der Erziehung: das, was fließend drängt, zu seiner eigenen höchsten Form zu bringen. Nicht von selbst gelangt in der menschlichen Sphäre das Lebendige zur vollkommenen Gestalt. Es bedarf der Erziehung in der Gemeinschaft. Nur durch die bildende Einwirkung der anderen gelangt die Seele zu sich selbst, wird sie das, was sie ist. Am Anfang steht die angeborene, aber noch unbestimmte Richtung des Charakters, am Ende die klare bestimmte Form, in der der Charakter sich erfüllt.“*
>
> Baeumler 1939, S. 252f. Rasse als Grundbegriff der Erziehungswissenschaft, in. Bildung und Gemeinschaft (Berlin 1942).

Baeumler war offensichtlich davon überzeugt, gegen John Lockes empiristische Vorstellung einer *tabula rasa* (vgl. Kap. 3.5.1) und gegen Rousseaus Konzeption einer unbestimmten *perfectibilité* des Menschen (vgl. Kap. 3.5.2) das „wahre Prinzip der Bildsamkeit“ umrissen zu haben. In seinen *Gedanken über Erziehung* war John Locke davon ausgegangen, dass das Kind einem unbeschriebenen Blatt Papier bzw. einem formbaren Wachs gleiche, das man „beliebig bilden und formen kann, wie man will“ (Locke 1693:1970, § 1). Folgerichtig sei die Heterogenität unter den Menschen allein das Resultat der

Erziehung. Jean-Jacques Rousseau nahm eine unbeschränkte Bildsamkeit des Menschen an und hatte eine teleologisch unbestimmte Vervollkommnungsfähigkeit (*perfectibilité*) sowie die Freiheit der Selbstbestimmung als spezifische Eigenschaft des Menschen bestimmt.[3] Baeumler wendet sich – explizit Bezug nehmend auf das Rassedenken der Nationalsozialisten – mit seiner Vorstellung eines anlagebedingten „Charakters" gegen die durch John Locke und Rousseau jeweils aus ihrer anthropologischen Perspektive begründete Annahme einer unbestimmten Bildsamkeit. Unter „Charakter" versteht Baeumler die rassisch vorgeprägten Anlagen des Menschen, die allerdings zu ihrer Entfaltung einer Erziehung in der Gemeinschaft bedürfen.

Die Beschäftigung mit der Pädagogik des Nationalsozialismus zeigt die Verschränkung von Politik und Pädagogik besonders eindringlich. Diese Verschränkung ist zwar nicht nur ein Grundcharakteristikum der Pädagogik im Nationalsozialismus, tritt hier jedoch in ihren problematischen Bezügen besonders deutlich hervor. Diskutiert wird dies etwa auch mit Blick auf die Frage der Autonomie bzw. relativen Autonomie der Pädagogik im Kontext der Geisteswissenschaftlichen Pädagogik (vgl. auch den Band von Heinz-Hermann Krüger in dieser Reihe: Krüger 2019, Kap. 4.2) oder der Forderung einer Ideologiekritik im Kontext der Kritischen Erziehungswissenschaft (ebd., Kap. 4.4), die erst vor dem Hintergrund des Nationalsozialismus verständlich wird.

? Aufgabe

Reflexionsfragen

1. Zeichnen Sie die Grundlinien des Verhältnisses von Pädagogik und Politik auf der Ebene der Sozialgeschichte im Nationalsozialismus nach!
2. Welche Rolle nimmt die wissenschaftliche Pädagogik in der Zeit des Nationalsozialismus ein?
3. Wo finden sich in der Geschichte der Pädagogik Anschlussmöglichkeiten für eine an der nationalsozialistischen Ideologie orientierte Perspektive auf Erziehung?
4. Wie lässt sich das Verhältnis von Pädagogik und Politik in den anderen, in dieser Einführung in die Geschichte des pädagogischen Denkens beschriebenen historischen Epochen kennzeichnen? Begründen Sie Ihre Überlegungen!

---

[3] Vgl. zum Begriff der Bildsamkeit: Benner, Dietrich/Brüggen, Friedhelm (2004): Bildsamkeit/Bildung. In: Benner, Dietrich/Oelkers, Jürgen (Hrsg.): Historisches Wörterbuch der Pädagogik. Weinheim/Basel: Beltz Verlag, S. 174–215.

Weiterführende Literatur

!

Giesecke, Hermann (1993): Hitlers Pädagogen. Theorie und Praxis nationalsozialistischer Erziehung. Weinheim/München: Juventa.

Herrmann, Ulrich/Oelkers, Jürgen (1988) (Hrsg.): Pädagogik und Nationalsozialismus. Zeitschrift für Pädagogik. 22. Beiheft. Weinheim/Basel: Beltz.

Keim, Wolfgang (1990) (Hrsg.): Erziehungswissenschaft und Nationalsozialismus. Marburg.

Tenorth, Heinz-Elmar (2003): Pädagogik der Gewalt. Zur Logik der Erziehung im Nationalsozialismus. In: Jahrbuch für Historische Bildungsforschung 9, S. 7–36.

7 Zusammenfassung

In fünf Kapiteln haben wir die Geschichte pädagogischen Denkens von der Antike bis zur NS-Pädagogik nachgezeichnet. In der *griechischen Antike* waren wir auf die Ursprünge des europäischen Bildungsdenkens gestoßen, das im fünften Jahrhundert v. Chr. mit dem Übergang von mythisch überlieferten Erziehungsvorstellungen zu einer reflektierten Erziehungs- und Unterrichtspraxis seinen Anfang nahm. Im Rahmen einer ersten Aufklärungsbewegung stellte sich das Welt- und Selbstverhältnis der Griechen vom Mythos auf das Wissen um, wobei sich die Rhetorik als Bildungsmacht etablierte. Mit den Sophisten begegneten uns die eigentlichen Begründer des höheren Unterrichts, die unter dem Begriff der *enkyklios paideia* ein enzyklopädisches Curriculum entwarfen und die mit ihren beiden Schwerpunkten der Erziehung in Sprache (Grammatik, Rhetorik, Logik) und Mathematik (Arithmetik, Geometrie, Astronomie und mathematische Musiktheorie) eine Bildungstradition begründeten, die bis heute nachwirkt. Mit Platons Idee einer Bildung durch Wissenschaft und mit dem Sprachhumanismus des Isokrates hatten sich zwei konkurrierende Diskurslinien herausgebildet, die das Bildungsdenken bis in die Zeit des Neuhumanismus bestimmten.

Die *Pädagogik der Aufklärung* ist insofern in sich gespalten, als sie einerseits einer am praktischen Nutzen (Utilitarismus) und an beruflicher Qualifikation orientierten praktischen Tendenz folgt und andererseits eine an Selbstaufklärung, Wissen und Einsicht ausgerichtete Idee theoretisch-kritisch entwickelt. Konkret bedeutet das bezüglich der ersten Tendenz für die Unterrichtsfächer die Primärorientierung an den *Realien*, d. h. an berufs- und wirtschaftstauglichen Unterrichtsinhalten, während sich die zweite Tendenz eher an der als vorbildlich erachteten Kultur und Sprache der Antike und den rein theoretischen Disziplinen wie etwa der Mathematik orientiert. Das für die geschichtliche Epoche der Aufklärung charakteristische Vertrauen in die menschliche Vernunft und ihr nahezu uneingeschränkter Fortschrittsoptimismus wurden jedoch bereits durch Rousseaus Wissenschafts- und Gesellschaftskritik ins Wanken gebracht. Die auf Bacon und Descartes zurückgehende Erneuerung der Wissenschaften konnte nach Rousseau nicht zur Verbesserung der Sitten beitragen, sondern beförderte im Gegenteil den moralischen Verfall. Durch die Unterscheidung des natürlichen vom gesellschaftlichen Menschen und mit seinem Hinweis auf Entfremdungsprozesse im gesellschaftlichen Zustand gelang es Rousseau, die gesellschaftskritische Grundlage für seine Theorie der Erziehung zu legen. Rousseau konnte auf diesem Wege eine Dialektik sichtbar machen, der zufolge „Aufklärung in neue Formen von Herrschaft" umzuschlagen droht (Benner/Brüggen 2004, S. 187).

Immanuel Kant hat daraus gefolgert, dass es in der Erziehung zwar sehr wohl auf Wissen und Können (*Kultivierung*) und verfeinerten gesellschaftlichen Umgang (*Zivilisierung)* ankommt, nicht jedoch um den Preis der *Moralisierung*, die nach Kant auf dem Selbstdenken (Maxime der Aufklärung) und vor allem auf der Selbstgesetzgebung der praktischen Vernunft beruht. Mit der Forderung nach moralischer Selbstbestimmung stellt Kant die pädagogische Reflexion in die Spannung zwischen (moralischer) Selbstbestimmung und Fremdbestimmung (Sozialisation). Schleiermacher hat dann den Versuch unternommen, diese Antinomie mit seiner Frage nach dem individuellen und universellen Ziel der Erziehung dialektisch zu bewältigen.

Innerhalb der preußischen Bildungsreformen wurde die Neuorganisation des öffentlichen Bildungswesens im Geiste des *Neuhumanismus* angestrebt. In der überaus spannungsreichen Phase des Übergangs von der feudal-ständischen zur liberal-bürgerlichen Gesellschaft erfolgte auch die Institutionalisierung der öffentlichen Erziehung zu einem Staatsschulwesen, von dem sich die neuhumanistischen Bildungsreformer eine Demokratisierung von Bildungschancen erhofften. Das *Allgemeine Landrecht* von 1794 hatte in Preußen die Verstaatlichung des öffentlichen Bildungswesens auf eine rechtliche Grundlage gestellt. Dass die Schule damit als staatliche Institution politischen Einflüssen unterliegt, wurde bereits damals als Problem erkannt und öffentlich diskutiert. Sowohl Wilhelm von Humboldt als auch Schleiermacher bemühten sich um eine Verhältnisbestimmung von Pädagogik und Politik sowie um eine Vermittlung zwischen dem pädagogischen Anspruch der Schule und politischer Vereinnahmung. Allerdings waren ihre Bemühungen bereits von der Einsicht getragen, dass das liberale und neuhumanistisch orientierte Reforminteresse nicht ohne weiteres mit den Zwecken und Intentionen des Staates zu vereinbaren ist. Ein Blick auf die Entwicklung des Bildungssystems im 19. Jahrhundert hatte dann gezeigt, dass sich weder in bildungstheoretischer noch in institutioneller Hinsicht die neuhumanistischen Bildungsideen durchsetzen konnten, sondern dass sich stattdessen ein staatliches Berechtigungswesen etablierte, das an der Wende vom 19. zum 20. Jahrhundert die reformpädagogische Bewegung auf den Plan rief.

Die internationale *Reformpädagogik* hat sich uns als ein überaus komplexes und in sich widersprüchliches Phänomen dargestellt. Die zahlreichen Hinweise auf völkisch-nationales, antisemitisches und antidemokratisches Gedankengut, die oft mythisch-antirationalen Theoreme sowie eine Sakralisierung und Hypostasierung des Erziehungsbegriffs haben deutlich gemacht, dass eine problembewusste Rekonstruktion und Rezeption der Reformpädagogik nur kritisch-diskursiv (Skiera 2010) erfolgen kann.

Die Pädagogik des *Nationalsozialismus*, die im letzten Kapitel thematisiert wurde, stellt sowohl für die Erziehung als auch für die Selbstreflexion der Erziehungswissenschaft als Disziplin eine Provokation dar. Nach Theodor W. Adorno stellt sich der Erziehung die prinzipielle Aufgabe, durch Aufklärung und politische Bildung zu verhindern, dass der Horror von Ausschwitz noch einmal möglich wird. Die Tatsache, dass der Nationalsozialismus mit seinen pädagogisch-didaktischen Konzepten an reformpädagogische und geisteswissenschaftliche Traditionslinien anknüpfen konnte, stellt die aktuelle erziehungswissenschaftliche Forschung vor die Aufgabe, die Frage nach Kontinuität und Diskontinuität zwischen der Weimarer Republik und der NS-Zeit unter historisch-systematischer Perspektive zu beantworten. Mit der Konzeption einer „politischen Pädagogik" hatte sich die Erziehungswissenschaft in der NS-Zeit vollständig in den Dienst der nationalsozialistischen Ideologie gestellt. Damit hatte sie nicht nur ihre, vor allem durch die geisteswissenschaftliche Pädagogik theoretisch begründete, relative Autonomie gegenüber dem Staat (vgl. auch den Band von Heinz-Hermann Krüger in dieser Reihe: Krüger 2019, Kap. 4.2.2.3) aufgegeben, sondern sie hatte auch die Idee individueller Selbstbestimmung und Mündigkeit der Vorstellung einer „Formationserziehung" geopfert. Bei Ernst Krieck führte die Unterwerfung des pädagogischen Denkens unter das politische am Ende zur Ablösung einer „reinen" Erziehungswissenschaft durch eine „völkisch-politische" Pädagogik, in deren Zentrum die „Lehre von der Typenzucht auf rassisch-völkischer Grundlage" stand (Krieck 1938, S. 13).

Die Frage nach dem Verhältnis von Pädagogik und Politik, von Freiheit und Zwang, von Individualität und Universalität oder von erzieherischer Machbarkeit ist damit eine zentrale Frage, die die Geschichte der Pädagogik von Anbeginn durchzieht und die in einer reflexiven Perspektive auch immer wieder an pädagogisches Handeln, pädagogische Verhältnisse und erziehungswissenschaftliche Theoriebildung gestellt werden muss. War der Nationalsozialismus sicher der Höhepunkt einer Unterordnung unter und Vereinnahmung von Pädagogik durch politische Doktrinen, so kann dies nicht heißen, dass wir uns gegenwärtig mit dem Verhältnis von Pädagogik und Politik nicht mehr befassen müssen. Vielmehr sollte deutlich geworden sein, dass im Kontext eines staatlich organisierten und verantworteten Bildungs- und Erziehungssystems pädagogisches Handeln immer in diesem Wechselverhältnis von Pädagogik und Politik stattfindet und dass Erziehungs- und Bildungsziele nicht als frei von Macht- und Herrschaftsstrukturen gefasst werden können, auch wenn sich diese gegenwärtig in anderer Art und Weise als in den hier dargestellten historischen Epochen zeigen, etwa als Anspruch einer lebenslangen Selbstoptimierung (Bröckling 2007), um den Anforderungen des Arbeitsmarktes zu entsprechen, über die Ausrichtung schulischer Bildung auf

Digitalisierung und naturwissenschaftliche Kompetenz, um die Belange der Wirtschaft zu bedienen, oder über die Reproduktion sozialer Ungleichheiten in einem sozial selektiven Schulsystem, um nur einige Beispiele zu nennen.

Literaturverzeichnis

Adorno, Theodor (1971): Erziehung zur Mündigkeit. Frankfurt a. Main: Suhrkamp.

Andresen, Sabine/Baader, Sophia (1989): Wege aus dem Jahrhundert des Kindes. Tradition und Utopie bei Ellen Key. Neuwied: Luchterhand.

Apel, Hans Jürgen/Koch, Lutz (Hrsg.) (1997): Überzeugende Rede und pädagogische Wirkung. Zur Bedeutung traditioneller Rhetorik für pädagogische Theorie und Praxis. Weinheim/München: Juventa.

Aristoteles: Rhetorik. Übersetzt und eingeleitet v. Gernot Krapinger. Stuttgart 1999: Philipp Reclam Jun.

Arndt, Andreas (1996): „Kommentar". In: Schleiermacher, Friedrich Daniel Ernst: Schriften. Frankfurt a.M.: Deutscher Klassiker Verlag, S. 993–1388.

Arndt, Andreas (Hrsg.) (1996): Friedrich Schleiermacher Schriften. Frankfurt a. M.: Deutscher Klassiker Verlag.

Baeumler, Alfred (1937): Die Grenzen der formalen Bildung. In: Ders.: Politik und Erziehung. Reden und Aufsätze. Berlin: Junker & Dünnhaupt, S. 67–91.

Baeumler, Alfred (1937): Politik und Erziehung. Reden und Aufsätze. Berlin: Junker & Dünnhaupt.

Baeumler, Alfred (1939): Rasse als Grundbegriff der Pädagogik. In: Bildung und Gemeinschaft (1942). Berlin: Junker & Dünnhaupt, S. 81–85.

Baeumler, Alfred (1940): Nationalsozialismus und „Idealismus". In: Internationale Zeitschrift für Erziehung 9, Berlin: Duncker & Humblot, S. 1–9.

Ballauff, Theodor (1969): Pädagogik. Eine Geschichte der Bildung und Erziehung. Band I. Von der Antike bis zum Humanismus. Freiburg/München: Karl Alber.

Barth, Reinhard (2006): Die Revolte von Jung gegen Alt in Deutschland im 20. Jahrhundert. Berlin.

Bartosch, Ulrich/Maluga, Agnieszka/Bartosch, Christiane/Schieder, Michael (Hrsg.) (2015): Konstitutionelle Pädagogik als Grundlage demokratischer Erziehung. Bad Heilbrunn. Klinkhardt.

Basedow, Johann Bernhard (1771:1913): Methodenbuch für Väter und Mütter der Familien und Völker. Leipzig: Köhler.

Bast, Roland (1996): Kulturkritik und Erziehung: Anspruch und Grenzen der Reformpädagogik. Dortmund: Projekt-Verlag.

Baumgart, Franzjörg (Hrsg.) (2001): Erziehungs- und Bildungstheorien. Erläuterungen, Texte, Arbeitsaufgaben. 2. durchgesehene Auflage. Bad Heilbrunn: Klinkhardt.

Benner, Dietrich (1995): Wilhelm von Humboldts Bildungstheorie. Eine problemgeschichtliche Studie zum Begründungszusammenhang neuzeitlicher Bildungsreform. Weinheim/München: Juventa.

Benner, Dietrich (2003): Wilhelm von Humboldts Bildungstheorie. Eine problemgeschichtliche Studie zum Begründungszusammenhang neuzeitlicher Bildungsreform. 3. Auflage. Weinheim/München: Juventa.

Benner, Dietrich/Kemper, Herwart (2003): Theorie und Geschichte der Reformpädagogik. Teil 1: Die pädagogische Bewegung von der Aufklärung bis zum Neuhumanismus. 2. Auflage. Weinheim/Basel: Beltz.

Benner, Dietrich/Kemper, Herwart (2003): Theorie und Geschichte der Reformpädagogik. Teil 2: Die Pädagogische Bewegung von der Jahrhundertwende bis zum Ende der Weimarer Republik. Weinheim/Basel: Beltz.

Benze, Rudolf (1934): Rasse und Schule. Grundzüge einer lebensgesetzlichen Schulreform. 2. Auflage. Braunschweig.

Benze, Rudolf/Pudelko, Alfred (Hrsg.) (1937): Rassische Erziehung als Unterrichtsgrundsatz der Fachgebiete. Frankfurt a. M.

Berg, Christa/ Herrmann, Ulrich (1991): Industriegesellschaft und Kulturkrise. Ambivalenzen der Epoche des Zweiten Deutschen Kaiserreichs 1870–1918. In: Berg, Christa (Hrsg.): Handbuch der deutschen Bildungsgeschichte. Band IV 1870–1918. München: Beck.

Beutler, Kurt (1989): Geisteswissenschaftliche Pädagogik zwischen Politisierung und Militarisierung – Erich Weniger. Frankfurt a. Main: Europäischer Verlag der Wissenschaften.

Beutler, Kurt (1991): Erich Weniger – Reformpädagoge und Militärtheoretiker. In: Pädagogik und Schulalltag, 46. Jg., Heft 3, S. 282.

Beutler, Kurt (1994): Erich Wenigers Militärpädagogik in später Wahrnehmung. In: Zeitschrift für Pädagogik. 40. Jg., Nr. 2, S. 291–301.

Bilstein, Johannes (2007): Ohnmacht als Programm. In: Brumlik, Michael/ Merkens, Hans (Hrsg.): Bildung, Macht, Gesellschaft: Beiträge zum 20. Kongress der Deutschen Gesellschaft für Erziehungswissenschaft. Opladen & Farmington Hills: Barbara Budrich, S. 31–42.

Blankertz, Herwig (1982): Die Geschichte der Pädagogik. Von der Aufklärung bis zur Gegenwart. Münster: Büchse der Pandora.

Blankertz, Herwig (1991): Theorien und Modelle der Didaktik. 13. Aufl. München: Juventa.

Böhm, Winfried (1993): Die Geburt des europäischen Menschen aus dem Geiste der Musik. In: Vierteljahrsschrift für wissenschaftliche Pädagogik. Heft 3, S. 297–309.

Böhm, Winfried (Hrsg.) (1996): Maria Montessori. Texte und Gegenwartsdiskussion. 5. Auflage. Bad Heilbrunn: Klinkhardt.

Böhm, Winfried (2004): Geschichte der Pädagogik. Von Platon bis zur Gegenwart. München: Beck.
Böhm, Winfried (2007): Geschichte der Pädagogik. 2. Auflage. München: Beck.
Böhm, Winfried (2012): Die Reformpädagogik. Montessori, Waldorf und andere Lehren. München: Beck.
Böhm, Winfried (2012): Die Reformpädagogik. München: Beck.
Böhm, Winfried/Soetard, Michel (2012): Jean-Jacques Rousseau. Der Pädagoge. Einführung mit zentralen Texten. Paderborn: Schöningh.
Böhme, Gernot (1992): Der Typ Sokrates. Frankfurt a.M.: Suhrkamp.
Brachmann, Jens (2002): Friedrich Schleiermacher. Ein pädagogisches Porträt. Weinheim: Beltz.
Bröcker, Walter (1964): Platos Gespräche. 2. Auflage. Frankfurt a.M.: Klostermann.
Bröckling, Ulrich (2007): Das unternehmerische Selbst: Soziologie einer Subjektivierungsform. Frankfurt a.M.: suhrkamp.
Bühler, Patrick (2012): Negative Pädagogik. Sokrates und die Geschichte des Lernens. Paderborn: Schöningh.
Campe, Joachim Heinrich (1785): Allgemeine Revision des gesammten Schul- und Erziehungswesens: von einer Gesellschaft practischer Erzieher 1785–1792. Reprint Pädagogica: digitale Quelle: http://www.bbf.dipf.de/cgi-opac/catalog.pl?t_digishow=x&zid=ad566
Campe, Johann Heinrich (1778): Sammlung einiger Erziehungsschriften. Leipzig.
Campe, Johann Heinrich (1779): Über Empfindsamkeit und Empfindeley in pädagogischer Hinsicht. Hamburg.
Campe, Johann Heinrich (1779:1934): Robinson der Jüngere. Ein Lesebuch für Kinder. 2 Teile in einem Band. Naunhof: Hendel.
Campe, Johann Heinrich (1780): Kleine Seelenlehre für Kinder. Hamburg.
Campe, Johann Heinrich (1781:1930): Die Entdeckung von Amerika Band I und II. Stuttgart u. a.: Union.
Campe, Johann Heinrich (Hrsg.) (1785–1792): Allgemeine Revision des gesamten Schul- und Erziehungswesens von einer Gesellschaft praktischer Erzieher. Wien/Braunschweig.
Castle, Edgar B. (1965): Die Erziehung in der Antike und ihre Wirkung in der Gegenwart. Stuttgart: Klett.
Chroust, Peter (2011): Universität und Studium. In: Horn, Klaus-Peter/Link, Jörg-W. (Hrsg.): Erziehungsverhältnisse im Nationalsozialismus. Totaler Anspruch und Erziehungswirklichkeit. Bad Heilbrunn: Klinkhardt, S. 205–230.

Comenius, Johann Amos (1638:1992): Didactica Magna. Große Didaktik. hrsg. u. übersetzt v. A. Flitner. Stuttgart: Klett.

Decher, Friedhelm (2012): Die Schule der Philosophen. Große Denker über Bildung und Erziehung. Darmstadt: Lambert Schneider.

Demandt, Alexander (1990): Sokrates vor dem Volksgericht in Athen 399 v. Chr. In: Ders. (Hrsg.): Macht und Recht. Große Prozesse in der Geschichte. München: Beck.

Dolch, Josef (1965): Lehrplan des Abendlandes. Zweieinhalb Jahrtausende seiner Geschichte. 2. Auflage. Ratingen: Aloys Henn.

Dörpinghaus, Andreas/Wigger, Lothar/Poenitsch, Andreas (2006): Einführung in die Theorie der Bildung. Darmstadt: Wissenschaftliche Buchgesellschaft.

Dudek, Peter (1999): Grenzen der Erziehung im 20. Jahrhundert. Allmacht und Ohnmacht der Erziehung im pädagogischen Diskurs. Bad Heilbrunn: Klinkhardt.

Eckert, Ela (2001): Maria und Mario Montessoris Kosmische Erziehung. Vision und Konkretion. Bad Heilbrunn: Klinkhardt.

Eilers, Rolf (1963): Die nationalsozialistische Schulpolitik. Köln: Westdeutscher Verlag.

Erziehung und Unterricht in der Höheren Schule. Einführungserlaß zur Neuordnung des höheren Schulwesens (1938). Berlin.

Feller, Barbara/Feller, Wolfgang (2001): Die Adolf-Hitler-Schulen. Pädagogische Provinz versus ideologische Zuchtanstalt. Weinheim/München: Beltz.

Fischer, Wolfgang (2004): Sokrates pädagogisch. Hrsg. v. Jörg Ruhloff und Christian Schönherr. Würzburg: Königshausen & Neumann.

Fischer, Wolfgang/Löwisch, Dieter-Jürgen (Hrsg.) (1998): Philosophen als Pädagogen – Wichtige Entwürfe klassischer Denker. Darmstadt: Wissenschaftliche Buchgesellschaft.

Flessau, Kurt-Ingo (1979): Schule der Diktatur. Lehrpläne und Schulbücher des Nationalsozialismus. Frankfurt a.M.: Fischer.

Flitner, Wilhelm (1961): Die gymnasiale Oberstufe. Heidelberg: Meyer.

Frede, Dorothea (2006): Platons mathematisches Curriculum. In: Christoph Rapp und Tim Wagner (Hrsg.): Wissen und Bildung in der antiken Philosophie. Metzler.

Fricke-Finkelnburg, Renate (Hrsg.) (1989): Nationalsozialismus und Schule. Amtliche Erlasse und Richtlinien 1933–1945. Opladen: Leske+Budrich.

Frost, Ursula (1993): Die Wahrheit des Strebens. Grundlagen und Voraussetzungen der Pädagogik Friedrich Schleiermachers. In: Vierteljahrsschrift für wissenschaftliche Pädagogik 69, S. 466–484.

Fuchs, Birgitta (2003): Maria Montessori. Ein pädagogisches Porträt. Weinheim/Basel: Beltz.

Fuchs, Birgitta (2010): Rationale und ästhetische Bildung. Vicos anthropologischer Vermittlungsversuch. In: Fuchs, B./Koch, Lutz (Hrsg.): Ästhetik und Bildung. Würzburg: Ergon

Fuchs, Birgitta (2015): Friedrich Schleiermacher. Einführung mit pädagogischen Texten. Paderborn: Schöningh.

Fuhrmann, Manfred (1999): Der europäische Bildungskanon des bürgerlichen Zeitalters. Leipzig: Insel.

Furck, Carl-Ludwig (1964): Das pädagogische Problem der Leistung in der Schule. Weinheim: Beltz.

Gadamer, Hans-Georg (1960:1990): Wahrheit und Methode. Grundzüge einer philosophischen Hermeneutik. 6. Aufl. Tübingen.

Gamm, Hans-Joachim (1984): Führung und Verführung. Pädagogik des Nationalsozialismus. 2. Auflage. Frankfurt a. M./New York: Campus.

Gaudig, Hugo (1904): Didaktische Ketzereien. Leipzig: Teubner.

Gaudig, Hugo (1909) Didaktische Präludien. Leipzig: Teubner.

Gelhaus, Dirk/Hülter, Jörn-Peter (2003): Die Ausleseschulen als Grundpfeiler des NS-Regimes. Würzburg: Königshausen & Neumann.

Giesecke, Hermann (1981): Vom Wandervogel bis zur Hitlerjugend. Jugendarbeit zwischen Politik und Pädagogik. München: Juventa.

Giesecke, Hermann (1985): Die Hitlerjugend. In: Herrmann, Ulrich (Hrsg.): „Die Formierung der Volksgenossen". Der „Erziehungsstaat des Dritten Reiches". Weinheim/Basel: Beltz, S. 173–188.

Giesecke, Hermann (1993): Hitlers Pädagogen. Theorie und Praxis nationalsozialistischer Erziehung. Weinheim/München: Juventa.

Götz, Margarete (1997): Die Grundschule in der Zeit des Nationalsozialismus. Bad Heilbrunn: Klinkhardt.

Grell, Frithjof (1996): Der Rousseau der Reformpädagogen. Würzburg: Ergon.

Grunert, Cathleen (2006): Antike. In: Grunert, Cathleen/Krüger, Heinz-Hermann (Hrsg.): Wörterbuch Erziehungswissenschaft: Wiesbaden: VS (UTB), S. 22–29.

Grunert, Cathleen (2019): Wolfgang Klafki und die Geisteswissenschaftliche Pädagogik – eine Einleitung. In: Klafki, Wolfgang: Geisteswissenschaftliche Pädagogik. Fünf Studienbriefe für die FernUniversität Hagen. Hrsg. von Cathleen Grunert und Katja Ludwig. Wiesbaden: Springer VS, S. XIII–XXXII.

GutsMuths, Johann Christoph Friedrich (1793:1928): Gymnastik für die Jugend. Dresden: Limperth.

GutsMuths, Johann Christoph Friedrich (1796): Spiele zur Übung und Erholung des Körpers und Geistes für die Jugend, ihre Erzieher und alle Freunde unschuldiger Jugendfreuden. Schnepfenthal.

Hackl, Bernd (1990): Die Arbeitsschule. Geschichte und Aktualität eines Reformmodells. Wien: Verlag für Gesellschaftskritik.

Hansmann, Otto (2012): Vom Menschen über Erziehung zum Bürger. Vorlesungen zu Rousseaus Anthropologie, Pädagogik und Staatsphilosophie. Würzburg: Königshausen & Neumann.

Hart, Harold H. (1971): Summerhill – pro und contra. 15 Ansichten zu A.S. Neills Theorie und Praxis. Reinbek: Rowohlt.

Heckmann, Gustav (2002): Lenkungsaufgaben des sokratischen Gesprächsleiters. In: Birnbacher, Dieter/Krohn, Dieter (Hrsg.): Das sokratische Gespräch. Stuttgart: Reclam, S. 73–91.

Hehlmann, Wilhelm (1933): Politische Pädagogik. Berlin: Junker und Dünnhaupt.

Heinze, Carsten (2001): Die Pädagogik an der Universität Leipzig in der Zeit des Nationalsozialismus 1933–1945. Bad Heilbrunn: Klinkhardt.

Heinze, Carsten/Horn, Klaus-Peter (2011): Zwischen Primat der Politik und rassentheoretischer Fundierung – Erziehungswissenschaft im Nationalsozialismus. In: Horn, Klaus-Peter/Link, Jörg-W. (Hrsg.): Erziehungsverhältnisse im Nationalsozialismus. Totaler Anspruch und Erziehungswirklichkeit. Bad Heilbrunn: Klinkhardt, S. 319–339.

Helferich, Christoph (2005). Geschichte der Philosophie. Von den Anfängen bis zur Gegenwart und Östliches Denken. 6. Auflage. München: dtv.

Helmer, Karl (2004): Die Wahrheit der Götter und die Polis von Athen. Zum Ort der Entstehung der Rhetorik. In: Koch, Lutz (Hrsg.): Pädagogik und Rhetorik. Würzburg: Ergon, S. 11–21.

Hentig, Hartmut von (2003): Rousseau oder Die wohlgeordnete Freiheit. München: Beck.

Hepp, Corona (1992): Avantgarde. Moderne Kunst, Kulturkritik und Reformbewegungen nach der Jahrhundertwende. 2. Auflage. München: dtv.

Herbart, Johann Friedrich (1806): Allgemeine Pädagogik aus dem Zweck der Erziehung abgeleitet. Göttingen.

Hermeier, Phillipp (2006): Die politische Relevanz der Erziehung bei Janusz Korczak. Göttingen: Cuvillier.

Herrlitz, Hans Georg/Hopf, Wulf/Titze, Hartmut (1981): Deutsche Schulgeschichte von 1800 bis zur Gegenwart. Weinheim: Juventa.

Herrmann, Ulrich (1979): Die Pädagogik der Philanthropen. In: Scheuerl, H. (Hrsg.): Klassiker der Pädagogik. Band I, 2. Aufl. München: Schöningh, S. 135–158.

Herrmann, Ulrich (1985): „Völkische Erziehung ist wesentlich nichts anderes denn Bindung“. Zum Modell nationalsozialistischer Formierung. In: Ders. (Hrsg.): „Die Formung des Volksgenossen“. Der „Erziehungsstaat“ des Dritten Reiches. Weinheim/Basel: Beltz, S. 67–78.

Herrmann, Ulrich (1993): Aufklärung und Erziehung. Studien zur Funktion der Erziehung im Konstitutionsprozeß der bürgerlichen Gesellschaft im 18. und frühen 19. Jahrhundert in Deutschland. Weinheim: Deutscher Studienverlag.

Herrmann, Ulrich (Hrsg.) (1985): „Die Formung des Volksgenossen". Der „Erziehungsstaat" des Dritten Reiches. Weinheim/Basel: Beltz.

Herrmann, Ulrich/Oelkers, Jürgen (1988) (Hrsg.): Pädagogik und Nationalsozialismus. Zeitschrift für Pädagogik. 22. Beiheft. Weinheim/Basel: Beltz.

Hitler, Adolf (1924, 1926:2016): Mein Kampf. Eine kritische Edition im Auftrag des Instituts für Zeitgeschichte in München. 2 Bände. Hrsg. v. Hartmann, Christian/Plöckinger, Othmar/Töppel, Roman/Vordermayer, Thomas.

Höffe, Otfried (2008): Kleine Geschichte der Philosophie. 2. durchgesehene Auflage. München: Beck.

Hojer, Ernst (1997): Nationalsozialismus und Pädagogik. Umfeld und Entwicklung der Pädagogik Ernst Kriecks. Würzburg: Königshausen und Neumann.

Holfelder, Albert (1935): Das Ende der normativen Pädagogik. In: Internationale Zeitschrift für Erziehung 4. Berlin, S. 5–12.

Holstein, Hermann (1963): Die Elementarschule im neuhumanistischen Ansatz. Bochum.

Holtstiege, Hildegard (1994): Modell Montessori – Grundsätze und aktuelle Geltung der Montessori-Pädagogik. 7. Aufl., Freiburg: Herder.

Hopf, Caroline (2004): Die experimentelle Pädagogik. Empirische Erziehungswissenschaft in Deutschland am Anfang des 20. Jahrhunderts. Bad Heilbrunn: Klinkhardt.

Hopfner, Johanna (Hrsg.) (2001): Schleiermacher in der Pädagogik. Würzburg: Ergon.

Horn, Klaus-Peter/Link, Jörg-W. (Hrsg.) (2011): Erziehungsverhältnisse im Nationalsozialismus. Totaler Anspruch und Erziehungswirklichkeit. Bad Heilbrunn: Klinkhardt.

Hügli, Anton (1999): Philosophie und Pädagogik. Darmstadt: Wissenschaftliche Buchgesellschaft.

Hülshoff, Theodor/Reble, Albert (Hrsg.) (1967): Zur Geschichte der höheren Schule I. Bad Heilbrunn: Klinkhardt.

Humboldt, Wilhelm von (1809:1966): Der Königsberger und der Litauische Schulplan. In: Ders.: Werke. Band 4: Schriften zur Politik und zum Bildungswesen. Stuttgart: Klett-Cotta.

Humboldt, Wilhelm von (1792:2010): Ideen zu einem Versuch, die Gränzen der Wirksamkeit des Staates zu bestimmen. In: Ders. Werke in fünf Bänden. Studienausgabe. Band 1: Schriften zur Anthropologie und Geschichte. Hrsg. v. Andreas Flitner und Klaus Giel. Darmstadt: WBG, S. 56–233.

Humboldt, Wilhelm von (1793:2010): Theorie der Bildung des Menschen. In: Ders. Werke in fünf Bänden. Studienausgabe. Band 1: Schriften zur Anthropologie und Geschichte. Hrsg. v. Andreas Flitner und Klaus Giel. Darmstadt: WBG, S. 234–240.

Jaeger, Werner (1933:1973): Paideia. Die Formung des griechischen Menschen. Ungekürzter photomechanischer Abdruck in einem Band. New York/Berlin: De Gruyter.

Jeismann, Karl- Ernst (1974): Das preußische Gymnasium in Staat und Gesellschaft. Die Entstehung des Gymnasiums als Schule des Staates und der Gebildeten, 1787–1817. Stuttgart: Klett.

Kade, Franz (1925): Schleiermachers Anteil an der Entwicklung des preußischen Bildungswesens von 1808–1818. Leipzig.

Kamp, Johannes-Martin (1995): Kinderrepubliken. Opladen. Leske+Budrich.

Kant, Immanuel (1784:1983): Idee zu einer allgemeinen Geschichte in weltbürgerlicher Absicht. In: Immanuel Kant. Werke in sechs Bänden. Herausgegeben von Weischedel, Wilhelm. Band VI. 5. Nachdruck. Darmstadt: Wissenschaftliche Buchgesellschaft.

Kant, Immanuel (1788:1983): Kritik der praktischen Vernunft. In: Immanuel Kant. Werke in sechs Bänden. Herausgegeben von Weischedel, Wilhelm. Band IV. 5. Nachdruck. Darmstadt: Wissenschaftliche Buchgesellschaft.

Kant, Immanuel (1798:1983): Anthropologie in pragmatischer Absicht. In: Immanuel Kant. Werke in sechs Bänden. Herausgegeben von Weischedel, Wilhelm. Band VI. 5. Nachdruck. Darmstadt: Wissenschaftliche Buchgesellschaft.

Kant, Immanuel (1803:1983): Über Pädagogik. In: Immanuel Kant. Werke in sechs Bänden. Herausgegeben von Weischedel, Wilhelm. Band VI. 5. Nachdruck. Darmstadt: Wissenschaftliche Buchgesellschaft.

Kauder, Peter (2001): Der Gedanke der Bildung in Platons Höhlengleichnis. Eine kommentierende Studie aus pädagogischer Sicht. Baltmannsweiler: Schneider-Verlag Hohengehren.

Kauder, Peter/Fischer, Wolfgang (1999): Immanuel Kant über Pädagogik. 7 Studien. Baltmannsweiler: Schneider-Verlag Hohengehren.

Keim, Wolfgang (1990) (Hrsg.): Erziehungswissenschaft und Nationalsozialismus. Marburg.

Keim, Wolfgang (1995): Erziehung unter der Nazi-Diktatur. Band I: Antidemokratische Potentiale, Machtantritt und Machtdurchsetzung. Darmstadt: Wissenschaftliche Buchgesellschaft.

Keim, Wolfgang (1997): Erziehung unter der Nazi-Diktatur. Band II: Kriegsvorbereitung, Krieg und Holocaust. Darmstadt: Wissenschaftliche Buchgesellschaft.

Kemnitz, Heidemarie/Tosch, Frank (2011): Zwischen Indoktrination und Qualifikation – Höhere Schulen im Nationalsozialismus. In: Horn, Klaus-Peter/Link, Jörg-W. (Hrsg.): Erziehungsverhältnisse im Nationalsozialismus. Totaler Anspruch und Wirklichkeit. Bad Heilbrunn: Klinkhardt, S. 109–136.

Kerschensteiner, Georg (1908:1968): Ausgewählte pädagogische Schriften. Besorgt v. Gerhard Wehle. Paderborn: Schöningh.

Kerschensteiner, Georg (1912): Die Schule der Zukunft: eine Arbeitsschule. In: Ders.: Grundfragen der Schulorganisation. Leipzig, Berlin.

Kerschensteiner, Georg (1924): Autorität und Freiheit als Bildungsgrundsätze. Leipzig: Ernst Oldenburg.

Kersting, Wolfgang (1999): Platons „Staat". Darmstadt: Wissenschaftliche Buchgesellschaft.

Key, Ellen (1902:1991): Das Jahrhundert des Kindes. Weinheim: Beltz.

Klare, Anke (2011): Nationalsozialistische Ausleseschulen – „Stätten konzentrierter und auserlesener Menschenformung". In: Horn, Klaus-Peter/Link, Jörg-W. (Hrsg.): Erziehungsverhältnisse im Nationalsozialismus. Totaler Anspruch und Wirklichkeit. Bad Heilbrunn: Klinkhardt, S. 137–162.

Klöcker, Michael (2013): Die Schule im NS-Staat: Ihre Rechtsgrundlagen am Beispiel der Volksschule. In: Recht der Jugend und des Bildungswesens, Heft 4. Hrsg. v. Richter, Ingo u. a. Berlin: Berliner Wissenschaftsverlag GmbH, S. 376–395.

Klönne, Arno (2014): Jugend im Dritten Reich. Die Hitler-Jugend und ihre Gegner. Köln: PapyRossa.

Kluger, Alois (1940): Deutsche Volksschule im Großdeutschen Reich. Breslau. Nachdruck in: Apel, Hans-Jürgen/Klöcker, Michael (2000): Die Volksschule im NS-Staat. Köln/Weimar/Wien.

Koch, Lutz (1993): Negative Didaktik. In: Vierteljahrsschrift für wissenschaftliche Pädagogik. Heft 3, S. 279–296.

Koch, Lutz (1996): Wohlgeregelte Freiheit. Rousseaus Bildungsprinzip. In: Hansmann, Otto (Hrsg.): Seminar: Der pädagogische Rousseau. Band II: Kommentare, Interpretationen, Wirkungsgeschichte. Weinheim. Deutscher Studienverlag, S. 141–166.

Koch, Lutz (1999): Rhetorik und Pädagogik. Eine Verwandtschaftsbeziehung. In: Dörpinghaus, Andreas/Helmer, Karl (Hrsg.): Zur Theorie der Argumentation in der Pädagogik. Würzburg. Würzburg: Königshausen & Neumann, S. 36–52.

Koch, Lutz (2003): Kants ethische Didaktik. Würzburg: Ergon.

Koch, Lutz (2004): Bildung und rhetorische Sprachauffassung. In: Koch, Lutz (Hrsg.): Pädagogik und Rhetorik. Würzburg: Ergon.

Koch, Lutz (2015): Lehren und Lernen. Wege zum Wissen. Paderborn: Schöningh.

Koller, Hans-Christoph (2008): Grundbegriffe, Theorien und Methoden der Erziehungswissenschaft. 3. Aufl., Stuttgart: Kohlhammer.

Koller, Hans-Christoph (2014): Grundbegriffe, Theorien und Methoden der Erziehungswissenschaft. Eine Einführung. 7. durchgesehene Auflage. Stuttgart: Kohlhammer.

König, Karlheinz (2000): „Erziehung unseres Standes zu einem Werkzeug unseres Führers". Lehrerschulung im Nationalsozialistischen Lehrerbund zwischen 1926/27 und 1943/44. In: Jahrbuch für Historische Bildungsforschung 6, S. 143–169.

Korczak, Janusz (1919:2014): Wie man ein Kind lieben soll. Hrsg. von Elisabeth Heimpel und Hans Roos. Göttingen: Vandenhoeck + Ruprecht.

Kraas, Andreas (1999): Die „Überholung" der Lehrer 1933–1936. Die Herausbildung der nationalsozialistischen Lagerpädagogik für Lehrer. In: Jahrbuch für Historische Bildungsforschung 6, S. 117–142.

Kraas, Andreas (2011): „Den deutschen Menschen in seinen inneren Lebensbezirken ergreifen" – Das Lager als Erziehungsform. In: Horn, Klaus-Peter/Link, Jörg-W. (Hrsg.): Erziehungsverhältnisse im Nationalsozialismus. Totaler Anspruch und Wirklichkeit. Bad Heilbrunn: Klinkhardt, S. 295–318.

Krampf, Alfred (1937): Gedanken zum Ausleseproblem. Eine erziehungswissenschaftliche Studie. Leipzig.

Krieck, Ernst (1917:1934): Die deutsche Staatsidee. 2. Aufl., Leipzig: Armanen.

Krieck, Ernst (1922): Philosophie der Erziehung. Jena: Eugen Diederichs.

Krieck, Ernst (1932): Nationalpolitische Erziehung. Leipzig: Armanen.

Krieck, Ernst (1936): Völkisch-politische Anthropologie. Band 1: Die Wirklichkeit. Leipzig: Armanen. Band II (1937): Das Handeln und die Ordnungen. Band III (1938): Das Erkennen und die Wissenschaft.

Krieck, Ernst (1938): Erziehung im nationalsozialistischen Staat. 2. unveränd. Aufl. Berlin: Industrieverlag Spaeth & Linde.

Krieck, Ernst (1940) Nationalsozialistische Erziehung begründet aus der Philosophie der Erziehung. Berlin: Zickfeldt.

Krüger, Heinz-Hermann (2019): Erziehungs- und Bildungswissenschaft als Wissenschaftsdisziplin. Opladen: Barbara Budrich.

Langbehn, Julius (1890): Rembrandt als Erzieher. Leipzig: Hirschfeld.

Lay, Wilhelm August (1903:1910): Experimentelle Didaktik. Ihre Grundlegung mit besonderer Rücksicht auf Wille und Tat. 3. Aufl., Leipzig: Teubner.

Lay, Wilhelm August (1908:1918): Experimentelle Pädagogik mit besonderer Rücksicht auf die Erziehung durch die Tat. 3. Aufl., Leipzig: Teubner.

Leeb, Johannes (2001) (Hrsg.): „Wir waren Hitlers Elite-Schüler". Ehemalige Zöglinge der NS-Ausleseschulen brechen ihr Schweigen. München: Heyne.

Lichtenstein, Ernst (1970): Der Ursprung der Pädagogik im griechischen Denken. Hannover: Hermann Schroedel.

Lietz, Hermann (1910): Das erste und zweite Jahr im Deutschen Land-Erziehungsheim bei Ilsenburg in den Jahren 1898/99. Leipzig: Voigtländers.

Lietz, Hermann (1897:1997): Emlohstobba. Roman oder Wirklichkeit? Bilder aus dem Schulleben der Vergangenheit, Gegenwart oder Zukunft? Heinberg: Dieck.

Lingelbach, Karl Christoph (1985): Ernst Krieck – Von der „reinen" zur „völkisch-realistischen" Erziehungswissenschaft. In: Herrmann, Ulrich (Hrsg.): „Die Formung des Volksgenossen". Der „Erziehungsstaat des Dritten Reiches". Weinheim/Beltz, S. 117–137.

Lingelbach, Karl-Christoph (1985): Alfred Baeumler – „deutscher Mensch" und „politische Pädagogik". In: Herrmann, Ulrich, a. a. O., S. 138–153.

Link, Jörg-W. (2011): „Erziehungsstätte des deutschen Volkes" – Die Volksschule im Nationalsozialismus. In: Horn, Klaus-Peter/Link, Jörg-W. (Hrsg.): Erziehungsverhältnisse im Nationalsozialismus. Totaler Anspruch und Erziehungswirklichkeit. Bad Heilbrunn: Klinkhardt, S. 79–108.

Locke, John (1693:1970): Gedanken über Erziehung. Übersetzung, Anmerkungen und Nachwort von Heinz Wohlers. Stuttgart: Reclam.

Loska, Rainer (1995): Lehren ohne Belehrung. Leonard Nelsons neosokratische Methode der Gesprächsführung. Bad Heilbrunn: Klinkhardt.

Ludwig, Harald (2004): Montessori-Schulen und ihre Didaktik. Baltmannsweiler: Schneider-Verlag Hohengehren.

Ludwig, Peter H. (Hrsg.) (1997): Summerhill, antiautoritäre Erziehung heute. Ist die freie Erziehung wirklich gescheitert? Weinheim: Beltz.

Marrou, Henri Irénée (1977). Geschichte der Erziehung im klassischen Altertum. Freiburg/München: dtv.

Menck, Peter (1989): Pädagogik in Deutschland zwischen 1933 und 1945. Überlegungen zur Aneignung einer verdrängten Tradition. In: Herrmann, Ulrich/Oelkers, Jürgen (Hrsg.): Pädagogik und Nationalsozialismus. Weinheim/Basel: Beltz. S. 39–51.

Menze, Clemens (1975): Die Bildungsreform Wilhelm von Humboldts. Hannover/Berlin/Darmstadt: Hermann Schroedel.

Menze, Clemens (1988): Vom Antikartesianismus zur Theorie der Bildung des Menschen. In: Pädagogische Rundschau 42, S. 63–84

Meumann, Ernst (1907): Vorlesungen zur Einführung in die Experimentelle Pädagogik und ihre psychologischen Grundlagen. Leipzig: Engelmann.

Meumann, Ernst (1914:1920): Abriß der experimentellen Pädagogik. Leipzig: Engelmann.

Meumann, Ernst (1920): Abriß der experimentellen Pädagogik. Leipzig: Engelmann.

Meyer, Martin F. (2006): Form und Inhalt des platonischen Dialogs. In: Martin F. Meyer: Zur Geschichte des Dialogs. Philosophische Positionen von Sokrates bis Habermas. Darmstadt: Wissenschaftliche Buchgesellschaft. S. 27–39.

Meyer, Martin F. (Hrsg.) (2006): Zur Geschichte des Dialogs. Philosophische Positionen von Sokrates bis Habermas. Darmstadt: Wissenschaftliche Buchgesellschaft.

Miller-Kipp (2002) (Hrsg.): „Auch du gehörst dem Führer". Die Geschichte des Bundes Deutscher Mädel (BDM) in Quellen und Dokumenten. 2. Auflage. München/Weinheim: Beltz.

Montessori, Maria (1909): Il metodo della pedagogia scientifica applicato all'educazione infantile nelle case dei Bambini (= Die Methode der wissenschaftlichen Pädagogik angewandt auf die Erziehung der Kinder in den Kinderhäusern). Città di Castello.

Montessori, Maria (1913): Selbsttätige Erziehung im frühen Kindesalter. Stuttgart: Julius Hoffmann.

Montessori, Maria (1913:1994): Die Entdeckung des Kindes. Hrsg. von Paul Oswald und Günther Schulz Benesch. Freiburg: Herder.

Montessori, Maria (1916:1996): Schule des Kindes. Montessori-Erziehung in der Grundschule. Hrsg. u. eingeleitet v. P. Oswald u. G. Schulz-Benesch. 5. Aufl., Freiburg: Herder.

Montessori, Maria (1949:1994): Das kreative Kind. Der absorbierende Geist. 10. Aufl., Freiburg: Herder.

Montessori, Maria (2007): Schule des Kindes. Montessori-Erziehung in der Grundschule. Herausgegeben und eingeleitet von P. Oswald und G. Schulz-Benesch. 9. Aufl. Freiburg: Herder.

Musolff, Hans-Ulrich/Hellekamps, Stephanie (2006): Geschichte des pädagogischen Denkens. München/Wien: Oldenbourg.

Neill, Alexander Sutherland (1915): A Dominie's Log. London: Robert Mcbride & Company.

Neill, Alexander Sutherland (1960): Summerhill. A Radical Approach to Child Rearing. New York Hart Publishing.

Neill, Alexander Sutherland (1965): Erziehung in Summerhill, das revolutionäre Beispiel einer freien Schule. München: Szczesny.

Neill, Alexander Sutherland (1969:2001): Theorie und Praxis der antiautoritären Erziehung. Reinbek: rowohlt.

Neill, Alexander Sutherland (1972): Neill! Neill! Orange Peel: A Personal View of Ninety Years, London: Quartet Books.

Nicolin, Friedhelm (1975): Die „historische Dimension“ der Pädagogik. In: Böhm, Winfried/Schriewer, Jürgen (Hrsg.): Geschichte der Pädagogik und systematischen Erziehungswissenschaft. Festschrift zum 65. Geburtstag von Albert Reble. Stuttgart: Klett.

Niehues-Pröbsting, Heinrich (2004): Die antike Philosophie. Schrift, Schule, Lebensform. Frankfurt a. M.: Fischer.

Niemeyer, August Hermann (1779): Grundsätze der Erziehung und des Unterrichts für Eltern, Hauslehrer und Schulmänner. Halle.

Niemeyer, Christian (2013): Die dunklen Seiten der Jugendbewegung. Vom Wandervogel zur Hitlerjugend. Tübingen: A. Francke.

Nieser, Bruno (1992): Aufklärung und Bildung. Studien zur Entstehung und gesellschaftlichen Bedeutung von Bildungskonzeptionen in Frankreich und Deutschland im Jahrhundert der Aufklärung. Weinheim: Deutscher Studien Verlag.

Nietzsche, Friedrich (1872:1980). Über die Zukunft unserer Bildungsanstalten. In: Nietzsche, Friedrich: Sämtliche Werke. Kritische Studienausgabe. Bd. 1. München: dtv.

Nohl, Arnd-Michael (2019): Adressaten und Handlungsfelder der Pädagogik. Opladen: Barbara Budrich.

Nohl, Herman (1935:1988): Die pädagogische Bewegung in Deutschland und ihre Theorie. Unveränd. Nachdruck der 2. Aufl. von 1935. Frankfurt a.M.: Schulte-Bulmke.

North Whitehead, Alfred (1929/1987): Prozeß und Realität: Entwurf einer Kosmologie. Teil II. Frankfurt a. M.: Suhrkamp, S. 91.

Oelkers, Jürgen (2011): Eros und Herrschaft. Die dunklen Seiten der Reformpädagogik. Weinheim: Beltz.

Oelkers, Jürgen (2016): Pädagogik, Elite, Missbrauch. Die „Karriere“ des Gerold Becker. Weinheim: Beltz Juventa.

Oelkers, Jürgen/Tröhler, Daniel (Hrsg.) (1999): Die Leidenschaft der Aufklärung. Studien über den Zusammenhang von bürgerlicher Gesellschaft und Bildung. Weinheim/Basel: Beltz.

Ortmeyer, Benjamin (2008): Eduard Spranger und die NS-Zeit. Frankfurter Beiträge zur Erziehungswissenschaft. Reihe Forschungsberichte. Hrsg. v. Frank-Olaf Radtke. Frankfurt a. Main: Johann Wolfgang Goethe-Universität.

Ottweiler, Ottwilm (1985): Die nationalsozialistische Schulpolitik im Bereich des Volks-schulwesens. In: Herrmann, Ulrich (Hrsg.): „Die Formung des Volksgenossen“. Der „Erziehungsstaat“ des Dritten Reiches. Weinheim/Basel: Beltz, S. 235–252.

Parak, Michael (2005): Politische Entlassungen an der Universität Leipzig in der Zeit des Nationalsozialismus. In: Hehl, Ulrich v. (Hrsg.):

Sachsens Landesuniversität in Monarchie, Republik und Diktatur. Leipzig, S. 242–262.

Paulsen, Friedrich (1960): Das deutsche Bildungswesen in seiner geschichtlichen Entwicklung. Neudruck der 3. Auflage. Darmstadt: Wissenschaftliche Buchgesellschaft.

Pestalozzi, Johann Heinrich (1801): Wie Gertrud ihre Kinder lehrt: ein Versuch den Müttern Anleitung zu geben, ihre Kinder selbst zu unterrichten. Bern u. a.: Geßner.

Petersen, Peter (1927): Der kleine Jena-Plan einer freien allgemeinen Volksschule. Langensalza: Beltz.

Petersen, Peter (1965): Der Kleine Jena-Plan. Weinheim: Beltz.

Platon (1973): Werke in acht Bänden, griechisch-deutsch. Hrsg. v. Gunther Eigler. Band IV. 2. Auflage, Darmstadt: Wissenschaftliche Buchgesellschaft.

Pleger, Wolfgang H. (1998): Sokrates: Der Beginn des philosophischen Dialogs. rowohlt: Reinbeck.

Pleger, Wolfgang H. (2006): Sokrates und der Beginn des philosophischen Dialogs. In: Meyer, Martin F. (Hrsg.): Zur Geschichte des Dialogs. Philosophische Positionen von Sokrates bis Habermas. Darmstadt: Wissenschaftliche Buchgesellschaft, S. 15–26.

Pleines, Jürgen-Eckardt (2004): Rhetorik und Dialektik. In: Koch, Lutz (Hrsg.): Pädagogik und Rhetorik. Würzburg: Ergon, S. 23–29.

Popper, Karl (1957:2003): Die offene Gesellschaft und ihre Feinde. Band I. 8. Auflage. Tübingen: Mohr Siebeck.

Prange, Klaus (1988): Erziehung und Bildung im Altertum. In: Winkel, Rainer (Hrsg.): Pädagogische Epochen. Düsseldorf: Schwann.

Preyer, William (1882): Die Seele des Kindes. Beobachtungen über die geistige Entwickelung des Menschen in den ersten Lebensjahren. Leipzig: Griebens.

Priebe, Alexander (2007): Vom Schulturnen zum Schulsport: Die Reform der körperlichen Ausbildung in den Deutschen Landerziehungsheimen und der Freien Schulgemeinde Wickersdorf von 1989 bis 1933. Bad Heilbrunn: Klinkhardt.

Rang, Martin (1959): Rousseaus Lehre vom Menschen. Göttingen.

Reble, Albert (1975): Geschichte der Pädagogik. Stuttgart: Klett.

Reble, Albert (1981): Geschichte der Pädagogik. 12. Aufl., Stuttgart: Klett.

Reichenbach, Roland (2007): Philosophie der Bildung und Erziehung. Stuttgart: Kohlhammer.

Rhyn, Heinz (2003): John Locke (1632–1704). In: Tenorth, Heinz Elmar (Hrsg.): Klassiker der Pädagogik. Erster Band. München: Beck.

Röhrs, Hermann (Hrsg.) (1986): Die Schulen der Reformpädagogik heute: Handbuch reformpädagogischer Schulideen und Schulwirklichkeit. Düsseldorf: Schwann.

Roth, Heinrich (1962): Die realistische Wendung in der Pädagogischen Forschung. In: Neue Sammlung. Göttinger Blätter für Kultur und Erziehung 2 (1962), S. 481–490.

Rousseau, Jean-Jacques (1750:1971): Discours sur les Sciences et les Arts. Dt. Übersetzung in: Ders.: Schriften zur Kulturkritik. Hrsg. v. Weigand, K., Hamburg: Meiners Philosophische Bibliothek, Bd. 243.

Rousseau, Jean-Jacques (1754:1988): Abhandlung über den Ursprung und die Grundlagen der Ungleichheit unter den Menschen. In: Ders.: Schriften. Bd. 1. Frankfurt a.M.: Fischer.

Rousseau, Jean-Jacques (1762:1989): Emil oder Über die Erziehung. 13. Auflage. Paderborn: Schöningh UTB.

Rousseau, Jean-Jaques (1750:1971): Über Kunst und Wissenschaft. In: Schriften zur Kulturkritik. Eingeleitet, übersetzt und herausgegeben von Kurt Weigand. 2. Erweiterte Auflage. Hamburg: Felix Meiner.

Ruhloff, Jörg (2005): Auch Moralisierung? Bemerkungen zur Aktualität von Kants Gliederung der Erziehungsaufgabe. In: Koch, Lutz/ Schönherr, Christian (Hrsg.): Kant – Pädagogik und Politik. Würzburg: Ergon, S. 23–31.

Salzmann, Christian Gotthilf (1780:1984): Krebsbüchlein oder Anweisung zu einer unvernünftigen Erziehung der Kinder. Leipzig: Reclam.

Salzmann, Christian Gotthilf (1784:1887): Noch etwas über die Erziehung nebst Ankündigung einer Erziehungsanstalt. In: Ders.: Pädagogische Schriften. Band III. Langensalza.

Salzmann, Christian Gotthilf (1806:1984): Ameisenbüchlein oder Anweisung zu einer vernünftigen Erziehung der Erzieher. Leipzig: Reclam.

Schäfer, Alfred (2005): Die initiatorische Bedeutung der sokratischen Elenktik. In: Benner, Dietrich (Hrsg.): Erziehung - Bildung - Negativität. Weinheim u. a.: Beltz, S. 38–48.

Schaller, Klaus (1995): Die Didaktik des Johann Amos Comenius zwischen Unterrichtstechnologie und Bildungstheorie. In: Hopmann, Stefan/Riquarts, Kurt (Hrsg.): Didaktik und/oder Curriculum. Grundprobleme einer international vergleichenden Didaktik. Weinheim: Beltz, S. 47–60.

Scheibe, Wolfgang (1969): Die Reformpädagogische Bewegung 1900–1932: eine einführende Darstellung. Weinheim u. a.: Beltz.

Schiller, Friedrich (1793:2000): Die Augustenburger Briefe. In: Ders.: Über die ästhetische Erziehung des Menschen in einer Reihe von Briefen. Mit den Augustenburger Briefen hrsg. von Klaus L. Berghahn. Stuttgart: Philipp Reclam jun.

Schiller, Friedrich (1795:1999): Über die ästhetische Erziehung des Menschen in einer Reihe von Briefen. Stuttgart: Reclam.

Schleiermacher, Friedrich (1813/14:2000): Vorlesungen über Pädagogik 1813/14. In. Winkler, Michael/Brachmann, Jens (Hrsg.): Friedrich Schleiermacher. Texte zur Pädagogik. Kommentierte Studienausgabe. Band 1. Frankfurt a. M.: Suhrkamp, S. 211–271.

Schleiermacher, Friedrich Daniel Ernst (1805:2000): Rezension Zöllner. In: Ders.: Texte zur Pädagogik. Kommentierte Studienausgabe. Hrsg. von Michael Winkler und Jens Brachmann. Bd. 1, Frankfurt a.M.: Suhrkamp, S. 79–96.

Schleiermacher, Friedrich Daniel Ernst (1808:2000): Gelegentliche Gedanken über Universitäten in deutschem Sinn. Nebst einem Anhang über eine neu zu errichtende. In: Ders.: Texte zur Pädagogik. Kommentierte Studienausgabe. Hrsg. von Michael Winkler und Jens Brachmann. Bd. 1, Frankfurt a.M.: Suhrkamp, S. 101–165.

Schleiermacher, Friedrich Daniel Ernst (1813, 1814b: 2000): Aphorismen zur Pädagogik. In: Ders.: Texte zur Pädagogik. Kommentierte Studienausgabe. Hrsg. von Michael Winkler und Jens Brachmann. Bd. 1, Frankfurt a.M.: Suhrkamp, S. 202–211.

Schleiermacher, Friedrich Daniel Ernst (1814:2000): Über den Beruf des Staates zur Erziehung. In: Ders.: Texte zur Pädagogik. Kommentierte Studienausgabe. Hrsg. von Michael Winkler und Jens Brachmann. Bd. 1, Frankfurt a.M.: Suhrkamp, S. 272–289.

Schleiermacher, Friedrich Daniel Ernst (1814/15:1988): Dialektik. Hamburg: Meiner.

Schleiermacher, Friedrich Daniel Ernst (1820/1821:2000): Vorlesungen 1820/21. In: Ders.: Texte zur Pädagogik. Kommentierte Studienausgabe. Hrsg. von Michael Winkler und Jens Brachmann. Bd. 1, Frankfurt a.M.: Suhrkamp, S. 290–380.

Schleiermacher, Friedrich Daniel Ernst (1826:2000): Grundzüge der Erziehungskunst (Vorlesungen 1826) In: Ders.: Texte zur Pädagogik. Kommentierte Studienausgabe. Hrsg. von Michael Winkler und Jens Brachmann. Bd. 2, Frankfurt a.M.: Suhrkamp.

Schleiermacher, Friedrich Daniel Ernst (1996): Schriften. Frankfurt a.M.: Deutscher Klassiker Verlag.

Schmidinger, Heinrich/Sedmak, Clemens (Hrsg.) (2007): Der Mensch – ein „animal symbolicum"? Sprache – Dialog – Ritual. Darmstadt: Wissenschaftliche Buchgesellschaft.

Schmitt, Hanno (2003): Pädagogen im Zeitalter der Aufklärung – die Philanthropen: Johann Bernhard Basedow, Friedrich Eberhard von Rochow, Joachim Heinrich Campe, Christian Gotthilf Salzmann. In: Tenorth,

Heinz-Elmar (Hrsg.): Klassiker der Pädagogik. Erster Band. München: Beck, S. 119–143.
Schmitt, Hanno (2007): Vernunft und Menschlichkeit. Studien zur philanthropischen Erziehungsbewegung. Bad Heilbrunn. Klinkhardt.
Schneider, Barbara (2000). Die Höhere Schule im Nationalsozialismus. Zur Ideologisierung von Bildung und Erziehung. Köln/Weimar/Wien: Böhlau.
Schneiders, Werner (Hrsg.) (2001): Lexikon der Aufklärung. München: Beck.
Scholtz, Harald (1985): Erziehung und Unterricht unterm Hakenkreuz. Göttingen: Vandenhoeck & Ruprecht.
Scholtz, Walter (1989): Schule unterm Hakenkreuz. In: Dithmar, Reinhard (Hrsg.): Schule und Unterricht im Dritten Reich. Neuwied. S. 1–20.
Siemsen, Barbara (1995): Erich Weniger, der „militante" Reformpädagoge. In: Böhm, Winfried/Oelkers, Jürgen (Hrsg.): Reformpädagogik kontrovers. Würzburg: Ergon, S. 127–138.
Skiera, Ehrenhard (2010): Reformpädagogik in Geschichte und Gegenwart. Eine kritische Einführung. 2. Aufl., München: Oldenbourg.
Snow, C.P. (1959): The two Cultures and the Scientific Revolution. 3. Aufl., New York: Cambridge University.
Spranger Eduard (1909): Wilhelm von Humboldt und die Humanitätsidee. Berlin: Reuther & Richard.
Steenberg, Ulrich (2003): Handlexikon zur Montessori-Pädagogik. 4. erweiterte Aufl., Ulm: Klemm+Oelschläger.
Steinhaus, Hubert (1981): Hitlers pädagogische Maximen. „Mein Kampf" und die De-struktion der Erziehung im Nationalsozialismus. Frankfurt a. Main: Peter Lang.
Stenger, Ursula (2009): Korczak, Janusz: Wie ein Kind lieben? In: Böhm, Winfried/Fuchs, Birgitta/Seichter, Sabine (Hrsg.): Hauptwerke der Pädagogik. Paderborn u. a.: Schöningh, S. 234–236.
Stenzel, Julius (1928): Platon der Erzieher. Leipzig: Felix Meiner.
Tenorth, Heinz-Elmar (1988): Geschichte der Erziehung. Einführung in die Grundzüge ihrer neuzeitlichen Entwicklung. Weinheim/München: Juventa.
Tenorth, Heinz-Elmar (1992): Geschichte der Erziehung. Einführung in die Grundzüge ihrer neuzeitlichen Entwicklung. 2. Aufl., Weinheim/München: Juventa.
Tenorth, Heinz-Elmar (2000): Geschichte der Erziehung. Einführung in die Grundzüge ihrer neuzeitlichen Entwicklung. 3. völlig überarbeitete Aufl., Weinheim/München: Juventa.
Tenorth, Heinz-Elmar (2003): Pädagogik der Gewalt. Zur Logik der Erziehung im Nationalsozialismus. In: Jahrbuch für Historische Bildungsforschung 9, S. 7–36.

Tenorth, Heinz-Elmar (2018): Wilhelm von Humboldt. Bildungspolitik und Universitätsreform. Paderborn: Schöningh.

Trapp, Ernst C. (1780: w1977): Versuch einer Pädagogik. Von der Nothwendigkeit, Erziehen und Unterrichten als eine eigene Kunst zu studiren. Paderborn: Schöningh.

Ueding, Gert (1996): Klassische Rhetorik. 2. Auflage. München: Beck.

Vico, Gian Battista (1709:1947): Vom Wesen und Weg der geistigen Bildung. Übertragen v. Otto, W. F. Godesberg: Helmut Küpper.

Viehweg, Theodor (1974): Topik und Jurisprudenz. 5. Aufl. München: Beck.

Vogel, Peter (2019): Grundbegriffe der Erziehungs- und Bildungswissenschaft. Opladen: Barbara Budrich.

Weber, Erich (1974): Autorität im Wandel. Autoritäre, antiautoritäre und emanzipatorische Erziehung. Donauwörth: Auer.

Wehner, Ulrich (2009): „Pädagogik vom Kinde aus". Versuch einer kinderphilosophischen Reinterpretation einer pädagogischen Formel. In: www.widerstreit-sachunterricht.de. Online Zeitschrift, Ausgabe Nr. 12.

Weiss, Edgar (1996): Kunsterziehungsbewegung – Ästhetischer Genuss und die Befreiung des Ausdrucks. In: Seyfahrt-Stubenrauch, Michael/Skiera, Ehrenhard (Hrsg.): Reformpädagogik und Schulreform in Europa: Grundlagen, Geschichte, Aktualität. Baltmannsweiler: Schneider-Verlag Hohengehren.

Weniger, Erich (1938): Wehrmachtserziehung und Kriegserfahrung. Berlin: Mittler & Sohn.

Wiersing, Erhard (2001): Humanistische Bildung und Platons „Politeia" heute. In: Ders.: Humanismus und Menschenbildung. Dortmunder Hochschulschriften Band 4, Essen: Die Blaue Eule, S. 244–313.

Wilhelm, Theodor (1977): Pädagogik der Gegenwart. 5. Aufl., Stuttgart: Klett.

Winkel, Rainer (1988) (Hrsg.): Pädagogische Epochen. Düsseldorf: Schwann-Bagel.

Wolgast, Heinrich (1899): Das Elend unserer Jugendliteratur. Ein Beitrag zur künstlerischen Erziehung der Jugend. Leipzig, Berlin: Teubner.

Wulf, Christoph/Zirfas, Jörg (2007): Pädagogik des Performativen: Theorien, Methoden, Perspektiven. Weinheim u. a.: Beltz.

Wundt, Wilhelm (1909): Grundriss der Psychologie. 9., verb. Aufl. Leipzig: Engelmann.

Wyneken, Gustav (1919): Schule und Jugendkultur. Jena: Eugen Diederichs.

Zweig, Stefan (1942): Die Welt von Gestern. Erinnerungen eines Europäers. Stockholm: Bermann-Fischer.